Ética e estética no ator: uma questão de desejo

Teatro, arte e psicanálise

Editor
José Nazar

Revisão
Sandra Regina Felgueiras

Capa
Eg.desing – Carolina Ferman

Editoração eletrônica
Abreu's System

Rio de Janeiro 2014

CIP-BRASIL. CATALOGAÇÃO-NA-FONTE
SINDICATO NACIONAL DOS EDITORES DE LIVROS, RJ

E73

Mengarelli, Hugo Daniel
Ética e estética no ator – uma questão de desejo / Rio de Janeiro: Cia. de Freud, 2014.
374 p. : il. ; 23 cm.

ISBN 978-85-7724-124-8

1. Psicanálise I. Estética. II. Desejo. III. Mengarelli, Hugo Daniel.

12-6840 CDD: 159.964.2
CDU: 159.195

---

cia de Freud

Endereço para Correspondência
Rua Barão de Sertório, 48 - casa
Tel.: (21) 2273-9357 • (21) 2293-5863
Rio Comprido - Rio de Janeiro
E-mail: ciadefreud@gmail.com
www.ciadefreud.com.br

Aos meus filhos, Paula, Luciano e Rodrigo, aos meus filhos políticos, Fabián, Valéria e Gabriela, aos meus netos, Rhuan, Gabriel, Catalina, Alice e Olivia, e ao meu amigo-irmão Norberto, in memoriam.

AGRADECIMENTOS

A Jandyra, por suas correções e sugestões.

A Godino Cabas, por suas indicações sempre tão pertinentes.

A Norberto Irusta, por discussões tão esclarecedoras.

A Juan Fernando Peña por sua alteridade e ética.

A Marcos Trindade, pela colaboração na digitação.

A Lionel Dupont pela ajuda nas traduções do francês.

A meus filhos Rodrigo e Luciano por suas correções do inglês.

A Roberto Inocente por seus aportes em italiano.

A Sandra Felgueiras por sua belíssima revisão.

À Companhia de Teatro PalavrAção da UFPR.

Aos atores e atrizes da Classe Teatral de Curitiba que colaboraram.

Ao Professor e Regente do Coral da UFPR, Álvaro Nadolny, por seus ensinos sobre a voz e música.

A Cristina Serkes, pela transcrição das partituras.

A Cristiane Wosniack, por seus aportes sobre o corpo.

Ao Professor Norton Dudeque, por suas sugestões.

Ao meu Orientador Prof. Dr. Armando Sérgio da Silva, pela sensibilidade de me permitir realizar esta travessia, pela compreensão e pelo apoio nos momentos difíceis.

Ao meu neto Rhuan P. dos Santos Mengarelli, por seus desenhos.

A Cesar Felipe Pereira por sua minuciosa correção e sugestões.

E, em especial, à professora e psicanalista Helena Bicalho, por suas valiosas sugestões e fundamental incentivo, sem os quais esta obra não teria estes resultados.

Não a mim escute. Escute o Logos.

Heráclito

A ausência de pensamento é um hóspede inquietante que se insinua por toda parte no mundo de hoje.

Heidegger

O eu não é amo nem sequer na sua própria casa, senão que depende de umas mesquinhas notícias sobre o que acontece inconscientemente na sua alma.

Freud

O professor Gets disse que "pelo menos 90 por cento de nossa vida intelectual é inconsciente", e Henry Modsli afirma que "o consciente não cumpre nem a décima parte das funções que se lhe atribuem".

Stanislavski

O desejo é uma relação do ser com a falta. Esta falta é falta de ser, propriamente falando.

Lacan

APRESENTAÇÕES

A obra e o homem

Orientar o doutorado de Hugo Daniel Mengarelli que, finalmente, é publicado com o título de *Ética e estética no ator: uma questão de desejo* foi um grande prazer e uma das tarefas mais fáceis dentro de minha vida acadêmica. O leitor vai perceber o significado da minha assertiva na medida em que for lendo este trabalho.

A cultura de Hugo Mengarelli impressiona não só pela quantidade como também pela qualidade e variedade de informações. Hugo transita, com muita facilidade e competência, pela filosofia, psicanálise, estética, teorias do teatro e do cinema, literatura universal e brasileira e também pela cultura de massas, como programas de televisão, história em quadrinhos, música pop etc.

Todo este conhecimento é usado para uma só finalidade, que é a de fazer uma profunda reflexão sobre o trabalho do ator de teatro, ancorada principalmente nas teorias psicanalíticas das quais, aliás, o autor é profundo conhecedor. Para facilitar a compreensão deste texto pelo leitor, Mengarelli, providencialmente, constrói no final do trabalho um glossário sobre os conceitos da psicanálise.

A reflexão abrange a totalidade dos conceitos essenciais sobre a arte de interpretar. Não pense o leitor, entretanto, que se trata apenas de uma articulação teórica. O autor aborda aspectos da práxis teatral usando suas direções ou aulas, dando exemplos, muito claros, de exercícios laboratoriais para o ator.

Não se trata, entretanto, de evidenciar somente a obra de Hugo Mengarelli, mas também o homem pleno de vida e sempre disposto a, de maneira altruísta, ajudar seus colegas. Quando formei um grupo de discussão sobre o trabalho do ator no Departamento de Teatro na Escola de Comunicações e Artes da USP, que foi o embrião do CEPECA (Centro de Pesquisa em Experimentação do Ator) que hoje coordeno, Hugo foi um dos que mais participou das análises e debates com os colegas a respeito de uma série de artigos publicados na Revista Sala Preta dentro de um dossiê sobre Interpretação Teatral.

Como se torna evidente na leitura deste livro, o autor jamais economizou palavras, ao contrário, sua fluência vocabular sempre foi digna de comentários de seus colegas e mestres, evidentemente com a brincadeira de que sua origem italiana e portenha era a principal responsável pelo referido espetáculo verbal que sempre nos proporcionava.

Em resumo, Hugo Mengarelli é daqueles que explicitam de maneira inequívoca a máxima de que: "O professor somente ensina quando aprende". Talvez hoje seu antigo mestre tenha mais que aprender com o discípulo do que ensinar-lhe. Pelo menos esse sempre foi o sonho de todos os verdadeiros professores.

Obrigado Hugo, por ter feito parte da minha vida acadêmica e pessoal.

De seu amigo

Professor Armando Sérgio da Silva

Saber com sabor

Apresentado originalmente como tese de doutorado, o conteúdo deste livro vai além dos limites estritos de um texto acadêmico. Sem deixar de ser um trabalho acadêmico de fôlego, sustentado em sólido arcabouço teórico e conceitual e em vasta cultura pessoal, satisfazendo assim, com sobras, os requisitos de uma obra dessa natureza em nível de *enunciado,* vai, entretanto, muito além disso, na medida em que se faz presente, a cada passo do seu desenvolvimento, o nível de *enunciação* enquanto marca do estilo de um sujeito, estilo esse que se qualifica como "verdade do desejo" (p. 244). Este nível é o da *poiésis,* isto é, da criação. Trata-se, portanto, do trabalho de um autor que dá vida ao que escreve e se deixa ultrapassar pela própria criação. Não é por acaso que, contrariando uma velha praxe acadêmica, Hugo Mengarelli escreve na primeira pessoa... do singular. O que não quer dizer que ele vá sozinho na sua travessia. Muito pelo contrário: acompanha-o um imenso cortejo de filósofos, psicanalistas, poetas, teatrólogos, atores, literatos, críticos literários e de arte, músicos, pintores de escol. E também pessoas comuns, desprovidas desses títulos e atributos, mas que têm o que dizer, e o dizem. E às vezes dizem também o que não têm... a dizer!

O texto se move no eixo da imbricação dos campos da estética e da ética no ator, concebido como um "sujeito ao desejo – desejo inconsciente" (p. 39), ou seja, como sujeito ético. Três grandes referências marcam, ao longo do texto, o lugar e o trabalho do ator: o corpo, o olhar e a voz. No que se refere especificamente ao ator, trabalhado, em muitas passagens, no contexto da dicotomia ator/personagem, o orientador da tese já assinalou que "a reflexão abrange a totalidade dos conceitos essenciais sobre a arte de interpretar" (p. 15) e ressaltou que o nível de articulação teórica é indissociável da vivência dessa arte, o que, aliás, transparece ao longo de todo o trabalho. Hugo não escreve "sobre" o ator, como um objeto externo, e sim a partir de sua larga experiência como ator, como diretor, como autor teatral e como professor de teatro. É "de dentro" dessa experiência que emana sua enunciação. "Na interpretação teatral, o ator deve ser a *enunciação* do *enunciado* personagem" (p. 40).

Mas Hugo Mengarelli não se limita a apreciar essa dimensão interna do lugar do ator, de sua prática e das teorias que a sustentam. Outros saberes são convocados e ocupam um lugar central na tessitura do seu trabalho: a filosofia, a literatura, o cinema, a música, a pintura, diversas formas de manifestação cultural e artística e, sobretudo, a psicanálise. É, pois, também "de fora" do âmbito estrito do teatro que ele vai tecendo suas elaborações. É com desenvoltura que ele transita nos interstícios desses saberes, nos interregnos (no sentido daquilo que medeia entre reinos) desses campos disciplinares. Deparamo-nos aqui com uma prática interdisciplinar no sentido mais legítimo do termo: o fato de questões oriundas de um campo de conhecimento incidirem sobre outros campos, afetando-os e sendo por eles afetadas. O que daí resulta transcende os campos específicos das disciplinas envolvidas, abrindo a possibilidade de novas perspectivas. É nesse contexto que diversas vozes ressoam ao longo do texto: a "Cuca", o "Pequeno Príncipe", Chico Buarque, Godard, Chaplin, Kurosawa, Hitchcock, Wood Allen, Velázquez, Picasso, Magritte, Stanislavski, Brecht, Guimarães Rosa, e também tangos, fragmentos de músicas populares, de poemas, dentro que um quadro que o autor descreve como um "labirinto de descontinuidades" (p. 23), e ocupam no trabalho um lugar de dignidade não menor do que aquela de que se revestem os textos teóricos utilizados. Pareceu-me particularmente interessante a fragmentação do poema *Traduzir-se,* de Ferreira Gullar, ao longo de todo o primeiro capítulo, como pequenas epígrafes aos temas que ali são desenvolvidos.

No que concerne particularmente à psicanálise, o autor não se limita e recorrer a ela como se fosse um instrumento para sustentar ou ilustrar suas teses e argumentos, o que equivale a dizer que a psicanálise não ocupa aí o lugar de uma disciplina "auxiliar". A psicanálise está no âmago mesmo deste trabalho, tanto quanto a teoria teatral. E Hugo, também aqui, fala a partir "de dentro", como quem foi atravessado pela experiência analítica e tem domínio dos seus conceitos. Sua relação com o campo psicanalítico é íntima, no sentido mais primevo, etimológico, dessa palavra: não apenas o que é interno, mas também o que é o mais profundamente interno; "íntimo" é um superlativo absoluto sintético, cujo sufixo é o mesmo de "facílimo", "agílimo" ou "acérrimo". É o mais familiar, e ao mesmo tempo – como Freud o demonstrou – o mais radicalmente estranho, inquietante, arrepiante, ominoso, sinistro (*unheimlich*), apontando para a dimensão do inconsciente enquanto irredutivelmente inacessível, e para aquele aspecto "diabólico" que Freud situou, em seu *Além do princípio do prazer*, na intercessão da compulsão à repetição com a pulsão de morte. Perante essa dimensão, que não cessa de nos atravessar e de nos causar efeitos, somos sempre "de fora", somos estrangeiros. Essa permanente implicação do "dentro-fora / fora-dentro", em articulação com o enodamento "real/ simbólico/imaginário", perpassa todo o desenrolar do texto, expressando a topologia fundamental do campo psicanalítico, que Lacan ilustrou com as metáforas da banda de Moëbius e do nó borromeano. É por saber situar-se nesse lugar intervalar, entre o dentro e o fora e em ambos ao mesmo tempo, e por saber também que há um furo impreenchível, um insolúvel enigma de fundo na psicanálise que a impede, em definitivo, de dizer a verdade *toda* (o que, por sinal, é uma condição de possibilidade do próprio campo psicanalítico: é por ser impossível dizer *tudo* que é possível *dizer*), que o autor pode elaborar a psicanálise como algo inerente ao trabalho do ator, indissociável da apreciação teórica que sobre este se teça. Isso nos permite perceber, entre outras coisas, que o extenso glossário de termos psicanalíticos incluído no trabalho é muito mais do que a explicitação desses termos para não iniciados: para além dessa explicitação, o autor nos brinda com um trabalho de fina elaboração teórica. São os enunciados da psicanálise, mas marcados pelo traço da enunciação de Hugo Mengarelli. Ele próprio nos indica o princípio norteador desse trabalho: "A ciência se funda num objeto; o teatro, na travessia" (p. 38, nota 44).

A honra que recebi com o convite para fazer esta apresentação se enriquece com o prazer intelectual que tive ao acompanhar, na leitura do trabalho, a urdidura dos conceitos e teses que o autor vai desenvolvendo, e com a emoção estética que o estilo de sua enunciação me provocou, nos moldes daquilo que Roland Barthes tão bem sintetizou com as expressões "prazer do texto" e "saber com sabor".

Agostinho Ramalho Marques Neto
São Luís, 22 de setembro de 2013

CAPÍTULO 1

O ator e a personagem I: To be or not? To be the personage is the question

Les larmes du comédian descendent "de son cerveau", celles d'homme sensible montent "de son coeur".

DIDEROT[1]

Je croix bien que pour nous, comédians,
il n'y a pas de "paradoxe".
Pourquoi?
L'homme est double.

BARRAULT[2]

Uma parte de mim é todo mundo
Outra parte é ninguém, fundo sem fundo.
Uma parte de mim é multidão
Outra parte estranheza e solidão.
Uma parte de mim pesa, pondera
Outra parte delira.
Uma parte de mim almoça e janta
Outra parte se espanta.
Uma parte de mim é permanente
Outra parte se sabe de repente.
Uma parte de mim é só vertigem
Outra parte linguagem [...].

Ferreira GULLAR[3]

---

1 As lágrimas do comediante descem "de seu cérebro", aquelas do homem sensível "sobem do coração". DIDEROT. **Paradoxe sur le comédian**. Paris: Éditeurs des Sciences et des Arts, 1996, p. 37.

2 Estou convencido de que para os comediantes não existe "paradoxo. – Por quê? – Porque o homem é duplo". BARRAULT, Jean-Louis. **Réflexions sur le théâtre**. Éditions du Levant, 1996, p. 137.

3 **Traduzir-se**, poema de FERREIRA GULLAR.

Tanto se escreveu sobre o trabalho do ator, principalmente a partir de Diderot até nossos dias, sem dúvida porque se trata de algo que sempre resta por dizer. É que estamos falando em criação, mas não de qualquer criação, mas da única em que o criador, o ator, é o músico e seu instrumento, o quadro e o pintor, a escultura e seu autor, isto é, está de "corpo e alma" envolvido no que será a própria obra. Mas não só envolvido com seu ato como também, e isso é fundamental, com o ato de outros criadores, principalmente atores, com os corpos desses (o que, veremos, não é tão simples assim) que compõem uma criação maior: a obra de teatro.

As epígrafes fazem uma passagem paradoxal. Do paradoxo de Diderot ao homem "duplo" de Barrault – que toma como essência do ser humano ser um paradoxo. O poeta nos chama a uma reflexão: este paradoxo poderia "traduzir-se"?[4].

Verdadeiramente podemos dizer que tanto um como outro estão falando da mesma coisa; para o primeiro, o paradoxo é um problema, e para Barrault essa colocação de Diderot "é exclusivamente uma opinião de espectador". Nós sabemos que não é tão simples assim, senão por que ainda se continuaria falando sobre esse paradoxo?

Essa problemática está relacionada ao fato de o sujeito ser um ser cindido. E, sendo cindido, o ser deixa de ser uma essência, uma unidade, e passa a constituir só uma parte do sujeito, e não qualquer parte: o *ser* é efeito desse corte, dessa separação, como veremos depois.

Mas o que levaria o sujeito a estar cindido? Isso é obra de sermos sujeitos à linguagem, é ela que provoca essa separação entre "o corpo e a alma". Drummond também nos fala sobre essa cisão: "Meu corpo não é meu corpo, é ilusão de outro ser". O poeta refere-se ao seu corpo na terceira pessoa do singular, ele (o corpo) **é** e não **sou** como deveria ser, já que o poeta está falando de si mesmo. Seria impossível supor que se possa falar, escrever, atuar a não ser com seu corpo. Aqui podemos ver os efeitos de cisão que a gramática da linguagem provoca.

4 No decorrer do trabalho retomaremos o paradoxo como estrutural mediante o desenvolvimento do conceito de *Unheimliche*, real e pensamento unário.

Uma parte de mim é só vertigem / outra parte linguagem

Vamos agora lembrar o grande Stanislavski:

> Se prestassem ouvidos às suas próprias sensações, sentiriam uma energia que brota dos mananciais mais profundos de seu ser, de seus próprios corações [...]. A energia, avivada pela emoção, carregada de vontade, dirigida pelo intelecto [...]. Manifesta-se numa ação consciente plena de sentimento, conteúdo e propósito, que não pode se realizar de qualquer maneira, mecanicamente, senão de acordo com seus impulsos espirituais [...]. Só esses movimentos nos resultam adequados para a *encarnação cênica da vida do espírito humano da personagem. Só através da sensação interna do movimento pode-se aprender a compreendê-lo e senti-lo*[5]. "[...] A energia se movimenta não só dentro de nós, também sai dos esconderijos do sentimento e se dirige para um objeto que se encontra fora de nós[6].

Isto é, um **dentro-fora** e:

> Já sabeis que se a personagem não adquire vida no interior do artista, não há mais remédio que abordá-lo em direção inversa: do exterior ao interior[7].

Em outras palavras, **fora-dentro**; é por isso que "temos que atuar interna e externamente"[8]. O que nos diz o teatrólogo russo é que a criação pode advir não só como resultado de um trabalho interior do ator, mas também de um trabalho exterior, seja no corpo ou na voz[9]. O poeta nos diz: "A obra está dentro e fora de nós, ela é nosso dentro ali fora. Nós estamos dentro e fora dela[10].

A estrutura de nossa demanda que se estabelece na fala está composta por aquele **que** fala **(eu)**, o outro **com quem** se fala **(tu)** e **de quem** se fala **(ele)**,

---

5 STANISLAVSKI, Constantin. **El trabajo del actor sobre sí mismo**: el trabajo del actor sobre sí mismo en el proceso creador de la encarnación. Buenos Aires: Editora Quetzal, 1983, p. 44.

6 Ibid., p. 45. No capítulo 7, **Corpo e "energia"**, trataremos essa questão através do que nós chamamos de **razão-orgânica**.

7 Ibid., p. 213.

8 Ibid., p. 81. Ao longo do trabalho iremos desenvolvendo este conceito que está ligado ao movimento pulsional, ao inconsciente, principalmente quando abordarmos a questão do Olhar (ver: **Alienação-separação**).

9 Isso iremos desenvolvendo ao longo do trabalho mas especialmente no capítulo 7: CORPO e "ENERGIA".

10 GULLAR, Ferreira. **Argumentação contra a morte da arte**. Editora Revan, Rio de Janeiro, 1993, p. 28.

ou melhor, *"eu"* diz a *"tu"* histórias que *"eu" obtém d'"ele"*[11]. Quer dizer, quando falamos no mínimo somos dois: **eu** e **tu**, e se pensarmos bem três: **eu, tu** e **ele**[12]. Benveniste, no seu trabalho sobre "a natureza dos pronomes", nos deixa claro que as funções alocutivas colocam o sujeito ora em **eu**, ora em **tu**. Estamos **dentro-fora** e **fora-dentro** da ação da fala. Mas também existe o **de quem** se fala, ou seja, **ele**, e, se nós repararmos nesse **ele** – que se diferencia por não ser alocutivo e por não estar *hic et nunc* – trata-se daquele que comanda: é esse significante que permite estabelecer o diálogo (ver: Significante e Real-Simbólico-Imaginário).

O texto de Stanislavski nos coloca nessa questão da "energia" – e não se trata de qualquer energia, como veremos, mas de uma "energia" Outra – como estando relacionada aos objetos externos, podendo se tratar de simples objetos ou mesmo de uma pessoa. Nessa relação estabelece-se uma demanda (ver: Demanda e desejo), quer dizer, supomos que esse objeto tem alguma coisa a nos dizer, ou a ver conosco, vamos a ele porque nos chama, nos atrai. Lacan, ao se referir ao ato do olhar, seguindo Merleau-Ponty, nos diz que no olho há um empuxo

> [...] daquele que vê – algo anterior ao seu olho[13].
>
> O ato de olhar envolve, apalpa, esposa as coisas visíveis. Como se estivesse com elas numa relação de harmonia preestabelecida, como se as soubesse antes de sabê-las, move-se à sua maneira, em seu estilo sincopado e imperioso[14].
>
> Antes de ver há uma preexistência de um olhar – eu só vejo de um ponto, mas em minha existência sou olhado de toda parte[15].

---

11 DUFOUR, Dany-Robert. **Os mistérios da trindade**. Rio de Janeiro: Companhia de Freud, 2000, p.16.

12 Já Bertolt Brecht nos colocava que "a menor unidade social não é o ser humano, senão dois seres humanos". In: **Breviario de estética teatral**. Tradução que Raúl Sciarretta dá para o Pequeno Organon de estética teatral. Ediciones La Rosa Blindada, Buenos Aires, 1963, p. 49.

13 LACAN, Jacques. **Seminário XI**: os quatro conceitos fundamentais da psicanálise. Rio de Janeiro: Zahar Editores, 1979, p. 73.

14 MERLEAU-PONTY, Maurice. **O visível e o invisível**. São Paulo: Editora Perspectiva, 1984, p.130.

15 LACAN, Jacques. **Seminário XI**: os quatro conceitos fundamentais da psicanálise. Rio de Janeiro: Zahar Editores, 1979, p. 73. Nos capítulos 3 e 4, sobre o Olhar, desenvolveremos essa questão.

A esse empuxo, a esse *soubesse antes de sabê-lo*, a esse saber inconsciente do sujeito, saber que se antecipa à percepção consciente, Lacan dá o nome de *pulsão escópica*[16] (ver: Pulsão e libido).

Ao introduzir o termo *Trieb*, pulsão, Freud institui uma noção fundamental e original, cujo resultado é essa "energia"[17] presente no corpo humano. Para Freud – deveríamos dizer que esse termo já era usado por Schopenhauer e Nietzsche numa concepção que se aproxima à do criador da psicanálise –, a pulsão seria o resultado do encontro do corpo biológico com o desejo parental, principalmente da mãe, que vai historicizando o corpo do rebento. Poderíamos traduzi-lo também como o encontro da natureza – o corpo da criança recém-nascida – com a cultura. O corpo, por isso, deixaria de ser biológico e passaria a ser o que Freud chama de um corpo erógeno.

Retornando a Stanislavski quando nos fala sobre a energia que *se movimenta não só dentro de nós*: trata-se do que Freud denominava *Libido*, isto é, a pulsão articulada pela lógica do fantasma (ver: Fantasma) – como vimos, pulsão escópica no caso do olhar –, aquela que nos coloca alguns objetos para dar alguma alternativa ao princípio de prazer. A pulsão de morte, quando desarticulada, ou seja, a pulsão bruta, suscita angústia e é responsável pelos sintomas corporais, paralisias e, inclusive, loucura.

Uma parte de mim é multidão / outra parte estranheza e solidão

Vimos que não se trata de algo que vem somente do interior, senão que esse interior o é na medida em que se amarra com o exterior via fantasma ou, se se quiser, é o exterior que se amarra via fantasma com o interior. Ele, o fantasma, é o que vincula a energia – libido – com os objetos. Em outras palavras, não há possibilidade de "energia" sem o objeto que a coloque em movimento. É um *in-exterior* e um *ex-interior*[18]. Isso nos remete à Banda de Moëbius (figura 1), banda unilátera na qual tudo é interior e exterior e nos

---

16 Retomaremos nos capítulos "O olhar e o ator" e "O olhar, o ator e o público".

17 Colocamos "energia" entre aspas porque não se trata em si de uma energia que resulta da transmutação da matéria. Iremos desenvolvendo este conceito ao longo do trabalho, principalmente no Cap. 7: CORPO e "ENERGIA".

18 Ex-interior, in-exterior é a forma como o psicanalista Norberto Irusta faz referência ao circuito pulsional. (Seminário sobre "**Topologia Lacaniana**". Biblioteca Freudiana de Curitiba, 2000).

coloca topologicamente no campo do **olhar**, olhar como pulsão escópica. Para que esse olhar seja desejante, para que possa entrar no *trompe-l'oeil*[19], para que permita entender o engano, a mentira da interpretação do **Ipocratés** – o ator –, é necessário que essa banda sofra um corte pela mediana (figura 2).

Esse corte estabelece uma banda bilátera (figura 3), que nos introduz no campo imaginário da personagem. Ao unirmos a banda cortada se estabelece novamente a banda unilátera – pulsão escópica (figura 4). Esta outorga a "energia" e a verdade à personagem imaginária. É dessa "energia" que vem da pulsão e que chamamos de libido que tiramos a verdade da personagem.

É importante notar que é o corte que vai determinar a diferença entre o que vem do ator (pulsão) e o que pertence à personagem. Esse corte é o que denominamos **castração**, castração simbólica em que opera o desejo (ver: Complexo de Édipo: falo-castração). É da ordem de uma Lei que faz impossível qualquer objeto como totalizante – capaz de um gozo absoluto – e que faz possível o objeto como parcial, circunstancial e temporário, é da ordem do interdito, dos limites. É nesse corte que podemos colocar o **desejo** na sua radicalidade. Esse desejo, para Lacan, é aquele que não tem objeto, carece dele, ou melhor, seu objeto – que Lacan denomina objeto ***a*** – é causa do desejo e não objeto do desejo. Em definitivo é **objeto-causa-de-desejo** (ver: A Coisa e o objeto). Em última instância, ao se referir a um corte, uma carência, uma falta, esse objeto termina sendo o próprio desejo.

Poderíamos ver na Banda de Moëbius esse objeto no próprio corte. Então o desejo **é desejo de desejar** ou, como define a filosofia trágica, o *nada querer*. Interessante questão para nos interrogarmos sobre a ética do ator.

---

19 "O que é que nos seduz e nos satisfaz no **trompe-l'oeil**? Quando é que nos cativa e nos põe em júbilo? No momento em que, por um simples desdobramento de nosso olhar, podemos nos dar conta de que a representação não se move com ele, e que ali há **trompe-l'oeil**" (LACAN, Jacques. **Seminário XI,** p.109). Aqui Lacan nos fala do olhar dos olhos, onde está o **olhar**, o **ver** da percepção consciente que é capturada pela imagem. No momento do desdobramento do olhar, surge o instante de ver, que permite um tempo para compreender, e assim emergir esse **outro-olhar**, momento de concluir que é um engano. Podemos dizer que esse desdobramento está relacionado ao **Verfremdung** bretchiano, à ruptura do ilusionismo.

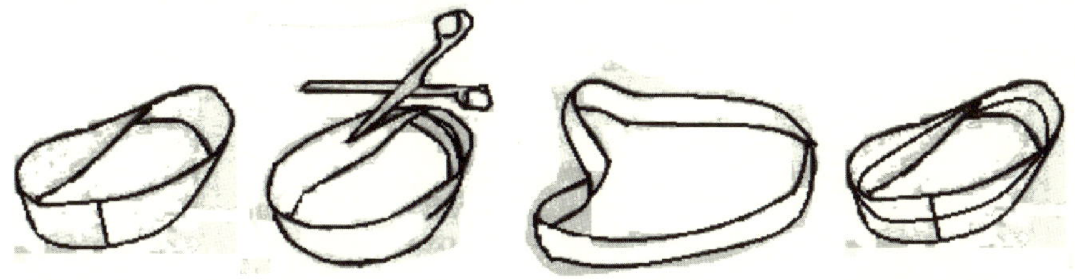

Figura 1 Figura 2 Figura 3 Figura 4

O ator, como desejante, não tem outro objeto a não ser a **travessia** da criação artística, o objeto é o próprio devir. Seu único fim está no seu próprio trabalho teatral que, por ser uma travessia, é o "meio" pelo qual se realiza, **real-iça**: a árvore da criação, *Wo es war, soll Ich werden*[20], onde era isso, o real, advirá a árvore para dar seus frutos. Uma linda metáfora dessa emergência nos dá Guimarães Rosa: "O real não está na saída nem na chegada: ele se dispõe para a gente é no meio da travessia"[21]. Com isso, a criação é um encontro, é a *pedra no meio do caminho* que deve ser lavrada. Retomaremos essa questão no decorrer do trabalho.

O que acabo de afirmar trará polêmicas, porque em geral entende-se o campo da ética como aquele que tem uma preocupação com o humano e o social. Não é o momento de discutirmos isso[22], mas Lacan, no seu texto *Kant com Sade*, nos deixa perceber que a questão da ética não está no campo dos "direitos humanos", não é "para todos os homens". Não se trata de um universal que viria estabelecer as normas para um **bem**: isso estaria relacionado ao campo da moral. Em última instância, ética não é ideologia. A Ética é do campo do puro ato singular do sujeito, pura ação do particular para o universal. No primeiro caso, a lei cobra e julga. No segundo, o sujeito só tem que dar conta disso, de seu ato e, como tal, é nesse ato que emerge uma Lei, e essa deve dar conta desse evento, que é transformador, pois é nele que se funda uma verdade. Essa Lei é diferente da que regula os homens.

---

20 "Onde era Isso, o Eu advirá".

21 GUIMARÃES ROSA, João. **Grande Sertão: Veredas**. Não podemos confundir o termo **objeto** com os objetos de cena, pois esses pertencem à ficção, ao mundo diegético. Referimo-nos, no entanto, a "objeto" como aquele no qual estão centrados a intenção, o estudo, a pesquisa, aquilo que será apreendido pelo conhecimento. Do latim *objetus*, particípio de *objicere*, que significa "pôr, lançar diante".

22 Retomaremos essa questão especialmente no capitulo 8: ÉTICA e ESTÉTICA.

É a posição Ética que permite o desejo como puro corte da carência radical do objeto e não visa a **nenhum bem**. A ideologia que depois o ator assume, ou a que o ser do ator dará um sentido – o porquê se faz teatro; para que se faz teatro – é outra questão[23].

E esse ponto, sem dúvida, é crucial para o trabalho de interpretação do ator. O ato – repetição da pulsão de morte – em que a "energia" surge para a criação permite trazer a verdade e, com isso, "criar a vida do espírito humano da personagem e a obra, e encarnar artisticamente esta vida numa forma teatral bela"[24]. É um ato *non-sense*, um ato que carece de sentido, é um ato real da própria carência radical, mas de total singularidade. O sentido é um resultado, nunca sua causa como na ideologia. Nietzsche nos diz: "Não existe 'ser' por trás do fazer, do atuar, do devir; 'o agente' é uma ficção acrescentada à ação – a ação é tudo"[25]. Freud, lembrando Goethe, disse: "Era no início a ação". Essa ação é do campo da ética, a ficção é a personagem, como resultado. Por isso não precisamos "ir ao inconsciente", ele está nos determinando, ele nos oferece tudo o que precisamos, principalmente quando lhe damos de comer[26], muito embora seja preciso saber que às vezes há *pedras no meio do caminho* que podem se transformar em alimento indigesto; mas, mesmo assim, devemos escutar o *Bom conselho* de Chico Buarque e arriscar: "aja duas vezes antes de pensar", com todos os riscos que isso implica.

---

23 Ainda que a ética atravesse o trabalho, ela será desenvolvida no capítulo 8, **Ética e estética – A singularidade de uma travessia – o estilo**.

24 STANISLAVSKI, Constantin. **El trabajo del actor sobre sí mismo**: el trabajo del actor sobre sí mismo en el proceso criador de las vivencias. Obras completas. Buenos Aires: Editorial Quetzal, 1980, p. 77.

25 NIETZSCHE, Friedrich. **Genealogia da moral**. São Paulo: Companhias das Letras, 1998, p. 36. Mais adiante veremos a questão da *alegoria* como lugar onde *advém* a verdade.

26 O conselho prático que ensinam os ioguins a respeito da esfera superconsciente consiste nisto: pega um punhado de ideias e joga-o no saco do superconsciente. Não tenho tempo de me ocupar disso, portanto, ocupe-se você (isto é, o superconsciente). Logo você vai dormir e, quando acordar, pergunte-lhe:

– Está pronto? Ainda não?

Pega novamente algum outro punhado de ideias, joga-o dentro do saco do superconsciente e vai a passear... ao regressar, pergunta-lhe:

– Está pronto? Não?

Etc... etc... etc...

Ao final, o superconsciente responderá:

– Já está pronto – e devolverá aquilo que lhe foi encomendado.

Nesta passagem, Stanislavski faz clara referência a esse buraco, esse algo Outro que é o inconsciente. **El trabajo del actor sobre su papel**. Buenos Aires: Editorial Quetzal, 1977, p. 148.

Em um trecho, Stanislavski nos mostra claramente esse momento do trabalho do ator quando ele está nessa passagem da banda unilátera à banda bilátera da Banda de Möebius:

> Eu deduzo isto, porque durante minha atuação me alegrava sobremaneira observar minha reencarnação. É bem verdade que eu era meu próprio espectador, enquanto outra parte de minha natureza vivia a vida alheia do criticador. Por outra parte, posso dizer que essa vida era alheia a mim? O criticador tem sido tomado de mim mesmo. É como se me tivesse dividido em duas metades. Uma delas vivia a vida do artista, a outra admirava como espectador[27].

Por isso, parece-nos importante insistir com Stanislavski quando nos diz: "Não se trata de reproduzir as paixões e os tipos, senão de viverem uns e outros"[28]. Estamos no pensamento unário (ver: Real-Simbólico-Imaginário), aquele em que os opostos convivem, aquele de que nos falava Beckett no final de *L'innomable*: *Il faut continuer. Je ne peux pas continuer. Je vais continuer*. Eu tenho que continuar. Eu não posso continuar. Eu vou continuar, que poderíamos estilizar assim: **Eu tenho que ser a personagem. Eu não posso ser a personagem. Eu vou ser a personagem, mas mediada pelo corte do desejo que possa garantir um dentro-fora, um fora-dentro**. Ou seja, passamos ao pensamento trinitário (ver: Real-Simbólico-Imaginário). Ora estamos no pensamento unário na banda unilátera em que ser e não ser se confundem, ora no pensamento trinitário em que o racional do desejo faz o corte entre Isso da paixão pulsional e Aquilo, do semblante da personagem (ver: Semblante).

Notemos que o ator está num jogo muito significativo**: sou e não sou personagem** ou, como nos coloca Louis Jouvet: "Troca entre o indivíduo e a personagem. Duplo hábito: ele em mim e eu nele (fora-dentro / dentro-fora). Dois polos entre os quais passa uma corrente, um fluido vital, vitalizador"[29]. Podemos traduzir isso colocando o ser da personagem no campo imaginário, campo da ficção teatral, e o ator no campo simbólico da personagem. A personagem **é** onde o **ator está.** Estar é *ser em dado momento* nos diz o dicionário

27 STANISLAVSKI, Constantin. **El trabajo del actor sobre sí mismo en el proceso creador de la encarnación**. Buenos Aires: Editorial Quetzal, 1983, p. 204.

28 Ibid., 1980, p. 84.

29 JOUVET, Louis. **Le comédian désincarné**. Paris: Flammarion Editeur, 1994, p.131.

Aurélio[30]. Uma aproximação *ao estado* – isto é, ingressar no *"se" mágico* – e *à situação que sou* – dentro das *circunstâncias dadas* da alegoria – que Stanislavski nos colocava como aquilo que nos permite a *experiência consciente*, os 10% de consciente que usamos em cena para a aproximação da vida da personagem. Esse **estar** está na ordem do devir, não é um estar fixo: são **estares**; mudando de **estares**, **seríamos** diferentes, é o que *Il Padre* trata de fazer entender a *Il Capocomico* em *Seis personagens à procura de um autor*:

> *PAI:...* (olhando aos olhos) *Poderia me dizer quem é o senhor?* (e fica apontando-lhe com o indicador)
> *DIRETOR:* (Confuso, esboçando um sorriso)*: Como quem sou? Sou eu!*
> *PAI: Se eu lhe dissesse que não é verdade, que o senhor é eu?*
> *DIRETOR: Lhe responderia que o senhor está louco!*
> (Os atores riem)
> *PAI: Vocês têm razão em se rir, porque aqui estamos brincando* (ao Diretor)*, e o senhor pode alegar que só se trata de um jogo, que aquele senhor* (assinala ao Primeiro Ator), *que é "ele", tem que vir a ser "eu", que, no entanto, sou "eu", "este". Viu como consegui pegá-lo?*[31].

Vemos que o ser, que não tem essência a não ser uma essência mutante – própria da pessoa, do latim *persona*, máscara –, tem, no entanto, a

---

30 Aqui poderíamos abrir um parêntese para pensarmos um pouco a questão do "ser". Tanto o inglês *To be* como o francês *Être*, fazem referência a "ser" e "estar", isto é: *I am in Brazil* e *Je suis en Brésil* referenciam a **estar** no Brasil, mas têm o mesmo sentido que o *Io sono a Brasile*, que é como fala o italiano para dizer que está num lugar: "Eu sou em Brasil". Retomaremos no capítulo 7, **Corpo e Energia – O caminho da razão-orgânica como síntese do paradoxo**. Ao falar que "estar é *ser em dado momento*" estamos fazendo referência ao que Bakhtin, na literatura, chama de ***cronotopo*** – tirado, a sua vez, de Einstein –, isto é: tempo-espaço. Ver: **Teoría de la novela: Antología de textos del siglo XX**. Eric Sullà, ed. Barcelona, 2001, p. 63-67. Cronotopo encerra as quatro dimensões onde o corpo do ator se **real-iça**.

31 PIRANDELLO, Luigi. **Sei personaggi in cerca d'autore**. Milano: Biblioteca Univerzale Rizzolli, 1994, p.133. IL PADRE... *(lo guaderà negli occhi)* Mi as dire chi é lei? *(Il rimarrà com l'indice appuntato su lui)*. IL CAPOCOMICO *(turbato com um mezzo sorriso.)*. Come chi sono? – Sono io! IL PADRE E se lê dicessi che non è vero, perché lei è me? ILCAPOCOMICO Le risponderei che lei è um pazzo! *(gli attoei rideranno)* IL PADRE Hanno ragione di ridere: perché qua si guioca; *(al Direttore)* e lei puó dunque obiettarmi che soltanto per um giuoco quel signore là, *(indicherà il Primo Attore)* che è "lui", dev'esser "me", che viceversa sono io, 'questo". Vede che l'ho colto trappola?

materialidade do gozo[32] (ver: O gozo e sua relação com o desejo). Mas estaríamos onde? Estaríamos nesse lugar num dado momento cumprindo uma **função**. Dessa função, no caso do ator, é que surge o gozo do ser-personagem. Brecht, quando trata de explicar a função do ator em não se esconder atrás da personagem – de provocar o *VerfremdungsEffekt*, o estranhamento-distanciamento da alienação na personagem[33] –, coloca algo que nos esclarece bastante sobre esses lugares: "Não basta ser. O caráter de um ser humano é forjado por sua função"[34]. O que Brecht nos deixa bem claro na passagem 48 do Pequeno Organon:

> Nunca nem por um instante se transforme o ator na sua personagem. "Não representava o rei, era o rei", este seria um juízo desastroso sobre um ator. Ele deve se limitar a mostrar sua personagem, ou – melhor dizendo – não deve se limitar tão só a vivê-lo. O que não significa que, tendo que representar personagens apaixonadas, tenha que permanecer impassível[35].

Retomemos: "não deve se limitar tão só a vivê-lo", deve **ser-não ser** a personagem, isso é o **real** da criação se servindo do desejo inconsciente, do

---

32 Nos trabalhos finais do 1º Ano do Curso de Formação de Atores da UFPR, tivemos uma apresentação de uma densidade dramática marcante ainda que a cena, surgida da improvisação, fosse de forte humor grotesco. A cena era um paradoxo. Um casal mostrava como ia se dilacerando enquanto a mulher cortava carne. A *performance* deles, desde o tempo, passando pelo ritmo e o trabalho corporal, foi de uma sutileza e de uma veracidade pouco comuns em alunos de primeiro ano. Terminado o trabalho, perguntei a Giovana – promissora aluna-atriz de 19 anos – como ela tinha se sentido. Respondeu-me: "Tive um momento em que quase rio, me pareceu que a personagem era profundamente babaca". Ao que lhe respondi: "Mas você não riu!". "Não" – disse-me ela –, "porque era uma babaquice muito séria".

33 *VerfremdungsEffekt* é o processo pelo qual um "estranhamento" – abandono da personagem para o ator presentificar a si mesmo; os objetos cênicos, cenário e as técnicas nos aparecem fora de seus percursos diegéticos; noutras palavras: há quebra no enunciado privilegiando a enunciação – provoca-nos um "distanciamento" do que estamos assistindo, isto é, de **alienados** ao discurso – teatral, cinematográfico, literário etc.– passamos a estar **separados** (Ver: Alienação-separação). Ao longo do trabalho retomaremos essa concepção brechtiana. Uma das questões que articularemos nos próximos capítulos é o *Verfremdung*, o estranhamento brechtiano, e o *Unheimliche*, o estranho freudiano, *e isso que surge como* ***estranho*** *é justamente o* ***familiar*** *da estrutura* (MENGARELLI, Hugo. **"As Meninas" atravessam o espelho**. In: **Palavração**, n.º 3, nov. 1998). Retomaremos isso mais adiante.

34 BRECHT, Bertolt. **Escritos**. Buenos Aires: Siglo Veintiuno, 1970, v. II, p. 25.

35 BRECHT, Bertolt. **Breviário de estética teatral**. Tradução de Raúl Sciarretta. Ediciones La Rosa Blindada, Buenos Aires, 1963, p. 42.

Nome do Pai, mas não se sujeitando a esse, e assim produzir um imaginário: **a personagem** (ver: Real-Simbólico-Imaginário).

Ou, se quisermos insistir, é estar fora-dentro, dentro-fora[36]. É estabelecer o corte entre a **ficção da realidade**[37] sustentada pelo fantasma do ator e a **realidade da ficção** da personagem, sustentada pelo *"Se mágico"* e as *"Circunstâncias dadas"*, lembrando o grande mestre russo[38]. Isso serve inclusive para o ator que pretende se esconder do público por trás da personagem, se encerrar na ilusão da *quarta parede*, ainda que essa seja estrutural[39]. O que ele não pode é se esconder dele mesmo, encerrando-se na Quarta Parede da personagem, isto é, confundir-se com ela, ou seja, a personagem **é,** e o ator também **é.** A personagem resulta ser o ator, o sinthoma (ver: O sintoma e o sinthoma) do ator. "A obra está dentro e fora de nós, ela é nosso dentro ali fora. Nós estamos dentro e fora dela"[40]. "O artista é a origem da obra. A obra é a origem do artista. Nenhum é sem o outro"[41]. É por isso que Sandra Chacra, referindo-se ao *VerfremdungsEfftekt* brechtiano, nos disse: "Por mais distanciado que ele esteja da sua personagem, sempre acaba, de algum modo, por se misturar com ela [...] O distanciamento [...] faz com que o fenômeno do desdobramento apareça de

---

36 Ver nota 22. Essa questão será retomada.

37 Numa passagem no seu livro **Mi experiencia teatral**, V.I. NEMINRÓVICH-DÁNCHENKO nos fala – fazendo referência a reproduzir um encontro com Anton Tchekov – dessa **ficção de nossa realidade**: "sei que é difícil reproduzir neste momento, que era o que eu dizia a Tchekov sobre minhas primeiras impressões, corro o risco de começar a 'compor', a 'imaginar'". Buenos Aires: Editorial Futuro, 1959, p. 36.

38 Sobre o *se mágico* nos fala Stanislavski: "[...] através da palavra '**se**' se criam de um modo normal, orgânico, natural, as ações internas e externas [...] o **se** é para os artistas uma alavanca que nos translada da realidade ao único universo no qual podemos realizar a criação (p. 88)". E nos dirá sobre as *circunstâncias dadas*: "A fábula da obra, seus fatos, acontecimentos, a época, o tempo e o lugar da ação, as condições de vida, nossa ideia da obra como atores e *régisseurs*, o que agregamos de nós mesmos, a encenação, os decorados e figurinos, os adereços, a iluminação, a sonoplastia, e todo o restante que se deve ter presente durante a criação. As 'circunstâncias dadas', como o 'se', são uma suposição, um 'invento da imaginação'. Sua origem é a mesma. Num caso, trata-se de uma presunção (o 'se'); no outro, de seu complemento (as 'circunstâncias dadas')" (p. 92) STANISLAVSKI, Constantin. **El trabajo de actor sobre sí mismo en el proceso creador de las vivencias**. Buenos Aires: Ed. Quetzal, 1980. Em outras palavras, com "se" mágico no mundo da **alegoria** das "circunstâncias dadas".

39 Desenvolveremos isso no capítulo 4: O olhar 2 – O olhar, o ator e o público. Interessante é o que coloca Brecht referente a Stanislavski, reconhecendo nesse a presença bipolar personagem-ator: "[...] porque o ator aparece na cena como ator e personagem, ao mesmo tempo, e essa contradição tem que estar presente na consciência do ator; na realidade é essa contradição que outorga vida à personagem". In: **Escritos sobre teatro**, Ediciones Nueva Visión, Buenos Aires, 1970, v. III, p. 163.

40 FERREIRA GULAR. **Argumentação contra a morte da arte**. Rio de Janeiro: Editora Revan, 1993, p. 28.

41 HEIDEGGER, M. **Arte y poesía**. México: Fondo de Cultura Económico, 1997, p. 37.

modo mais explícito aos olhos do público, a fim de evitar o 'ilusionismo' que afasta o espectador de sua função crítica"[42]. Esse "desdobramento" tem a ver com a capacidade humana que encerra a "Dobra" do pensamento unário, isto é, os contrários convivendo, o paradoxo como estrutura (ver: Real-Simbólico-Imaginário). Brecht trata de fazer visível essa dobradura, ainda que, poderíamos dizer, não se trataria da personagem-ator, senão da personagem X e a personagem-ator, já que o ator no palco não poderia fugir de representar uma outra personagem. Noutras palavras, Brecht nos leva a apresentar duas ficções para denunciar a própria ficção.

Agora devemos fazer um breve parêntese para esclarecer nossa referência ao **ser-personagem**. Insisto que não se trata de ser como essência. A personagem não tem essência, ela é criada no ato da interpretação, **que é o ato de o ator dizer o indizível, o que o texto não diz**. Se o texto tivesse a capacidade de dizê-lo todo, só haveria uma possibilidade de interpretá-lo, só assim sendo possível supor um "inconsciente coletivo". N'Isso reside a diferença da língua que permite a comunicação e da *alíngua* (*Lalangue*), aquilo que é singular do sujeito, sua enunciação, aquilo que de real carrega a fala, ou seja, a língua ao ser posta em ato é determinada pelo real da pulsão e sustentada pelo real do desejo inconsciente[43] (ver: Real-Simbólico-Imaginário).

Fazendo borda a essa falta, a essa carência radical do ator, há um *empuxo*, um *saber inconsciente*. É este que comanda a interpretação de tudo aquilo que o autor escreveu, inclusive aquilo que o ultrapassou, a pulsão, o *saber, mas insabido*. Essa pulsão não articulada, essa que ultrapassa o próprio saber inconsciente, é desviada para outro destino que não o de um gozo absoluto: o destino da *sublimação* (ver: Pulsão e libido). É ela, a pulsão, que fornece as letras por onde o autor escreve e também se escreve. Aí, podemos dizer, reside toda a questão do equívoco significante. Mas é justamente aí que também reside o ato da criação, nessa falha; o que torna o teatro algo distante de qualquer tentativa científica[44]. Poderíamos dizer então que o ator é aquele

---

42 CHACRA, Sandra. **Natureza e sentido da improvisação teatral**. Editora Perspectiva, São Paulo, 1983, p. 75. Sobre o "distanciamento", nós retomaremos a questão no capítulo 4: "O olhar, o ator e o público".

43 Lacan utiliza o neologismo *alíngua (lalangue)* para estabelecer a presença singular do desejo inconsciente no sujeito que fala. Isto é, ele fala a língua para se comunicar e é falado pela *alíngua*, o que nos faz pensar que às vezes *quem se comunica também se trumbica*.

44 Poderíamos, aqui, recuperar a colocação de Grotowski da relação de seu trabalho com a ciência: *Rien n'est plus éloigné de nos préoccupations que la science* ***stricto sensu****, et ceci, non seulement à cause de notre manque de*

que pode interpretar – traduzir – o indizível, o inominável do texto, e se fazer dono de partes das letras do autor. O texto – e a palavra aponta para isso – é uma trama, um tecido significante aberto para as significações. É a leitura do diretor, dramaturgista, mas principalmente do ator, que faz um corte, uma cisão no texto, estabelecendo a interpretação-tradução que permite a sua interpretação-representação-criação da personagem. É a partir daqui que o ator caminha para os cortes, as cisões no seu corpo, no sentido grotowskiano, onde esculpirá a personagem. Por isso é algo mais que um mediador entre o texto e o público, ele é a ponte que permite o movimento do ir e vir, é uma ponte que abre passagem a vários caminhos, vai-vem de dentro-fora, fora-dentro do texto, do espetáculo, do público e do próprio ator. É como nossa *Morena de Angola*, de Chico Buarque:

> Morena de Angola que leva o chocalho amarrado na canela / Será que ela mexe o chocalho ou o chocalho é que mexe com ela.

O ator é quem mexe com o texto ao mesmo tempo que é mexido por ele, assim como a Morena de Angola está plenamente no chocalho, é por isso que Stanislavski nos diz:

> Não é possível viver sinceramente as ações que não são ditadas pela gente mesmo; é necessário criar as ações próprias, análogas às da personagem, indicadas pela própria consciência, os desejos e sentimentos, a lógica, a consequência, a verdade e a fé... Qualquer que seja a personagem que interprete o artista, este deve atuar sempre em nome de sua própria pessoa[45].

Isso estabelece um risco. O texto mexe no ator na medida em que permite fazer advir esse ator que dará **existência** à personagem. Essa existência é

---

qualification, mais encore du fait de notre manque d'intérêt pour ce genre de travail (In: **Le voies de la création théâtrale**. Paris: Éditions du Centre National de la Recherche Scientifique, Paris VII, 1970, p. 21.) Tradução livre: "Nada é mais afastado de nossas preocupações que a ciência *stricto sensu*, e isto não somente por causa de nossa falta de qualificação, mas ainda por nossa falta de interesse por esse tipo de trabalho". O importante é o trabalho, o trabalho como objeto, isto é, não há objeto no trabalho a não ser a própria ação de onde advirão os objetos. A ciência se funda num objeto, o teatro, na travessia.

45 STANISLAVSKI, Constantin. **El trabajo del actor sobre su papel**. Buenos Aires: Editorial Quetzal, 1977, p. 308.

sustentada pelo *Dasein* (*ser-aí*) heideggeriano, em que o "**ser** é, por essência, **finito, negatividade** (ser-para-a-morte), e somente se patenteia na transcendência da existência que sobrenada o **nada**"[46]. O ser, e não só o da personagem, surge no tempo de uma existência, de um estar num tempo, numa *circunstância dada*. O ser surge da contingência, emerge na travessia sustentada pelo nada, pelos efeitos pulsionais desse nada, pela pura diferença das letras. Se o ser tivesse uma essência seria a de ser *uno, nessuno, centomila*, como nos romanceou Pirandello.

Uma parte de mim é todo mundo / outra parte é ninguém, fundo sem fundo

Podemos arriscar que esse nada nos remete ao *nada querer*, que é função radical do desejo. Sendo assim, a criação não surgiria de um *ex-nihilo*, como nos lembra Lacan, ou de um *atuar* ou de um *devir* onde *não há ser*, como nos lembra Nietzsche?

Retomando a questão das ficções, devemos dizer que o limite entre elas é delicado, porque estão constituídas de identificações. E é a esse risco que me referia antes. Sejam elas no sujeito-ator, sejam elas no ser-personagem. O ator é um sujeito ao desejo – desejo inconsciente – enquanto a personagem é um ser-existência, um ser imaginário. Mas ela também está "sujeita", sujeita ao ator. Como vimos, o ator é produzido pelo inconsciente, que é aquela pulsão articulada pelo fantasma, é da ordem de um saber articulado, mas um saber inconsciente. Também vimos que existe um resto não articulado, algo que escapa da ordem simbólica, aquilo que Lacan coloca na ordem do real, que é da ordem diabólica, da pulsão não articulada pelo fantasma e que é também da ordem de um saber, mas um **saber-insabido** (ver: Real-Simbólico-Imaginário). Essa é a fonte de toda "energia", marca singular das diferenças, da qual cada fantasma deve permitir o rumo à criação. Isso é da ordem do absolutamente singular, ainda que tenha sua origem no coletivo. Assim, se o ator tem um inconsciente, a personagem também é produzida pelo seu, que, neste caso, podemos dizer, é o ator, pois o que esse sabe sobre aquela, ela desconhece; desse modo, **o ator é o saber "inconsciente" da personagem,**

---

46 HEIDEGGER, Martin. **¿Qué es metafísica?** Buenos Aires: Ediciones Siglo Veinte, p. 107.

ou, poderia dizer a personagem: "penso onde não sou, logo sou onde não penso"[47]. Assim como o inconsciente pode **estar** sem nós – ato falho, esquecimento, sonho etc. –, nós não podemos **ser** sem ele; assim como o ator pode **estar** sem a personagem, essa não pode **ser** sem o ator. Continuando esse raciocínio, se o ator é um saber que se articula na personagem, nele também há um **saber-insabido** da mesma e de si mesmo, nessa **"energia"** que o constitui. É essa "energia" que faz furo, furo na linguagem[48], mas desses furos é que a personagem advém. A personagem não pode se inteirar do saber do ator, não deve se inteirar desse saber. Quando isso acontece já não existe distinção entre ficção da realidade e realidade da ficção. O ator se confunde com a personagem. Na interpretação teatral, o ator deve ser a *enunciação* do *enunciado* personagem (ver: Discurso: enunciação e enunciado).

Ao falar em ficções, estamos também falando em identificações. O que são as brincadeiras de criança senão uma alucinação, uma ilusão, o momento lúdico *par excellence* pelo qual ela estabelecerá suas identificações. Lúdico se origina do latim *illudere*: iludir, ilusionar, zombar – ao nos referirmos às identificações, colocamos- nos em um campo por demais espinhoso. Podemos entender o quão perto estamos da loucura, já que a identificação é do campo da alienação (ver: Alienação-separação), é do campo do Outro. Sobram os exemplos de pessoas que terminaram acreditando que eram personagens famosas, mas também sobram atores que acabam por se confundir com suas personagens, ou essas provocando um grande desequilíbrio no ator. Artaud o confirma. Lacan nos lembra:

> Porque o risco da loucura mede-se pelo atrativo mesmo das identificações nas quais o homem compromete, ao mesmo tempo, sua verdade e seu ser.
> Longe, pois, de ser a loucura o fato contingente das fragilidades de seu organismo, é a permanente virtualidade de uma fenda aberta na sua essência.
> Longe de ser "um insulto" para a liberdade, é sua mais fiel companheira: segue como uma sombra seu movimento.

---

47 LACAN, Jacques. **Escritos**. Zahar Editor. Rio de Janeiro, 1998, p. 521.

48 Não podemos esquecer duas coisas que Lacan nunca parou de ressaltar: uma, que o sujeito é sujeito à linguagem; a outra, que o inconsciente se estrutura como linguagem.

E o ser do homem não só não podemos compreendê-lo sem a loucura, senão que nem ainda seria o ser do homem se não levasse em si a loucura como limite de sua liberdade[49].

Como podemos ver, não é só o ator que corre riscos de perder sua identidade, isso é estrutural do sujeito: "Pois a realidade não é captável senão quando nossa identidade nela se perde"[50], como acontece neste momento com o leitor que se perde nestes escritos, **alienação**, para fazer depois a **separação**: a "identificação com o papel a chamamos: *perceber-se no papel* (separação-fora) *e perceber a este dentro da gente* (alienação-dentro)"[51].

O ator ao se identificar com a personagem está no limite de sua liberdade. Ultrapassá-lo seria entrar na loucura. Por isso é importante retomar Stanislavski, porque não se trata de qualquer identificação, é uma identificação mediada pelo corte do desejo, como travessia, garantindo a emergência do sentimento passional e a razão, da paixão *d'ordure* através da razão se faz o sublime entrar em ação para advir *l'or dur*[52]. São outros os sentimentos da personagem que não os do próprio ator, no entanto têm tudo a ver com ele, esse é seu grande paradoxo, aí está o que é um pensamento unário tão presente na obra de um Beckett, de um Guimarães Rosa. Escutemos agora Stanislavski:

Não estamos fazendo referência aos sentimentos reais em si, senão a alguma coisa muito próxima a eles: as emoções reproduzidas indiretamente, por incitação de sentimentos internos[53].

Esses sentimentos internos a que se refere Stanislavski têm origem no que Freud dava o nome de *Eine Andere Schuaplatz*, uma outra cena, a cena do Complexo de Édipo (ver: Complexo de Édipo [Falo-Castração]), **a cena do Inconsciente**, a **cena fantasmal**, ou, se se quiser, a **cena que nos remete a e**

49 LACAN, Jacques. **Écrits**. Paris: Éditions du Seuil, 1966, p. 176.

50 BAUDRILLARD, Jean; MACIEL, Datia. (Orgs.). **A arte da desaparição**. Núcleo de Tecnologia da Imagem. Rio de janeiro: Editora UFRJ, 1997, p. 17.

51 STANISLAVSKI, Constantin. **El trabajo del actor sobre su papel**. Buenos Aires: Editorial Quetzal, 1977, p. 323 (O que está entre parêntesis é destaque meu.)

52 Pablo PICASSO disse: *D'ordure on fait l'or dur de la criation*. Do excremento a gente faz o ouro duro da criação.

53 STANISLAVSKI, Constantin. **El trabajo del actor sobre sí mismo en el proceso creador de las vivencias.** Obras completas. Buenos Aires: Editorial Quetzal, 1980, p. 92.

confirma a falta radical, a **cena no e do vazio**, a **cena no e do *ex-nihilo***, no sentido que a *Eine Andere Schuaplatz* é a primeira produção desse *ex-nihilo,* alicerce da criação[54]. É importante ressaltar que do **real** dessa cena vem a "energia" que dará vida à **ficção cotidiana** do homem-ator, assim como à **realidade da ficção** do ator-personagem. Por isso, entendo que o que se deve **sublimar** é justamente essa cena. Deixar da *Eine Andere Schuaplatz,* uma outra cena, só o vazio onde a "energia" d'Isso, do real da pulsão, possa produzir **outra cena: a teatral** (ver: Complexo de Édipo [Falo-Castração]).

Uma parte de mim almoça e janta / outra parte se espanta

Então, repetimos, não se trata de qualquer identificação. Uma coisa seria a identificação estrutural por onde a criança constitui seu fantasma – por exemplo, nos seus jogos – e outra as identificações que o ator pode estabelecer com sua personagem. Enquanto a identificação da criança é constitutiva de sua estrutura, de sua subjetivação – diríamos daquilo que lhe permite viabilizar a "energia" – libido –, a segunda identificação, a do ator com a personagem, partirá daquela, mas dela se desviará, sublimando-a[55].

O que o teatro encerra é uma intenção profundamente trágica; essa intenção "verifica-se incapaz de erigir uma constatação [...] e não busca nenhuma sabedoria ao abrigo da ilusão, nem uma felicidade ao abrigo do otimismo. Busca outra coisa: loucura controlada e júbilo"[56]. *Alegria, alegria,* proclama Pascal, *lágrimas de alegria.* Não está aqui a essência do trabalho do ator?

Diderot percebeu o paradoxo. Barrault nos fala desse paradoxo como estrutural, "essa dupla posição desse ser humano leva cada um seu nome [...], esse que é palpável, real, de uma presença visível [...], **a personagem** [...]" e o outro "que se dissimula nessa carcaça de osso e se revela o menos possível [...],

54 Retomaremos essas questões ao longo do trabalho e nelas nos deteremos principalmente no capítulo 8, Ética e estética – A singularidade de uma travessia – o estilo.

55 É importante ressaltar contra o que Freud nos precaveu: "Não todos os neuróticos possuem grande talento para a sublimação; de muitos se pode supor que de maneira nenhuma teriam ficado doentes se possuíssem a arte de sublimar as pulsões" (FREUD, Sigmund. Consejos al médico sobre el tratamiento psicoanalítico. In: **Obras completas.** Buenos Aires: Amorrortu Editores, 1988, v. XII, p. 118). Retomaremos essa questão.

56 ROSSET, Clément. **Lógica do pior**. Espaço e Tempo, Rio de Janeiro, 1989, p. 23.

o ator"[57]. Mas a questão não acaba aqui, o ator também é um duplo. Não podemos esquecer que *meu corpo não é meu corpo, é a ilusão de outro ser*. Esse corpo de que nos fala o poeta é o corpo pulsional, do qual tiramos *a energia que brota dos mananciais mais profundos* como *incitação de sentimentos internos* para a criação; é aquela mesma que às vezes surge como demônio, mas que, sabendo trabalhá-la, é um verdadeiro manancial. Então o ator trabalha em duas pontas, uma é o controle sobre a personagem, outra suporta a existência dos demônios, como nos diz Pablo Picasso: "*D'ordure on fait l'or dur de la création*"[58].

Parte de mim pesa e pondera / outra parte delira

Sobre a *paixão* e a *razão*, Pascal nos leva a uma reflexão que nos parece interessante. Ele nos diz que nem uma nem outra pode ser dominada totalmente, porque quem intentou não o conseguiu. É por isso que "os homens são tão necessariamente loucos que seria ser louco (outro tipo de loucura) não ser louco"[59]. Ele nos fala de *necessariamente*, quer dizer que entre a *paixão* e a *razão* o limite é bem tênue. Esse limite é a nossa *liberdade*, da qual nos falava Lacan, é o limite que estabelece o desejo, o desejo de escolha[60]. O crítico e teórico de teatro Willian Archer nos diz sobre o ator: "O artista consumado, ainda no fogo e na tempestade da paixão, deve continuar sendo dono de si mesmo"[61]. Brecht, ao fazer uma análise sobre as diferenças entre *Formas dramáticas do teatro* (aquelas relacionadas ao que Aristóteles desenvolveu na *Poética*, onde predominaria a **paixão**) e *Formas épicas do teatro* (onde predominaria a **razão**) – cuja leitura levou a um grande equívoco[62] –, nos dirá: "O seguinte esquema

57 BARRAULT, Jean-Louis. **Réflexions sur le théâtre**. "La double position de cet être humain porte chacune un nom: [...] celle qui est palpable, réelle, d'une présence visible [...] **le Personnage**" e o outro "qui se dissimule dans cette carcasse osseuse et se révèle le moins possible [...] **l'Acteur**". Éditions du Levant, 1996, p.139.

58 "Do excremento a gente faz o ouro duro da criação".

59 PASCAL, Blaise. **Pensamentos**. São Paulo: Nova Cultural, 1988. (Pensadores), p. 134.

60 Ver nota 12.

61 ARCHER, William. In: A. VILLIERS. **El arte del comediante**. Editorial Universitaria de Buenos Aires, 1962, p. 20.

62 De colocar em contraposição radical as *Formas dramáticas de teatro* com as *Formas épicas de teatro*. Veremos que não se trata disso.

nos mostrará alguns deslocamentos de valores do teatro dramático ao teatro épico". E Brecht coloca numa nota especificatória:

> Este esquema não nos mostra contradições absolutas, senão somente deslocamento da acentuação. Assim dentro de um processo de comunicação, pode se dar preferência ao que sugere por via do sentimento ou bem ao que persuade através da razão[63].

O que nos deixa claro que não se trata de uma forma ou de outra, senão que as duas estão presentes, só que uma predomina sobre outra. No caso do teatro épico é a razão que deve prevalecer.

Talvez seja hora de introduzir este verbo russo tão particular em Stanislavski, e tão mal traduzido, *chuvsnovat*, que remete a **sentir** como **experiência,** mas também a

> **perceber, tomar consciência** e às vezes poderíamos traduzi-lo como **ver** no sentido de compreender. É realmente surpreendente notar: um verbo onde o sentido se estende entre *sentir e compreender*[64].

Assim podemos entender toda a extensão da seguinte afirmação de Stanislavski:

> Procura não violar a natureza! Segue os sendeiros por ela assinalados. São eles que trato de investigar. Residem no fato de que **a razão, a vontade e o sentimento, constituem um triunvirato indissolúvel**; cada um de seus membros é importante no processo de criação. Há casos em que prevalece um; em outros, outro (grifo nosso)[65].

O que parece estar fora-dentro/dentro-fora não é da ordem da diacronia e sim da sincronia. É nesse ponto que como *acrobatas trágicos* cavalgamos *montados no fio da virgem do desejo*, como nos diz Breton[66].

---

63 BRECHT, Bertolt. **Escritos sobre teatro**. Ediciones Nueva Visión, Buenos Aires, 1970, p. 89.

64 KURTEN, Martin. La terminología en Stanislavski. In: **Máscara**, nº 15: Stanislavski, ese desconocido. Outubro de 1993, p. 36.

65 STANISLAVSKI, Constantin. **El trabajo de actor sobre su papel.** Buenos Aires: Editorial Quetzal, 1977, p. 373.

66 *D'acrobates tragiques / Cramponnés au fil de la Vierge do désir*. BRETON, André. Le Marquis de Sade. In: **Poetas franceses contemporâneos**. Buenos Aires: Ediciones Librerias Fausto, 1974, p. 243. (ver: ión bilíngue).

À razão, podemos vê-la como a consciência, *logos*, discurso; o sentimento, o *pathos,* como aquilo vindo da pulsão, e a vontade como o desejo fazendo o corte. Esse ponto é o que nos interessa. Dar conta dos demônios é botar a Lei para trabalhar; o desejo fazendo sua escolha comanda. Não se precisa manipular a personagem, ela emerge como efeito na *ação*, no *devir.* Ela está presa o suficiente para ter toda a liberdade de voar. E que os demônios sejam bem-vindos! Porque eles, sim, podem ser essenciais, essenciais para o *acaso*, para o novo, para aquilo que faz possível a improvisação. Para não permitir a mecanização na interpretação[67]. *D'ordure* ao *or dur* (ver: Repetição e acaso).

Uma parte de mim é permanente / outra parte se sabe de repente

No devir da repetição significante – que é o permanente –, a emergência do novo – o diabólico nas mãos da Lei do desejo, que é o acaso. Mas, nunca é demais insistir, esses demônios não estão só dentro de nós. Eles podem aparecer a qualquer momento da cena, nos companheiros de trabalho, nos objetos, na própria iluminação, *são in-exterior* e *ex-interior*, dentro-fora e fora-dentro do paradoxo. Diz-nos, finalmente, o poema de Ferreira Gullar:

67 Nos trabalhos que realizamos na Companhia de Teatro PalavrAção da UFPR para a formação de atores tivemos uma experiência bem particular. Uma aluna-atriz, a cada vez que começava um trabalho de improvisação, era possuída de forma tal que parecia estar recebendo um orixá. A situação, para ela, tornava-se por demais desesperante e ela se queixava da impossibilidade de se controlar. "Domine teus músculos!", sentenciei para ela, lembrando o velho Stanislavski. Realmente era uma das piores no trabalho corporal que vínhamos desenvolvendo junto à coreógrafa do Grupo Juvenil de Dança da UFPR, Cristiane Wosniak. Esta colocava, segundo o preparo corporal, dos melhores para os piores, da direita para esquerda. Paula, nome dessa aluna-atriz, estava na estrema esquerda. Em poucos meses tinha ganhado lugar na estrema direita. E no palco entrava e saía dos jogos teatrais com uma facilidade que nos deixava a todos maravilhados. É no corpo do ator, quero dizer, no próprio ator, que devem existir as luzes apolíneas que permitam aflorar as instâncias dionisíacas. Essas experiências foram abrindo o caminho para a *razão-orgânica* que desenvolveremos no capítulo 7: Corpo e "energia".

Traduzir uma parte em outra parte / que é uma questão de vida e morte / será arte?

Haja aí tal marca
que deve ficar presente,
o ator é um fingidor
cria, mas não o suficiente,
para vir a confundir a dor
com a dor que deveras sente[68].

68 MENGARELLI, Hugo. ***O incrível retorno do cavaleiro solitário***. UFPR, Curitiba, 1997, p. 4.

CAPÍTULO 2

O ator e a personagem II: pré-atuação[1]: momento sublime da ação diferencial

Introdução

A pré-atuação é o momento da sublime-ação. Sublime-ação da diferença entre o homem-ator e o ator-personagem. É no momento da sublimação que o **sujeito-desejante-ator** se transfere ao **ator-demandante da personagem** (ver: Demanda e desejo). Momento de metamorfose, que não transforma todo o ator e, sim, uma parte no jogo do duplo de que falava Louis Barrault[2]. É por isso que a pré-atuação é um ato ético e estético *par excellence*. Ético na medida em que estabelece esse corte, essa diferença entre homem-ator e ator-personagem, e estético por ser esse ato uma forma assumida pela singularidade do sujeito-desejante-ator, do homem-ator. No entanto, o ator vai ocupar esses dois lugares, que marcam a diferença com um mesmo material: **seu corpo**. É aqui que começa minha reflexão.

O corpo a caminho da transfiguração

É importante notar que a pré-atuação não encerra o mesmo processo para todos os atores. Por ser, como vimos, um ato estético de singularidade, os

---

1 Esse conceito é extraído da tese da Prof.ª Raquel Araújo de Batista Fuser, **Fio do novelo**, USP- ECA, 2000.

2 Ver capítulo anterior.

caminhos percorridos são diferentes – *se hace camino al andar,* como nos diz o poeta –, o que nos deixa sujeitos, como atores, a não percorrer sempre o mesmo caminho. Escutemos o que os atores têm a nos dizer sobre esse momento prévio ao ingresso na realidade da ficção.

> Para mim tudo começa com a maquiagem, ver meu rosto se transformar na frente do espelho. É como se de meu rosto começasse a emergir algo diferente, estranho a mim mesmo. Aí vem outro gesto diferente dos meus, que acentua a estranheza e simultaneamente me provoca alegria. O figurino vai completando essa metamorfose inicial. No momento antes de entrar, já envolvido com a aura da personagem, imagino o que ela estaria fazendo antes da cena e faço algo relativo a ela e, ao fazê-lo, me sinto outro[3].

Quando eu estava trabalhando o personagem de *O caso das petúnias pisoteadas*[4], que era um homem relativamente jovem (em torno dos 28 anos), mas muito alto e desengonçado, na cena em que ele entrava na loja da mulher para conquistá-la explorei minha altura (1,79m) em relação a minha companheira de contracenação. Abaixei a cabeça para frente como que fazendo surgir uma pequena corcunda, típica em algumas pessoas bem altas. Junto a isso, tinha desenvolvido um andar firme e, ao mesmo tempo, inseguro na forma desajeitada que seu tamanho lhe impunha – o que me fazia me sentir como um forte conquistador com a insegurança de uma criança. Meu corpo se dividia entre querer possuir plenamente o belo corpo da moça, enquanto simultaneamente cheirava seus cabelos no sentido mais platônico[5]. No caso de *A exceção e a regra*, o elemento que me servia de passagem para o *estalajadeiro* era o chapéu. Por sua introdução uma mudança ia acontecendo: eu sentia meu rosto se transformar, os lábios ficavam esticados como um sorriso petrificado até chegar à alteração de meu andar, e meu caneco enchia-se de cerveja. No caso do *2º comerciante*, eram os óculos: eles me relacionavam a um

---

3 Paulo César Farias, ator, diretor e meu assistente na Companhia de Teatro PalavrAção da UFPR, de 1999 a 2010.

4 Peça curta de Tennessee Williams.

5 Escuela Internacional de Teatro de América Latina y el Caribe, México, 1996, sob a supervisão de Raúl Serrano.

personagem burguês do filme *Encouraçado Potenkin*, de Serguei Eisenstein, na peça de Bertolt Brecht *A exceção e a regra*[6]).

– Eu começo meu trabalho de preparação com os exercícios de Groding, aos quais Sandra Zugman nos introduziu na montagem de **Killer Disney**. A partir daí realizo ações físicas com sensação, emoção, utilizando música. Especificamente em **De Profundis**, mergulho no laguinho, molhando-me... já na personagem[7].
– O aquecimento corporal, o relaxamento ativo que permite a passagem de meu corpo para o corpo da personagem, me prepara para o momento crucial da comunicação das ideias e sentimentos da personagem. Entro no caminho da metamorfose, isto é, da identificação. Aí mergulho através da voz e da fala, isto é, vou ao encontro de um trecho do texto, principalmente um monólogo, e através da cadência, do ritmo, do andamento, vou sendo tomado pelo mesmo[8].
– O aquecimento corporal permite a abertura para o que virá. Para mim, desde a maquiagem até vestir o figurino, é um caminho pelo qual me sinto levada para um outro mundo. Mas são os "anteparos" que me jogam nele, o perfume, a terra úmida e o **opelê** (na realidade um rosário de mariscos). Simples ações – que imaginava serem da Agidi – com esses objetos, que serviam de ponte[9]. (Esse parêntese explicativo é do autor).
– Uma mania, que quase virou método para mim, é o sapato da personagem. Eu não consigo fazer uma personagem sem definir antes o sapato [...]. No caso do *Vampiro e a polaquinha*, que esteve oito anos em cartaz, eu tive que trocar muitas vezes os sapatos, o que significava que devia encontrar sapatos similares. Mas numa ocasião não se achou o sapato. E em função disso eu mudei algumas coisas da personagem[10].

6 Montagem realizada pelo Curso de Formação de Ator da Escola Técnica da Universidade Federal do Paraná, sob minha direção (2003/2004).

7 Ivan Cabral, ator, autor e um dos criadores de *Os Sátyros*.

8 Leandro Borgonha, intérprete de Dom Quirino do Rio Grande de **O incrível retorno do cavaleiro solitário** e integrante da Companhia de Teatro PalavrAção da UFPR, Curitiba, 1997.

9 Paula Dias, intérprete de Agidi, em **Agidi, uma Antígona brasileira**, e integrante da Companhia de Teatro PalavrAção. No capítulo 7, **Corpo e "energia"**, trabalharemos a noção de **razão-orgânica**, que hoje comanda nosso trabalho.

10 Depoimento da atriz Nena Inoue, fundadora, juntamente com Luís Melo, do ACT (Atelier de Criação Teatral), Curitiba, PR.

Esses depoimentos nos colocam diante de algo comum, mas diverso. É **diverso** quanto às formas, os caminhos a serem utilizados. É comum, **único**, quanto à questão do corpo. Todos de alguma maneira têm a preocupação de preparar esse corpo, provocar uma espécie de neutralidade que permita que fique "uma personagem desenhada em cima de outra **personagem**, ou seja, uma *persona* em cima de minha persona"[11], nos disse Luís Melo. E ele acrescenta algo muito importante:

> O ator deve ser capaz de decifrar todos os problemas de seu corpo que lhe sejam acessíveis [...]. Se o ator está consciente de seu corpo, não pode penetrar em si mesmo e revelar-se. O corpo deve ser libertado de toda resistência. Deve, virtualmente, deixar de existir. Como acontece com a voz e a respiração [...]. Deve aprender a executar tudo isso inconscientemente, nas fases culminantes de sua representação[12].

Imagino ser nesse ponto, agir inconscientemente – o que nos traz presente Constantin Stanislavski quando nos fala do *Superconsciente* –, que podemos recuperar o ato de pré-atuação como a passagem identificatória: ultrapassar o *Metron* de cada um, sem que por isso os deuses ou os diabos tentem derrubar-nos. É justamente isso que denominamos sublime-ação, sublimação em que *das Ding* (ver: A Coisa e o objeto), *a Coisa, é dignificada*, como nos afirma Lacan, ou também essa forma particular de tratar o objeto *a*. É o único momento em que o recalque (ver: Recalque) não intervém, é o momento ético e estético *par excellence.* Ético pela posição do sujeito diante do Outro (inconsciente) e do outro (semelhante) sem visar outro objeto que não a travessia D'Isso, esse Outro (impossível) real (ver: Real-Simbólico-Imaginário). E estético porque marca a singularidade, a forma com que a travessia se realizará. Esse ato é o que permite *allo aggoreiuei*, **alegoria**, ou seja, *a* "obra faz conhecer abertamente o outro, revela o outro; é alegoria". Em outras palavras, a personagem é alegoria, faz conhecer um outro lado que estava escuro. "Com a coisa confeccionada se junta algo diferente na obra de arte. Juntar se diz em grego *simballein.* A obra é símbolo [...]. Mas este único na obra de arte que descobre o outro, este um

11 MELO, Luís In: SOUZA CAMARGO PRÓCHNO, Caio C. **Corpo do ator. Metamorfose, simulacros**. FAPESP / ANNABLUME, 1999, p. 71.

12 Ibid., p. 71-72.

que se junta ao outro, é o cósico da obra de arte"[13]. Mas o que seria esse *único*, esse *um* que junta ator e personagem? E o que seria isso que permite à personagem mascarar o ator, enquanto simultaneamente desmascara um outro lado dele? Isto é, a personagem mascara para desmascarar a máscara do sujeito--ator. É o que nos sugere Stanilavski: "A caracterização é como uma máscara que oculta o ator-indivíduo. Resguardado por ela, pode revelar os detalhes mais íntimos e picantes de seu espírito"[14]. Estamo-nos referindo, em primeiro lugar, ao que faz o *um*, isto é, a *das Ding*, a Coisa, como *perdida para sempre*. Em segundo lugar, estamos falando de seu mais fiel representante, a *Trieb*, a Pulsão (ver: Pulsão-Libido), o centro no qual gira a metapsicologia freudiana.

A Coisa e suas coisas

Heidegger nos sugere que a Coisa está em todas as coisas[15], é por isso que as coisas têm sua coisidade. É a coisidade da Coisa. Exemplos: Paula nos fala da terra úmida e do seu falso *opelê*, o rosário de Ifá que não é feito de nozes ou de coco dendê, mas simplesmente de conchinhas de mariscos. A primeira coisa opera como sinônimo da gravidez de Agidi, a segunda como relação direta a seus ancestrais. O mesmo se poderia dizer da relação entre Agidi (Paula Dias) e Ernesto (Adriano Esturilho), seu irmão. Nas improvisações surgiu a cocada como algo que os unia fortemente. Foi tal a importância da cocada como anteparo[16] que ela passou a formar parte de uma cena sem fala, na qual a entrega de uma cocada de Agidi para seu irmão carregou-se dramaticamente por ser o último encontro entre os dois.

A coisidade cocada vai além do utilitarismo do objeto cocada. Assim como falamos da cocada ou mesmo do *opelê*, podemos fazê-lo de quantos objetos teatrais possam ser usados, mas é na brincadeira da criança que vemos que os objetos – cujas funções podem ser trocadas pelas mais inverossímeis – adquirem a coisidade da Coisa, em um outro lugar, o de **alegoria**. Esse outro lugar

---

13 HEIDEGGER, Martin. **Arte y Poesía**. México: Fondo de Cultura Económica, 1997, p. 41.

14 STANISLAVSKI, Constantin. **El trabajo del actor sobre sí mismo en el proceso creador de la encarnación**. Buenos Aires: Quetzal, 1971, p. 213.

15 No capítulo 8, Ética e estética, retomaremos a questão da Coisa desde Heidegger. Também ver no Anexo 1: A Coisa e o objeto.

16 No capítulo 7, **Corpo e "energia"**, retomaremos a ideia de **anteparo**.

está além da realidade cotidiana que faz do humano tão distinto de todos os outros animais, é o lugar que tem de simbólico o humano. O humano é seu poder metafórico.

A *das Ding* é algo perdido para sempre, ou melhor, Freud nos disse que é algo que nunca existiu, a não ser como perdido para sempre. Seria o corpo materno aquele que produziria, hipoteticamente, um *lust-Ich*, um eu do prazer, relacionado ao *lust-Prinzip*, princípio do prazer. Não seria isso que comanda o humano? Não seria esse reencontro com a Coisa para estabelecer uma completude um equilíbrio em que tudo pudesse ser perfeito e a felicidade reinasse soberana? As pastorais políticas – e as outras também – vêm afirmando isso há tempos. Aliás, já nos diz Levy-Strauss que: "Nada se assemelha mais ao pensamento mítico que a ideologia política. Em nossas sociedades contemporâneas, talvez esta tenha se limitado a substituir aquele"[17]. Noutras palavras, existem mitos e mitos. Além disso, não podemos esquecer que *mithos*, em grego, também significa palavra e discurso: "o mito faz parte integrante da língua; é pela palavra que ele se nos dá a conhecer, ele provém do discurso"[18]. Então, os mitos freudianos de *das Ding*, a Coisa, e da *Trieb*, da Pulsão, tratam justamente de falar disso a que o ator não teria acesso, segundo Luís Melo, quando nos dizia que *o ator deve ser capaz de decifrar todos os problemas de seu corpo que lhe sejam acessíveis*. A Coisa e a Pulsão têm a ver com Isso, com o inacessível.

Por perder a inominável Coisa ganho as outras coisas

O conceito de pulsão, como começamos a ver no capítulo anterior, é um verdadeiro corte epistemológico no pensamento científico e, simultaneamente, pouco entendido e bastante contestável. Por quê? A doutrina das pulsões são nossa mitologia, por assim dizer. As pulsões são seres míticos, grandiosos na sua indeterminação"[19]. É algo *drive*, "à deriva", como nos diz Lacan, algo que Beckett definiu como *O Inominável*, "[...] uma ambivalência que se apreende

17 LEVY-STRAUSS, Claude. **Antropologia estrutural**. Rio de Janeiro: Tempo Brasileiro, 1975, p. 241.

18 Ibid., p. 240.

19 FREUD, Sigmund. **Nuevas conferencias de introducción al psicoanálisis.** 32ª Conferencia: Angustia y vida pulsional. Amorrortu editores, Buenos Aires, 1986. Obras Completas, vol. XXII, p. 88.

mal quando é abordada no nível do amor e do ódio"[20]. Uma dobradura, espécie de *nolens volens*, ao mesmo tempo que se resiste, que se nega, se o quer; o que podemos ver no tango quando diz: *te ódio y te quiero*, e em Chico Buarque quando em *Atrás da porta* escutamos a voz feminina declarar: "te amando pelo avesso".

A Coisa cai, se perde para sempre no corte, *Spaltung* (ver: Alienação-separação / O Complexo de Édipo: falo-castração) como denominava Freud, corte efetuado pelo Significante do Nome do Pai, dirá Lacan, a linguagem (ver: Pai: Real-Simbólico-Imaginário). A Coisa só está como significante, como pura falta na qual os objetos – mulher, casa, livro, carro etc. – virão ocupar o lugar, isto é, os objetos serão as coisas, mas nunca a Coisa. Sempre haverá um resto. Por isso, a Coisa, em última instância, está além do princípio do prazer. A Coisa está no nível do gozo (ver: O gozo e sua relação com o desejo) e, sobre isso, será muito importante vermos suas variantes, sendo que, sem dúvida, o narcisismo é uma delas.

Freud tinha mostrado que antigamente, antes do cristianismo, a Coisa estava colocada na tendência, isto é, na travessia. Não interessava tanto o objeto que estaria no final do percurso, mas sim a tendência, o caminho para ele. Hoje sabemos que é o contrário, a libido, que é a pulsão organizada e representante da representação da Coisa[21], está colocada no objeto. O que coloca a ética em questão. Toda libido é sexual, o que quer dizer que todo objeto cumpre uma função sexual, mas não necessariamente genital. A sublimação é justamente o desvio do alvo para outro alvo, a "satisfação do Trieb é, portanto, paradoxal, posto que ela parece produzir-se fora do lugar em que está seu alvo [...]. Daí é preciso concluir que a libido sexual tornou-se dessexualizada"[22]. Desse modo o teatro colocaria a Coisa na tendência, na travessia, o que faz o objeto – objeto da pulsão – dignificar a Coisa. Ou, se se quiser, a revelação do outro de que nos falava Heidegger, para além do objeto, é uma forma da sublimação. É o trabalho do ator.

20 LACAN, Jacques. **O seminário, livro VII**: a ética da psicanálise. Rio de Janeiro: Jorge Zahar Editor, 1988, p.130.

21 A pulsão será tratada no trabalho teatral como "energia" e não energia, isto é, "energia" (entre aspas) porque sua origem não está na Coisa matéria, mas na falta dela. O correto seria falar em razão pulsional.

22 Ibid., p.140.

O Ator trabalha com a Coisa, ou melhor, a Coisa[23] o coloca a trabalhar, é o fora-dentro-dentro-fora da pulsão, é esse *drive* que por momentos nos surpreende, seja para a criação ou seja para a angústia; seja para o belo, seja para os monstros. Mas ambos convivem na ópera diabólica de que fala Marcolini em ***Dom Casmurro***[24]. O caminho é seguir Picasso, fazer do *ordure*, excremento, o *or dure* da criação. Mas esse excremento, *ordure*, foi o ouro duro, *or dure* da criação do sujeito. Isto é, o que comanda a criação: "o artista é a origem da obra. A obra é a origem do artista. Ninguém é sem o outro"[25]. Vemos o paradoxo, e é um paradoxo em **devir**, isso é o Isso, a pulsão para a sublimação, isto é, o *insight* tão presente nos jogos teatrais, porque disso se trata, de jogos. Jogos em que os corpos estão sujeitos a regras.

M'eu corpo: objeto-instrumento-instrumentalizador

Corpo, mas que corpo? Nós possuimos um só corpo? É aqui que novamente nos encontramos diante de algo profundamente polêmico. Poderíamos dizer que o corpo pulsional é o mesmo corpo da libido narcísica? E este é o mesmo corpo do sintoma? Corpo esse sujeito às mais variadas identificações, imaginárias e simbólicas, e principalmente à identificação real do simbólico[26] desejo, desse desejo que realmente desconhecemos e até podemos negar. Onde entraria o corpo do ator? Seria o corpo do ator o corpo da experiência como nos fala a fenomenologia? "Que se trate de outro corpo ou de meu próprio corpo, não tenho outro meio de conhecer o corpo humano senão vivê-lo, retomar por minha própria conta o drama que o traspassa e confundir-me com ele. Portanto sou meu corpo, exatamente, em que tenho um saber

23 A Coisa perdida tem a ver com objeto ***a***. Em outras palavras, o objeto ***a*** é o que resta da Coisa perdida, é a marca da sua falta, é a carência, marca constitutiva do sujeito. O objeto ***a*** é *o objeto causa do desejo*.

24 ASSIS, MACHADO de. **Dom Casmurro**. São Paulo: Abril S. A. Cultural e Industrial, 1978: "Deus é poeta. A música é do satanás, jovem maestro de muito futuro, que aprendeu no conservatório do céu", p. 187.

25 HEIDEGGER, Martin. **Arte y poesía**. México: Fondo de Cultura Económica, 1997, p. 37.

26 Ao longo deste trabalho estarei desenvolvendo uma metáfora em torno da relação da pulsão com o desejo, este seria o Alferes (do árabe *Al Feris*: o ginete) do indômito cavalo pulsão; mais que cavalo poderíamos considerá-lo um centauro que, segundo leituras simbólicas, "é a besta do homem, inominável, imagem do inconsciente que chega a se apoderar da pessoa, abandona-se a seus impulsos e abole a luta interior". CHEVALIER, Jean / GHEERBRANT, Alain. **Dicionário de los símbolos**. Editorial Heder, Barcelona 1986, p. 271/272.

adquirido"[27]. Ou seria um corpo projetivo, como nos coloca Freud e Lacan vai confirmar posteriormente? *Wo es war, soll Ich werden*, onde era Isso (o corpo da mamada) um Eu advirá (para anunciar o beijo que m'eu corpo há de dar, em homenagem à mamada).

É por isso que a Profª. Rachel Araújo de Baptista Fuser[28] se horroriza quando vê esses norte-americanos que, para interpretar soldados na guerra, por pouco não são enviados ao fronte para ter experiência, para o corpo padecer o que um soldado padece. Aqui podemos notar mais uma vez que esse termo, crucial na reflexão stalinavskiana, *perezhivania*, "*experiência consciente* na aproximação da vida no rol"[29], é mal interpretado. Não se trata de experimentar um assassinato para interpretar um assassino, senão *experimentar* a situação das *circunstância dadas*, no jogo teatral, abrindo as portas à emergência criadora do insconsciente e do real inconsciente. Noutras palavras, uma grande "paixão pelo real", como diria Alain Badiou: os soldados se vêem obrigados a querer continuar mamando no seio da mãe, e não em qualquer seio, senão naquele que uma vez, supostamente, miticamente, correspondia ao colo celestial.

Mas, em contrapartida, podemos dizer também que aqueles que consideram a morte da personagem e que não existe uma separação entre o ator e a personagem, isto é, o ator sempre está aí – o que não deixa de ser uma verdade, mas só que meia verdade –, não escapam dessa questão: tanto para aquele como para esta, não há inconsciente, ou melhor, um corpo real do inconsciente – um corpo que escaparia do discurso da consciência e do próprio inconsciente –, esse centauro, ninho mesmo dos Diabos que o mal procura e que o bem da criação pode realizar. Aqueles que não acreditam na existência da personagem – que estamos vendo que é provocada pela estrutura – deveriam esquecer o teatro, ficariam mais cômodos fazendo *Big Brother*. Assim, tampouco, escapariam da utilização de máscaras[30].

---

27 MERLEAU-PONTY, Maurice. **Fenomenologia da percepção**, p. 269.

28 BAPTISTA FUSER, Rachel Araújo de. **O fio do novelo**: um estudo sobre a pré-atuação do ator. São Paulo: USP, 2000, p. 6-8. Tese de Doutorado.

29 KURTIN, Marcel. La Terminologia de Stanislavski. In: **Máscara**: **Stanislavski, esse desconocido,** nº 15. Escenologia, A. C., México, octubre de 1993, p. 36.

30 Entendemos que o teatro contemporâneo e o que se denomina de pós-moderno têm uma relação particular com o discurso da ciência e o discurso modernista. É o que tentamos desenvolver no Anexo 1: Algumas

É interessante notar, contudo, que há uma preocupação exorbitante com o corpo, por isso nos vemos necessitados de nos aproximar da proposta de Etienne Decroux, por exemplo, e seus seguidores. O mímico francês nos fala em três suposições: a primeira relativa ao teatro excessivamente falado, que faz com que "me encontre num estado de recepção literária". Na segunda, tende-se para o lado de uma certa pobreza: "Mímica e palavra podem ser misturadas? Sim, quando ambas são pobres; nesse caso uma completa a outra. E por último: uma das duas pode mostrar-se ricamente? Sim, na medida em que o outra se mostrar probremente"[31]. Logo nos dirá: "O ator, que é denominado intérprete – quase como dizer intermediário ou mediador –, é um autor de música dramática: daquela que ele, acaso sem anotá-la, compõe para as palavras daquele que se intitula autor"[32]. Em princípio, a 9ª Sinfonia interpretada por Arturo Toscanini com a Orquestra Sinfônica da NBC não é a mesma que a interpretada por Von Karajan com a Filarmônica de Berlim, sem falar das várias interpretações eletrônicas que se fizeram do mesmo tema. No caso do ator, isso é ainda mais crucial, pois o ator não tem instrumento para interpretar a não ser seu próprio corpo-voz e, mais radical ainda, ele não tem partitura, deve **criá-la**. Parece-me que Decroux não foi muito feliz nessa comparação. O ator não é um mero intermediário – quando interpreta um texto –, ele é a ponte que se constrói não com bases no chão, mas agarrada entre as paredes da montanha, e se lança sobre o precipício, é quem realiza *um salto sem redes,* como fala Armando Sérgio da Silva. O ator não é *possuído* como no candomblé, no qual o filho de santo é possuído pelo orixá. Poderíamos dizer, lembrando a relação que Didier-Weill faz com a música, que o Sujeito é *habitado* por ela, é o ator quem *habita* a personagem, como Lacan nos ensinou que habitamos a linguagem. Ele recebe do Outro (texto) a palavra e se apropria dela, ou seja, não é só o ator que fala o texto, mas também o texto deve falar no ator, dentro-fora / fora-dentro, isto é, ser habitado em partes – "controlando a minha maluquês, misturada com minha lucidez"[33] – pelo personagem, e não totalmente, caso contrário estaríamos aqui no campo da psicose. Outra

---

consequências do discurso da ciência e do modernismo no pós-modernismo; e no Anexo 2: Algumas considerações sobre o teatro pós-dramático.

31 DECROUX, Etienne. **Teatro y mimo, máscara: shht: actor del silencio – teatro del gesto?**, nº 13-14, abril/julho 1993, México: Escenologia, p. 58.

32 Ibid., p. 59.

33 SEIXAS, Raul; COELHO, Paulo: **Maluco beleza**.

diferença com a música é que nela o sujeito a recebe do Outro, mas ao cantá-la a faz própria, torna-a sua palavra. Mas não se trata da mesma palavra que o ator deverá habitar, *Wo es war, soll Ich werden*, lá onde era o texto – que deverá habitar o ator – a personagem advirá. Isso é o *Wo es war...* do teatro, e não interessa se o texto é de uma obra escrita ou mesmo produzida em improvisações. A palavra – que encerra o significante do desejo – é que nomeia, que marca a alteridade, e sem ela corremos o risco de que o texto nos habite, isto é, que a loucura tome conta. Enquanto a voz é um significante de *significância zero*, quer dizer que não se abre à significância – veremos isso no capítulo sobre a voz –, a palavra (do texto) já vem carregada de significância, ou seja, essa identificação que se produz por meio da transferência (ver: Transferência e inconsciente), do Outro para o Sujeito, está bem mais perto, como acabamos de ver, da loucura, talvez seja isso que provoque tanta resistência o que chamam de "Interpretação". Porque é o momento de risco, quando os diabos podem fazer *d'ordure* excremento mesmo. O texto abre, no ator, um caminho que permitirá dar vida a isso que recebe o nome de personagem. Melhor seria dizer abre caminhos, porque sempre serão interpretações diferentes da mesma personagem dependendo do ator, uma vez que ele, inquestionavelmente, deixa sua marca, a marca de seu estilo, senão estaríamos vendo sempre o mesmo Hamlet. De Laurence Olivier a Mel Gibson passsando por Kenneth Branagh, os suicídos de Ofélia foram bem diferentes[34]. Insistimos: *Wo es war, soll Ich werden*, onde era isso (o texto), o ator com sua personagem advirá, d'Isso, do vazio *d'ordure*, do vazio do excremento, o *or dur*, o ouro duro da criação advirá.

Por isso devemos entender a tentativa dessa diferenciação que se quer estabelecer entre "interpretação" e "representação". Luís Otávio Burnier, em seu livro *A arte de ator: da técnica à representação*, nos diz que "*a* noção de **interpretação** também evoca a questão da **identificação psíquica e emotiva do ator com a personagem**, à qual busca, **de acordo com as suas possibilidades**, moldar-se, para, em seguida, traduzi-la para o palco"[35]. Em primeiro lugar, um *tradutore* é um *traditore* não só porque se trata de sujeitos diferentes, mas também porque escrevem de maneira diferente, um com a **alma na mão**,

---

34 No capítulo 8, **Ética e estética – A singularidade de uma travessia – o estilo**, retomaremos essa questão.

35 BURNIER, Luís Otávio. **A arte do ator**: da técnica à representação. Campinas: Editora da Unicamp, 2001, p. 23.

o outro com o **alma de corpo inteiro**. É aí que se estabelece o grande momento da diferença, o ator deve regastar com seu **espírito** algo dessa **alma** que esconde os textos dos autores, deve resgatar essa real-alma que vai singularizar o caminho da personagem. Em segundo lugar, lembrando Alfredo Zitarrosa sobre **identificação** (de *idem* = o mesmo), o grande compositor uruguaio no diz: *que es lo mismo, pero no es igual*[36]. Como dois irmãos são da mesma família, dos mesmos pais, no entanto podem ser totalmente diferentes. Se o sujeito é, ao longo de toda sua duração, um acúmulo de identificações, nem por isso somos todos os "mesmos". Mas o sujeito é sujeito justamente pelas identificações, o que se deve diferenciar são as identificações que conformam sua estrutura e as outras, as que formam parte da personagem. Por isso, insisto, não podemos confundir **a ficção de nossa realidade** com a **realidade da ficção da personagem teatral. É aqui que se centra o ato ético** *par excellence.* Ah! logicamente, para aqueles que acreditam que Deus existe, se, como nos diz Lacan, *Deus é inconsciente.*

Podemos agora nos dirigir ao psicodrama. Eu, há muitos anos, tinha optado por exercícios que se baseavam nele. Os resultados, em alguns casos, foram assustadores, principalmente pelo momento de angústia pelo qual passava o aluno-ator[37]. Creio que já estamos suficentemente capacitados para entender que o real-insconsciente não é só da profundeza do sujeito, mas também da sua superficialidade, isto é, está dentro e também fora, e é por isso que os gregos se preocupavam tanto com a superfície para poderem ser bem profundos[38].

Esse é o *modus operandi* dos que lidam com o desejo inconsciente. Então, fica claro que a questão passa pelo conceito de Pulsão, ou, se quiserem, daquele real do insconsciente que deve ser sublimado. É importante lembrar o que

36 "Que é o mesmo, mas não é igual".

37 Como professor, tive uma experiência que me deixou com uma carga de culpa muito grande, principalmente porque se tratava de uma excelente aluna e muito disposta para o trabalho. Existia uma transferência marcante e isso todo professor deve cuidar com muito sigilo. Como consequência, a aluna estabeleceu uma demanda desse outro lugar. Lugar esse que eu não poderia ocupar nunca, por várias razões: 1° uma questão ética (sou professor) e 2° eu não sou psicanalista. No teatro aconteceu algo parecido; a experiência do ator tornou a situação mais leve, mas para mim isso foi determinante. Fui abandonando essa particular influência que tinha recebido de Augusto Boal e Viola Spolin. Evidentemente: conservando outras.

38 NIETZSCHE, Friedrich: **A gaia ciência**. Companhia das Letras, Rio de Janeiro, 2001, p. 15: "Oh, esses gregos! Eles entendiam do *viver*! Para isto é necessário permanecer valentemente na superfície, na dobra, na pele, adorar a aparência, acreditar em formas, em tons, em palavras, em todo o Olimpo da aparência! Esses gregos eram superficiais – *por profundidade!*".

Freud tinha prevenido: nem todos estariam sujeitos à possibilidade de sublimar. Por isso, a importância que dão ao corpo alguns movimentos de teatro é, a meu entender, um certo medo que há sobre ele – de maneira alguma estou descuidando do corpo, só faço referência a ele. A questão do corpo, essa "razão grande" nietzschiana, e a questão de seu desconhecimento, tão bem expresso no poema de Carlos Drumond de Andrade, é o que estamos desenvolvendo ao longo do trabalho. Por isso é que devo lidar e ser lidado por **m'e/u corpo**, é ele o **objeto** de trabalho e o **instrumento** de criação, mas, e fundamentalmente, o **instrumentalizador**, aquele que dá a "energia" para que o instrumento modele o objeto numa **sublime-ação**. Continuaremos falando a respeito ao longo deste trabalho.

Para concluir, a pré-atuação é o momento do engate ético-estético. Quando esse engate se realiza, a pré-atuação deixa de ser pré para transformar-se em atuação, isto é, no teatro o que reina é a constante atualização, é o devir que se instala como comandante da travessia. Fazer teatro é estar em movimento, sempre sujeito ao novo, é como Jean-Luc Godard vaticina ao abrir seu filme *La Chinoise* ("A chinesa"): *Un film en train de se faire*[39].

---

39 "Um filme na travessia de se fazer".

Capítulo 3

O OLHAR I: O olhar e o ator

Adeus, disse a raposa. Eis o meu segredo. É muito simples: só se vê com o coração. O essencial é invisível para os olhos.

Antoine de SAINT-EXUPÉRY

Aos pintores, deveriam lhes fazer o que fazem com os pássaros, furar os olhos para pintarem melhor.

Pablo PICASSO

O famoso cachimbo...? Já fui suficientemente censurado por causa dele!
E afinal... conseguem enchê-lo? Não, é apenas um desenho, não é?
Se tivesse escrito por baixo do meu quadro "isto é um cachimbo" estaria a mentir[1].

René MAGRITTE

Normalmente eu pinto no escuro... Muitas pessoas acreditam que isso é o produto de meu próprio subconsciente. É uma hipótese verdadeira na medida de que tudo o que está além da percepção dos cinco sentidos é inconsciente...

Luiz Antônio GASPARETTO

Introdução

Há tempos, como professor, venho trabalhando a questão do Olhar no cinema. Com o auxílio de meu percurso em psicanálise e de meus estudos sobre a técnica da montagem, fui desenvolvendo um olhar que permite ver o quanto

1 René Magritte falando sobre seu quadro *A traição das imagens* – um cachimbo pintado e sob ele escrito: *ceci n'est pas une pipe* ("isto não é um cachimbo") – In: PAQUET, Marcel. **René Magritte**: o pensamento tornado visível. Benedikt Taschen, Alemanha, 1995, p. 9.

de cegueira nos comanda quando assistimos a um filme. Vemos o filme, mas nos passa em branco sua estrutura, que, às vezes, está por demais à vista.

O cinema hollywoodiano se caracteriza por uma técnica de decupagem – montagem – que é sustentada pela descontinuidade da imagem. No entanto, é essa mesma descontinuidade que faz do filme uma "realidade" contínua, ou seja, o **enunciado** apaga a **enunciação** (ver: Discurso: Enunciação-Enunciado). A partir daí, fui tratando de entender esse lado cego dos olhos para o qual as epígrafes parecem apontar. Gasparetto, de forma bem definida, vem nos confirmar o que dizem a raposa e Pablo Picasso: que o olho não seria um órgão muito confiável, que possui, diríamos, algo relativo à cegueira. A reação que um exercício provocou nos integrantes da Companhia de Teatro PalavrÁção da UFPR, a qual dirijo, levou-me a arriscar, no teatro, ver algo dessa cegueira.

A cegueira do Édipo

Mas não foi nesse lugar onde ficou Édipo depois de saber a verdade, essa mesma verdade que até hoje inconscientemente carregamos? Na relação da visão do sujeito com as coisas, "algo escorrega, passa, se transmite de piso a piso, para ser sempre nisso em certo grau elidido"[2]. Antes do olho – do ver do olho – está o *empuxo* de que nos falava Merleau-Ponty e que nos remete ao olhar. Antes do ver a cena de todos os dias e a própria do teatro, está essa *Eine Andere Schuaplatz*, **uma outra cena**, da qual nos falava Freud, a cena que ele chamou de Complexo de Édipo (ver: Complexo de Édipo: falo-castração), lugar do saber inconsciente. Ela tem a ver com esse *empuxo* que marca nossa cegueira, isto é, nosso olhar. Entre o olho e o olhar há uma esquize, cisão, abertura, por que não dizer, um buraco, o buraco do inconsciente, a história apagada pelo recalque. No quadro *Decalcomania*, de Magritte, aparece na cortina um recorte, um buraco com a figura do homem que está à esquerda, mas, observando bem, as linhas de ambos não coincidem. Além do mais, e isso é importante notar, o buraco na cortina nos leva a imaginar que nosso olhar atravessa o quadro, vai além do objeto da figura humana, como se escapasse por ele. Magritte desconstrói esse olhar. O ator deve também desconstruir o

2 LACAN, Jacques. **Seminário XI**: os quatro conceitos fundamentais da psicanálise. Rio de Janeiro: Zahar Editores, 1979, p. 74.

olhar, isso é básico para a construção da personagem. É fundamental que o ator saia de sua relação especular para encarar o vazio, único lugar possível para a criação.

A cegueira dos olhos

Mas, quando o olhar se coloca no campo puramente especular – como, em grande parte, acontece no cinema hollywoodiano ou mesmo na relação amorosa –, ele *se vê* , como nos diz Lacan. "Esse olhar que encontro [...] de modo algum é um olhar visto, mas um olhar imaginado por mim no campo do Outro"[3]. "[...] O que seria uma antecipação de um dado a ver. Seria o olhar uma espécie de anteparo dos olhos? Sem dúvida que sim, que a consciência, em sua ilusão de ver-se vendo-se, encontra seu fundamento na estrutura em reviravolta do olhar"[4]. *Ver-se vendo-se* como no espelho, dentro-fora, fora-dentro. Com isso, olhamos antes de ver, e mais, olhamos sabendo o que queremos ver. Aqui não há buraco, ou melhor, nós o ocultamos.

A consciência (palavra que vem do latim *conscius*, confidente, testemunha, cúmplice, culpado), aquela que nos permite dar sentido, unidade às coisas, inclusive ao nosso corpo, está relacionada com o espelho, onde esse outro que se reflete, sou "eu", é esse *ver-se vendo-se*. Mas o que buscaria esse olho refletindo-se no olho que o olha? A consistência, a completude que, separado o sujeito da mãe, supostamente se perdeu. "Com efeito, o olhar é herdeiro, a seu modo, do cordão umbilical"[5]. Fomos separados da mãe, mas, por meio desse novo cordão que é o olhar, buscaríamos uma substituta (ver: Estádio do espelho).

Mas por que o olhar seria cego? Cego por ser tomado, esse olhar, dentro de uma imagem idealizada, essa que no espelho permite a unidade corporal, a completude da criança, assim como antes ela a encontrava no corpo materno. Essa imagem é fruto do olhar materno, mas como olhar desejante, olhar carente. Isso é que faz possível que essa imagem refletida no espelho seja "eu". O "eu é principalmente uma essência-corpo, não só uma essência-superfície, mas, ele mesmo, a projeção

3 Ibid., p. 84.

4 Ibid., p. 82.

5 GODINO GABAS, Antonio. **Curso e discurso da obra de Jacques Lacan**. São Paulo: Editora Moraes, 1982, p. 20.

de uma superfície"[6]. É por isso que "o olhar do outro com quem falamos devolve certa consistência ao nosso corpo"[7], evitando assim nos defrontarmos com a verdade, que o Outro (a mãe) também nos olhava para ter sua *consistência*, isto é, ele não era todo, havia algum furo que o levava a demandar tanto amor e nosso amor nunca foi o suficiente para preenchê-lo, acalmá-lo. Essa consciência **testemunha confidencia** uma **culpabilidade**, é **cúmplice** de um engano, que é o de dar a essa *consistência* uma ilusão de completude, já que a imagem evita o que Lacan falava sobre *a falta constitutiva da angústia de castração* que a mesma encerra. Essa completude é a sutura imaginária da abertura do inconsciente, é a matriz da ideologia. A cegueira de Édipo faz irrupção no olhar e é por isso que existe o cinema. Coisa que não acontece com *Shane*, meu pastor alemão, que nem sequer deu a mínima quando convidei a assistir *Shane*[8], origem de seu nome.

O olhar materno e a castração

O que seria essa *angústia de castração*? Além de ela nos fazer enfrentar um corpo cheio de buracos, um corpo para a morte, ainda nos coloca diante do próprio vazio, o vazio da existência. Chegamos ao ser na medida em que somos tomados pela linguagem, degustados, triturados, engolidos e cuspidos por ela. Temos um ser enquanto sujeitos alienados à linguagem, e ela não nos garante nada: serve para nos comunicarmos, mas também para nos trumbicarmos (ver: Alienação e Separação).

O olhar está relacionado à castração – estamos sujeitos à linguagem e ela nos impõe limites –, e essa castração se fará carne na castração materna (ou da mulher): o lugar do pênis ocupado por uma falta, um buraco, por uma ausência dele. Esse é o ponto cego do olhar – a linguagem estabelece furos no corpo, a castração materna encarnará esses furos[9]. O corpo da criança, separado do

---

6 FREUD, Sigmund. El "Yo" e el "Ello". In: **Obras Completas**, Buenos Aires: Amorrortu Editores, 1990, v. XIX, p. 27.

7 POMMIER, Gerard. **O Inconsciente e o Id**. Publicação interna da Escola de Psicanálise de Niterói, s/d, p. 36.

8 "Os brutos também amam" de George Stevens, 1952.

9 Como vimos na nota anterior, o Complexo de Édipo opera como função estruturante no sujeito diante desse vazio provocado pela irrupção violenta do significante Nome do Pai, que vem do Outro (da mãe), pelo inexorável destino de sermos condenados à linguagem, não própria da natureza, instintual, como nos animais.

corpo materno, deverá dar conta também de sua castração[10]. Mas, em compensação, ganhará a imagem para denegá-la, denegar o corpo materno como algo *perdido para sempre*. Trata-se de um paradoxo: sou produzido pela falta no Outro (a Mãe), e é desde o desejo materno que minha imagem no espelho se faz possível, essa imagem é o véu narcisista no qual consisto. Mas é um véu fácil de rasgar, é aí que emerge a angústia de castração: sou um nada que na ação e na palavra advenho. Mas posso me perder no objeto, seja nesse véu imaginário que trata de cobrir a falta – como no amor ou no cinema hollywoodiano e seus *happy endings* –, ou mesmo cair no infinito vazio, onde habitam o inquietante e o inominável. *Não me atormentes Molloy [...], não te inquietes Molloy,* assim Beckett nos falava dessa *Cuca* que tanto medo nos colocava na infância. É essa a pior de todas as faltas: a falta de falta, a falta de castração. O ator também advém na linguagem, seja falada, gestual ou corporal – ainda que ela encerre algo que lhe escapa, algo de *essencial* e *invisível para os olhos.*

Então, *o essencial é invisível para os olhos*, o que quer dizer que talvez sem eles possamos nos aproximar da essência – é assim que tocam os grandes músicos, com o "olho do coração" – e, também, entender que a pintura de um cachimbo *ceci n'est pas une pipe* (ver figura no próximo capítulo), ou mesmo que um filme não é mais que um filme, como Godard em *Les Carabiniers* (*Em tempos de guerra*) e Woody Allen em *The purple rose of Cairo* (*A rosa púrpura*

É nele, no Complexo, que se procede à sexuação humana, é o período em que o sujeitinho vê-se obrigado a **dar bois aos nomes** (dar coisas aos nomes), ou seja, corporizar as diferenças dos fonemas "o" e "a". Mais claramente a diferença sexual "homem" – "mulher".

10 A experiência de Freud diante de seu netinho brincando com um carretel nos parece importante para mostrar esse trabalho da castração. A criança brincava com um carretel amarrado a um fio, que era segurado por ela. Jogá-lo fora do campo da visão provocava angústia na criança, que exclamava *Ôooo!* Logo, puxava-o pelo fio trazendo novamente para sua visão, o que a levava a expressar com alegria *Aaaa!,*: o conhecido ***fort*** (fora, desaparecido) – ***da*** (aí, aqui). Num momento determinado, quando o carretel desaparece, a criança exclama um Ôooo!, mas com certa alegria. Desse carretel, num primeiro momento, poderíamos dizer que é a mãe, que aparece e desaparece; mas no segundo momento dá para perceber que aí está o sujeito, só possível de aparição através da ausência, da falta do outro. Essa ausência não só marca a falta no outro – vem a calhar que a criança não o complete, porque é impossível fazê-lo –, mas também a separação que a criança estabelece desse outro. A marca da castração, na sua radicalidade, está nesse *Ôooo!* e *Aaaa!,* que remete, mais que a um jogo com o carretel, ao ingresso da criança na linguagem. Contemplar a ausência do outro é fundar a saudade, lembrando *Agidi – Quem sabe se no dia em que o primeiro morto foi sepultado nasceu a palavra, a palavra fundadora: Saudade* (Peça de minha autoria). É claro que a criança mata a Coisa – a mãe – para nascer na palavra.

do Cairo) nos mostram, e que veremos no próximo capítulo. E assim, dessa maneira, podemos ver *As meninas* de Velázquez atravessarem o espelho[11].

Eu sou o Outro, o espetáculo

Antes de começarmos a relatar os efeitos que isso provocou no nosso trabalho com o ator, importa-nos avançar mais sobre a questão do olhar. Quem olha quando se sonha? Está mais que claro que não é o "eu" – esse da consciência –, porque esse "eu" é personagem na cena teatral ou cinematográfica do sonho. A não ser que nos consideremos absolutamente loucos, devemos reconhecer que nessas histórias que o sonho nos faz vivenciar – às vezes com terríveis pesadelos – há um outro narrador, há outro que nos olha, a nós, os narrados, os personagens dessa *Eine Andere Schluaplatz* – Uma Outra Cena –: devemos reconhecer que isso não é do nosso campo, é do campo do Outro, do inconsciente – é o que nos deixa mais clara a ideia de que somos sujeitos a um desejo que desconhecemos, sujeito do desejo inconsciente. Parece que simultaneamente somos protagonistas e *cameraman* do filme. Talvez aqui fique bem clara a cisão do ver da personagem "eu" e o olhar inconsciente – cisão entre a personagem e o ator, este metaforicamente **inconsciente** daquela, cisão essa que o espelho vem obturar, suturar. É esse olhar que devemos constantemente pôr a trabalhar, "este não se deixa pegar, nem se submete à consciência; carece se aproximar dele com imenso cuidado"[12]. O que acabamos de ver é que esse olhar inconsciente é pego e submetido pela imagem, que o buraco da Outra Cena é coberto, obturado pelo véu do espelho. Era disso de que falávamos quando dizíamos que uma falta – a da mãe – nos permite a unidade especular – caso falte a falta, a Cuca da Psicose nos pode pegar. O que também nos leva a pensar que para estar na Cena Teatral temos que superar o olhar especular, só nesse momento nos abrimos para o *Wo es war...*, onde era Isso, olhar especular, *...sol Ich werden*, Outro Olhar advirá[13].

---

11 MENGARELLI, Hugo. "As meninas" atravessam o espelho. In: **PalavrAção**. nº 3. Biblioteca Freudiana de Curitiba, Curitiba, nov. 1998, p. 47. Ver o próximo capítulo.

12 STANISLAVSKI, Constantin. **El trabajo del actor sobre su papel**. Buenos Aires: Editorial Quetzal, 1977, p.144.

13 No capítulo 7, trataremos de exercícios com vendas nos olhos na construção de um Outro olhar.

Para podermos nos aproximar mais da pulsão escópica, aquela que está relacionada com o olhar, poder entender seu vai-vem, seu dentro-fora, fora-dentro, "esse olho que se olha no olho que o olha"[14], recorramos ao grego, *Théa*, que significa "olhar" e também "espetáculo", isto é, aquilo que é olhado, ou, se se quiser, me olho no espetáculo. *Théa* também remete a *Theós*, que significa Deus, onipresente, onividente. "Meu corpo como coisa visível está contido no grande espetáculo"[15]. "[...] no campo escópico, o olhar está do lado de fora, sou olhado, quer dizer, sou quadro"[16] – como havíamos visto no sonho –, o olho d'*O Espelho Falso*[17] de Magritte não nos mostra seu interior e sim as nuvens nas quais está fascinado. Assim, somos nuvens, somos palco, porque, relembrando Baudrillard: *a realidade não é captável senão quando nossa identidade se perde nela*[18].

Antes de falar dos heróis
Desta história singela,
Falemos do nosso palco,
Uma espécie de janela,
De onde olhamos, para fora,
O que nela se espelha[19].

---

14 GODINO GABAS, Antonio. **Curso e discurso da obra de Jacques Lacan**. São Paulo: Editora Moraes, 1982, p.19.

15 MERLEAU-PONTY, Maurice. **O visível e o invisível**. São Paulo: Perspectiva, 1984, p.135.

16 LACAN, Jacques. **Seminário XI**: os quatro conceitos fundamentais da psicanálise. Rio de Janeiro: Zahar Editores, 1979, p.104.

17 1935.

18 BAUDRILLARD, Jean. **A arte da desaparição**. Rio de Janeiro, Editora UFRJ, Núcleo de Tecnologia da Imagem, 1997, p. 17.

19 MENGARELLI, Hugo. **O incrível retorno do cavaleiro solitário**. Curitiba: UFPR, 1995, p. 3.

ESPELHO FALSO de MAGRITTE

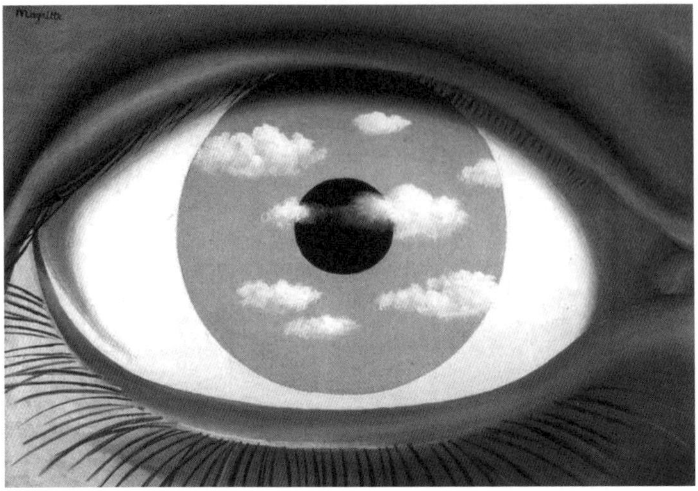

FONTE: www.pospubl56.blogspot.com

Isso nos leva a uma reflexão sobre o ator no palco: ele está ali para ser visto, mas com o risco de *ver-se vendo-se*. O que quer dizer que quebrar essa especularidade é um dos fatores fundamentais do ator, pôr em funcionamento o *terceiro olho*, metaforicamente, aquele do qual a raposa falava ao Pequeno Príncipe, o olho do coração: todos os sentidos do corpo. Aqui a palavra, como responsável do laço social, também pode cumprir uma função desalienante diante da própria imagem fascinante. Já o "eu" – o do enunciado – deixa seu lugar para o Eu – o da enunciação – para permitir a emergência do Tu, sem esquecer daquele que comanda nosso discurso: Ele. É outra alienação, mas ao campo do significante, ao campo simbólico, já não mais ao imaginário do espelho (ver: Alienação – separação).

É importante notar que a ruptura do olhar especular abre o campo para o **dom**, sem o qual o teatro se tornaria impossível. Entendendo por dom a capacidade de **dar** e de **receber**.

Não podemos esquecer o que já vimos, que a imagem que se constitui no espelho, aquela que permitirá a formação do "eu", está sustentada pelo olhar materno, olhar, aliás, desejante, atravessado pelo significante da falta – Caramba! seria Deus também castrado, isto é, carente, faltoso? E não deveria ter sido pouca sua carência para criar o universo e sustentá-lo com seu olhar.

Olhar de olhos vendados

A partir daqui encontramos um caminho, que não quer dizer "o caminho", senão um, aquele que permite ao sujeito defrontar-se com o desejo, desejo esse que passa pela interpretação, no caso do ator, interpretação da personagem, lugar da **realidade da ficção** teatral e não lugar da **ficção da realidade** do sujeito ator[20]. Esse caminho foi introduzir, num certo momento do trabalho de preparação do ator, a **venda nos olhos**, fazer as cenas de improvisação de olhos vendados, em que os sentidos poderiam ficar mais livres do olhar narcisista. Já Lacan nos tinha antecipado também que "não é só o olho que é fotossensível, como sabemos. Toda a superfície do tegumento – a títulos sem dúvida diversos, que não são de modo algum senão visuais – pode ser fotossensível, e essa dimensão não poderia ser reduzida, de nenhum modo, no funcionamento da visão"[21]. E assim fomos abrindo outra possibilidade de criar **outro-olhar** e pôr em funcionamento o *terceiro olho*, o que:

> (A) Possibilita outro sentido de ver o mundo, e o curioso é que se está de olhos vendados. (B) Além de modificar a escuta, permite aflorar o sentimento de uma forma diferente [...] me obriga a escutar mais o outro e assim permitir um maior controle dele [...] (C) Parece que ao tirar a visão dá maior liberdade ao corpo. Por isso tirar a visão abre a outros sentidos, audição, tato, olfato [...] os olhos vendados acabam sendo as grades que acabam abrindo as portas[22].

---

20 É necessário notar que já Santo Agostinho nos advertia sobre a *concupiscência dos olhos à total experiência que nos vem pelos sentidos*. Ele nos chama a atenção de como usamos o **ver** para distintos sentidos: "Vê como ressoa", "vê como cheira", "vê como sabe bem", "vê como é duro", (SANTO AGOSTINHO. Confissões. In: **Pensadores**, p. 198.) Poderíamos agregar: "Viu, não te falei?!". O que confirma HEIDEGGER: "Daí que se chame à experiência dos sentidos em geral 'prazer dos olhos', por se apropriar também dos demais sentidos [...]" (**El ser y el tiempo**, Fondo de Cultura Económico, p. 191). Desse modo, poderíamos dizer que nos olhamos com o corpo.

21 LACAN, Jacques. **Seminário XI**: os quatro conceitos fundamentais da psicanálise. Tradução de: MAGNO, M. D. Rio de Janeiro: Zahar Editor, 1979, p. 93.

22 Depoimentos dos integrantes da Companhia de Teatro PalavrAção da UFPR, durante os exercícios para a montagem de **Agidi (Uma Antígona brasileira),** de Hugo Mengarelli: (A) Hemirson Nogueira; (B) Ana Paula Dias; (C) Adriano Esturilho. Cabe dizer que esses exercícios nos levaram a explorar o uso de perfumes e aromas, o que determinou a criação, por parte dos atores, de seus perfumes e sabores como elementos de *anteparo* da personagem. Agradecemos ao Curso de Farmácia da UFPR, por intermédio do Prof. Guido Chociai, responsável da área de perfumaria, e da estagiária Manoelle Scott Winters, pela manipulação dos mesmos.

Ou, como diria Rilke, *Ich lerne sehen (eu aprendo a ver – daqui aprendo a ver)*. Esse lugar não é onde o olhar fica preso ao Imaginário, olhar amansado, domado, deposto – *dompte regard* –, ou, se se quiser, olhar fascinado – do latim *fascinum*, malefício, sortilégio, mal olhado. Aqui o olhar é justamente o triunfo da pulsão no seu encontro com o narcisismo. A pulsão parte daquele real, daquele buraco monstruoso de monstros, monstros perdidos, desejos, assombrações sinistras – que tanto invadem os sonhos. Esse **outro-olhar**, que é esburacado, é o responsável pela origem da monstruosidade, mas é também aquele que permite a realização da criação, da poesia do belo. Poesia vem do grego *poiesis*, que é justamente criação. Referindo-se aos personagens de Sófocles, disse Nietzsche que o "Apolíneo das máscaras [das personagens] é produto necessário de um olhar no que há de mais íntimo e horroroso na natureza, como que manchas luminosas para curar a vista ferida pela noite medonha"[23]. No buraco monstruoso do *Id* vem aquilo que os gregos chamavam de *daimon*, poder divino / destino / boa sorte / má sorte / deus / demônio. Permitir que a pulsão faça o percurso em torno do objeto narcísico demandado é entender que, por ser esse objeto perdido para sempre, o desejo deve atravessá-lo, assim como *As meninas* de Velázquez atravessam o espelho. Quanto mais o Olhar do desejo do ator faça brilhar o objeto ***a***, objeto puro buraco, mais livre será o coração para voar e menos possibilidade há de que a Cuca venha nos pegar e, como falava Picasso, o *ordure*, excremento, advenha em *or dur*, ouro duro, e assim a pulsão continuará repetindo seu caminho de *eterno retorno*... e **eterna partida**. Isso que Freud denominou *Wiederholungszwang*, automatismo de repetição, Lacan definirá como *repetição significante*[24] (ver: Significante). Sempre significantes novos, ainda que sempre remetam ao mesmo buraco, **eterno retorno do mesmo** (ver: Repetição e acaso). É nesse retorno da falta que se sustenta a travessia, e é nessa travessia que retorna a falta para permitir a transformação. Esse é o paradoxo da criação.

---

23 NIETZSCHE, Friedrich. **O nascimento da tragédia**. São Paulo: Companhia das Letras, 1998, p. 63.

24 Os significantes são vazios, ou seja, uma palavra ou um gesto – a não ser quando são transformados em signos, como no caso do teatro oriental –, dependendo do contexto, isto é, de sua relação com outros significantes, podem significar coisas absolutamente diferentes. É a partir desses princípios que os atores vão trabalhando suas gestualidades e movimentos; através da proposta de trabalhos de *ação-reação* e *gesto significativo*, realizada pela Prof.ª Cristiane Wosniak, vemos surgir a base para a criação de um repertório que será posto em ação nas improvisações. No capítulo 7: CORPO e "ENERGIA", desenvolveremos a questão significante em exercícios para o ator.

O sujeito ator e o significante

É entre significantes que emerge o sujeito, entre o significante **S1** que abriu o buraco – a mãe desejante – e aquele outro significante **S2** que vem a dar sentido, unidade (assim como o espelho) ao corpo... das coisas. Aparece o sujeito cindido $. Por que cindido, dividido? Porque na busca desse objeto impossível, objeto ***a***, *perdido para sempre*, objeto causa do desejo, o que se vai encontrar são pequenos objetos ***a***, espelhinhos, que pouco vão dizer daquilo, d'**Isso**. Dessa maneira, o **S2** nunca conseguirá responder à abertura que estabelece o **S1**. Por isso é que os pequenos objetos que encontramos, inclusive na criação, nunca serão **um todo**, são sempre **parte em movimento**: "Você já viu um quadro terminado? [...] Que absurdo! Terminá-lo significa acabar com ele, matá-lo, livrar-se de sua alma, dar-lhe o seu golpe final [...]. O valor de uma obra reside precisamente naquilo que ela não é"[25]. Isto é, o movimento **S1 → S2** e sua constante repetição permitem a emergência do vazio, do buraco com os *excrementos* (*ordures*) que darão lugar à criação do *ouro duro* (*or dur*). No entanto, é nessa cadeia, nessa tentativa de encontro do sentido da completude – leia-se perfeição, no campo das artes – que podemos ser surpreendidos tentando criar deuses – nossas personagens – e, dessa maneira, não damos lugar para o diabo tomar conta.[26]

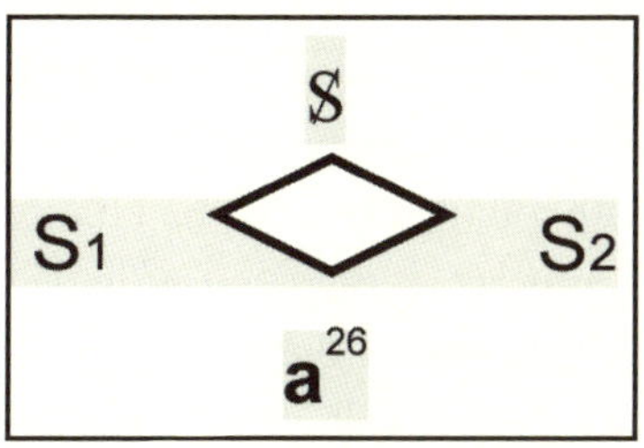

O ator está na corrente significante **S1 → S2** do texto (falado e / ou corporal) e nas suas entrelinhas, entre **S1** e **S2**, o sujeito ator desaparece e faz emergir um novo sujeito, o da personagem, um objetinho ***a*** para o artista, *como que manchas luminosas para curar a vista ferida pela noite medonha*; essa ferida sempre aberta que representa o objeto ***a*** (ver: A Coisa e o objeto), enquanto buraco,

25 PICASSO, Pablo. In: A. B. CHIPP. **Teoria da arte moderna**. São Paulo: Martins Fontes, 1996, p. 277.

26 LACAN, Jacques. **Seminário XI**: os quatro conceitos fundamentais da psicanálise. Rio de Janeiro: Zahar Editores, 1979. Desenvolvidos nos capítulos XVI e XVII, quando Lacan trata do "sujeito e o outro".

causa do desejo, é que permite aos significantes ser o ginete que orienta o movimento do demoníaco cavalo pulsão.

O espelho tagarela

O momento do fascínio é o encontro da pulsão com o narcisismo, e é onde a palavra perde sua alteridade, vira tagarelice – poderíamos dizer que é como falar com a própria imagem no espelho – "tagarelar é não arriscar a pele, é não perder nada do objeto imaginário que organiza a geografia dos nossos 'eus' [...] desconectada da história do sujeito [...]. A tagarelice faz com que o mapa de nossa geografia funcione como espelho"[27]. Então, a questão especular não é só uma questão de imagem visual, pode ser também de palavra. Grande problema encontrado, às vezes, nas improvisações. Por isso insisto, **arrisquem!** *Quem não arrisca, não petisca!* diz a expressão popular. É justamente na surpresa, no acaso, na *tiquê* (ver: Repetição e acaso), como falavam os gregos, no momento em que o buraco do *a* surge, que rompemos o fascínio. É o momento do encontro, do achado: "Dizem que sou eu que procuro alguma coisa. Eu não procuro, eu encontro"[28]. Abre-se o caminho para o movimento, a *transfiguração*. Só pode ser uma transfiguração dar uma ideia, falsa justamente por ser real (ver: Real, Simbólico e Imaginário), por ser do campo do impossível. Vemos, então, que na *poiesis*, a criação é "inacessível à consciência, pode realizá-la unicamente a natureza. Não há criador, artista ou técnico que a supere"[29]. Escutemos, novamente, o *Bom* ***conselho*** de Chico Buarque: *Aja duas vezes antes de pensar.* Entendamos essa *natureza* como algo nada natural, como própria do sujeito humano falante, faltante, desejante.

O que seria esse *ordure*? Teria parentesco com a **Cuca**? Sem dúvida são esses restos monstruosos de que acabamos de falar, que, estando no fundo, ficaram de fora – de fora da articulação significante **S1 S2** –; aquilo que de monstruoso tem a transformação da carne da criança – que é ao nascer uma massa de carne

---

27 VASSE, Denis. **O peso do real – o sofrimento**. Rio de Janeiro: Revinter, 1999, p. 54. (Coleção Freudiana).

28 PICASSO, Pablo. In: WALTHER, Ingo F. **Pablo Picasso**: o gênio do século. Alemanha: Benedikt Taschen, 1992, p. 25. Lacan nos disse que encontramos, achamos pelas vias do significante, isto é, pela vias da repetição. A repetição significante nos traz a repetição da falta, do acaso (Ver: Repetição e acaso)

29 STANISLAVSKI, Constantin. **El trabajo del actor sobre sí mismo**: en el proceso criador de la encarnación. Buenos Aires: Editorial Quetzal, 1983, p. 31.

desarticulada – ao ser introduzida no mundo simbolizado dos humanos. Tem a ver com a erogeneização do corpo e os pedaços, objetos, que foram caindo no caminho – seio materno, fezes, cabelo, dentes etc. E aqui é fundamental dizer que essas perdas são os alicerces do ser *finito*, *ser-para-a-morte* heideggeriano. Tem a ver com a mãe devoradora que está presente na brincadeira em que pergunta para a sua criança, enquanto vai mordendo-a, a quem pertencem as diferentes partes desse corpinho. Ao que a criança responde: *à mamãe.* Essa é a verdadeira **Cuca**, a bruxa de João e Maria, a Madrasta da Branca de Neve, a mãe monstruosa de *Alliens*, que nós sabemos que não foi o "oitavo passageiro" e sim o primeiro piloto. Terrível, mas ao falar aparece a outra Mãe, a que faz possível a criança ficar de pé na linguagem, e na sua fala, em sua posição desejante, a Cuca restará como objeto perdido. Sem esse objeto perdido, sem ausência, não haveria presença – o que torna mais acessível pensar que a morte, a perda da vida, está sustentada pelas constantes perdas em que se estrutura o sujeito –, é no vazio que se funda a vida, é do nada, *ex-nihilo*, que se cria. É bem verdade o que nos disse Grotowski, "a reação do corpo engendra a voz, a voz engendra a palavra"[30]; em outras palavras, o corpo é o sustentáculo da voz e da palavra, mas estendemos esse paradoxo: também foi a Cuca, a **voz da palavra da Cuca** que fez possível meu corpo no espelho, isto é, meu corpo em pé, que foi possível meu corpo poder falar: **eu**. Isso nos deixa claro que aquilo de mais estranho, ominoso, *Unheimliche*, é por onde se sustenta a estrutura. Portanto, a lei do desejo é possível porque a Lei da castração simbólica marginaliza, recalca (ver: Recalque) esse *Unheimliche*, mas, e aí o paradoxo, é esse marginal estranho "perdido", o recalcado, que retorna e põe o desejo em movimento.

A palavra é fundadora: *no início era o Verbo, e o Verbo estava voltado para Deus, e Deus era o Verbo.* Assim começa o *Evangelho Segundo João*, é o Verbo – do latim *Verbum*, palavra – que está em primeiro lugar. Não é necessário um outro-olhar para vermos que Deus aparece no segundo momento, e só no terceiro ele é o Verbo. Mas Verbo também é **ação**[31]. *No princípio foi a ação*, nos falava Goethe, e os gregos sabiam muito bem que palavra e ação não podiam

30 GROTOWSKI, Jerzy. Lo que fue. In: **Revista Máscara**, México, nº 11-12, jan. 1993.

31 Verbo: 1 *Palavra, discurso.* (v. divino) / 2 *GRAM LING classe de palavras que, do ponto de vista semântico, contêm as noções de ação, processo ou estado e, do ponto de vista sintático, exercem a função de núcleo do predicado das sentenças; predicador.*/ 4 *A Palavra de Deus ou o próprio Deus, segundo a Bíblia.* (**Dicionário Houaiss da língua portuguesa**, p. 2844).

separar-se, e é aí que se coloca a questão ética. A importância do verbo, da palavra-ação, do movimento e transfiguração que ela carrega, era condutora para Stanislavski definir o objetivo cênico, que "**deve definir-se inelutavelmente com um verbo**"[32]. Poderíamos dizer que esses **verbos** são os *ferros das grandes prisões* que nos permitem andar pelo *caminhozinho* da liberdade criativa, lembrando Guimarães Rosa[33].

Mas a palavra atravessa o sujeito de forma tal que o corpo do **eu** não é o mesmo do **meu** corpo, este fica cindido pelo Ou/tro, o inconsciente, estabelecendo: por um lado, o ele, esse corpo imaginário, e pelo outro, o ~~Ele~~, do ~~Outro~~, que escapa da consciência e do próprio inconsciente, e o *ordure*, *Unheimliche*, o indizível, o impossível do recalque (ver: Real-Simbólico--Imaginário). Isto é, *não há Outro do Outro*. Observamos que sempre nos referirmos ao corpo em 3ª pessoa, como vimos no primeiro capítulo. Então poderíamos retomar a ideia de **m'e/u corpo**, meu corpo pulsional, meu corpo imaginário barrados pelo corpo linguagem. Essa divisão fica mais notória, em grande medida, quando o ator passa da improvisação ao texto. Parece que o texto paralisa o corpo, como se tivesse existido um curto-circuito entre ele e a emoção – que muito tem a ver com o *terceiro olho*. Apesar de o ator ter atingido, pelas improvisações, conquistas na construção da sua personagem – é bem verdade, também, que a insegurança em relação ao texto ajuda –, não há dúvidas de que, no momento da entrada no texto, no ator há uma parada. Realmente, o texto entra como grades que amarram, aprisionam o ator. É nesse ponto, o do encontro com o texto, que está um dos dilemas maiores que o ator deve enfrentar no processo de criação. Na realidade, o ator deve se enfrentar com o que de real carrega o texto, o qual ele deverá sublimar – não acredito estar

---

32 STANISLAVSKI, Constantin. **El trabajo del actor sobre sí mismo**: en el proceso criador de las vivencias. Buenos Aires: Editorial Quetzal, 1980, p.178. Na apresentação da aula pública do curso de pós-graduação da disciplina "Exercícios Específicos para o Treinamento do Ator", ministrada pelo prof. Armando Sérgio da Silva, perguntaram a Mayra e Michele o porquê de tanto trabalho para chegar ao beijo – elas interpretam duas presas que mantêm uma relação homossexual. Elas trataram de explicar que não se tratava de um beijo entre elas – ainda que fossem elas que deviam beijar-se –, tratava-se de uma questão de personagem. O prof. Armando foi bem claro, *elas precisavam disso* – do processo – *para terem convicção.* As atrizes deviam convencer-se de que se tratava de um beijo de personagens. É aqui, creio, que entra em jogo uma posição ética.

33 *Mas liberdade – aposto – ainda é só alegria de um pobre caminhozinho no dentro de ferro de grandes prisões.* GUIMARÃES ROSA. In: **Grande sertão:** veredas. Rio de Janeiro: Nova Fronteira, p. 42.

descobrindo nada novo[34]. Entendo que seja nesse momento que o ator deve *arriscar a pele,* isto é, botar o corpo, ou, se se quiser, **dar bois aos nomes**. É o momento da brincadeira da criança na constituição de sua sexualidade, só que agora deve ter o dom de ser assexual, de desviar as "energias" para o jogo das diferenças, das *transfigurações*, e assim tirar seu corpo do lugar paralisante a que o narcisismo o submete. É a hora em que Dionísio deve possuir-nos com sua *embriaguês* para nos escutar no brilho apolíneo, é a hora do *enthousiasmos,* entusiasmo, quando o sofrimento – aquele do trabalho – e a alegria possam tirar-nos da fascinação narcisista. Voltemos a Pascal: *alegria, alegria, lágrimas de alegria.*

Sabemos que a fala de uma personagem num diálogo depende da fala da outra personagem, o que quer dizer que deve existir, entre os atores, uma boa escuta. Não qualquer escuta, mas a que venha a motivar, transformar. E por acaso não é fechando os olhos que apuramos a escuta? Escutemos novamente Hemirson:

> De olhos vendados, [...] a gente passa a perceber os próprios movimentos e gestos e ouvir a própria voz. Em princípio ajuda no desenvolvimento ao mesmo tempo que dificulta, por quê? Porque não estamos acostumados a nos ouvir e a sentir nossos próprios movimentos. Isto mostra o pouco que nos policiamos ou temos consciência dos nossos movimentos, da própria voz e da do outro.

Na tagarelice, ou, se se quiser, no puro semblante especular, a palavra, a música e o silêncio, tudo o que é da ordem da voz – pulsão invocante – vira mero barulho, como hoje podemos ver na forma que alguns têm de escutar música ou mesmo nos efeitos sonoros em certas estéticas teatrais. Parece que o silêncio deve ser banido justamente onde a **voz** (ver capítulo: A música da voz... sob a palavra), esse Outro que nos atravessa com o desejo, permite fazer de uma palavra vazia, tagarela, uma palavra plena, plena no *bem-dizer.* Vemos que esse silêncio nos joga no campo do ritmo, lugar de um verdadeiro ser em movimento: *Je rythme, donc je suis* (Eu ritmo, logo eu existo), como afirma Marcel Jousse. Estamos no corpo. Mas não um corpo imaginário narcísico, senão um corpo "extraquotidiano, corpo dilatado" (Barba), "corpo-vivo"

34 No capítulo 7: CORPO e "ENERGIA" veremos o desenvolvimento da "razão-orgânica" e os "ressonadores" como forma de superar esse problema.

(Grotowski), um corpo imaginário consistente, o corpo da **razão-orgânica**, "onde entre o espelho ou imaginário que sutura o real impossível, surge a palavra do homem, estabelecendo a questão de sua origem e do seu sentido"[35].

Corpo imaginário da consistência

Encontramo-nos em condições de introduzir um dos esquemas topológicos lacanianos, o *Nó borromeo*[36]. A característica desse nó é a de ser formado por três círculos e cada um passa por cima de um segundo e por debaixo de um terceiro. Este, por sua vez, passa debaixo do segundo. Ao se desenodar um dos círculos, os dois restantes ficam soltos. O que quer dizer que cada um deles está no mesmo nível de importância.

O Corpo imaginário da consistência não deixa de ser imaginário, mas, por estar enodado com o simbólico inconsciente (corpo simbolizado) e com o corpo real do estranho e inominável (esse corpo que fala pelas doenças que não têm origem e explicação, pelo sintoma também esse corpo do *ordure*), nos coloca justamente um imaginário furado, já que o que faz laço entre esses três "corpos" é o objeto ***a***, isto é, um buraco, poderíamos dizer o buraco real do desejo. Agora, a consistência do ator não passa somente pelo corpo, pelo olhar do corpo, mas também pela voz[37], pelo acaso, o imprevisto, o indefinido, dos monstros, das bruxas ou dos *diabos*, como fala o professor Armando Sérgio da Silva.

---

35 VASSE, Denis. **O peso do real – o sofrimento**. Rio de Janeiro: Revinter, 1999, p. 60.

36 Lacan fará uso dele para tratar de dar conta da relação entre o Real, o Simbólico e o Imaginário, colocando todos eles num mesmo nível de importância na estrutura do sujeito desejante (ver: Real, Simbólico e Imaginário).

37 Essa exploração não só do corpo – movimento, gestual –, mas também da voz, *Voz em movimento* – técnica de Madalena Bernardes –, foi o que Neca Zarvos e Raquel Ornellas desenvolveram em *Irmãs do tempo*. A *voz* não pertence só ao campo da fala, dos sons – ainda que estes possam virar sinfonia, como no caso referido –, ela também tem sua grande presença no silêncio. Lembrar a importância que Stanislavski dava ao *silêncio expressivo*.

NÓ BORROMEO

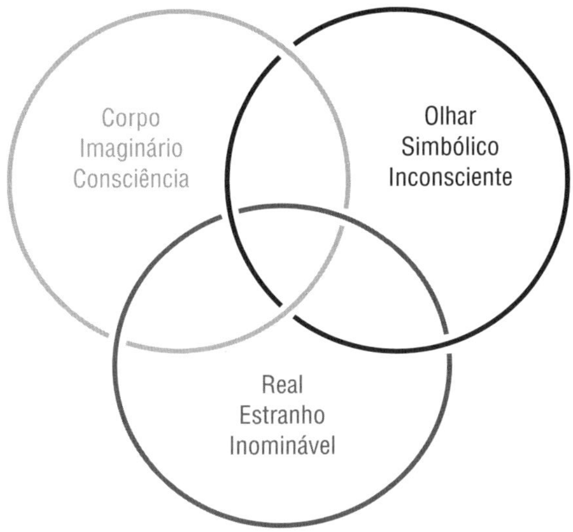

FONTE: O autor.

M'~~e~~u corpo deve ser o corpo da **consistência**, corpo de furos que permita o deslocamento significante à espera dos belos demônios **"ordúricos"** da **transfiguração "or dúrica"**. *To be or not to be? This is not the question; the question is: to be and not to be?*[38]. Numa ***outra cena***, já não edípica, mas talvez épica, na alegoria de um **outro estar** para **ser outras máscaras**, diferentes das do dia-a-dia, mas com um parecido de noite a noite.

38 Ser ou não ser? Essa não é a questão; a questão é: ser e não ser.

Capítulo 4

O OLHAR II: O olhar, o ator e o público

El hombre se capta a sí mismo frente al Otro,
y el Otro es tan cierto para él como él mismo[1].

Ernesto SÁBATO

[...] falemos do nosso palco
uma espécie de janela
onde olhamos para fora
o que nela se espelha.

Hugo MENGARELLI

O olhar como *speculum mundi*

O olhar se faz carne, nos diz Merleau-Ponty, carne na *gestalt* do corpo do outro, no corpo do mundo que, por sua vez, se encarna no meu corpo através do olhar, "meu corpo modelo das coisas e as coisas modelo de meu corpo"[2]. O imaginário, como já tínhamos visto, é aquele que dá unidade ao corpo (e sentido às coisas) e está sustentado pelo *speculum mundi*. É que, quando olho, sou olhado de todos os lados. Cada pedaço desse mundo especular faz carne no meu corpo, como meu olhar dá carne ao mundo do entorno, faz do *caos* unidade de sentido. Paradoxalmente, isso que é *visível* faz *invisível* aquilo que faz possível a visibilidade: os buracos dos olhos, por exemplo, eles nunca apa-

---

1 "O homem se capta a si mesmo diante do Outro. E o Outro é tão verdadeiro para ele como ele mesmo".

2 MERLEAU-PONTY, Maurice. **O visível e o invisível**. Editora Perspectiva, São Paulo, 1984, p. 168. *A carne não é a matéria, não é espírito, não é substância* (Ibid., p. 136). "[...] *Consiste no enovelamento do visível sobre o corpo vidente*" (Ibid., p.141). Poderíamos dizer que essa carne nos remete, de certa forma, a essa *lâmina* da qual Freud fala referindo-se à libido. Retomaremos quando falarmos da "energia".

recem como tal, a não ser nos filmes de terror ou quando o sintoma se presentifica como cegueira, caso da cegueira histérica. Os buracos são escamoteados por esse "campo aberto para outros narcisos, para uma 'intercorporeidade'"[3]. "[...] Uma vez que vemos outros videntes, não temos apenas diante de nós o olhar sem pupila, espelho sem estranho das coisas, este pálido reflexo, fantasma de nós mesmos, que elas evocam ao designar um lugar entre elas de onde as vemos: doravante somos plenamente visíveis para nós mesmos, graças a outros olhos"[4].

Esse entrecruzamento, esse *quiasma* prova o *véu* do espelho, como no cinema a tela brilha preenchida graças à escuridão dos buracos da câmera – da objetiva e do corpo. O que quer dizer que, para podermos olhar, esses buracos nunca são totalmente cobertos. É por isso que o encontro de dois humanos é sempre um encontro de buracos, "muito bem" dissimulado pelas belezas das coisas – como a mulher que se ergue como um belíssimo falo... *furado* (ver: Complexo de Édipo [falo – castração]). Os buracos correspondem à castração, castração como limite, limite como mortais, de onde são possíveis os laços sociais, ainda que tão libidinosos sempre. Um belo exemplo de quando a castração não funciona está no nosso *herói sem caráter* que, vidrado pela beleza da cabeleira de Iara, que escondia o mortal do buraco de sua nuca, foi devorado por ela: *mãe d'água* – não será que hoje estaríamos todos um pouco no olhar de Macunaíma? Isso nos leva a pensar que sempre somos objetos dos outros, objetos do olhar, em que um véu esconde o buraco e assim torna possível a imagem do outro, minha imagem, a unidade do corpo libidinal. Já tínhamos visto que o "eu é principalmente uma essência-corpo; não é só essência-superfície, senão, ele mesmo, a projeção de uma superfície". E Freud acrescenta algo fundamental, o "eu consciente [...] é, sobretudo, um eu-corpo"[5]. Ou seja, uma imagem vem em lugar de alguma coisa. E o que seria essa coisa a não ser um vazio, um buraco? Isso, como já vimos, é o que Lacan nomeia de objeto ***a***, objeto causa do desejo, objeto ao qual faz borda a pulsão, objeto que restou da Coisa-Cuca "perdida". Quando ele se presentifica como pura falta em ser,

3 Ibid., p. 137. A fenomenologia preocupa-se em trabalhar o *visível* e o *invisível* e as formas do mundo através da distância, e nós nos referimos a isso que Lacan falava de *falta constitutiva da angústia de castração.*

4 Ibid., p. 139. Diz-nos o poeta espanhol Miguel HERNÁNDEZ: *Mis ojos, sin tus ojos, no son ojos / que son dos hormigueros solitarios* ("Meus olhos, sem teus olhos, não são olhos / que são dois formigueiros solitários").

5 FREUD, Sigmund. El Yo y el Ello. In: **Obras completas**. Buenos Aires: Amorrortu Editores, 1986, v. 19, p. 28-29.

emerge a angústia de castração, ou melhor, de falta da castração – falta da falta –, o *Unheimliche*, o estranho, é que toma conta de nós. Então, é aí que deixamos de ser *uno* e passamos a ser *nessuno* ou *centomila*. Nunca é demais ressaltar que é a falta de consistência, de representação; que é no próprio vazio, como um palco, que a imagem virá a dar uma representação pela qual possam consistir nossos corpos, como diz o poeta. Para frisá-lo, devemos ir à linguagem: se o eu é corporal, isto é, o eu-corpo, o eu *sensações*, o eu da *sensibilidade*, esse **eu**, primeira pessoa, se identifica com **ele**, o **corpo**, terceira pessoa. É desse corpo que vêm os sentidos e a falta de sentidos... da consciência. Resulta-nos bem claro, então, que Freud nos coloca a consciência no campo da alienação. A consciência, o conhecimento são paranoicos.

Somos quadro

O olhar nos coloca diante de duas questões. Uma é a questão do espelho fundante do narcisismo primário, o famoso *his majesty the baby*. A criança, sujeita ao olhar do Outro, ao desejo do Outro, constrói seu eu corporal. A outra é o anteparo, que nos interessa agora. É aquilo que nos torna quadro: *somos quadro* como nos sugeria Merleau-Ponty – já que a imagem do outro me constitui como imagem, sou quadro para o olhar do outro –, ou, se se quiser, "meu corpo como coisa visível está contido no grande espetáculo"[6]. Lacan nos dirá: "Na pulsão escópica, o sujeito encontra o mundo como espetáculo que o possui [...] O espetáculo captura o sujeito, que se alegra, se regozija"[7]. *Atenção! O luar está filmando*[8].

Sabemos que a luz se propaga em linha reta (ondas eletromagnéticas) e, ao refletir nos objetos e cores, "no fundo de meu olho, algo se pinta"[9]. Isso quer dizer que, para que a luz pinte, algo de opaco tem que estar presente, ou algo de uma *mancha*, o *anteparo* do opaco, onde a luz do quadro possa iluminar a beleza. Há algo que se antecipa aos olhos: o inconsciente – que permite que a luz me veja – me vê desde o objeto –, que o *caos* não tome conta, ainda – ou

6 MERLEAU-PONTY, Maurice. **O visível e o invisível**. Editora Perspectiva, São Paulo, 1984, p. 135.

7 LACAN, Jacques: **De los Nombres del Padre**. Editorial Paidós, Buenos Aires, 2005, p. 81.

8 QUINTANA, Mário. **Caderno H**. Editora Globo, Rio de Janeiro, 2006, p. 230.

9 LACAN, Jacques. **Seminário 11**: os quatro conceitos fundamentais da psicanálise. Rio de Janeiro: Zahar Editores, 1979, p. 95.

mesmo por isso –, que o *quiasma* me sustente nessa unidade narcisista que faz alicerce de minha consciência, "o mundo visual é narcísico: o espetáculo do mundo visual é o espelho do sujeito [...] o eu vê o mundo como um espelho que reflete seu ponto de vista, sua visão do mundo"[10]. Leonardo pinta com a luz do Outro sua imortal Gioconda, porque "no campo escópico, o olhar está do lado de fora, sou olhado, quer dizer, sou quadro, [...] o que me determina fundamentalmente no visível é o olhar que está do lado de fora. É pelo olhar que entro na luz, e é do olhar que recebo seu efeito. Donde se tira que o olhar é o instrumento pelo qual a luz se encarna, e pelo qual [...] sou fotografado"[11]. Poderíamos acrescentar, filmado, teatralizado, esculpido, pintado, sou fascinado, de *fascinum*, isto é, mal olhado. Esse objeto, olhar,

> modalidade escópica do objeto ***a*** no campo imaginário, enquanto suporte do desejo para o Outro que o caracteriza, faz do eu uma instância de espetáculo: ator e público. Enquanto ator, o eu se mostra para agradar ao Outro, para suscitar seu desejo; como espectador, espreita esse Outro que o espiona para melhor enganá-lo[12].

Quanta relação tem isso com o ator e o público! Fazemos teatro para o outro – público – mas o dedicamos ao desejo do Outro. Desse modo, o objeto está sempre no campo do Outro, e está como pura falta, carência radical, em que o Simbólico do Ideal do Eu – na voz melodiosa da mãe[13] – **pulsionará** desde o espelho essa imagem que me olha e me faz quadro, eu ideal – imagem-corpo-eu – que marca o transitivismo do sujeito. Sua estruturante alienação na sua viagem alegórica no campo do Outro, ordenada pela fala materna como pela beleza sem igual que advém do espelho, me convida a ser: "Ideal do Eu como modelo, o eu ideal como aspiração [...] para não dizer como sonho"[14]. Porque "a função do modelo é dar uma imagem de como a relação

10 QUINET, Antônio. **Um olhar a mais**: ver e ser visto na psicanálise. Rio de Janeiro: Jorge Zahar Editor, 2002, p. 129.

11 LACAN, Jacques. **Seminário XI**: os quatro conceitos fundamentais da psicanálise. Rio de Janeiro: Zahar Editores, 1979, p. 104.

12 QUINET, Antônio. **Um olhar a mais**: ver e ser visto na psicanálise. Rio de Janeiro: Jorge Zahar Editor, 2002, p. 132.

13 Retomaremos no capítulo: "A voz... a música sob as palavras".

14 LACAN, Jacques. **Escritos**. Zahar Editor. Rio de Janeiro, 1998, p. 678. Seria importante remarcar aqui que esse sonho não seria só aquilo da *aspiração*, pois que no mesmo sonho podemos encontrar esse

com o espelho, isto é, de como a relação imaginária com o outro e a captura do Eu Ideal servem para arrastar o sujeito para o campo em que ele se hipostasia no Ideal do Eu"[15]. Um dos capítulos de *Ideologia e Inconsciente em O eucalipto e os porcos*, que versava: "O Ideal do Eu na procura do Eu Ideal que o Super-Eu rompeu, atualizando E / U" e era sobre o Complexo de Édipo, isto é, a constituição subjetiva do sujeito e sua divisão estrutural[16].

Merleau-Ponty insiste nessa questão: "É necessário e suficiente que o corpo do outro que vejo, sua palavra que ouço, ambos dados a mim como imediatamente presentes em meu campo, me presentifiquem *à sua maneira aquilo a que nunca estarei presente*, que me será sempre invisível, de que nunca serei testemunha direta"[17]; para ser eu, só é possível pela imagem do outro. Meu corpo – esse outro –, é o corpo do outro que dá forma a **m'eu corpo**, que eu só consigo ver inteiro – inteiro, mas por parte – nos sonhos. O que quer dizer que vejo só uma parte de meu corpo, ou melhor, de **m'eu corpo** imaginário.

O olhar é uma construção. Isso fica bem representado nos casos de pessoas que nasceram cegas e que, pelo avanço da medicina, conseguiram enxergar e enfrentar, não sem problemas, o "mundo visível". Muitas dessas pessoas tentaram o suicídio ao terem que se defrontar com o caos do real, o *Unheimliche*, o ominoso, o real do estranho inominado freudiano; porque faltaram a palavra nomeadora e o olhar materno que fizesse possível esse mundo de caos, um *speculum mundi*. Agora falamos que o olhar é uma construção e a travessia do ator vai dessa construção à desconstrução da mesma para fazer advir um Outro Olhar: *Wo es war, soll Ich werden.* Avancemos um pouco mais.

---

fora-dentro-dentro-fora, ator-público-público-ator, principalmente que esse olhar do sonho – que é o único lugar-momento em que nós vemos nosso corpo desde várias "angulações", pensando na câmera de cinema – comanda o mesmo. Ao mesmo tempo somos o protagonista do sonho, somos essa personagem e a câmera-olho que vê. Quer dizer, como público vemos a partir desse olhar – a partir de fora – como o público de teatro vê o espetáculo, e como ele não sabemos aonde ele irá, há um Outro que sabe. No sonho o inconsciente, no teatro o autor, diretor, atores, etc., e como ator, vivenciamos a fábula onírica.

15 Ibid., p. 686.

16 MENGARELLI, Hugo Daniel. **Ideologia e inconsciente em "O eucalipto e os porcos"**. Dissertação de Mestrado de Cinema defendida na ECA-USP em novembro de 1989.

17 MERLEAU-PONTY, Maurice. **O visível e o invisível**. São Paulo: Editora Perspectiva, 1984, p. 85.

Estranhar ou surpreender?

Quando a obra opera fundamentalmente no *dompte regard*, isto é, no olhar deposto, fascinado, incentivando assim o narcisismo e sua característica especular, seria necessária uma ruptura para o surgimento de um **Outro-olhar**. O *Verfremdung* brechtiano ou o *faux raccord* godardiano trazem essa possibilidade[18]. Mas seria a única? Ou mesmo não poderia vir a surgir por meio dessa surpresa que Aristóteles chamava de *Thaumastós*, objeto maravilhoso ou monstruoso, isso que causa surpresa e admiração? Um exemplo que fez história foi o filme *Witness for the Prosecution* ("Testemunha de acusação") de Billy Wilder, baseado na obra de Agatha Christie, em que o surpreendente final (aberto) modifica radicalmente a posição do espectador, criando um Outro-olhar sobre a questão. Isto é, o olhar predominante se apaga para dar lugar a outro olhar sustentado pelo pensamento que se abre para outro lugar, algo relativo ao Sublime kantiano[19]. A tal ponto que no filme pede-se para o público não contar o final para os que futuramente o assistirão[20]. Claro que o teatro nos preenche de *thaumastós*, desde *Prometeu acorrentado* ao *Álbum de família... Esperando Godot*.

Ainda que se trate de duas coisas diferentes, há uma grande aproximação entre o *Verfremdung*, estranhamento-distanciamento, e o *Thaumastós*, maravilhoso. Sempre se entendeu o primeiro como aquilo que surpreende, só que ele vai além da surpresa: atinge a ruptura do discurso e com isso a alegoria é quebrada. No segundo, a surpresa se mantém dentro da alegoria e nos desloca radicalmente de posição, nos choca, mas nos conservamos no mundo diegético. No entanto, Brecht entende que o *Verfremdung Effekt* pode se produzir dentro da mesma fábula. É interessante essa passagem em que o teatrólogo nos fala dela: "Nós chamamos *(Verfremdung)* à representação que, se bem permite reconhecer o objeto, ao mesmo tempo o faz aparecer como estranho"[21].

---

18 A seguir desenvolveremos esses conceitos.

19 No próximo capítulo, "Do grotesco ao sublime", retomaremos o tema.

20 Em matéria de filme, temos outro surpreendente: *Primal fear* ("As duas faces de um crime") de Grigory Hobit, uma tradução que denuncia, em partes, a trama do filme.

21 BRECHT, Bertolt. **Breviario de estética**. Ediciones La rosa blindada, Buenos Aires, 1963, p. 38. Tradução de Raúl Sciaretta do Pequeno Organon, que foi publicado em Frankfurt dentro de *Schiften zum Theater*. Retomamos essa discussão mais adiante e no Anexo 2: Algumas considerações sobre o teatro pós-dramático.

De qualquer maneira, ambos visam surpreender esse narcisismo que nos leva à certeza do conhecimento unificado, isto é, aquilo que dá unidade às coisas, sentido. É esse o caminho exigido pelo imaginário narcisista, e o *happy end* é uma das melhores respostas que o cinema, o teatro e a TV comerciais dão a essa "estabilidade" narcisista. Um verdadeiro engodo.

O mergulho

O Sujeito, cuja origem é vazia, vai se constituindo do modelo à aspiração, do verbo à imagem, da falta de sentido ao sentido de um eu, um *eu corporal* como já vimos. Noutras palavras, há um *mergulho* do discurso Ideal do Eu, a fala do Outro, no Eu Ideal, na imagem, no sentido, um mergulho da enunciação no enunciado, apagando-a ao ficar submergida neste, no qual cada ponto do objeto do discurso corresponde a cada ponto do eu. Um *roçar dois tempos: o tempo da enunciação e o tempo do enunciado*[22], concebendo a fala humana fora do equívoco – lapso, equívoco, esquecimento, sonho, chiste –, uma fala imaginária em que o sentido único é o que prevalece, em que prevalece o semblante (ver: Semblante):

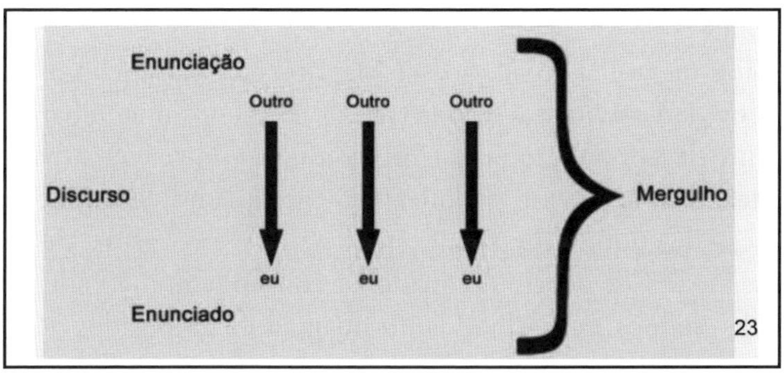

O real do discurso é subsumido, se apaga no egoico sentido. É pelo corte, pela intervenção do analista (na psicanálise) que se verifica a propriedade de

22 BARTHES, Roland. **El discurso da la historia.** In: Estructuralismo y literatura. Buenos Aires: Nueva Visión, p. 39.

23 IRUSTA, Norberto. Seminários Introdutórios à topologia lacaniana. Biblioteca Freudiana de Curitiba, 2000.

uma estrutura topológica. Com a intervenção se produz uma ruptura "e então se opera uma passagem de uma a outra estrutura"[24]. Do **espaço moebiano** passamos para o **espaço euclidiano**. O que era uma banda unilátera – mergulho da enunciação no enunciado – pelo corte do analista se transforma numa banda bilátera – separação do enunciado e da enunciação. No que era **alienação** do simbólico no imaginário o analista, ao fazer a **separação**, permite emergir a enunciação, abrindo assim para uma nova simbolização, um sentido Outro ligado ao desejo inconsciente. O analista faz um *Verfremdung* no discurso do analisante. Já vimos a Banda de Möebius no primeiro capítulo ao nos referirmos ao momento criativo do dentro-fora / fora-dentro do ator em relação com a personagem, sendo o desejo o que estabelecia esse corte; aqui é o analista que, ao estabelecer o corte, faz emergir o desejo[25]. É importante aclarar que, no caso da psicanálise, o analista primeiro estabelece um "ciframento", corte do discurso mergulhado do analisante[26] (ver: Discurso: Enunciação-Enunciado) e que este deverá decifrar. No caso do ator, esse corte sincrônico é realizado pelo desejo... da razão – não como ato de pensar, mas como pura lucidez –, que paradoxalmente o mantém dentro-fora-fora-dentro, assim como de alguma maneira se aproxima ao verbo, stanislavskiano, *chuvsnovat*, e que nós retomaremos quando desenvolvermos a questão da energia e do conceito **razão-orgânica**, no capítulo Corpo e "energia": *O caminho da razão-orgânica como síntese do paradoxo.*

Quem nos mergulha no *mergulho* é Magritte com seus quadros, principalmente a série de *Condition humaine* (1935). Digo nos mergulha porque nos coloca diante de um quadro no quadro confundindo-se com a realidade, ou melhor, a realidade sendo um prolongamento do quadro. Isso nos coloca diante da situação de confundir o significante com o seu referente, de pensar que o quadro e a realidade dentro do quadro se confundem, mergulham, quando na realidade estamos **mergulhados** no imaginário, carregados de sentidos e esquecendo o que Magritte em outro quadro nos disse: *Ceci n'est pas une pipe* ("Isto não é um cachimbo") (1928), mostrando-nos o cachimbo; poderia nos dizer: *Ceci n'est pas la mer, ceci n'est pas un tableau* (Isto não é o mar, isto não

---

24 GRANON-LAFONT, Jeanne. **A topologia de Jacques Lacan**. Rio de Janeiro: Jorge Zahar Editores, 1990, p. 21.

25 Ver banda de Möebius no capítulo 1.

26 Ver Enunciação-enunciado.

é um quadro) e poderia acrescentar: *tout c'est tableau* (tudo é quadro), isto é, isso não é a realidade, o referente, isto é um quadro, um significante, um representante dessa representação que a linguagem determina como realidade.

É a "imagem a que recorri para explicar o que, nisto, corresponde à função do fantasma, a imagem que implica esta contradição, se nunca fosse realizada em qualquer câmera como esta, clareada por uma única janela, complemento perfeito deste ideal, afundaria a sala na obscuridade"[27].

Magritte: *Condition humaine*

FONTE: www.segundosanosinacio.blogspot.com

A janela-quadro vem nos iluminar a matriz do fantasma, por isso o "fantasma é o estatuto de ser do sujeito; e a palavra fantasma implica este desejo

27 LACAN, Jacques. **Seminario XIII**: El objeto del psicoanálisis. Seminário inédito, exposição de 23/05/1966.

de ver projetar-se o fantasma [...] o fantasma pode ser chamado, de alguma maneira, no quadro"[28]. Será que não é o que acontece com aquele mesmo que percebe o teatro? Isto é, "no campo onde, como despercebido, ele é, no entanto perceptível [...]? Porque esse campo está inserido nos efeitos da pulsão escópica que se manifesta como exibição ou 'voyeurismo'"[29].

Na obra de arte, e fundamentalmente no caso da cena teatral e do cinema, não é a realidade, não é a vida o que está aí, ainda que André Bazin tenha definido o cinema como *"Janela à vida"*. O quadro[30] "é como uma janela que se interpõe entre o sujeito que olha e aquilo que vê; definição que se confunde com a da perspectiva, que, segundo Leonardo da Vinci, 'nada mais é do que a visão de uma cena por detrás de um vidro plano bem transparente[31] sobre o qual se marcam os objetos que estão do outro lado do vidro; eles podem ser religados por pirâmides ao centro do olho e essas pirâmides são interceptadas pelo tal vidro'"[32]. É nesse ponto, nessa transparência do vidro (da quarta parede) que emerge esse representante da representação, esse que é um significante – quadro, teatro, cinema etc. –, significante de quê? Da *Eine andere Schuaplatz*, uma outra cena, *la page en blanche*, o recalcado do Complexo de Édipo. Mas o quadro não é o espelho; no quadro se presentifica o objeto ***a***, causa do desejo, é por isso que essa cena, e outra, e outra – e *encore* um *mais de gozar* – é mais expressiva. Algo que marca a perda e permite ir a um outro lugar e a uma outra história, uma *allegoria*, alegoria, com a qual se pode driblar os efeitos sintomáticos do recalque (ver: Recalque) e aparecer como sublimação: "o cinema e o teatro pareciam ser feitos para ajudar as pessoas irem a 'um outro lugar'"[33]. É claro que não é o caso de *Greek*, de Steven Berkoff: ele quer ficar no mesmo lugar, não sublima, ele sintomatiza sua perversão.

---

28 Idem.

29 LACAN, Jacques. **Seminario XIII**: El objeto del psicoanálisis. Inédito, exposição de 23/05/1966.

30 É interessante notar,que, em teatro, "quadro" é um termo usado para significar a "subdivisão de um ato, caracterizada pela troca de cenário". (**Dicionário Houaiss da língua portuguesa**)

31 Nós poderíamos pensar na "quarta parede".

32 QUINET, Antônio. **Um olhar a mais**: ver e ser visto na psicanálise. Rio de Janeiro: Jorge Zahar Editor, p.146.

33 BROOK, Peter. **Fios do Tempo**. Rio de Janeiro: Bertrand Brasil, 2000, p. 17.

MAGRITTE: LE TRAHISION DES IMAGES

FONTE: www.portalsaofrancisco.com.br

No ponto de fuga: o objeto *a*

Voltando à perspectiva: Quinet nos traz no seu belíssimo livro *Um olhar a mais* a experiência de Filippo Brunelleschi, arquiteto florentino do século XV. Ele havia pintado sobre uma tábua o exterior do Batistério de San Giovanni, em Florença, depois fez um furo na linha do horizonte e entregou a alguém para olhar através do furo – por trás da pintura – e segurar um espelho pela frente. O que o observador viu era como se estivesse vendo uma cena real. "Para mostrar o efeito da perspectiva não precisava de todo esse dispositivo teatral, a não ser para provar que a *perspectiva artificialis* fazia coincidir a pintura de um objeto com sua visão"[34]. Um quadro supõe um ponto de vista único, "*perspectiva de ciclope*", *ponto de vista*, *ponto principal*, ou *ponto geometral* como o chama Lacan. O furo, por onde olhou o observador da experiência de Brunelleschi, coincidia com o *ponto de fuga* do quadro. Vejamos:

34 QUINET, Antônio. **Um olhar a mais**: ver e ser visto na psicanálise. Rio de Janeiro: Jorge Zahar Editor, p.144.

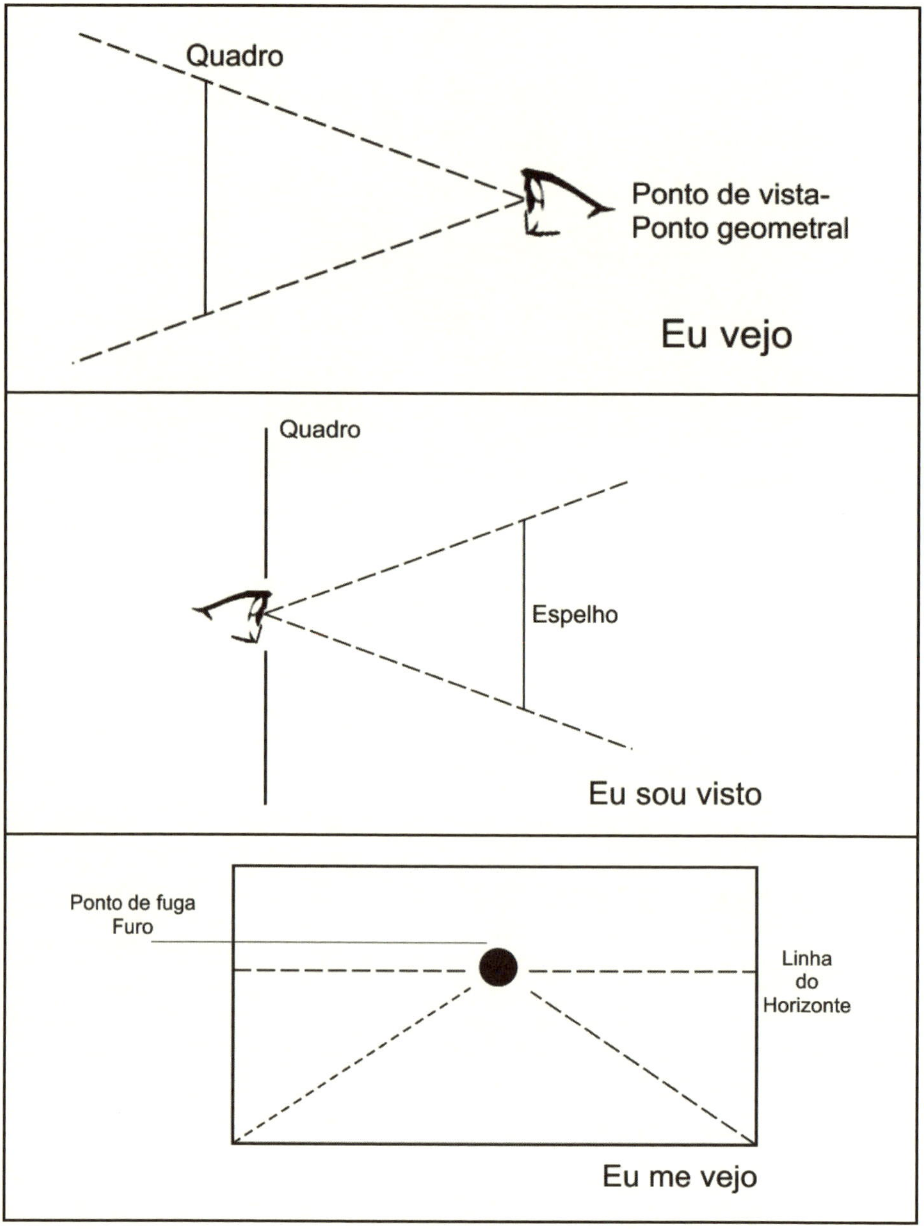

FONTE: O autor

Podemos notar que se trata de dois olhos: um do *ponto de vista*, que podemos chamar também de olho cartesiano, e outro do *ponto de fuga*, a partir de onde *sou olhado* – como no sonho. Isso nos leva a um dentro-fora / fora-dentro: trata-se de um entrecruzamento de duas pirâmides, do furo-ponto de fuga e do furo-dos-olhos-do-ponto-de-vista. O fantasma do anteparo tem por função isto, colocar um véu, suturar os furos.

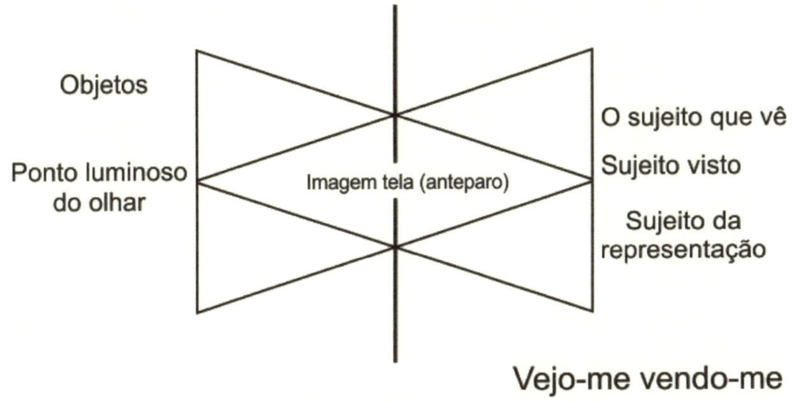

FONTE: O autor.

Podemos notar de um lado o sujeito geometral, o sujeito do olho cartesiano que vê os objetos com a beleza das formas e das cores (eu vejo), e no segundo momento o sujeito da representação visto pelo ponto luminoso (eu sou visto). Esse ponto fascina com seu "mal" olhar, como canta Carla Bruni: *Je veux mes yeux dans vos yeux*[35]. Noutras palavras, quer tirar a visão dele, deixá-lo cego, como um *fascinum*, um malefício (eu me vejo, assim como narciso).

Assim, "o mundo visual é um quiasma constituído pelo entrelaçamento do mundo de quem olha (sustentado pelo sujeito da representação) e do mundo de quem é olhado (causado pelo objeto olhar). É um quiasma constituído, por um lado, pelo plano geometral, dado pela conjunção do simbólico e do imaginário e, por outro, pela luz que representa a presença do olhar"[36]. De um lado, o sujeito olhando as belezas dos objetos; do outro, o brilho, o brilho das manchas de cores, que representam o ponto luminoso do olhar (vejo-me vendo-me) – podemos ver que não é casual o fato de que Viola Spolin manda que

35 "Eu quero meus olhos nos seus olhos".

36 QUINET, Antônio. **Um olhar a mais**: ver e ser visto na psicanálise. Rio de Janeiro: Jorge Zahar Editor, p.151.

quando "vir um objeto deixe que esse objeto veja você!"[37]. Mas o que é "um quadro, uma tela com simples merda em cima, uma merda real, porque, que outra coisa é afinal uma grande mancha de cor?"[38]. Essa merda real, que remete à *das Ding* como perdida para sempre, é que vem dignificar-se no brilho do objeto ***a***, que vem a nós desde o brilhante ponto de fuga refogado de cores e formas pela tela, ou anteparo. É desde esse Outro castrado (Ⱥ) – como se o buraco brilhasse desde o genital materno[39] –, buraco medonho e angustiante, desse *ordure on fait l'or dur de la création*, então, do buraco medonho – o que restou de *Das Ding* – pode advir o encanto da beleza. Trata-se da esquize entre o olho e o olhar, "do que se trata é da esquize entre a demanda e o desejo"[40].

Por isso, o objeto ***a*** pode vir em forma daquilo que nos remete ao estranho, ao vazio, à morte, como no quadro *Os embaixadores* de Hans Holbein, representado pela caveira anamórfica que aparece visível desde que se desloque o ponto geometral, o ponto de perspectiva. Isto é, nós olhamos os embaixadores e suas honoráveis investiduras, já mortos há tanto tempo, e eles aí, sem dar a mínima para a morte. No entanto, há algo na frente que nos faz lembrar dela ao olharmos de soslaio bem próximos do quadro, pois essa mancha que está na frente se transforma numa caveira. Quer dizer, somos olhados, olhados pelo objeto ***a***, puro vazio, pura morte. Já antes de Bertolt Brecht, a *Verfremdung* nos tirava da alegoria do quadro para reverter uma "realidade" que se esconde na beleza da luz dos embaixadores, ou, se se quiser, a feia caveira ilumina a escuridão que a beleza esconde.

No capítulo 7 retomaremos a questão do anteparo, que não tem outra função senão a de ser mediação entre o objeto ***a*** e o sujeito, e entre a morte e a vida estabelece-se essa *máscara* de semblante que:

---

37 SPOLIN, Viola. **Jogos teatrais**: o fichário de Viola Spolin. São Paulo: Perspectiva, 2001. Consta na ficha A20: "INSTRUÇÃO: Envie sua visão para o Ambiente! Sua visão é uma extensão física de você mesmo! Deixe que sua visão seja ativa!... À sua volta! Permita que um objeto entre em seu campo de visão e seja visto! Tome seu tempo para ver esse objeto! Quando vir um objeto, deixe que esse objeto veja você!" (grifo nosso).

38 LACAN, Jacques. **Seminário 13**: el objeto del psicoanálisis. Inédito, exposição de 18/05/1966.

39 A falta materna, por ser desejante, está confirmada pela carência de pênis. Não consigo lembrar o nome do livro nem seu autor, mas o mesmo fazia uma relação entre a cavidade teatral e o útero. É claro que para chegar a ele deve-se passar por outro buraco... o buraco fundado pela linguagem, isto é, pela castração. (ver: COMPLEXO DE ÉDIPO [FALO-CASTRAÇÃO])

40 MENGARELLI, Hugo. "As Meninas" atravessam o espelho. In: **PalavrAção**. Curitiba: Biblioteca Freudiana de Curitiba, nº 3, Nov. 1998, p. 45.

> o ser dá de si mesmo, ou recebe do outro, [...] podemos dizer que é com o auxílio dessa duplicata do outro, ou de si mesmo, que se realiza a conjunção de que procede a renovação dos seres na reprodução.
> O logro tem aí uma função essencial. [...] em relação ao que poderíamos imaginar de atração pelo outro polo como conjuminando o masculino e o feminino, apreendemos a prevalência do que se apresenta como **travesti**[41].

Estamos diante da completude, aquilo tão pertinente ao imaginário.

O *Thaumastós* do *Verfremdung*

O quadro é também o representante da representação da relação que estabelecemos imaginariamente com as coisas e, principalmente, com os discursos. Voltando a Magritte, Marcel Paquet nos disse: "Os seus trabalhos revelam o inconsiderado do visual"[42]. Magritte nos traz uma relação com o visual da mesma maneira que o grande Jean-Luc Godard nos traz sobre o som em *Pierrot, le fou* e sobre a imagem em *Les Carabiniers*[43], e Pirandello sobre a relação dos atores com seus personagens em *Sei personaggi in cerca d'autore*. Como vimos, a *VerfremdungsEffekt* brechtiana está emergindo do âmago dos relatos, ela faz a separação dessa alienação – do enunciado com a enunciação, *a história se conta sozinha* – tão presente nos relatos. Ou diria mais, está, mas de uma maneira sutil em que a identificação nos coloca à borda da loucura, na medida em que essa alegoria toma conta de nós e nos leva a outro lugar, outra história que "era uma vez porque não era mais"[44]. Por isso proponho pensar se o termo *Verfremdung*, que significa "o processo de ficar estranho com alguma coisa ou alguém", é mais correto pensá-lo só como distanciamento – como comumente se faz; para as propostas da quebra do

41 LACAN, Jacques. **Seminário XI**: os quatro conceitos fundamentais da psicanálise. Rio de Janeiro: Zahar Editores, 1979, p. 104-105.

42 PAQUET, Marcel. **Magritte**. Alemanha: Benedikt Tachen, 1995, p. 79.

43 O que veremos desenvolvido na continuação.

44 MENGARELLI, Jandyra Kondera. Era uma vez porque não era mais. In: **Dos cantos, em cantos**. Bahia: Ágalma, 1998, p. 63.

ilusionismo poderíamos pensá-lo como estranhamento-distanciamento[45] – porque, justamente, esse ato encerra um *fremd*, estranho, esse que provoca o *thaumastós*, o assombroso da surpresa que vem, mas não só para originar um *distanzierung*, distanciamento, e, sim, uma *"annäherung"*, aproximação do sujeito à estrutura do discurso. Seria a *Verfremdung*, então, aquilo estranho que me distancia, que provoca um *distanzierung*, distanciamento do enunciado e, simultaneamente, aquilo estranho que me aproxima, origina uma *annäherung*, aproximação da enunciação, da estrutura discursiva. É o que o analista faz, nos distancia da historinha que contamos para, dessa forma, nos aproximar da estrutura do sintoma, já que nossa fala é um sinthoma (ver: O sintoma e o sinthoma). Talvez seja por isso, segundo me contaram, que Lacan considerava o cinema de Godard como "lacaniano". Agora, vejamos o que disse Freud sobre a função da resistência[46] e o distanciamento que opõe ao recalcado: "É como se a resistência que o consciente opõe fosse uma função de seu distanciamento a respeito do originariamente recalcado"[47]. O conceito de *Verfremdung* viria a aproximar, *annäherung* – e não distanciar o eu cartesiano dos sentidos da consciência – com a estranheza do *non sense* do recalcado no discurso. É por esse caminho que poderíamos pensar que a florida história kantiana está sustentada pela merda sadiana[48]; noutras palavras, um caminho ético para entendermos como as artes fazem referência à estrutura do sujeito, ainda que sublimando-a.

Brecht desenvolverá o *VerfremdungsEffekt*, efeito de estranhamento-distanciamento, ao pretender colocá-lo dentro da própria fábula, isto é, não rompendo o discurso, senão estabelecendo a surpresa, como acabamos de ver: *o efeito de distanciamento consiste em transformar a coisa que se pretende explicitar, e sobre a que se pretende chamar atenção*[49].

---

45 Existem muitas formas de traduzir *Verfremdung*, seja como *estranhamento*, ou como *distanciamento*, ou mesmo o grande equívoco de traduzi-lo por *alienação*. No Instituto Goethe de Curitiba me deram a seguinte tradução: "Trata-se de um estranhamento que provoca um distanciamento". Por isso, entendo que o melhor seria traduzi-lo: **estranhamento-distanciamento.**

46 Resistência é um conceito freudiano que faz referência a todos os atos do sujeito que se opõem à possibilidade de este de ter acesso a sua enunciação, a seu inconsciente. Noutras palavras, sustentar-se só no semblante.

47 FREUD, Sigmund. La represión. In: **Obras completas**, Buenos Aires: Amorrortu Editores, 1990, v. 14, p. 144.

48 No capítulo 8, sobre "Ética e estética", desenvolveremos essa moeda composta por a Cara de Kant e a Coroa – de espinhos – de Sade.

49 BRECHT, Bertolt. **Escritos sobre teatro, v.** 1. Ediciones Nueva Visión, Buenos Aires, 1970, p. 182.

Poderíamos dizer, para ser entendido de outra maneira, que somos colocados num outro lugar enquanto relação com o significado "subentendido". Isso é causado pelo "inesperado, notável", também maravilhoso, o que Aristóteles, como vimos, chama de *Thaumastón*, e explicando...

> O maravilhoso, *(thaumastos)*, tem lugar primacial na tragédia; mas na epopeia, porque ante nossos olhos não agem atores, chega a ser admissível o irracional de que muito especialmente deriva o maravilhoso[50].

Brecht, no Pequeno Onganon, nos dirá a respeito do efeito de estranhamento- distanciamento: "O teatro deve maravilhar (*wundern*) seu público; e pode chegar a isto mediado pela técnica de estranhamento do que é familiar"[51].

Então o **maravilhoso** (*thaumastos – wundern*) tem aquilo que pode tornar, seguindo Aristóteles, "admissível o irracional" ou tornar admissível o estranhamento do familiar, e aqui nos aproximamos ao sublime de Kant, que veremos no próximo capítulo. Aqui podemos ter uma aproximação ao sublime de Kant, na medida em que algo "irracional" pode transformar-se em maravilhoso, em sublime. Não aconteceria isso em Brecht, quando trata de tirar o público de um lugar de sentido cômodo, colocando-o num lugar de *non-sense*, para que ele possa ter outro lugar de compreensão? Então aqui a função do *non-sense* não é só de tirar o sentido, mas também de proporcionar outro[52].

Retomando os filmes de Godard, podemos seguir esse processo pelo qual o diretor francês nos coloca, de forma crítica, diante desse efeito alienante da identificação – no primeiro caso através da *voz da música* (*Pierrot, le Fou*) e, no segundo, através do olhar do filme *(Les Carabiniers)* – que nos aproxima tanto à loucura.

---

50 ARISTÓTELES. **Poética.** XXIV – 16. In: Pensadores, p. 265.

51 BRECHT, Bertolt. **Breviário de estética teatral**, Ediciones La Rosa Blindada, Buenos Aires, 1963, p. 40. Em alemão: "*Es muB sein Publikun* ***wundern*** (o negrito é nosso) *machen, und dies geschieht vermitteis einer Technik der* ***Verfremdungen*** (o negrito é nosso) *des Vertrauten*", **Kleines Organon für das Theater**. Suhrkamp Verlag, Frankfurt, 1961, p. 27.

52 No capítulo 8, sobre "Ética e estética", também veremos a questão do Sublime kantiano.

Jean-Luc Godard: Pierrot, le Fou ("O demônio das onze horas") e Les Carabiniers ("Tempos de guerra")

Esta corresponde à penúltima sequência do filme: Pierrot le fou, ou Ferdinand, vem caminhando, quando se inicia uma música interpretada por um piano. Ele olha para a esquerda do quadro como se ela viesse de lá. Até aqui, nosso olhar está tomado pela personagem que interpreta Jean-Paul Belmondo, identificamo-nos com Ferdinand. *L'homme du port* (Raymond Devos) está cantarolando a música (do piano que estamos escutando) e fala sobre ela como algo que o persegue há muito tempo. Pergunta a Ferdinand se ele escuta, e este lhe responde que não. Passagem para outra identificação, agora com *l'homme du port*, pois como este estamos escutando a música.

Pierrot: *Ça va pas, mon vieux?* (Alguma coisa errada, meu amigo?)
L'homme du port: *Non, ah c'est cet air là, vous pouvez pas savoir ce que évoque pour Moi.* (É essa música, você não imagina o que significa para mim.)
L'homme du port: *Cet air, vous entendez?* (Essa música, está escutando?)
Pierrot: *Non, j'entends rien.* (Não, não escuto nada)

A música continua enquanto *l'homme du port* conta a Ferdinand a história que o relaciona a ela. São três declarações de amor (três mulheres diferentes) em que a música esteve presente. A todas perguntava:

L'homme du port: *Est-ce que vous m'aimez?* (Você me ama?)

Na última declaração, ele pediu a mão dela, que já estava na sua. Até que, no final, ficou com a mão (da mulher) por... dez anos:

L'homme du port: *Lalala lalala alors je l'ai gardée n'est- ce pas lalala dix ans... lalala lalala lalala DIX ANS, dix ans! Cet air, je peut plus le supporter, je peut plus le supporter.* (Eu a mantive (a mão) por dez anos! Essa música, eu não posso mais suportar, eu não posso mais suportar!)

Quando, no final, diz: "Eu não suporto mais suportar", a música deixa de ser escutada. Então, *l'homme du port* pergunta para Ferdinand:

L'homme du port: *Vous l'entendez?* (Está escutando?)
Pierrot: *Non.* (Não.)

(Assim como nós, que já não estamos escutando a música, isto é, voltamos a nos identificar com Ferdinand.) Ato seguido, *L'homme du port* pede a Ferdinand:

L'homme du port: *Dites: vous êtes fou, c'est tout.* (Diga que sou louco. Vamos, pode dizer!)

Ferdinand consente:

Pierrot: *Vous êtes fou.* (Você é louco.)

Assim, o personagem *Pierrot-Ferdinand* é o único "normal" (na ficção), porque quem vê e escuta – o espectador – ora se identifica com *l'homme du port*, enquanto escuta a música na enunciação do filme, ora se identifica com *Pierrot*, quando a música para. Isto é, ora somos loucos, ora não, ora estamos alienados à loucura da ficção, ora estamos separados dela, mas *non troppo*, porque passamos a nos identificar com a não escuta de *Pierrot le fou*. Mas justamente isso nos coloca em outro lugar da escuta e nos permite assim produzir uma separação da escuta original. É interessante notar que os limites da loucura se estabelecem nesse momento "racional" de *l'homme du port*, quando ele pede para ser chamado de louco, pois aí, ao mesmo tempo, passamos a ser loucos e não loucos, porque estivemos e já não estamos identificados a ele. Novamente podemos notar esse jogo de dentro-fora / fora-dentro bem característico da alienação-separação, desse limite, de que nos falava Lacan, com a loucura, propriamente da identificação. Essa "loucura" na escuta do público também se deve à **obediência**, que vem do latim ***obedio***, dar ouvidos, estar em obediência, estar em obediência ao **charme** do **canto**, sendo que charme e canto derivam do latim **cano**: cantar, um cantar referente a um cantar angelical no colo celestial[53]. É interessante que a música para justamente quando o "homem do porto" diz: "Eu não suporto mais", não a música, mas a relação

53 No capítulo 6: O real da voz, retomaremos o tema dessa voz original que encanta com seu canto.

com a mulher que veio dela. Na França, quando uma relação amorosa termina se diz: "*La musique est cassée*", "a música acabou".

É necessário notar que a imagem sonora está junta com a imagem visual, e que a presença desta estabelece outra relação com a escuta. Santo Agostinho nos dizia da importância da: *concupiscência dos olhos à total experiência que nos vem pelos sentidos*, e que nos leva a nos expressar: *vê como ressoa* a música no filme! Lembrando Heidegger que: a *experiência dos sentidos* é chamada de *"prazer dos olhos"*[54].

O filme de Godard nos aproxima ao conceito de ***ostranenie***, introduzido no formalismo russo por Viktor Shklovski, referindo-se à literatura: "A acentuação por parte do escritor de um elemento qualquer do texto de uma obra de arte, tendo como objeto fazer com que seja percebido, não segundo as associações habituais, senão com algo insólito, mas já encontrado antes"[55]. Em outro momento, Shklovski fará referência à ***ostranenie***. Ao falar de Maiakovski e de outros poetas nos dirá: "Criavam imagens inesperadas, um aspecto inesperado da obra [...] era uma ampliação da percepção do mundo [...]. A teoria do distanciamento se tem desenvolvido sob seu nome" [56]. O que isso provoca é o *diastema*, ou seja, um intervalo, uma distância, um espaço para, com a surpresa – a surpresa maravilhosa, thaumaston –, marcar uma diferença. Noutras palavras, algo de estranho, inesperado, algo de *unheimlich*, de inquietante, vem a estabelecer uma descontinuidade "provocado pela aparição súbita de um significante de efeito inesperado"[57]. Noutras palavras: "Trata-se [...] da determinação das estruturas, das articulações internas que regem um texto"[58]. No dito da história emerge o dizer, uma enunciação da "loucura" que encerra as identificações. Se formos analisar a sequência anterior no momento tão culminantemente "trágico" – entre aspas pelo grau de ironia que encerra – em que aparece, ela se torna absolutamente estranha ao filme, parece que este para, para que o conhecido humorista francês, Raymond Devos, nos conte uma piada. Além disso, vimos como Godard trabalha estranhamente com

54 Ver nota 16 do capítulo anterior, sobre O olhar e o ator.

55 SHKLOVSKY, Viktor. In: Gillo DORFLES: **El intervalo perdido**. Editorial Lumem, Barcelona, 1986, p. 101.

56 SHKLOVSKI, Viktor. In: Roberto HARARI: **Polifonías: del arte al psicoanálisis**. Ediciones del Serbal, Barcelona,1998, p. 47.

57 Ibid., p. 48.

58 Idem.

o som (música), criando também aí uma descontinuidade dramática, sem que nenhuma justificativa venha a mediar, a não ser colocar o público nessa inquietante estranheza de ser ora o "louco do porto", ora Pierrot, que aliás, ***est aussi fou***.

No filme *Les Carabiniers* (Tempos de guerra), Michelangelo, um camponês ignorante e membro de um exército invasor, vai ao cinema pela primeira vez. Na tela uma bela moça vai se despindo e, à medida que sai e entra no quadro, leva o entusiasmado Michelangelo a ir de um lado para outro tratando de não perdê-la de vista, isto é, estar dentro do quadro (filme). Em um momento determinado, a moça tira o camisolão e entra na banheira para tomar seu banho – o que vê Michelangelo é o que nós vemos, *Raccord*[59] estruturado num plano / contraplano subjetivo. Depois de acariciar seu corpo e realizar movimentos, certamente eróticos, olha para o público – isto é, para a câmera, Michelangelo e nós –, mas especialmente para Michelangelo, que não duvida e parte para cima da tela à procura da moça – é nesse momento que a câmera abandona o campo/contracampo para abranger toda a cena: a tela, Michelangelo e o público, agora de costas. Resultado: ele termina caindo e, com isso, levando a tela com ele. Além de parodiar essa "impressão de realidade", própria do cinema e da perspectiva, e que tem origem na pintura renascentista – não por acaso o personagem se chama Michelangelo –, Godard brinca com a questão do olhar: é a moça – objeto ***a*** imaginarizado – olhando para o público-Michelangelo que cativa este, que o identifica a essa imagem, a uma suposta demanda dela.

Um pequeno parêntese para escutar esta *chacarera* argentina e nos aproximar aos sentimentos de Michelangelo com a moça-tela:

> Pobrecito corazón, a sufrir has comenzado
> Por vivir uma ilusión que de ti se anda burlando.
> Los culpables son tus ojos para qué me habrás mirado[60].

---

59 *Raccord*: ajustamento de duas partes de um trabalho, em especial artístico. Nesse caso a relação entre dois planos do filme.

60 "Para qué me habrás mirado", chacarera – música folclórica argentina. O tema pertence a O. Valle e S. Carabajal: "Pobrezinho coração, a sofrer tem começado / por viver uma ilusão que de você está se burlando. / Os culpáveis são teus olhos para que me terão olhado".

Acontece com Michelangelo o mesmo que aconteceu a uma mulher no primeiro dia de projeção de cinema, no *Salon Indien* do *Grand Café*, no dia 28 de dezembro de 1895, segundo o relato de Henri de Parville: "uma de minhas vizinhas estava tão enfeitiçada que, dando um pulo, levantou-se e não voltou a se sentar até que o carro, desviando-se, desapareceu"[61]. Não é por acaso que Godard começa a sessão de cinema, a qual Michelangelo assiste pela primeira vez, fazendo uma referência a *"Arrivée d'un train en gare"* ("Chegada de um trem à estação"), de Lumière: o trem ingressa na estação avançando para o lado da câmera, e Michelângelo cobre o rosto com medo de ser atropelado. Quando a tela cai, cai a "moça", só fica o resto: uma parede no fundo onde continua a projeção, onde a imagem da moça continua erguida numa outra, inesperada, tela. Se Michelangelo fosse até ela poderia até derrubar a parede-tela que sustenta a imagem, no entanto a projeção continuaria ao infinito, sempre um *mais além*, sempre um *mais de gozar*, mas sempre sustentado pelo vazio do objeto ***a***. Não há objeto ***a*** imaginário que dê conta do objeto ***a*** como perda da Coisa real. Por isso são possíveis o cinema, o amor, a vida, como um não todo. E o não todo nos coloca, necessariamente, na travessia. Aqui também podemos ver a *VerfremdungEffekt*, efeito de estranhamento-distanciamento, só que dentro da própria história, quer dizer, dentro da alegoria, podemos estabelecer um intervalo, um "distanciamento-aproximação" – do que já Brecht nos tinha alertado em seus textos mais avançados sobre a discussão de sua estética. O próprio Brecht insistia nessa possibilidade de provocar o efeito de estranhamento dentro da mesma cena sem quebrar a "quarta parede", não só na linha de interpretação do ator[62], mas também na descontinuidade e estranheza que pode se estabelecer dentro da mesma cena sem, em princípio, estabelecer um corte na ficção:

61 PARVILLE, Henri de. In: GUBERN, Román. **Historia del cine**. Barcelona: Editorial Lumen, 1973, p. 30-31.

62 Brecht nos fala da interpretação do ator e seu distanciamento: "o ator cita a uma personagem, é testemunha de um processo [...] sua atitude tem algo de contraditório tomada em forma global [...] o ator fala em passado, o personagem em presente [...] não se opõe a que o ator doe a sua personagem os sentimentos que esta deve ter; mas ele mesmo não deve de forma alguma permanecer frio, também deve desenvolver sentimentos, ainda que não necessariamente os mesmos". In: **Escritos sobre teatro**. Buenos Aires: Ediciones Nueva Visión, 1970, p. 178-179.

> Quando a gente vê seu professor sendo perseguido pela polícia se produz o *Verfremdung-Effekt;* o professor arrancado de uma circunstância que o tem feito aparecer grande, se o vê introduzido numa outra circunstância que o faz parecer pequeno[63].

Novamente nos encontramos com a ideia aristotélica do *thaumastón*. Brecht utiliza vários efeitos para provocar o estranhamento-distanciamento na quebra do discurso, como cartazes, projeções e cantos, estabelecendo a quebra da "quarta parede". Outro efeito é o de estabelecer o estranho dentro da fábula criando a descontinuidade, provocando o espaço diastêmico como Godard o faz com Michelangelo querendo pegar a mulher do filme. É diferente em Godard a descontinuidade num *faux-raccord*[64], seja na descontinuidade da imagem ou do som – *About de souffle, Pierrot le fou, La Chinoise*, entre outros –, com a descontinuidade dentro da fábula, do enunciado, como acabamos de ver.

Além de atualizar o que vínhamos analisando, aqui também temos uma belíssima metáfora da pulsão escópica e sua topologia, a banda de Möebius, o *ver* de Michelangelo – que nos representa como público – e o *ser visto* pela moça que nos olha, ou, se se quiser, o *ver* da moça por *ser vista*. As duas voltas em torno da Banda de Möebius para completar o percurso: na primeira, nós estamos vendo a moça; na segunda, sendo vistos por ela. Essa presença do filme dentro do filme já tinha sido experimentada por Velázquez em *Las Meninas*, que também "nos mostra a conjunção dos dois – o vidente e também o visto; o espectador vê o quadro e é visto pelo quadro, pois o pintor o vê: ele é objeto da pintura"[65]. Em *Las Meninas*, o quadro que está pintando Velázquez seria aquele que nós vemos de costas, enquanto no filme de Godard – o filme dentro do filme – ora o vemos desde o lugar de Michelangelo – o especular que predomina no quadro –, ora o vemos desde o lugar do narrador, lugar este que se assemelha ao do analista ao nos fazer presentificar o fantasma que sustenta a relação com a imagem, isto é, a banda de Möebius é cortada pela mediana

63 Ibid., p. 183. Nos anexos 1 e 2 retomamos a discussão sobre o *VerfemdrungEffekt*.

64 Entendemos por *faux raccord* a descontinuidade na imagem, podendo ser a repetição de um pedaço do plano – repetição de um movimento, por exemplo –, ou a alteração de uma música entre cortes de planos, ou através da elipse dentro do mesmo plano – a imagem do movimento nos aparece dando pulos. Essas "falhas", elemento estranho, não se relacionam ao enunciado, mas à própria enunciação. Não são personagens ou objetos diegéticos que proporcionam a descontinuidade, e, sim, ela aparece na própria enunciação do discurso.

65 QUINET, Antonio. **Um olhar a mais**: ver e ser visto na psicanálise. Rio de Janeiro: Jorge Zahar Editor, 2002, p. 158.

estabelecendo o dentro-fora, um enunciado e uma enunciação: *Las Meninas* atravessam o espelho e este se despedaça como a tela nas mãos de Michelangelo.

O que perturba esse quadro é que "os seres são, não representados aí, mas, em representação"[66]. Denuncia-se o lado teatral da tela, isto é, o *Verfremdung* vem a nos dizer "que o quadro (filme) é apenas o representante da representação. É o representante do que é a representação no espelho". E nos faz lembrar que estamos "incluídos em uma função análoga à que representa o quadro, isto é, presos ao fantasma"[67].

Fantasma que a miragem do espelho completa e que o personagem Michelangelo nos representa enquanto tomado pela tela. Com isso, dentro-fora / fora-dentro: vemos o quadro-filme e somos o quadro-filme. Senão, como poderíamos entender Tom Baxter (Jeff Daniels) abandonando a tela para se encontrar com Cecile (Mia Farrow) em "A rosa púrpura do Cairo" (*"The Purple rose of Cairo"*, 1984), de Woody Allen, se não mediasse a banda de Möebius nessa relação que se estabelece do olhar com a realidade, inclusive a realidade fílmica?

Fonte: www.sabercultural.com

66 LACAN, Jacques. **Seminário XIII**: El objeto del psicoanálisis. Seminário inédito, exposição de 18/05/66.

67 Idem.

Woody Allen: The Purple Rose of Cairo ("A rosa púrpura do Cairo")

Sequência em que Tom Baxter (Jeff Daniels) abandona o filme para se encontrar com Cecile (Mia Farrow).

Tom Baxter (Jeff Daniels), personagem do filme "A rosa púrpura do Cairo" (P&B), enquanto está falando olha duas vezes para fora do quadro – à direita – e, no terceiro olhar, fala para Cecile (Mia Farrow), a personagem da realidade do filme "A rosa púrpura do Cairo" (colorido).

> **Tom Baxter**: *My God, you must really love this picture.* (Meu Deus! Deve gostar muito deste filme).
> **Cecile** (Totalmente surpresa e indicando-se): Me? (Eu?)
> **Tom Baxter**: *You've been here all day, and I've seen you here twice before.* (Você está aí o dia inteiro. Já te vi aqui duas vezes.)
> **Cecile**: *You mean me?* (Está falando comigo?)
> **Tom Baxter**: *Yes, you. This is the fifth time you're seeing this.* (Sim, você! É a quinta vez que está assistindo ao filme.)
> **Mulher personagem do filme** (Chamando outro personagem do filme): *Henry, come here. Quickly.* (Henry, vem cá, depressa!)
> **Tom Baxter**: I gotta speak to you. (avança e sai do filme). (Tenho que falar com você.)
> **Público**: Oh, my God! (Oh, meu Deus!)

(Tom Baxter avança, sai do preto e branco e entra na cor. Enquanto vemos uma espectadora desmaiar, começamos a escutar a voz do Homem do filme em P&B, que termina a fala num plano geral, onde o vemos se dirigir a Tom Baxter, que avança em direção a Cecile.)

> **Homem**: *Listen, old Sport, you're on the wrong side.* (Escute, meu velho, está do lado errado!)

É necessário vermos as diferenças que aproximam. Primeiro: Michelangelo – no filme de Godard – quer entrar na tela. Segundo: Tom Baxter – no filme de Woody Allen – quer sair da mesma. O primeiro não consegue entrar nela, o segundo consegue sair dela[68]. Mas o que nos interessa é justamente essa

68 É importante ressaltar que no filme de Woody Allen Tom Baxter retorna ao filme acompanhado de Cecile, isto é, Cecile aqui consegue o que Michelangelo não conseguiu.

conjunção de ficção e realidade que o movimento pulsional estabelece, deixando claro que ficamos sujeitos ao **espelho** e ao **quadro**. Noutras palavras, estamos **mergulhados** dentro-fora-fora-dentro no espaço moebiano, num espaço que privilegia o enunciado, e de repente se produz o corte – fora / dentro – dentro / fora: o fracasso de Michelangelo e o triunfo de Tom Baxter. Godard nos coloca diante da saída moebiana e a entrada euclidiana – a segregação dos espaços determina o fracasso de Michelangelo, o que no teatro não aconteceria –, enquanto Woody Allen, ao colocar *The Purple Rose of Cairo* em P&B como a ficção da realidade de *The Purple Rose of Cairo* Colorida, nos realça a função moebiana, nos estranha, nos põe diante de Magritte e sua série de quadros chamada *A Condição Humana*. Ele mistura o quadro do quadro com a "realidade" do quadro, assim como Allen funde o filme do filme com a "realidade" do filme[69]. Jeito de confundir o significante com o referente, quando na realidade se trata de significantes. Não há mar e quadro, é tudo quadro; não há filme do filme e filme, tudo é filme: ***Ceci n'est pas une Cecile***. Ambos nos colocam, nessas "imagens inesperadas, um aspecto inesperado da obra", algo que poderíamos definir como sublime, quando o estranho, o *Unheimliche*, se presentifica em nós, e não desmaiamos como a espectadora de *A rosa púrpura do Cairo* ao ver Tom Baxter romper a **quarta parede**. No teatro, hoje, tem-se tornado normal a ruptura da quarta parede; no cinema, como vimos, também se utiliza muito essa técnica de desconstrução do discurso, essa necessidade de rompê-lo, de criar nele uma descontinuidade, essa "zona diastemática, um intervalo (que) significa a presença de um elemento interválico no contexto mesmo da obra, capaz de destacar cada parte de seus componentes"[70]. Mas

69 Ver quarto subtítulo do capítulo 4. Mergulho da enunciação no enunciado.

70 DORFLES, Gillo, **El intervalo perdido**. Barcelona: Editorial Lumem, 1984, p. 26-27. Na História em Quadrinhos nos encontramos com um paradoxo, o espaço entre as vinhetas, espaço intericônico, a zona diestemática intersticial cria uma descontinuidade que é estrutural do discurso: "A arte da ruptura, da descontinuidade, consiste sobretudo em fazer crer que há continuidade, com a concordância e a participação do leitor. Inúmeros autores se divertem com frequência ao se referir ao fato de leitores lhes falarem de imagens que eles nunca desenharam". In: QUELLA-GUYOT, Didier: **A história em quadrinhos**. Unimarco Editora, São Paulo, 1994. Se por um lado é um paradoxo, por outro nos faz entender claramente o que acontece com a estrutura discursiva do cinema hollywoodiano, que se baseia principalmente numa descontinuidade que passa inadvertida diante do *dompte regard*, do olhar deposto do espectador. O que parece é que a descontinuidade é como a síncope, depende da repetição para tornar-se regra. Assim como veremos no Cap. VI: O real da voz, com o tema de Pink Floyd: *Another Brick in the Wall*, onde o tempo **regular** pode aparecer como por **acaso**, na própria HQ encontraremos também momentos de rupturas. Nesse caso, desaparecem os quadrinhos e toda a prancha

imaginemos por um instante a personagem do filme quebrar a **tela-quarta-parede** sem falar diretamente com o público – Ferdinand em *Pierrot, le fou* –, apenas saindo mesmo da tela e entrando na sala. Uma Coisa impossível, indizível, inaudito, aliás, terrorífica, haveria mais de um desmaiado, estaríamos "realizando" o cúmulo dessa tal *passion du réel de* que nos falava Alain Badiou ao se referir à arte no século XX, em seu livro *Le Siècle* (O século)[71].

Esse corte, esse *Verfremdung* que estabelecem Velázquez-Godard-Magritte-Allen – e o veremos também com Mel Brooks[72] – é o que nos coloca como sujeitos da representação, isto é, o quadro-filme ao mesmo tempo que o fundamos nos funda; ao o sustentarmos com a *Eine Andere Schuaplatz*, com o fantasma da Outra Cena, passamos a formar parte da cena artística. Que como toda cena – inclusive as cenas cotidianas – não é toda, e é aí que se estabelece a cisão entre a demanda e o desejo. Isso é o que nos surpreende, nos causa o *thaumastós*, a surpresa do extraordinário, porque acontece algo *maravilhoso* e *absurdo* – como o dicionário define o termo aristotélico, ou como o próprio Aristóteles definia: maravilhoso pelo inesperado, pelo novo, e absurdo pelo lugar de títere que ocupamos. Aqui vemos como o *Thaumastós* cumpre sua

---

se transforma numa narrativa de ações acontecidas em junção de espaço-tempo, topocrono (lugar e duração) diferentes, como o Tarzan de Joe Kubert ou O Homem do Nilo de Sérgio Toppi.

71 O belíssimo filme de Dziga Vertov (Denis A. Kaufman) *O homem com uma câmera* (1929) é um original exemplo para trabalhar estes conceitos de intervalo ou "zona diastemática" que desenvolvem a *ostranenie* formalista e o *Verfremdung* brechtiano. Além do campo maravilhoso a explorar, há a questão da pulsão escópica nesse realizador construtivista, fundador do *Kino Glass* (cine-olho). Aqui notamos também a presença da *mise en abyme*, produção em abismo, essa divisão que se estabelece desde a partida, filme do filme, o *non sense* como sentido orientador.

72 Sobre o *Verfremdung* ou estranhamento-distanciamento, nós já o encontramos belissimamente desenvolvido por Cervantes no *El Quijote de la Mancha*. Cervantes, com um humor irônico, se coloca a *Cide Hamete Benengeli*, suposto historiador arábico, como o autor da obra que muitos caracterizam como uma crítica ao romance de cavalaria, mas que na realidade apontava para o momento de seu tempo que se caracterizava, justamente, pela perda dos ideais dos cavaleiros. O grau de estranhamento de Cervantes chega a produzir o que falamos na nota anterior como *mise en* abyme, e que Jorge Luis Borges tratará em "Magias parciales del Quijote" em "Otras Inquisiciones" (1952). Obras completas, Emecé Editores, BS. As., 1974. Uma relação ao próprio texto e ao próprio leitor, assim como transformar os próprios personagens leitores da própria obra, é uma relação em espelho. No segundo livro do Quixote os protagonistas falam da publicação do primeiro, realizada em 1605, em Lisboa. Essa expressão – *mise en abyme* – tem origem na heráldica: "fala-se em 'construção em abismo' quando, no interior de um brasão, um segundo brasão reproduz o primeiro em tamanho menor" – assim Christian Metz o define em **A significação no cinema**, quando vai analisar o filme de Fellini – como "construção em abismo" – "Otto e mezzo". Editora Perspectiva, São Paulo, 1972, p. 217.

função de corte: "ele cliva a percepção, fazendo com que a 'mesma' coisa seja percebida diferentemente"[73]. Noutras palavras, o *Thaumastós* se aproxima à noção de *ostranenie* enquanto provoca um corte, um intervalo, uma surpresa, como o *Verfremdung*.

A demanda tem objeto, o objeto **i(*a*)**, objeto **a** como imaginário, a moça do filme, a princesa Margarita, e o desejo vem a confirmar que esse objeto é só tela – do quadro / filme – que vem a pô-lo em movimento, na medida em que este se articula na demanda. Mas, nesse movimento, o desejo derruba a tela-objeto, e aqui poderíamos dizer com Lacan: "*Eu te amo, mas, porque inexplicavelmente amo em ti alguma coisa a mais que tu – o objeto a, eu te mutilo*"[74]. E por amar essa "coisa a mais" eu "te mutilo" tela-objeto, para pronto te erguer novamente e pôr meu desejo em movimento, sempre com esse *mais além de gozar*, sempre – e abençoado seja Deus, se *Deus é inconsciente* –, um novo espelho a atravessar. (ver: Demanda e desejo). Se o desejo é desejo do outro, abre-se a questão: *O que quer de mim?* "Não há resposta: enigma do desejo do outro... o desejo está para-além da linguagem, hiância sempre aberta, a um só lugar de medo e de fascinação"[75]. Para-além da linguagem há o encontro com o gozo, de meu corpo com o corpo fantasmático do filme.

Noutras palavras, estaríamos aqui no inverso de a personagem (ator) quebrar a quarta parede; quem a quebra aqui, inconscientemente, é o espectador, para poder continuar dentro da cena. Somos Cecile entrando no filme de braços com Tom Baxter.

Nesse corte, desse *Verfremdung* é que advém o *unheimlich*, esse estranho que nos surpreende ao nos distanciar da história-moça e nos aproximar da estrutura moça-tela. É esse o movimento da pulsão: vai para o objeto, mas o desejo se antecipa fazendo que a pulsão o contorne – esse é o objeto ***a***, objeto *causa de desejo*, objeto buraco – e retorne, *eterno retorno*, à origem. (ver: Pulsão e libido) Esse movimento pulsional passa inadvertido, isto é, *mergulha*

73 ROSENFIELD, Kathrin H. O charme discreto da surpresa: a propósito de Heidegger e Derrida. In: **Ética e estética.** Rio de Janeiro: Jorge Zahar Editores, 2001, p. 23.

74 LACAN, Jacques. **Seminaire XI**. Les quatre concepts fondamentaux de la psycanalyse, p. 299. No original francês está da seguinte maneira: *je t'aime, mais, parce qu'inexplicablement j'aime en toi quelque chose plus de toi – l'objet petit* **a**, *je te mutile.* Justamente porque inclui um *"quelque chose plus"* que é o objeto ***a*** enquanto real, que vem a ocupar o lugar da Coisa. O objeto ***a*** é aquilo que se relaciona com coisa a mais, ou melhor, com esse gozo a mais pela coisa a menos – perdida para sempre. Foi por isso que preferimos nossa tradução.

75 JULIAN, Philippe. **Abandonarás teu pai e tua mãe**. Companhia de Freud, Rio de Janeiro, 2000, p. 35.

a enunciação no enunciado e é o que o *Verfremdung* dos artistas e analistas cifram, isto é, esse ato "analítico desaliena o sujeito"[76].

Sobre o parentesco da *ostranenie* do formalismo russo e o *Verfremdung* brechtiano existe uma dúvida: "desde faz tempo os teóricos de teatro discutem se Brecht encontrou no seu achado da noção formalista uma fonte de inspiração, ou se esse encontro não foi mais que a corroboração do que já tinha teorizado previamente a sua viagem à ex-URSS"[77]. A partir de alguns textos brechtianos, nos inclinamos a pensar que esse encontro com a noção de *ostranenie* vinha a se encaixar com a teorização brechtiana, ainda que só em 1936, um ano após ter estado com os formalistas russos, Brecht tenha lançado seu famoso *VerfremdungsEffekt* no artigo: *VerfremdungsEffekt na arte dramática chinesa*[78]. Trataremos de justificar nossa posição.

Bertold Brecht, ao se referir à "obra de arte total" como uma maneira de "fundir" suas partes, seja "a palavra, a música ou a interpretação", provocando uma degradação das mesmas, faz a seguinte ressalva:

> O espectador não permanece fora do processo de fusão; ele também é incorporado ao conjunto e constitui um elemento passivo (sofrente) da obra total. É óbvio que esta operação deve ser combatida. Há que renunciar a tudo o que represente uma tentativa de hipnose, a tudo o que pretenda provocar êxtase e obnubilação[79].

Noutras palavras, Brecht aponta para um teatro que quebre o *dompte regard*, a identificação com o público, a fim de tirá-lo da catarse e levá-lo a uma reflexão: "Porque o público deve compreender e não encontrar o pretexto de se identificar"[80]. Na mesma reportagem, Brecht dirá: "Eu não escrevo para o público que só se preocupa pela emoção [...] Eu apelo à razão"[81]. O que nos

76 QUINET, Antônio: **Os outros em Lacan**, Jorge Zahar Editor Ltda., Rio de Janeiro, 2012, p. 55.

77 HARARI, Roberto: **Polifonías**: del arte en psicoanálisis. Barcelona: Ediciones del Serbal, 1998, p. 47.

78 BRECHT, Bertolt: "Efectos de distanciamiento en el arte chino", ano 1936. In: **Escritos sobre teatro**, v. 2, Ediciones Nueva Visión, Buenos Aires, 1970, p. 113-225.

79 BRECHT, Bertolt: "Apogeu e queda da cidade de Mahagonny, do ano 1930. In: **Escritos sobre teatro**, v. 1, p. 91.

80 BRECHT, Bertolt: "En qué trabaja Usted? Charla con Bertolt Brecht", ano 1926. In: **Escritos sobre teatro**, v. 1, p.115.

81 Ibid., p. 113.

parece, então, é que a articulação de Brecht vem bem antes do encontro com os formalistas russos.

O objeto ***a*** como causa do desejo – objeto que advém pelo corte da Lei – comanda essa alienação e separação, essa cisão, essa esquize do olhar e da escuta. No nível da escuta, em *Pierrot, le fou*, determinado pela *concupiscência do olhar* da pulsão escópica, mudamos de lugar – de identificação, ao mudar da música ao silêncio –, primeiro nos identificamos com quem a escuta, depois com aquele que não escuta. Algo parecido acontece também com Hitchcock, como veremos a seguir. Ambas as identificações se estabelecem sem a consciência do espectador, isto é, acontecem inconscientemente.

Alfred Hitchcock: Dial M for Murder ("Disque 'M' para matar")

Hitchcock é o verdadeiro mestre desse jogo de identificações, veremos isso num de seus exemplos: *Dial M for Murder* ("Disque 'M' para matar").

Vamos nos referir à sequência em que Margot Mary Wendice (Grace Kelly) seria assassinada em seu apartamento às 11h por C. J. Swan (John Williams), conhecido de seu marido, Tony Wendice (Ray Milland), e a mando deste. A operação está articulada de tal forma que Tony deveria telefonar naquela hora em ponto, Margot atenderia e, escondido atrás da cortina, Swan aproveitaria para pegá-la de costas.

C. J. Swan olha o relógio que marca quase 11h00 e prepara o pano que usará para enforcá-la. No clube, no meio da conversa entre amigos e Mark Halliday (Robert Cumming) – amante de sua mulher –, Tony olha o relógio que marca 20 minutos para as 11h. Swan sai de detrás da cortina, olha para o relógio e fica esperando que o telefone toque. No clube, Tony olha novamente para o relógio, que marca a mesma hora: 20 para as 11h.

> **Tony**: *Would any of you fellows have the right time?* (Alguém me poderia dizer a hora?)
> **Amigo**: *Yes, I have seven minutes past 11.* (São 11h e sete.)
> **Mark Halliday**: *I make it only just after 11.* (No meu passa das 11h.)
> **Tony**: *My watch has stopped… --- …. Excuse me, old boy. I have to call may boss.* (Meu relógio parou. Devo ter dado muita corda… Desculpem amigos, devo chamar meu chefe.)

Tony se levanta da mesa e sai. Swan olha para o telefone e avança para a porta de saída, para e volta para olhar novamente o telefone, guarda o pano e decide abandonar o local, dirigindo-se até a porta. Tony vem avançando até a cabine telefônica, que encontra ocupada. Nervoso, espera uns segundos até ela desocupar e ele poder entrar e discar o primeiro número, que inclui a letra M. Quando o telefone começa a tocar, Swan está saindo do apartamento. O telefone o detém e ele vê que a luz se acende no quarto do lado. Sob o chamado do telefone acompanhamos Margot até ele. Ela atende e, ao não receber resposta, insiste em repetir: *Hello?* Movimento da câmera rodeando-a e colocando-se por trás dela, até aparecerem as mãos de Swan segurando o pano esticado, que vai subindo ameaçadoramente. Plano frontal de Margot, com Swan ainda subindo com o pano pronto para o ataque. Plano de Tony tensionado e angustiado, simultaneamente. Novamente, plano frontal de Margot insistindo: *Hello?* Ao abandonar o telefone, ela é atacada. No plano seguinte, Tony, escutando a cena, parece angustiado. Ela é jogada sobre a escrivaninha, para ser enforcada. Ali há uma tesoura. Depois de um tenso forcejo, Margot consegue alcançá-la e fere mortalmente seu agressor.

Existe toda uma estrutura discursiva que permite que ora se esteja do lado do criminoso – quando TONY, atrasado, chega à cabine e ela está ocupada, o público, identificado com ele, sofre por isso –, ora do lado da vítima – quando o público torce para MARGOT pegar a tesoura e matar seu agressor. Hitchcock nos fala desse passar de um lado para outro sem ser percebido como sendo *um instinto natural*[82]. Godard, em *Pierrot, le fou*, nos tinha mostrado essa identificação – esse *instinto natural* –, ora identificado com o homem do porto, através da música, ora com Pierrot, através da falta da música. Retomando Lacan, nunca é demais repetir seu conceito de identificação:

> Porque o risco da loucura mede-se pelo atrativo mesmo das identificações nas quais o homem compromete, ao mesmo tempo, sua verdade e seu ser[83].

---

82 HITCHCOCK, Truffaut. **Entrevista.** São Paulo: Companhia das Letras, 2004, p. 278. Em outros filmes se faz presente esse jogo de posições no qual o espectador passa de uma identificação com o criminoso a uma identificação com a vítima ou simplesmente a uma identificação com o criminoso; entre outros filmes: *Strangers on a Train* ("Pacto sinistro" – 1951), *Marnie* ("Marnie, confissões de uma ladra" – 1964).

83 Ver Capítulo 1: O ator e a personagem, p. 40. Completando a frase: *Longe, pois, de ser a loucura o fato contingente das fragilidades de seu organismo, é a permanente virtualidade de uma fenda aberta na sua essência.Longe de ser "um insulto" para a liberdade, é sua mais fiel companheira: segue como uma sombra seu movimento. E o ser do*

À primeira identificação nós chamamos de escópica, à segunda de invocante, que desenvolveremos no capítulo 6, o real da voz. Sobre a identificação escópica, poderíamos dizer que se trata de uma identificação imaginária, na medida em que nosso olhar é tomado pelo olhar do filme, pelo fantasma de sua história, de sua alegoria, mas também seria um grande descuido não ter presente a força musical do ostinato – marcando analogicamente o tempo do relógio – de Dimitri Tiomkin no filme de Hitchcock, isto é, como a pulsão invocante também faz seu jogo.

O mesmo Godard quebra, como vimos, essa alienação com o *faux raccord*, *lapso de imagem*[84] que provoca a quebra da continuidade cinematográfica. E também no momento em que as personagens falam com o público. No caso de Hitchcock, quem vai fazer a quebra é Mel Brooks com seu filme *High Anxiety* ("Alta ansiedade") que, aliás, é dedicado ao grande mestre do suspense. Ele rompe a ilusão cinematográfica – produto próprio da alienação – fazendo aparecer uma orquestra sinfônica tocando dentro de um ônibus. Ele traz para o enunciado o que em princípio deveria ser só enunciação. E também a câmera quando quebra o vidro da porta da sala de jantar depois de um longo *travelling*[85]. Ao ser feito esse *lapso de imagem* – e podemos dizer que esse "lapso" é intencional –, podemos dizer que emerge um "real" que determina o discurso, a câmera que se presentifica simbolicamente nas imagens dos vidros quebrados da porta[86]. Noutras palavras, o "real"[87] da câmera é determinante, o simbólico ordena através das *posições de câmera ou angulações* (câmera picada, contrapicada, normal, a prumo, supina), dos *planos* (primeiro plano, plano cintura, plano figura inteira, plano geral, etc.), dos *movimentos de câmera* (*travelling*: para frente, para trás, etc.; panorâmica: esquerda à direita, de cima para baixo, etc) e da *câmera fixa*, e permite dessa maneira a manifestação imaginária, a história do filme. Temos uma bela me-

---

homem não só não podemos compreendê-lo sem a loucura, senão que nem ainda seria o ser do homem se não levasse em si a loucura como limite de sua liberdade.

84 Como Maria Inês FRANÇA denomina essa quebra, o imaginário em seu livro: **Psicanálise, estética e ética do desejo**. São Paulo: Perspectiva, 1997.

85 Esse *travelling* é uma clara paródia ao *travelling* do filme *Frenzy* ("Frenesi"), do próprio Hitchcock.

86 Nunca é pouco insistir que os discursos denunciam a estrutura do sujeito. É claro que quando falamos de "real" (por isso as aspas) num discurso artístico não é a mesma coisa que quando falamos de real na estrutura humana.

87 Insistimos que "real" está entre aspas porque se trata de uma metáfora do Real.

táfora de como Isso exterior à consciência, a pulsão, determina, e através do ordenamento simbólico se procede à manifestação imaginária[88].

Mel Brooks: High Anxiety ("Alta ansiedade")

Analisaremos agora duas sequências.

A primeira corresponde à segunda sequência do filme: no carro dirigido pelo motorista Brophy (Ron Carey), vai o Dr. Thorndyke (Mel Brooks), que assumirá O Instituto Neuro-Psiquiátrico para os Muito, Muito Nervosos (*The Psyco-Neurotic Institute of the Very, Very Nervous*). Estão falando sobre a morte repentina do Dr. Ashley, último diretor do Instituto.

Dr. Thorndyke: *Well, one can never predict a heart attack.* (Bom, ninguém pode prever um ataque cardíaco.)
Brophy: *Heart attack. Don't make me laugh.* (Ataque cardíaco. Não me faça rir.)
Dr. Thorndyke: *Brophy, what are you saying?* (Brophy, o que está querendo dizer?)
Brophy: *If you ask me, I think Dr. Ashley was the victim of foul play.* (Se quer saber, eu acho que o Dr. Ashley foi vítima de música criminosa)[89].

De surpresa entra uma música. Dr. Thorndyke e Brophy ficam procurando de onde ela vem, quando aparece um ônibus com uma orquestra.

A segunda sequência a ser analisada acontece depois do encontro do Dr. Thorndyke com o Professor Lillolman (Howard Morris), e abre com um *travelling*. É noite e, lentamente, ao som dos grilos, a câmera avança para frente em direção à porta-janela que dá à sala onde os integrantes do Instituto estão jantando. Aproxima-se até, de repente, quebrar o vidro da porta-janela.

88 Nunca está demais insistir que o cinema ilusionista vem como consequência das identificações produzidas principalmente pela pulsão escópica. Não é, como acredita grande parte dos teóricos do cinema, que o cinema ilusionista é que provoca a identificação, mas todo o contrário, é a identificação – movimento da pulsão escópica – que produz o cinema ilusionista. Logicamente que no teatro é a mesma coisa. O que poderíamos dizer é que o cinema – teatro – ilusionista descansa nessa identificação própria da estrutura do sujeito.

89 *Foul play* tem muitos significados: uma violência criminal, um jogo violento, uma peça teatral violenta. Mas pela continuação, pelo decorrer do filme e por outras traduções, entendo que música criminosa seria o mais correto.

Todos param para ver o que aconteceu, olham para a câmera, isto é, para nós, espectadores.

No primeiro caso, no momento em que BROPHY fala *foul play,* aparece a música como afirmando o que se acaba de dizer, criando um clima de tensão e suspense. Mas essa música, que deveria ser da enunciação, invade, atravessa o enunciado, o espaço diegético das personagens, surpreendendo-as. No momento em que aparece o ônibus, a enunciação justifica sua diegetização.

No segundo caso, a câmera (o "real" ausente), ao quebrar o vidro, quebra o espaço diegético, um *Unheimliche* se presentifica simbolizando dessa maneira sua presença. Outra metáfora do real nessa carnavalização que nos traz Mel Brooks é essa "visão, oposta a toda ideia de acabamento e perfeição, a toda pretensão de imutabilidade e eternidade [...] caracteriza-se, principalmente, pela lógica original 'ao avesso', 'ao contrário'"[90], que caracteriza a paródia.

Mas essa tentativa de refletir sobre a própria obra, isso que chamam *mise en abyme*, esse espelho da própria obra, a que a semiologia deu o nome de "intratextualidade", está presente num "Quixote...", em "As Meninas" de Velázquez, "Dom Casmurro" de Machado de Assis, "Oito e meio", de Fellini, "Rayuelas" ("O jogo da amarelinha") de Cortázar, e também podemos experimentá-lo nas histórias em quadrinhos de Otto Messner ("Gato Félix") e Maurício de Souza, e no próprio "Vide-verso meu endereço" de Adoniran Barbosa. Essa composição de João Rubinato, o verdadeiro nome de Adoniran, começa falada:

> Seu Gervásio, / se Dr. José aparecer por aqui / cê dá esse bilhete a ele / Pode lê, num tem segredo nenhum / pode lê seu Gervásio.

E continua com a parte cantada como se estivesse lendo o bilhete:

> Venho por meio destas mau traçadas linhas / comunicar-lhe que eu fiz um samba pra você / no qual quero expressar toda minha / gratidão / e agradecer de coração tudo que você me fez [...]

Depois de contar o que ele conseguiu com essa ajuda recebida do Dr. José, convida-o:

---

90 BAKHTIN, Mikhail. **A cultura popular na Idade Média e no Renascimento**. Editora Universidade de Brasília, Distrito Federal, 1987, p. 9-10.

Não repare a letra / a letra é de minha mulher / Vide verso meu endereço / apareça quando quiser.

Podemos notar que no começo, quando fala, o "autor" entrega uma carta para seu Gervásio que "pode lê", e ao passar à leitura do bilhete neste se espelha, se abisma, o próprio samba que o autor dedica ao Dr. José. Há uma ruptura na lógica, uma dobradura, um intervalo, uma descontinuidade implícita – própria do pensamento sujeito ao Outro – entre o que estaria escrito no bilhete e o próprio bilhete que, em forma de samba, o autor dedica ao Dr. José, provocando assim um estranhamento. A arte é a que mais claramente presentifica, sublimada, a estrutura humana.

O primeiro a fazer uma verdadeira desconstrução de um filme – desconstrução à medida que o ia construindo – foi Dziga Vertov em "Um homem com uma câmera" (*Cheloveks kinoapparatom-rus*, 1929), a câmera filmando o homem da câmera filmando e no plano seguinte aparece aquilo que este filmava. Svilova escolhendo, para a montagem, os fotogramas (imagem fotográfica na película) para depois a mesma imagem aparecer em movimento. Também vemos a câmera filmando uma câmera e aparecendo na objetiva desta. Nesse caso, a "paixão pelo real" permite a reflexão, e assim não ficar sujeito ao ilusório da imagem.

Mas não devemos entender o real a não ser pelo que aparece na ficção – da realidade cotidiana ou da realidade artística – ou como descontinuidade, contingência, acaso. Isso é o efeito do real, efeito violento como essa câmera quebrando o vidro. É o efeito real da presença de um outro inesperado que rompe a ilusão e, no entanto, determina o discurso ainda que ausente. Esse real é representado simbolicamente por Ele, pronome pessoal da 3ª pessoa (de quem se fala), que de fora, ausente, determina o diálogo entre Eu (quem fala) e Tu (a quem se fala), e Ele como pronome substantivo de Deus. Sabemos que não se vê, mas está por toda parte e nos comanda com seu saber, especialmente aquele que não sabemos. (ver: Real-Simbólico-Imaginário... e sua relação com a estrutura discursiva: eu-tu / ele).

Esse real se faz presente no que simbolicamente se pode "imaginarizar". E nesse ato estamos do lado do simbólico, já não mergulhados, tomados, subsumidos, afogados pelo imaginário. Geralmente, no teatro (e no cinema) somos parte da projeção (em perspectiva) do ponto de fuga do palco (tela), isto é, o sujeito forma parte da tela-palco. Ou se quisermos, os olhos estariam *para ver*, como os olhos dos gregos que iluminavam as coisas, como os olhos de *Superman* que atravessam os objetos, enquanto o olhar é *para ser-visto*, como o quadro pictórico, teatral, cinematográfico, como o espelho, como a "outra cena", como as coisas. Isso é o que provoca o mergulho e é um dos princípios da força de identificação tanto no cinema (e no teatro) como na vida. Voltando a Mário Quintana: "Atenção! O luar está filmando". Uma vez mais, o objeto nos olha.

Le tableau vivant do teatro

Já havíamos adiantado algo dessa diferença entre o espelho e o quadro e, se há alguma coisa em comum em ambos, é a *moldura*, a janela. No espelho há um

> campo inexpressivo [...] este espaço em que vocês se confrontam com a vida, as experiências da vida comum, do momento em que ela é dominada por um certo número de intuições, [...] que o quadro é apenas um representante da representação. É o representante do que é a representação no espelho[91].

O teatro é o representante da representação do espelho cotidiano da vida. Tem um **marco**, como o quadro, só que este são os **limites do espaço onde acontece a cena,** e tem uma **tela**, um **anteparo**, um **vidro transparente**, que é a *quarta parede*. Essa *quarta parede* já era motivo para Molière levantar uma pergunta um pouco sugestiva: "se a quarta parede invisível não dissimulava uma multidão que nos observa"[92], e a presença dela era confirmada por Diderot: "seja supondo, seja interpretando, pensem também no espectador como se ele não existisse. Imaginem na beira do palco uma grande parede que os separa da plateia; atuem como se o pano não se levantasse"[93]. Escutemos agora Patrice Pavis: "O realismo e o naturalismo levam ao extremo essa exigência de separação entre palco e plateia"[94], mas nós sabemos

---

91 LACAN, Jacques. **Seminário XIII**: el objeto del psicoanálisis. Inédito, exposição de 18/05/1966.

92 MOLIÈRE. Improviso de Versalhes. In: PAVIS, Patrice. **Dicionário de teatro**. Editora Perspectiva, São Paulo, 1999, p. 316.

93 DIDEROT. Sobre a Poesia dramática. In: PAVIS, Patrice. **Dicionário de teatro**...

94 Idem.

que a *separação* está ligada profundamente à *alienação*, isto é, não há teatro sem parede, sem anteparo. Diríamos mais, a **quarta parede** é o que coloca a distância simbólica entre palco e público; estabelecer sua ruptura vem a confirmar a existência dessa separação que a alienação imaginária trata de apagar. Agora, eliminá-la definitivamente é acabar com o próprio teatro. Pode-se ou não quebrá-la, mas assim mesmo esta quebra tem um limite, o continuar nessa outra cena da alegoria[95]. Outra vez os contrários subsistem, alienação-separação, é o movimento da pulsão que encerra o pensamento *unário* (ver: Real-Simbólico-Imaginário). Sobre isso quero falar um pouco. Assistindo a uma peça, anos atrás, no Festival de Teatro de Curitiba, dirigida por um reconhecido teatrólogo brasileiro, os atores quebravam constantemente a quarta parede, cuspiam no público, chamavam alguém para perto do palco para insultar e, quando o público ofendido ia embora, era tratado de "burguês", algo relativo ao Teatro da Agressão. Nesse caso, mais que romper a *quarta parede*, rompiam as paredes do teatro, ou, se quiserem, lembrando Charles Melman, passavam da *representação* para a *presentação*[96], porque negligenciavam que a *agressão* deve ser *metafórica* e não *metonímica* e que a posição do espectador é alienar-se ao espetáculo, isto é, identificar-se com o que está acontecendo na cena e não deixar-se ver, ainda que possa acontecer uma separação. Ali estava tão visível que não sobrou nada da alegoria, da outra cena; romperam mesmo a *quarta parede*, e o que predominou foi uma agressão direta e sem sentido, a não ser o da provocação. Mas que acontece, então, quando se deixa ver que o espectador está sendo observado? Há quebra, há reflexão, mas no caso da agressão saímos da alegoria, há só separação sem possibilidade de um retorno à *alienação*, saímos do *quadro* e nos defrontamos com a relação com o *espelho*, com aqueles olhos que já não estão para refletirem os nossos. Estamos nessa relação, tão presente no cotidiano, em que predomina o amor-ódio. No caso em relato não há uma hegemonia do simbólico; ao contrário, o tiro sai pela culatra, pois acaba-se com a possibilidade de reflexão, os burgueses saem do teatro mais burgueses do que nunca.

O que quer dizer que os olhos do outro estão para nos refletir, como o poeta Miguel Hernández escreve:

95 No Anexo 2, "Algumas considerações sobre o teatro pós-dramático", desenvolvemos essa questão.

96 MELMAN, Charles. **O homem sem gravidade**, p. 20. (Entrevista de Jean-Pierre Lebrum). No Anexo 2: "Algumas considerações sobre o teatro pós-dramático", desenvolvemos essas questões.

Mis ojos, sin tus ojos, no son ojos / que son dos hormigueros solitarios[97].

Mas para fugir da cegueira, estabelecer um *VerfremdungsEffetk,* voltemos a Sócrates e as palavras que dedica a Alcibíades:

> Em verdade, a visão do pensamento começa a enxergar com agudeza quando a dos olhos tende a perder sua força[98].

A identificação quebrada

Seguindo o que estamos desenvolvendo, caberia também significar que sempre que estamos atentos a algo (música, filme, teatro, fala de outro), estamos alienados a Isso, isto é, somos o Tu daquele(s) Eu(s) que nos falam d'Ele[99], identificamo-nos. Isso acontece principalmente no olhar: é por isso que no capítulo anterior falávamos de *dompte regard,* isto é, desse olhar que se submete à autoridade do objeto, e que, como vimos neste capítulo, estabelece um *mergulho,* que é tomado pelo objeto, é tomado pelo olhar-objeto enquanto não seja **visto** pelo outro, por aquele que se imagina como **visor**, nesse mesmo lugar que ocupa o olhar do sonho. A particularidade deste é não ser visto pela personagem (o eu sonhado), sujeita ao olhar sonhador. Claro lugar de *voyeur,* é aqui onde iremos desenvolver a importância do *Verfremdung* brechtiano. Poderíamos imaginar num momento determinado a personagem (eu) encarar o Olho do sonho e lhe dizer "Ei, poderia me dizer o que está olhando?". Só que no sonho não temos um Brecht para fazer o *Verfremdung* na hora, mas com a psicanálise ela pode advir *après coup*, só depois.

O *Verfremdung* no sentido de *surpresa* maravilhosa e inquietante, como de alguma maneira também o encontramos no *Thaumastón* aristotélico[100], per-

97 HERNÁNDEZ, Miguel. **El rayo que no cesa – Viento del pueblo – El silbo vulnerable**, p. 10. "Meus olhos, sem teus olhos, não são olhos, / que são dois formigueiros solitários".

98 PLATÃO. **O banquete**. In: Os pensadores, Abril Cultural, São Paulo,1979, p. 49.

99 E que ou quem seriam Ele(s)? O autor, o diretor que são presentificados pelo trabalho teatral e o próprio ator que, em sua ausência, é presentificado pela personagem.

100 Não podemos esquecer, como vimos recentemente, Thaumastón, para Aristóteles, é aquilo que nos surpreende pelo maravilhoso e estranho: "O maravilhoso (*Thaumastón*) tem lugar primacial na tragédia; mas na

mite tirar o espectador desse lugar, porque "na cercania da obra passamos a estar onde habitualmente não estamos"[101]. Esse lugar identificatório que encerra o *dompte regard*, essa mistura entre *deslocado* e *tresloucado* da qual nos falava Heidegger[102]. Em Aristóteles, esse maravilhoso e inquietante está presente de uma maneira particular: não saímos da identificação, não saímos da peça, mas nem por isso não refletimos, nem por isso o estranho não advém tirando-nos de um lugar e estabelecendo o *deslocado* e o *tresloucado*, mas mantendo-nos na familiaridade da diegese[103]. É no *Verfremdung* que a surpresa é necessária para romper essa familiaridade que damos a esse deslocamento e tresloucamento – tresloucado como a passagem no filme de Godard ou Hitchcock–, algo por si sumamente alienante e estranho. É então que o *Verfremdung* vem ao encontro / desencontro com a estranheza / familiaridade, e dessa maneira permite recuperar o desejo – até então perdido na demanda da obra. Essa estranheza do familiar que é própria do real e que Brecht soube manifestar tão claramente. Alain Badiou nos coloca essa ruptura para a desmontagem do semblante (ver: Semblante), essa estrutura simbólico-imaginária que permeia a realidade e na qual estamos alienados.

> É uma encenação em evidência, dentro do próprio jogo, do afastamento entre o jogo teatral e o real. Porém, mais profundamente, é uma técnica de desmontagem dos laços íntimos e necessários que unem o real ao semblante, laços que resultam daquilo que o semblante é, o verdadeiro princípio de situação do real, o que localiza e torna visíveis os brutos efeitos da contingência do real [...][104].

---

epopeia, porque ante nossos olhos não agem atores, chega a ser admissível o irracional, de que muito especialmente deriva o maravilhoso (*Thaumastón*)". ARISTÓTELES, **Poética**, "Os Pensadores", p. 265. Podemos notar a aproximação entre este conceito e o "sublime" de Kant, que veremos no próximo capítulo.

101 HEIDEGGER, Martin. El Origen de la Obra de Arte. In: **Arte y poesía**. México: Fondo de Cultura Económica, 1997, p. 63.

102 O termo que Heidegger usava era *verruckt*. Ver ROSENFIELD, Kathrin H. O charme discreto da surpresa. In: **Ética e estética**. Rio de janeiro: Jorge Zahar Editores, 2001, p. 24.

103 Sempre é importante lembrar que diegese significa: exposição, narração, explicação.

104 BADIOU, Alain. **Le siècle**. Paris: Éditions du Seuil, 2005, p. 75. "*C'est une mise en évidence, dans le jeu lui-même, de l'écart entre le jeu et le réel. Mais plus profondément, c'est une tecnique de démontage des liens intimes e nécessaires que unissent le réel au semblant, liens qui résultent de ce que le semblant est le vrai principe de situation du réel, ce qui localise et rend visible les brutaux effets de la contingence du réel*".

Para Brecht, o teatro é uma didática desta separação, ele mostra como a violência do real só é eficiente no afastamento entre o efeito real e sua representação dominante[105].

É esse real, o real da estrutura, em última instância, que determina toda tentativa de desmascarar esse impossível, seja no teatro, no cinema etc.:

O sistema real das pulsões não é legível nessa construção senão através o percurso de toda sorte de descentramentos e transformações[106].

É justamente dessa maneira que se pode quebrar o *dompte regard*, essa deposição do olhar nesse jogo de identificações consequente do movimento pulsional. Essa é a função metafórica do *Verfremdung*, isto é, *Verfremdung* é uma metáfora da descontinuidade própria da estrutura. É essa metáfora que estabelece essa zona diastemática, esse intervalo que faz abertura no enunciado fazendo emergir a enunciação.

Poder *sentir-e-pensar* o *noein* grego, poder sentir e refletir sobre a obra, o que o termo alemão *vernehmen* nos aponta ao nos significar estar sujeito, ser tomado pela obra e um refletir sobre ela. Poderíamos até agregar alienados / separados, um dentro-fora / fora-dentro (ver: Alienação – separação). Esse é o pensamento heideggeriano que "concebe o sentido estético como uma abertura que requer elasticidade dos sentidos e da mente, tornando-se a pedra de toque de toda a vida do espírito"[107]. É nessa surpresa (acaso) que radicam a maravilha e o temor, o maravilhoso temido (desejado) desse encontro inesperado que funda a verdade da obra, o que da verdade a obra pode verificar. Não estaríamos na mesma situação do ator sujeitos ao *pathos* e simultaneamente ao *logos*, isto é, à paixão e à razão? Não é este o sentido do verbo russo ***chuvsnovat***, que marca o trabalho de Stanislavski?

Por que essa identificação é estrutural, que condições de partida a determinam? Já vimos e insistimos: porque o rebento está alienado desde o primeiro momento de sua vida. Todo o comportamento humano surgido da

105 Ibid., p. 76. *"Pour Brecht, le théâtre est une didactique de cette separation, il montre comment la violence du réel n'est efficiente que dans l'écart entre l'effet réel et sa représentation dominante".*

106 Ibid., p. 77. *"Le système réel des pulsions n'est lisible dans cette construction qu'à travers le parcours de toutes sortes d'excentrements et de transformations".*

107 ROSENFIELD, Kathrin H. **O charme discreto da surpresa: a propósito de Heidegger e Derrida**. In: **Estética**. Rio de Janeiro: Jorge Zahar Editor, 2006, p. 25.

subjetivação do sujeito está relacionado à identificação com o Outro (este Outro são todos aqueles discursos que conformam e estruturam o seu Outro, o Inconsciente), daí que o jogo seja constitutivo na criança:

> se o jogo é valorizado para a criança, é porque constitui o plano de reflexão sobre o qual ela vê manifestar-se no outro uma atividade que antecipa a sua, pelo fato de que é, ainda que pouco, mais perfeita, mais bem dominada que a dela, a sua forma ideal. Esse primeiro objeto é, a partir daí, valorizado[108].

Mais tarde, Freud nos trará uma belíssima reflexão entre:

> "Ter" e "ser" na criança. A criança tende a expressar o vínculo do objeto mediante a identificação: "Eu sou o objeto". O "ter" é posterior, volta na contramão ao "ser" traz a perda do objeto. "O peito é um pedaço meu, eu sou o peito". Mais tarde, só: "Eu o tenho, isto é, eu não o sou"[109].

Poderia ser algo mais parecido com o que o ator passa na interpretação, isto é, da alienação à separação? Assim é o jogo de *Fort-Da* do netinho de Freud. Não é por acaso que o ator em francês *joue en role* e em inglês o *actor* é *a person who acts in plays...*[110], é a pessoa, *persona*, máscara que atua nos jogos dramáticos, isto é, em peças teatrais. Por acaso, o ator não é também um *player*? Aquele que joga? O jogo é lúdico, do latim *illudo*, divertir-se, recrear-se, brincar, poderíamos acrescentar iludir-se; alegoria esta constitucional no ser humano.

Não se trata, então, de fazer um teatro "antinaturalista" – ainda que eu não consiga ver que algum teatro possa ser "naturalista" – para quebrar essa identificação do discurso ilusionista. Como a vimos, é dada: 1) pela projeção da tela-quadro-palco; 2) pelo lugar que ocupa no discurso do Outro; 3) pela questão especular; 4) pela alegoria do jogo. Resumindo: todo teatro provoca uma identificação independentemente do estilo (expressionista, simbolista, clownesco, naturalista etc.). Isso é estrutural antes de ser estético.

---

108 FREUD, Sigmund. **Más allá del principio del placer**. In: Obras Completas, Buenos Aires: Amorrortu Editores, 1990, v. XVIII, p. 16.

109 FREUD, Sigmund. **Escritos breves (1938)**. In: Obras Completas, Buenos Aires: Amorrortu Editores, 1990, v. XXIII, p. 301.

110 **The Randon House Dictionary**. New York: Randon House, 1989, p. 9. *Igrat*, em russo, é "jogar", e *on igraiet*: "ele atua (joga)".

A regra da exceção ou a exceção funda a regra

Abro um parêntesis para referir-me à montagem de *A exceção e a regra*, de Bertolt Brecht, que realizei com os formandos do curso de Formação de Atores da Escola Técnica da Universidade Federal do Paraná. A linha de interpretação era fundamentalmente clownesca. No decorrer da obra íamos interrompendo-a supondo existir erros de marcação, equívocos de personagens (eu interpretava dois) ou mesmo interrompíamos a cena para prepará-la. Logicamente, isso era feito numa linha "naturalista", o que ocasionou uma grande ofensa aos "brechtianos de carteirinha". Na realidade, a identificação do público se dava pelas razões da posição do sujeito na tela-palco. Ele seguia atentamente e sofria as dores do *Cule*, participava das aventuras pelo deserto de *Jahi*. Mas, periodicamente, íamos quebrando a história com intervenções nada clawnescas, diríamos mais "stanislavskianas", isto é, "naturalistas". Tratávamos de demonstrar por meio desses cortes "naturalistas" que também produzíamos o famoso efeito V (*VerfremdungsEffekt*). Noutras palavras, "se trata de fazer ficção da potência da ficção, de postular como real a eficácia do semblante"[111]. (ver: Semblante).

Esse estranhamento provocou na estreia algumas anedotas bem significativas. Alguns espectadores, pais de atores, cobraram de seus filhos por me faltarem ao respeito – por ser eu quem mais erros tinha cometido e maior cobrança havia recebido dos atores –, isto é, acreditaram que se tratava de erros de verdade, o que significava que o público saía de uma história e entrava noutra, identificando-se com minha situação. Ainda que o público entendesse isso como "realidade", é importante notar que em nenhum momento ele foi envolvido, a não ser em comentários paralelos, que evidenciavam claramente que se tratava de um jogo, isto é, outra alegoria. Além de tudo resta dizer que os personagens principais, o *Cule* e o *Comerciante,* ambos homens, eram interpretados por duas atrizes. Diríamos que a peça começava com um marcante *verfremdug.*

Em outra passagem da peça, enquanto o Cule carregando grandes caixas vazadas se dirige ao encontro do rio Mir, me encontro no palco colocando, no centro dele, uma bacia com um espelho dentro – trabalhamos em um palco

111 BADIOU, Alain. Ibid., p. 77. *"Il s'agit de faire fiction de la puissance de la fiction, de tenir pour réelle l'efficacité du semblant".*

tipo corredor. Fernanda, que interpretava o Cule, olha para mim com surpresa e me pergunta o que estou fazendo ali, no meio da cena. Eu lhe respondo que queria ajudá-la. Ela insiste em me perguntar o que faço com a bacia e o espelho, ao que lhe respondo que não se trata de uma bacia e nem de um espelho. Ela, no entanto, insiste. Então eu lhe pergunto o que é que ela carrega nessas imensas caixas. Responde-me que roupas, mapas, comida etc. Então eu tomo as caixas vazadas e pergunto ao público se tinha percebido o que ela falou. Logicamente, o público ri, porque nelas nada existe, no entanto Fernanda teima em dizer que ela vê. Então eu lhe digo que nesses objetos – bacia e espelho – ela veria outra coisa. Aí eu faço um sinal ao sonoplasta e, com um regador, vou jogando água dentro da bacia enquanto o som de um rio vai tomando conta do ambiente. Toda a cena seguinte, que é a cena sobre o rio Mir, acontecerá sobre a bacia.

Está claro que a exceção, a *desconstrução*, a *desmontagem* aqui não confirma a regra pois a funda, tornando *A exceção e a regra* o que em última instância é o teatro: um jogo. Essa, eu entendo, é a **regra da exceção**. É esse *lapso de imagem* – na realidade é um lapso intencional, não se trata de um lapso produto do desejo inconsciente, um lapso real, é mais um lapso simbolizando esse real que aponta à desconstrução do discurso –, essa desmontagem que representa o *Verfremdung*, e dessa maneira o teatro se presentificava como discurso, com toda a sua estranha familiaridade, independentemente do estilo de interpretação e da estética dramatúrgica. Essa é a função do *Verfremdung*, permitir uma desconstrução que não significa destruição e sem um *desfazer*, como diz Elisabeth Roudinesco, "de não permitir a tirania do Um [...] de um pensamento hegemônico ou dominante"[112]. Mas sempre é bom lembrar, estamos no teatro, lugar da alegoria, e essa desmontagem bem pode acabar sendo uma nova montagem, aliás como vimos acima. Isso quer dizer, e sobre isso não nos cansamos de insistir, que *Verfremdung* é a exceção que confirma a regra teatral, isto é, confirma a "Quarta Parede". Nunca vi menina construindo casinha nem jogo de futebol sem quarta parede. O *Verfremdung* estruturando-se na repetição pode se tornar também regra já que a "regra estabelece uma estrutura que prefigura o parâmetro para a ação lúdica"[113]. Se o jogo é a desestru-

112 DERRIDA, Jacques; ROUDINESCO, É. **De que amanhã... Diálogo**. Rio de Janeiro: Jorge Zahar Editores, 2004, p. 9.

113 KOUDELA, Ingrid Dormien. **Jogos teatrais**. Editora Perspectiva, São Paulo, 1984, p. 48.

turação do discurso, a descontinuidade, o "intervalo ou zona diastemática", o *Verfremdung* – estranhamento-distanciamento – se torna também uma regra, a exceção que a funda é a *quarta parede*.

Para finalizar, quero fazer referência à charge de Joaquin Lavado, Quino, o conhecido criador de Mafalda. Trata-se de uma "tira cômica", composta de três quadrinhos: no primeiro vemos pessoas entrarem num teatro de todos os lados visíveis. No segundo: está a cortina fechada e o público, à direita, esperando na plateia e nos balcões. No terceiro: a cortina está aberta e temos o mesmo público olhando de direita a esquerda onde deveriam estar o palco e os atores. Do lado esquerdo, olhando para a direita, aparece um outro público. Todos surpresos.

Nessas três tiras nos encontramos não só com a função do objeto olhar no teatro, como também com o *Thaumastón*, a surpresa, aristotélico, e o *Verfremdung* brechtiano. Surpresa que tem toda a estranheza do mais familiar. Retomemos meus versos onde cena e espelho se encontram:

Antes de falar dos heróis
desta história singela
falemos do nosso palco
uma espécie de janela,
onde olhamos para fora,
o que nela se espelha[114].

114 MENGARELLI, Hugo: **O incrível retorno do cavaleiro solitário**, p. 3.

Capítulo 5

Do grotesco ao sublime: o bufão nosso de cada dia

What infinite heart's ease must king neglect,
That private men enjoy? [...]
O, besick, greatgreatness,
And bid thy ceremony give the cure![1]

Introdução

Philippe Gaulier nos diz que o bufão *remontre peut-être a la nuit des temps,* para sugerir que não haveria uma data precisa de seu surgimento e que ele seria, uma vez expulso do paraíso, aquele que poderia exprimir com força e sinceridade*: va voir dans la cuisine si j'y suis*[2]. Com muito humor, Gaulier remonta o bufão ao dia da expulsão de Adão e Eva do paraíso por Deus, *par Dieu!* E devo dizer que não pretendo fazer um simples jogo de palavras, é impossível pensar o bufão sem Deus, se ele é, como veremos, às vezes, o Diabo.

Gazeau, em seu livro *História de bufões*, dá várias origens à palavra Bufão: desde um sacrificador da Grécia que levava o nome de Bufo – passando pelo termo *buffo*, que se usava no começo da era cristã na Itália para designar aquele que tinha as bochechas infladas para receber bofetões – até os que entendem que Bufão deriva da palavra *bouffer*, bufar, que significava, há muito tempo, encher e assoprar. Mas o que fica entendido por todos é que se trata de alguém que tem a ver com a comicidade, a farsa e a paródia, isto é, é alguém que *gelotopoio*, provoca o riso. É por isso que estava junto ao rei, para diverti-lo; ou num mosteiro; ou mesmo em casas de poderosos: sempre sua função estava relacionada ao divertimento. Poderíamos dizer que era a televisão da época, ainda que nossa televisão hoje esteja mais para ser bufonada.

O mito de origem conta que o bufão deve viver encostado em alguém, ser um parasita, ainda que *parasites* na cultura grega significasse convidado.

1 SHAKESPEARE, William. **King Henry the five. (Henrique V)**. Ato IV, Cena 1: "E que têm os reis que os demais não tenham exceto o cerimonial [...] Adoece, grandeza, e ordena que o cerimonial te cure!".

2 GUALIER, Philippe. **Du bouffon, entretien avec Philippe Gaulier**, p. 43. "Vai até a cozinha para ver se estou lá".

De modo diferente pensa outro grego, Luciano de Samósata, que entende o parasita como alguém totalmente marginalizado da cultura, sendo a comida – paga com seu divertimento – seu único objetivo. Em "O parasita", ele dirá: "Estás a esquecer-te de que passa a não ser parasita aquele a quem falta comida. Sem coragem não há homens corajosos, sem prudência não há prudentes; sem comida não há parasita"[3]. Parece que o próprio Luciano foi um errante que vivia dessa maneira, além de ter sido, em sua época, um crítico sagaz, eloquente, despudorado e com muito humor, o que nos leva a vê-lo como um bufão.

Também certos bufões foram considerado *aretólogos*, aqueles que possuíam qualidade no seu discurso, uma classe de bufões com a qual se divertiam os romanos ricos e cuja especialidade era alegrar, provocar o riso com ocorrências graciosas, acompanhadas de filosóficas sentenças[4]. Por isso, também eram chamados de *morósofos*, nesciamente sábios ou, caso se queira, loucos sábios.

Alguns consideram Esopo o primeiro bufão e o descrevem como horrivelmente feio; outros não. Mas o certo é que esse frígio levou La Fontaine a escrever suas fábulas. No começo, ele rende uma homenagem a seu mestre e nela nos aparece uma questão rica para os gregos, o *logos*. O escritor francês conta uma passagem em que Xantus envia Esopo para comprar o que de melhor havia na praça para oferecer a seus amigos. Este retornou só com língua. Todos elogiaram sua decisão, mas Xantus insistiu:

> Xantu: "Eu não te enviei para preparar o que de melhor havia?"
> Esopo: "E o que há de melhor que a língua? Ela é o laço da vida social, a Chefa da Ciência, Órgão da Verdade e da Razão"[5].

No dia seguinte, Xantus manda-o comprar o pior que havia na feira. Esopo novamente traz língua e se justifica desta maneira:

---

3 SAMÓSATA, Luciano de. **O parasita** & etc, Lisboa, 1981, p. 157.

4 GAZEAU, A. **Historias de bufones**. Libros de los Malos Tiempos, Madrid, 1995, p. 16-17.

5 LA FONTAINE – **Fables**. Garnier-Flammarion, Paris, 1966, p. 38-39: XANTU: Ne t'ai je-pas command [...] d'acheter ce qu'il y aurait de meilleur? – ESOPE: Et qu'y a-t-il de meilleur que la langue? Reprit Ésope. C'est le lien de la vie civile, La Clef des Sciences, l'Organe de la Verité et de la raison.

Esopo: "A Língua é a pior das coisas que há no mundo. É a Mãe de todas as discussões, a Nutriz das acusações e condenações, a Fonte das divisões e das guerras"[6].

Na mitologia grega, aparece Thersites, "o mais feio dos gregos [...] manco, corcunda e careca [...] covarde e charlatão"[7]. "Seu espírito estava repleto de muitas palavras desregradas, que lançava desordenadamente contra os reis, palavras que, segundo lhe parecia, iriam provocar gargalhadas entre os argivos"[8]. A mitologia nos conta que, além de burlesco, era profundamente agressivo e desonesto, a ponto de terminar morto por um soco que Aquiles lhe desferiu. Este, depois de ver o rosto de Pentesilea, que acabava de matar, e ficar profundamente apaixonado por ela, foi burlado e posteriormente tratado de necrófilo por Thersites.

Essa pequena introdução nos coloca diante de certas características do bufão: é parasita, provoca riso; é encrenqueiro e não tem escrúpulos; é crítico mordaz e filosofa; é desforme e louco, e; sua origem o remonta ao *logos*. É um paradoxo, um marginal, "Não tem Pátria [...] sem bandeira e sem armas, a não ser a arma da paródia"[9]. Isto é, ele é *Unheimliche*, ominoso, estranho – um verdadeiro representante da pulsão. Freud nos fala do ominoso vivencial e do ominoso ficcional. O primeiro se "produz quando alguns complexos infantis **recalcados** são reanimados por uma impressão, ou quando parecem reafirmadas convicções primitivas **superadas**". Enquanto o ominoso ficcional é mais abrangente, sendo que o recalcado e superado não pode aparecer na ficção "sem modificá-la profundamente, pois o reino da fantasia tem por premissa de validez que seu conteúdo se subtraia do exame da realidade"[10]. O bufão pode, pelo que já vimos e pelo que observaremos nas declarações de Gaulier, percorrer pelos dois campos da

---

6 Idem. ESOPE: [...] La Langue est la pire chose que soit au monde. C'est la Mère de tous débats, la Nourrice des procès, la source des divisions et des guerres.

7 MARTÍNEZ, Constantino Falcón; FERNÁNDEZ-GALIANO, Emilio; MELERO, Raquel López. **Diccionario de la mitologia clásica**, v. 2, p. 592.

8 HOMERO. **A Ilíada**. 1998. Biblioteca Folha, São Paulo, p. 27.

9 GAULIE, Philippe. Op. cit. "n'ont pas de patrie [...] sans drapeau et sans armes, sauf l'arme de la parodie [...]".

10 FREUD, Sigmund. Lo Ominoso. In: **Obras completas**, Buenos Aires: Amorrortu Editores, 1990, v. 17, p. 248.

ominosidade. Por um lado, trabalha o ominoso via comicidade; por outro, pode provocar uma crise cardíaca.

> Quando, na cena, o bufão faz a paródia a alguém, ele sonha que essa pessoa esteja lá na sala. A apoteose é quando a pessoa morre de uma crise cardíaca[11].

Isso nos provoca também uma crise e está relacionado não só ao ominoso da afirmação de Gaulier, como também à questão ética que a encerra. Sabemos que a palavra está aí, ela, como nos ensinou Lacan, mata a Coisa – a Coisa é o lugar de todas as coisas, como nos tinha mostrado Heidegger[12]. Isso quer dizer que não existe a possibilidade de um reencontro com uma completude que supostamente a Coisa nos poderia proporcionar. Abrimos a boca e a Coisa sofre um infarto, ao mesmo tempo que nasce como mito. A Coisa está relacionada com a suposição de um gozo absoluto. *Das Ding* – a Coisa (ver: A Coisa e o objeto) – está vinculada com esse *Lust-Ich* (Eu do Prazer) *e* ao *Lustprinzip* (Princípio do Prazer) na tentativa de realização de um mito impossível. Mas justamente por isso é que se insiste nela – e está representada na busca incansável da felicidade, um dos Bens Supremos. Quando a Coisa se encontra do lado do sujeito "pode fazer com que a questão da existência fique suspensa para a totalidade da espécie humana"[13]. Se a Coisa pode ameaçar a totalidade da espécie humana, no caso da "crise cardíaca" a ameaça se realiza. Então, essa "crise" deveria ser tomada como uma metáfora ou considerada ao pé da letra? A resposta envolve uma posição ética, porque se trata da relação que se estabelece entre o real da Coisa e o desejo como simbolização da Coisa perdida.

O bufão e seu rei

A este item poderíamos ter intitulado O rei e seu bufão. Mas pensamos pelo outro lado, por aquele em que Hegel nos orientou em sua *Fenomenologia*

---

11 GAULIER, Philippe. **Du bouffon**..., p. 44. "Quand un bouffon parodie quelqu'un sur scène, il rêve que cette personne-la soit dans la salle. L'apothéose, c'est quand la personne en meurt d'une crise cardiaque".

12 Veremos isso no capítulo 8: Ética e estética: A singularidade de uma travessia: O Estilo.

13 LACAN, Jacques. **Seminário VII**: A ética da psicanálise. Jorge Zahar Editor, Rio de Janeiro, 1988, p. 132.

do Espírito quando trabalhou a dialética do senhor e do escravo. E é por esse caminho que tentaremos avançar.

Hegel nos colocou na impossibilidade de uma consciência em si, a não ser mediada pelo outro, isto é, mediada pela diferença, que é do campo do não ser. A autoconsciência é do campo do ser[14],

> [...] mera tautologia, algo assim como a definição que Deus dá de si a Abraão: "Eu sou Aimon", "Eu sou o que Eu sou". Esta consciência radicalmente subjetiva desconhece a "objetividade independentemente dela", é em si uma "consciência ilusória", a consciência de si não tem consciência disso. Para que ela possa ser uma verdadeira "consciência de si" deve ser mediatizada por outro que não seja a própria consciência[15].

Então, se miticamente aceitamos essa consciência primeira ("consciência em si", de que nos fala Hegel), para que ela advenha deve precisar do outro – aqui podemos dizer, da mãe, já que é ao rebento que nos referimos. O corpo da mãe é seu corpo, é por meio dele que ele se reconhece. Posteriormente, através da imagem especular – momento que Lacan chama de "Estádio do espelho" –, imagem que lhe virá do espelho, conduzido pela Mãe – Mãe carente, faltosa, desejante e como tal, falante –, ele encontrará seu "eu" nesse outro – sua própria imagem no espelho, que, em princípio, aparece como um outro. Essa imagem, então, aparece como rival, mas através do Outro (Mãe desejante, Mãe castrada); esse outro (imagem) terminará dando forma e sustentação ao seu corpo (originalmente, *le corps morcelè*, corpo despedaçado, como o define Lacan – [ver: Estádio do espelho]). É pela imagem sustentada pela palavra e pelo vazio do outro que consigo ser "eu". É por estar ocupando um lugar no discurso da mãe, do pai etc., discurso parental, discurso do Outro – que estruturará a *Eine Andere Schuaplatz, uma outra cena, une page blanche ou* o inconsciente – que minha imagem outra me dá o "eu", identifico-me com ela. Quer dizer, sou alienado por estrutura (ver: Alienação-separação) e, como tal, são as relações que estabeleço com diferentes discursos (relações de identificação), em diferentes momentos, que determinarão meu ser... diferente, meu *Dasein*. O outro (minúsculo) é o semelhante, mas não o igual a meu "eu". Esse semelhante, quando não

14 HEGEL., G.W.F. **Fenomenología del Espíritu**. Fondo de Cultura Económico, México, 1966, p. 108.

15 MENGARELLI, Hugo D. O senhor do escravo. In: **Palavração**, nº 1, Biblioteca Freudiana de Curitiba, dez. 1990, p. 62.

responde à minha imagem, torna-se um estranho, ameaçador. Aquele que me dá minha imagem eu amo; o outro, eu odeio. Mas esse *não ser*, também provocado pela dialética em que estão inseridos o sujeito e sua relação ao Outro (maiúsculo), o real do inconsciente, põe em risco a unidade do narcisismo: "a dialética do inconsciente implica sempre, como uma de suas possibilidades, a luta, a impossibilidade da coexistência com o outro"[16]. Aí está o paradoxo: "Se estivéssemos a sós, talvez sim. Mas desse jeito, meus amigos, não haveria consciência. Infelizmente estou eu, e estais vós. Infelizmente"[17]. E felizmente, porque se não fosse assim ficaríamos presos na própria imagem, aliás mortífera: o mito de Narciso está para isso. Onde domina a imagem, não se escuta Eco... ou o eco... da voz. Agora sim, podemos ir até O rei Lear e seu Bufão-Louco.

O que representa esse bufão para o Rei Lear? Em princípio, o bufão deveria divertir seu senhor. Mas, nesse caso, o Louco do Rei está mais para adivinho do que para cômico, ainda que tenha muita graça nas suas manifestações. Sua graça é muito dolorosa e triste, principalmente quando não se o escuta. Chaplin dizia: "O mais triste ofício do mundo é aquele que consiste em rodar comédias"[18] (do *ordure* ao *or dur*). Senão, lembremos de *Modern Times*, em que a bufonada de Carlitos não foi escutada – no sentido em que Didier-Weill nos fala: "não é o pintor aquele que sabe ouvir o invisível e sabe deixá-lo à mostra com algumas manchas de cor? [...] É a palavra que dispõe do poder criador de transgredir o código e de deixar aparecer significações inéditas"[19]. A máquina cumpriu seu objetivo (figura a seguir): pelas últimas pesquisas realizadas por sociólogos europeus, há 60% da população humana fora do mercado, isto é, se desaparecessem ninguém sentiria sua falta. E o pior, os 90% das riquezas do mundo estão no poder de menos do 10% da população[20].

MÁQUINA ENGOLINDO O HOMEM

16 LACAN, Jacques. **Seminário III**: as psicoses. Rio de Janeiro: Jorge Zahar Editor, 1985, p. 51.

17 PIRANDELLO, Luigi. **Uno, nessuno e centomilla**. Milano: Arnoldo Mondadori Editore, 1992, p. 25. "Se fossimo soli, forse sì. Ma allora, belli miei, non ci sarebbe coscienza. Purtroppo, ci sono io, e ci siete voi. Purtroppo".

18 CADERNOS DE CINEMA, nº 3 (Eisenstein, A. Bazin, G. Sadoul, H. Lefebvre, e outros). **Chaplin**. Lisboa: Publicações Dom Quixote, 1969, p. 165.

19 DIDIER-WEILL, A. **Nota azul – Freud, Lacan e a arte**. Rio de Janeiro: Contra Capa Livraria, 1997, p. 25.

20 BAUMAN, Zygmunt. **Tempos líquidos**, Zahar, Rio de Janeiro, 2007, p. 12.

FONTE: www.tornandopublico.blogspot.com

Então, parece que o bufão não está só para fazer rir; há algo que vai além do gracioso, há uma verdade que se coloca em jogo, e o rei, tal como nosso mundo, não escuta:

LEAR: *Dost Thou call me fool, boy?* [Me estás chamando de louco, rapaz?]
FOOLl: *All thy other titles thou hast given away; that thou wast born with.* [Você cedeu todos os títulos com os quais nasceu.]
KENT: *This is not altogether fool, my lord.* [Este não é totalmente louco, meu senhor.]
FOOL: *No, fait, lords and great men will not let me; if I had a monopoly out, they would have part on't: and ladies too, they will not let me have all fool to myself; they'll be snatching* [...]. [Não, em verdade os nobres e poderosos não permitem. Se eu tivesse o monopólio da loucura, as damas também exigiriam parte dela]
Um pouco mais adiante, o Louco insiste no seu canto:
Them they for sudden joy did weep, [Elas (filhas de Lear) choraram de alegria,]
And I for sorrow sung, [Triste, eu canto de dor,]
That such a king should play bo-peep, [De tão grande o rei brincou de esconde-esconde.]
And go the fools among. [e fosse com os loucos.]

> *Pr'ythee, nuncle, keep a schoolmaster that can teach thy fool to lie; I fain learn to lie. would.*[21] [Por favor, tio, pega um mestre que ensine teu louco a mentir; eu gostaria de aprender a mentir.]

Duas questões se podem analisar aqui: uma, como o louco-bufão tem uma relação com a verdade; e outra, que há diferentes tipos de loucos, inclusive aqueles que não querem ver as coisas que acontecem. Quer dizer, a loucura é algo que não é só dos loucos – ao mostrá-la, o bufão, nesse caso, torna-se ominoso. Senão, por que essa relação tão estreita entre os dois? O que tem o louco, além do divertido, senão aquilo com o qual o rei não quer se enfrentar, mas pela dúvida o louco enfrenta? "[...] il convient de remarquer que si um homme que si croi um roi est fou, um roi qui se croi un roi ne l'est pas moins"[22]. O bufão está para isso, trazer o rei para a realidade, mostrar esse outro lado – aparentemente tão distante de todos – que não se quer ver. O "eu", essa imagem que pensamos ser, às vezes age como o avestruz. A loucura de Lear é grande, mas não a ponto de perder esse outro louco que o traz à realidade. É que a realidade é a seguinte, podemos escutá-la na boca de Severino Gentil: "há que pensá que num podemo confundi prefeitura com gestão"[23]. Não podemos confundir o poder real-simbólico com aquele que ocupa esse lugar. "A carta roubada", de Edgard Allan Poe, é um claro exemplo. Outro mais recente é o caso de Bill Clinton e Mônica Levinski. Ocupar o lugar de dono do destino da humanidade não significa que Bill possa fumar seu charuto tranquilo com a Mônica.

Isso nos leva à questão das identificações e sua relação com a loucura. Retomemos, então, o que tínhamos visto de Lacan no primeiro capítulo:

> Pois o risco da loucura se mede pela atração mesma das identificações onde o homem engaja por vez sua verdade e seu ser.
>
> Longe, então, de ser um fato contingente das fragilidades de seu organismo, ela é a virtualidade permanente de uma fenda aberta na sua essência.

21 SHAKESPEARE, William. **The complete works of William Shakespeare**: with a life of the Poet. London: University Books, 1980, p. 742.

22 LACAN, Jacques. **Écrit**. Éditions du Seuil, Paris, 1966, p. 170: "é conveniente esclarecer que, se um homem que se acredita rei é um louco, um rei que se acredita rei não é menos louco".

23 MENGARELLI, Hugo. **O incrível retorno do cavaleiro solitário**. Curitiba: Imprensa Universitária da UFPR, 1996, p. 133.

> Longe de ser para a liberdade "um insulto", ela é sua mais fiel companheira, ela segue seu movimento como uma sombra.
> E o ser do homem, não somente não poderia ser compreendido sem a loucura, como não seria o ser do homem se não trouxesse em si a loucura como limite de sua liberdade [...][24].

No filme *Ran*, adaptação de *Rei Lear*, realizada por Akira Kurosawa, há uma cena em que Kyoami (Pitâ), o bufão, corre risco de ser morto por um dos homens de Taro (Akira Ferao), filho do Rei, e que agora comanda o clã. No momento em que Kyoami vai ser morto, uma flecha mata o agressor. Todos buscam saber de onde essa flecha veio, e de uma janela vemos Ichimonji (Tstsuya Nakadai), o Rei, mostrando seu arco. É claro que a cena serve para mostrar que Ichimonji é quem ainda manda, mas poderia ser escolhida outra. Não acho casual que seja justamente com o bufão Kyoami. Isso nos leva a pensar que quem tem poder sobre a vida do bufão é o rei. Em um segundo momento, caberia a nós retomar o que vínhamos falando: o bufão é parte integrante do rei. Talvez não tivéssemos visto até então algo tão parecido ao que virão a ser, posteriormente, os Clowns: *Louis*, o clown branco, e Augusto (ou Tony), o serviçal. O *Louis* bate no Tony, mas ninguém mais pode fazê-lo. Essa dupla, longe de ser duas partes separadas, é parte da mesma coisa, o sujeito: "a duplicidade senhor – escravo está generalizada no interior de cada participante de nossa sociedade"[25]. O que não nos deve surpreender é que esse lado estranho, serviçal, do Augusto (Tony) seja aquele que comanda, ainda que passe por comandado. Escutemos Dario Fo: "O primeiro é o **speaker**, o **clown** branco, o Louis; o segundo é o Augusto. Contrariando as aparências, o personagem principal é o que não fala; o Louis é que é o apoio"[26]. O bufão seria aquele que, com sua crítica, estabeleceria uma carnavalização, uma ruptura, um *Verfremdung*, ou seja: **descontinuidade** no Rei.

---

24 LACAN, Jacques. **Escritos**. Jorge Zahar Editor, Rio de Janeiro, 1998, p. 177.

25 LACAN, Jacques. **Seminário III**: as psicoses. Jorge Zahar Editor, Rio de Janeiro, 1985, p. 154.

26 FO, Dario. **Manual mínimo do ator**. Ed. Senac, São Paulo, 1998, p. 208.

O grotesco bufão e sua sublime arte de *clown*

> "Do sublime ao ridículo há apenas um passo", dizia Napoleão, quando se convenceu de que era homem; este relâmpago de uma alma de fogo que se entreabre, ilumina ao mesmo tempo a arte e a história, este grito de angústia é o resumo do drama e da vida[27].

Ainda que a frase não seja de Napoleão, Victor Hugo nos coloca diante desse paradoxo do sublime e do ridículo, que "apenas um passo" separa. Parece que esse passo, por ser só um passo, também os junta, ou melhor, que são duas caras da mesma moeda. Se um segue o outro, deve haver no mínimo um passo que os separe. E aqui não interessa quem vai à frente, se o sublime ou o ridículo. O sublime pode ir à frente, mas não deve esquecer que é do ridículo que está fugindo, isto é, um passo à frente. É bom que o ridículo pise seus calcanhares, para tombá-lo e, assim, retorná-lo à realidade e não permitir que se perca em sua onipotência: "Porque os homens de gênio, por grandes que sejam, têm sempre sua fera que parodia sua inteligência. É por isso que entram em contato com a humanidade"[28]. Talvez todos nós carreguemos um bufão que nos traz o real-inconsciente, e talvez devêssemos seguir os passos do Rei Lear, isto é, escutá-lo.

Por isso, o Rei Lear não perde seu Fool, nem a modernidade seu Chaplin. Talvez seja isso o que justifique o pensamento de Erasmo sobre o bufão:

> Reconheço que a verdade não tem o amor dos reis. No entanto os meus fátuos conseguem dizer a verdade de modo que os príncipes a ouçam com prazer; e não só a verdade, mas também a injúria. O mesmo dito que, saído da boca do sapiente, seria castigado com pena capital, proferida pelo louco vai dar ao príncipe um prazer incrível. A verdade tem o genuíno condão de agradar, desde que não ofenda: mas os deuses só o concedem aos fátuos [...].

---

27 HUGO, Victor. **Do grotesco e do sublime**. Introdução do "Prefácio de Cromwell". Editora Perspectiva, São Paulo, s/d, p. 44.

28 Ibid., p. 44-45.

Aqui não podemos nos esquecer do *Fool* que reclama um mestre para aprender a mentir. Mas sigamos os calcanhares de Erasmo:

> [...] Por esta razão é que este gênero de varões tanto agrada às mulheres que são naturalmente propensas à volúpia e à frivolidade. Por isso quanto eles façam, ainda que se trate de coisas muito sérias, é pelas mulheres interpretado como jogos e brincadeiras. Ah! quão engenhoso é o belo sexo, especialmente para encobrir os seus pecadilhos![29].

Gaulier nos coloca a mulher como marginal, e a relaciona com aqueles que, enfim, carregavam o demônio: louco, gay, prostituta, bruxa ou anão, esses que recebiam o estigma do sistema, que falava:

> Vocês não são bonitos, aliás, são feios, muito feios. Suas mentes não funcionam direito, não são filhos de Deus [...] seriam então [...] Filhos do demônio [...] Não é tão mal. O demônio deu liberdade para a mulher [...] para a primeira mulher, Eva [...] A mulher então foi o primeiro bufão[30].

Mas quem inventou que para ser filho do demônio era preciso ser necessariamente feio? A história nos mostra que o demônio é a tentação, e a tentação, desde Eva até hoje, sempre esteve do lado feminino, mas, justamente, não por sua feiura, mas por representar o belo-sexo, ainda que nada tenha para mostrar d'"ele", isto é, de seu próprio órgão sexual. Mas não estaria aí toda sua força, diabólica, bufa, em pegar o homem naquilo em que ele se acharia livre, isto é, livre da castração? (ver: Complexo de Édipo: falo-castração). A questão fálica – peniana – passaria, num momento determinado da subjetivação humana, a ter prioridade. Mas é só para preencher um vazio, um buraco (o sexo feminino) que, em última instância, continuará sempre vazio. Que o corpo feminino nos remeta à castração não significa que o homem esteja fora dela; ele, por mais que possua um pênis, é tão castrado quanto a mulher, por ser falante. Não era a palavra que matava a Coisa? E para essa Coisa, como vimos em Heidegger, não há coisa que a complete, nem sequer todas as coisas. Ao contrário, a mulher é, inclusive, a que traz a castração a todo o mundo, a que nos demonstra

---

29 ERASMO DE ROTERDÃ. **Elogio à loucura**. Lisboa: Guimarães Editores, 1970, p. 59-60.

30 GAULIER, Philippe. In: LOPES, Elisabeth Silva. **Ainda é tempo de bufões**. USP. São Paulo: USP, 2001, p. 104-105. (Tese de Doutorado).

que o desejo é insatisfeito, a que coloca o mesmo Deus no campo da castração: do contrário, como pode ser não castrado um cara que desejou construir o universo? A mulher sempre será um bufão, ainda que disso nada saiba. Mas Isso insiste – a pulsão, o diabo, aquilo que está fora-dentro de nosso discurso –, é imortal: "Não tens que prevenir / que, se não posso morrer / como me poderá matar?". Assim fala Angelio, o diabo, em *Esclavo del demônio*, de Antonio Mira de Amescua. E quem ganha essa liberdade de ser discípulo de Angelio, o diabo, a pulsão, é o padre Gil (espécie de Fausto), que se sabe escravo: "De escravo / que é dado minha liberdade / por uma curiosidade / que te pondero e alago"[31].

Um parêntesis sobre a liberdade:

> Mas liberdade – aposto – ainda é só alegria de um pobre caminhozinho, no dentro do ferro de grandes prisões[32].
>
> Então, de improviso, derruba-se uma barreira e se experimenta quanta liberdade pode caber na mais estreita disciplina[33].

Na prisão dos significantes, a repetição do novo (ver: Repetição e acaso).

Então, se o sublime está a um passo do ridículo, por que insistimos tanto em distanciar Deus do Diabo? Em "O diabo enamorado", de Cazotte, este podia ser o mais feio e o mais belo, sem por isso perder seu espírito bufão. Podia ser o anjo mais belo que Jesus tinha visto e que transformou seu calvário em mero sonho em *A última tentação*, de Nikos Kanzantzakis. Mas esquecemos Nietzsche, que nos ensinou que o Bem Supremo e o Mal Supremo são a mesma coisa? Por acaso, um castigo de Deus não pode ser tomado como coisa do Diabo?

---

31 MIRA DE AMESCUA, Antonio. **Esclavo del demonio**, p. 75-77. Mira de Amescua, escritor do barroco espanhol, sec. XVII, é considerado como uma ponte entre Lope de Vega e Calderón de la Barca. "No tienes que prevenir, / que, si no puedo morir / Como me podrás matar?" [...] "De esclavo / que es dada mi libertad / por una curiosidad / que te encaresco y alabo".

32 ROSA, João Guimarães, **Grande sertão: veredas**. Nova Fronteira, Rio de Janeiro, 1984, p. 286.

33 BROOK, Peter. **El espacio vacío: arte y técnica en el teatro**. Ediciones Península, Barcelona, 1988, p. 153.

> O Diabo seria a melhor maneira de desculpar Deus, desempenharia o mesmo papel de caótico econômico que os judeus no mundo do ideal ariano. Mas, ainda assim, pode--se cobrar Deus pela existência do Diabo, como pelo o mal que o Diabo corporiza[34].

Porque a Lei proíbe o que faz possível a Coisa desejada (ver: Pai: Real-Simbólico-Imaginário). Em "Romanos", Paulo é bem claro: "Que diria, então? A lei seria pecado? Não, decerto! Mas eu só conheci o pecado pela lei"[35]. Porém a Lei que proíbe a Coisa também a funda, e seu representante é a pulsão. Mas essa Lei seria a mesma lei da qual fala Paulo? É claro que não; a de Paulo é uma metáfora. Não podemos confundir o que é a *Agrapta*, e é a *Diké*, as leis divinas, com as, *Nomos Khthonos*, as leis terrenas. Antígona deixa profundamente claras as diferenças dessas leis e ressalva a importância da *Agrapta*, leis não escritas, e que eu considero como sendo as inscritas, aquelas inscritas no corpo: a linguagem. "No início era o Verbo, e o Verbo estava voltado para Deus, e o Verbo era Deus"[36]. Quem escuta o dizer e não o dito verá que Lacan tem razão quando afirma: "A palavra criou Deus para sustentá-la". É pela enunciação que o bufão Severino Gentil pega seu *Sir*, na cena em que discutem a questão da origem da palavra e de Deus[37]. Agora, como fica a afirmação de Elisabeth Lopes, quando nos diz:

> livres de qualquer laço com os homens que imita, os bufões brincam com os valores atribuídos pela civilização, e fazem do prazer da blasfêmia uma arma mortal.
> O riso blasfemo, zomba Gaulier, atingirá a sua apoteose se alguém morrer de ataque cardíaco no ato da paródia, ao se identificar com o sujeito[38].

Podemos ver que a palavra mata qualquer coisa, inclusive o homem, nesse caso como consequência de uma suposta identificação do espectador. Mas esse desejo colocado na afirmação não estaria além da vida, isto é, não seria um desejo tomado pela pulsão de morte? Ético seria que esse desejo provocasse um infarto estrutural no sujeito e que assim lhe abrisse uma possibilidade de transformação. Caso contrário, escapamos da palavra como *lien de la vie civile*,

34 FREUD, Sigmund. **El malestar en la cultura**, Buenos Aires: Amorrortu Editores, 1990, v. XX, p. 116.

35 PAULO. In: **Romanos**, 7–7. Bíblia Ecumênica.

36 JOÃO, 1–1.

37 Ver MENGARELLI, Hugo. In: **O incrível retorno do cavaleiro solitário**. Ato II, Cena 5, p. 119.

38 LOPES, Silva Elisabeth. **Ainda é tempo de bufões**. USP. São Paulo: USP, 2001, p. 104.

como falava Esopo. Sabemos, segundo Planudio, que "a natureza tinha-lhe negado quase por inteiro o uso da palavra até que em recompensa de uma boa ação [...] a fortuna lhe desamarrou a língua"[39]. Isso nos leva a pensar que o Verbo mesmo é Deus, e é com ele, e só com Ele – se "Deus é inconsciente" –, que podemos trabalhar toda a "energia"[40] diabólica da loucura, da pulsão. Isso é o trágico, como nos afirma o filósofo francês Clément Rosset, aquele que se sujeita "àquilo que nada pode desobedecer [...] do nada querer" – isto é, a cadeia significante em que se estrutura a linguagem – "para se realizar na loucura controlada e júbilo"[41]. Desse *unheimlich*, d'Isso Real-diabólico, desse *ordure*, nós podemos fazer o *or dure* da criação. A loucura *d'ordure* movimentando *o ferro de grandes prisões* do Verbo e este conduzindo lucidamente àquela, nesse momento de sublime-ação.

Podemos, então, nos encontrar com o limite e assim entender claramente o paradoxal do bufão, que é o próprio paradoxo grotesco do homem, podemos entender que no mundo de todas as coisas para realizar sua travessia ele deve *nada querer.* Lopes, claramente, nos coloca a visão do ambíguo no bufão, uma:

> visão catastrófica da realidade que nos impõe o ator bufo, já que o grotesco destrói as categorias que organizam o mundo, leva ao confronto com os limites entre o feio e o belo, entre o real e o fantástico, entre o cômico e o trágico, entre a vida e a morte[42].

Não se trata só do *real e o fantástico*; trata-se também de ter em mente que o sujeito é divido pela linguagem, que a presença dela intervém tirando o rebento da natureza e introduzindo-o no campo real-simbólico, cujo resultado será o inconsciente. Deus pode estar morto, mas continua rindo – e o Diabo também – quando abrimos a boca para estabelecer uma demanda (ver: Demanda e desejo). É o golpe da Lei de Castração que presentifica a pulsão e estabelece o desejo; ainda que este parta com a demanda, ainda montado na pulsão, seu caminho é a própria travessia. Dessa questão ninguém foge, nem sequer o deus bufão, que pode pegar no pé do mundo, rir dele, mas não pode esquecer que ele é integrante desse mundo. Se ele é diabólico, é pulsional, é

---

39 GAZEAU, A. **Historias de bufones**. Madrid: Libros de los Malos Tiempos, 1995, p. 17-18.

40 Colocamos a palavra "energia" (entre aspas). Ver capítulo 7: Corpo e "energia".

41 ROSSET, Clément. **Lógica do pior**. Rio de Janeiro: Espaço e Tempo, 1989, p. 23.

42 LOPES, Silva Elisabeth. **Ainda é tempo de bufões**. USP. São Paulo: USP, 2001, p. 111.

dentro-fora / fora-dentro, é uma banda de Möebius. Toda vez que o bufão faz uma burla ao outro, está dirigindo-se a quem o fundou, o Outro – a Outra Cena, a página em branco, o inconsciente, o discurso parental, o recalque –, por isso, em última instância, *a mensagem retorna ao sujeito em forma invertida.* Não posso me dirigir ao outro sem falar de mim mesmo, não posso matar o outro, o semelhante, aquele que dá forma e presença à minha figura, sem me estar matando. Se o bufão ridiculariza os outros, está recalcando o clown que se ridiculariza. A sublimação da arte escapa do recalque, ela eleva qualquer objeto artístico à *dignidade da Coisa* – isto é, como pura perda, coisa perdida para sempre – sem passar pelo recalque (ver: Recalque).

Em "Don Riccardo Terzo", há uma cena em que ele – um homem de uns sessenta anos – bolina e, posteriormente, realiza o ato sexual com a filha – treze anos – de sua amante, uma viúva, cujo marido foi morto por ele. Nesse momento em que Don Riccardo Terzo está levando a menina, ele fala – numa mistura de italiano e dialeto siciliano – com o público. Retomemos a cena:

> **MESTRE DE CENA: Cena 8: De como Don Riccardo Terzo troca suas lacrime, a tarantela e sua "matri", pelo gemito da Graça, que é uma desgraça para a desconfiada Ana Lúcia, que ficou alterada e demorou entender que se tratava de pianto dela bambina porque seu pai faltava.**
>
> (Escuta-se a tarantela **Contradanza amurusa**. Don Riccardo Terzo começa a tocar o maranzzano. Depois pega a fotografia de sua mãe e olha-a com tanta paixão que a própria mãe encarna diante de seus fúlgidos olhos, e aí, começam a dançar. No momento álgido da dança entra Graça, que fica olhando com muita curiosidade Don Riccardo Terzo dançando, agora, com a fotografia. Don Riccardo descobre a menina e a convida a se aproximar e tenta lhe ensinar a dançar, mas entre Don Riccardo Terzo e Graça há algo que se interpõe. Don Riccardo Terzo não demora para convidá-la a se sentar [...] no colo dele.)
>
> **Don Riccardo Terzo** (Indicando seu colo): Siedi ccá, siede senza paùra. (Graça senta e sente o Terzo, a virilidade pantagruelesca de Don Riccardo; dá um pequeno pulo e geme entre o medo culposo e um tesão corajoso [...]). Siedi, senti e [...] secreziòni. (finalmente **il coràggio** triunfou. Don Riccardo Terzo começa a se mexer levemente, enquanto Graça responde com educados gemidos, segurados sem dúvida pelo medo culposo, mas, assim mesmo, com rosada graça. Contudo, à medida que Don Riccardo Terzo vai imprimindo um ritmo mais acentuado e um andamento mais acelerado o tesão corajoso da **Bambina** toma conta do ambiente, isto é, começa a gemer quase à

convulsão. Nesse mesmo instante, entra Ana Lúcia, sua mãe, e fica horrorizada pelo que vê.)

Ana Lúcia (Fora de si): O que está acontecendo aqui?

(Don Riccardo Terzo e Graça ficam como paralisados até que...)

Don Riccardo Terzo (Docemente): Chora figghia, piangi! (Olha com muita ternura para Ana Lúcia, enquanto, com não menos ternura, acaricia Graça, que está duplamente paralisada, pelo terror e pela surpresa). Piangi la morte di suo patri. Poveretta! (Os olhos da **Bambina** estão profundamente abertos como querendo compreender antecipadamente o que poderá acontecer. Enquanto Ana Lúcia começa a mudar seu rosto duro e incompreensível para outro cheio de doçura e compreensão)

Ana Lúcia (Aproximando-se com muito carinho): Riccardo, você me surpreende sempre! (acaricia-o com tremenda ternura). Detrás desse homem duro e calculista, quanto amor, quanta ternura. (Os olhos da **bambina** estão tão arregalados que já não há cara para acompanhá-los). Filha (acariciando-a com a alegria de alguém que está pagando uma dívida), você ganhou um novo **papà**. (Para Don Riccardo Terzo) **Papà**, cuida bem da Bambina. (Beija-o apaixonadamente.) Vou até o Shopping... comprarei algo especial **per te**. (Sai deixando atrás uma calda de paixão e perfume. Há uma breve pausa).

Don Riccardo Terzo: Bene, la mamma vuoli qui io ti curi... e io te cureró. (Para alguém do público de maneira muito solícita) Anche il signore vuole curàre la bambina? (Com certa preocupação, tratando de ser mais explícito, acaricia Graça) [...] Capiste? Curàre la bambina. (Para o público, com carinho e complacência) Tutti frustràti, êh. Voi siete tutti figghi di buttàna (faz uma pequena pausa) frustràti, [...] (faz uma outra pausa, agora com muita ironia e orgulho) [...] adesso, io no, io sono un figghio di buttàna realizzato. (Com o ar profundo de um filósofo que enxerga "o outro lado das coisas") Questa è tutta la invìdia que tutti voi avete per me. (Decidido e terminante) Capite?! (Fica olhando para o público enquanto começa a rir, primeiro levemente, até soltar uma ruidosa gargalhada. Pegando a Graça). Andiamo, stiamo perdendo il tempo [...] "il tempo e la marea non aspettano nessuno".

Uma breve análise da cena nos levará à diferença entre o que é uma posição perversa e uma sublimação. Don Riccardo Terzo – a personagem – denuncia ao público, com suas palavras, a fantasia que ele esconde. Noutras palavras, são *tutti figli di buttàna frustràti*; ele, a personagem, no entanto, é um *figli de buttàna realizzato*, isto é, um perverso assumido, um perverso de ficção. O público tem sua fantasia, mas nem por isso a realiza; pelo contrário, o teatro

– nesse caso – está para colocá-lo à distância da "tentação", essa é a função da catarse. É um frustrado, mas também se realiza no campo do gozo artístico. O ator que interpreta Don Riccardo Terzo é aquele que não na ficção, mas em sua realidade subjetiva, também se realiza, e o faz no campo da sublimação, da sublime-ação da travessia.

Kant: o diabólico grotesco no sublime e na sublimação

Talvez o mais significativo que Kant nos traz na sua terceira crítica – Crítica da faculdade de julgar – seja justamente a diferença entre o "belo" e o "sublime". O filósofo nos dirá: "Gosto é a faculdade de julgar um objeto ou modo de representação por um agrado ou desagrado alheio a todo interesse. O objeto de semelhante agrado é qualificado de belo [...]. Entretanto, o sublime (unido ao sentimento de emoção) requer outra índole de juízo que não a que serve de fundamento do gosto"[43]. Vemos que no caso do "belo" sua definição está determinada pelas sensações de agrado ("prazer") ou desagrado ("desgosto"), enquanto "o prazer que proporciona o sublime não contém tanto agrado positivo quanto admiração e respeito, quer dizer, mercê ser qualificado de agrado negativo"[44]. O belo estaria referido

> à forma do objeto, que consiste na limitação, o sublime, em contrapartida, pode encontrar-se também num objeto informe, na medida em que se representa nele ou por meio dele o ilimitado [...] é absolutamente grande *(absolute, não comparative magnun)*. O último é o grande além de toda comparação[45].

Lyotard nos leva a "pensar o absoluto, mas na resistência que opõe à atualização deste último a 'medida fundamental' de toda representação"[46]. Isso seria "ser doente do absoluto", pensá-lo como impossível; novamente nos

43 KANT, Immanuel: **Crítica da faculdade de julgar**. Ícone Editora Ltda., Coleção Fundamentos do direito, São Paulo, 2009, p. 55/70.

44 Ibid., p. 92.

45 Ibid., p. 91-95.

46 LYOTARD, Jean-François: **Lições sobre a analítica do sublime**. Papirus, Campinas SP, 1993, p. 147.

encontramos com o real[47]. O sublime seria aquele encontro que falha, um encontro negativo ainda "absolutamente grande [...] além de toda comparação [...] É uma magnitude que só é igual a si mesma". Por isso "o sublime não deve ser procurado nas coisas da natureza, senão unicamente em nossas ideias [...] nossa faculdade de estimar as magnitudes das coisas do mundo sensível é que desperta em nós o sentimento de uma faculdade suprassensível"[48].

Poderíamos dizer Deus, "se Deus é inconsciente": "que situado o sertão é por os campos-gerais a fora a dentro [...] O *gerais* corre em volta. Esses gerais são sem tamanho"[49]. Então não se trata de "um prazer no objeto como ocorre com o belo"[50], mas de algo que escapa de toda "representação" simbólica-imaginária: "o belo nos prepara para amar algo, até a natureza, sem interesse; o sublime para estimá-lo altamente, até contra nosso interesse (sensível)"; noutras palavras, "as ideias não podem ser expostas"[51]; é por isso que "entra em jogo a razão como faculdade de independência da totalidade absoluta, enfatizando os esforços, embora inúteis, do espírito para tornar adequada às ideias a representação dos sentidos"[52]. Há, então, "um esforço e o sentimento da inacessibilidade da ideia pela imaginação", processo subjetivo no qual "a razão faz violência à sensibilidade, com a única particularidade de que, no juízo estético sobre o sublime, essa violência é representada como sendo exercida pela imaginação na condição de instrumento da razão"[53]. É aqui que Kant nos traz a importância da lei: o sublime, sendo negativo, "é um sentimento de que a imaginação priva a si mesma da liberdade ao ser determinada conforme aos fins por outra lei que a do uso empírico"[54]. É que no belo nós temos o prazer que devém da imaginação e do sentimento, "acham-se engajados um

---

47 Nunca está demais insistir em que esse real, o qual se faz presente no semblante discurso, sempre aparece como um efeito, um traço de descontinuidade e *non sense*, nunca é o próprio real – que é um encontro impossível –, mas algo que mostre sua determinação.

48 KANT, Immanuel: **Crítica da faculdade de julgar**. Ícone Editora Ltda., Coleção Fundamentos do direito, São Paulo, 2009, p. 95-97.

49 ROSA, João Guimarães: **Grande sertão: veredas**. Editora Nova Fronteira, Rio de Janeiro, 1984, p. 7-8.

50 KANT, Immanuel: **Crítica da faculdade de julgar**. Ícone Editora Ltda., Coleção Fundamentos do direito, São Paulo, 2009, p. 96.

51 Ibid., p. 116.

52 Ibid., p. 116-117.

53 Idem.

54 Ibid., p. 117-118.

com o outro, segundo uma 'proporção' apropriada"[55]. Enquanto o sublime é do campo do desmesurado, do "absoluto"; é que a "diferença entre o belo e o sublime está ligada à do caráter limitado ou sem limite do objeto, que é respectivamente a ocasião desses dois sentimentos, não se limita, pois, a uma diferença entre o entendimento, ao qual caberia o limitado, e a razão, que teria a seu cargo o ilimitado"[56]. Já que o limitado está demarcado pelo dentro/fora, enquanto no ilimitado o dentro pode ser fora e vice-versa, como vimos na banda de Möebius, "não há conceito determinável do ilimitado. Todos juntos, o limite, o limitado e o ilimitado, tomados como objetos, só podem ser os das ideias da razão especulativa". Agora devemos entender que o "limite não é um objeto para o entendimento, é seu método: todas as categorias do entendimento são operadoras de determinação, isto é, de limitação"[57]. É justamente a Lei da razão, que faz com que a "estupefação... espanto... estremecimento... horror sagrado... não constitui(am) verdadeiro temor porque sabemos que estamos em segurança"[58]. Ou seja, entre o acontecimento e o sentimento do sublime medeia o simbólico, aquilo que faz diferença, aquilo que permite a alienação e a separação (ver: Alienação – separação) – uma identificação que nos permite escapar da angústia e da loucura –, independentemente da introdução da descontinuidade, da ruptura do discurso: "O trabalho humano! É a explosão que ilumina meu abismo de tempos em tempos"[59]. Que *explosão* seria essa, *a fora a dentro*? Qual seria a quantidade de *luz*? E o *abismo sem tamanho*? E de que *tempo* se trataria? O *trabalho humano* deixa de ser um objeto, torna-se uma **travessia** de um tempo indefinido, em que o **instantâneo claro** só nos traz o **obscuro** e **sinistro**, *Unheimliche*, do abismo.

Podemos notar que o grotesco (*Unheimliche*, sinistro, estranho) não está a um passo do sublime, no entanto o constitui. Aqui se produz uma grande ruptura em relação ao belo, na medida em que ingressamos na ordem de um *non sense*, de um indizível, do que é desmesurado, ou mesmo do horror, na medida em que o familiar se torna não familiar, *unheimlich*. Isso no sublime é

---

55 LYOTARD, Jean-François, **Lições sobre a analítica do sublime**. Papirus, Campinas SP, 1993, p. 73.

56 Ibid., p. 61.

57 Idem.

58 KANT, Immanuel: **Crítica da faculdade de julgar**. Ícone Editora Ltda., Coleção Fundamentos do direito, São Paulo, 2009, p. 118.

59 RIMBAUD, Arthur. L'eclaire. In: **Poetas franceses contemporáneos**. "*Le travail humain! C'est l'explosion qui éclaire mon abîme de temps en temps*". Buenos Aires: Ediciones Librerias Fausto, 1974, p. 49.

sustentado pela razão, ainda que ela nada tenha a dizer daquilo, a não ser fazê-lo sentir que pertence ao campo do absoluto, do onipotente, enquanto escapa de nós. Mas esse absoluto, isso onipotente – por que não dizer Isso? – que nos chega como *non sense*, como aquilo que faz buraco no mensurável dos sentidos – e por que não dizer dos saberes? – estabelece ruptura, descontinuidade. Estabelece o vacúolo onde o ator deverá trabalhar o objeto ***a*** (ver: A Coisa e o objeto). Isto é, por esse vacúolo *l'abîme*, onde poderão emergir os mais demoníacos *ordures*, fará com o objeto ***a*** a varinha mágica que lhe permitirá, na sua posição **sublime**, entrar na **ação**, advindo assim um novo *or dur*. *Wo es war, soll Ich werden*, onde era *l'abîme d'ordure* advirá *l'explosion qui eclaire l'or dur* da personagem.

O ator, então, não estaria no **sublime** ao se encontrar com o estranho, o real da personagem, e na **ação** – no "pulo sem redes" no vazio –, na **sublimação** não tornaria esse estranho *ordure* em familiar *or dur*?

Capítulo 6

O real da voz: A voz... da música sob a palavra

O sentimento se me apresenta no começo sem um objeto claro e determinado; este se forma só mais tarde. Uma certa disposição musical de espírito vem primeiro, e somente depois é que se segue em mim a ideia poética.

SCHILLER

Como la música, la voz no necesitaba de sentidos. Se expresaba sólo a si misma[1].

TOMÁS ELOY MARTÍNEZ

1° tempo: a voz e a música

Levy-Strauss nos disse que a "função da música mostra-se irredutível a tudo aquilo que seria possível traduzir dela sob a forma verbal. Ela se exerce abaixo da língua e qualquer discurso, ainda que emane do comentarista mais inspirado, não será profundo bastante para explicá-la"[2]. Isso nos remete ao som da voz, que dá origem aos sons das notas musicais. Mas de que voz se trata? Aquela que escutamos nas palavras ou aquela que se antecipa a elas? Nós reconhecemos Carlos pelo que fala ou pela "música" regular ou síncopa em que sua fala se expressa? E essa voz vem do sistema fônico ou existe uma sujeição deste a uma outra funcionalidade? O surdo-mudo é mudo, geralmente, como consequência de ser surdo, isto é, seu aparelho fonador não sofreu nenhuma alteração patológica. Isso vem a calhar de que o rebento está sujeito desde

---

1 "Como a música, a voz não precisava de sentidos. Se expressava só a si mesma". In: **El cantor de tango**. Buenos Aires: Grupo Editorial Planeta, 2004, p. 40.

2 LEVY-STRAUSS, Claude. In: DIDIER-WEILL, Alain. **Os três tempos da lei**. Rio de Janeiro: Jorge Zahar Editor, 1997, p. 237.

seu início a um outro: a mãe – a nosso ver, o **infans3** percebe essa nota na música da voz da mãe antes de perceber os sentidos dos fonemas[4]. Ou seja, não adianta possuir bom aparelho fonador se a voz da palavra do outro não nos chega: seremos, irremediavelmente, mudos. Então, o que fica claro é que a voz vem antes dos sentidos, isto é, pertence a um campo outro que não o simbólico da língua. A voz seria do campo do real, daquilo que é intraduzível, irredutível a uma significação, aquilo que escapa dos sentidos, inclusive escaparia do próprio inconsciente, enquanto *estruturado como linguagem.* No entanto, tanto tem a ver com ele... A voz não é um real do caos, do "abismo", da "treva", como nos fala o Velho Testamento; é um real marcado por um significante, um real-simbólico, *uma nomeação primeira, um Traço unário*, assim como um *Nome Próprio*[5] (ver: Pai: Real-simbólico-Imaginário). Para avançarmos mais nessa questão relacionada com o ingresso do *infans* na humanidade, seguiremos a análise que Didier-Weill faz dos tempos lógicos do Super-eu – da lei que regula o sujeito na constituição do seu desejo e de sua subjetivação[6] – relacionando-a com o começo da Gênese:

> 1 Quando Deus iniciou a criação do céu e da terra, 2 a terra era deserta e vazia, e havia treva na superfície do abismo; o sopro de Deus pairava na superfície das águas, 3 Deus disse: "Que a luz seja!". E a luz veio a ser. 4 Deus viu que a luz era boa. Deus separou a luz da treva. 5 Deus chamou a luz de "dia" e à treva chamou de "noite". Houve uma tarde, houve uma manhã: o primeiro dia[7].

É interessante notar que Deus forma parte do caos: ele *pairava na superfície das águas*, isto é, ainda não tinha agido. Convivia com esse mundo indiferenciado de *treva* e *abismo*, até que intervém com o *Fiat Lux* e estabelece, em

---

3 Do latim ***in-faris***, não fala, que carece da faculdade de falar.

4 DIDIER-WEILL, Alain. **Os três tempos da Lei**. Rio de Janeiro: Jorge Zahar Editor, 1997, p. 241.

5 LACAN, Jacques. **La identificación**. Inédito, circulação interna da Escuela Freudiana de Buenos Aires. Exposição de 21 de fevereiro de 1962 (ver: Pai-Real-Simbólico-Imaginário).

6 Quem me criou foi minha avó, *la nonna*, que, sem dúvida, como toda mãe, é "a mulher" de nossas vidas. Quando criança, eu dormia em seu quarto e, pelas noites, cruzava para sua cama na tentativa de poder dormir com ela, mas ela sempre respondia a mesma coisa: "aqui só dormiu um homem, outro não vai dormir". Nunca pesquisei se dormiu outro homem, mas um morto – eu não conheci meu avô, que tinha morrido 13 anos antes de eu nascer –, um pai morto, através da musical voz dos fonemas maternos, introduzia sua espada cortante, sua interdição.

7 **BÍBLIA, Tradução Ecumênica**. São Paulo: Edições Loyola, 1994, p. 24.

primeiro lugar, a diferenciação, separando a treva da luz. Deus fala, emite uma voz que, apesar de ser divina, é humana, ou os humanos, *à imagem e semelhança*, têm a voz de Deus: "A voz humana é, com efeito, o lugar privilegiado (eidético) da diferença"[8]. Assim, a voz de Deus estabelece uma diferença: luz / treva. Já Hans von Bulow estilizava a Bíblia, ao dizer que no princípio era o ritmo, "e enfatizando este elemento constitutivo da música como **cena primária** do universo"[9]. E Martinho Lutero reconhecia que a música era "um dom de Deus e não dos homens"[10], isto é, um dom do Outro. Mas devemos notar que não existe, ainda, nenhuma nomeação, pois só no 5º versículo a luz será denominada de "dia" e a treva de "noite". Chega a significação: é *o primeiro dia*. Estamos na língua: lugar em que nos reconhecemos e em que estabelecemos os laços sociais. Ou seja, a coisa começa com o *Fiat Lux*, é esse significante que entra no marasmo para iluminar o caminho futuro, é o significante originário, o Traço Unário, a alteridade, é a presença do dom divino da voz de Deus; lembrando Lutero, é a base para a chegada da futura linguagem. É o zero da cadeia numérica, ou seja, o primeiro número. São os fonemas, pura diferença. Com isso, aproximamo-nos da ideia de *Ícone puro*, de Peirce[11]. Nesse momento lógico não há sujeito, mas há uma relação disso que advirá como sujeito com o Outro, com a voz musical do Outro, uma grande comemoração de um tempo (*in illo tempori*) nos limites do ex-nihilo[12]. É uma relação que não tem tradução, mas, paradoxalmente, pode ser universalmente popular, e a chamamos de música. A voz-fonêmica-musical da mãe com seu canto instaura uma lei – a lei paterna – que mediará sempre a relação do rebento com a mãe (está além do encanto de seu canto que encanta com seus contos). Poderíamos dizer que esse significante original, chamado também por Lacan de significante Mestre, **S1** – voz materna do canto –, vai representar um sujeito para um

8 BARTHES, Roland. A música, a voz, a língua. In: **O óbvio e o obtuso**. Lisboa: Edições 70, 1984, p. 226.

9 SEKEFF, Maria de Lourdes. **Curso e dis-curso do sistema musical**. São Paulo: Annablume, Editora comunicação, 1996, p. 53.

10 In: MORAES, J. Jota de. **O que é a música**. São Paulo: Editora Brasiliense, 1983, p. 44.

11 "Nenhum Ícone puro representa nada além de Formas, nenhuma forma pura é representada por nada a não ser por um ícone". In: PEIRCE, Charles S. **Semiótica**. São Paulo, Editora Perspectiva (Estudos), 1977, p. 183.

12 Uma criança de três anos, sozinha, no seu quarto, pede para a tia, que está no quarto contíguo: "Tia, fala comigo, tenho medo porque está muito escuro. E a tia lhe responde: De que adianta? De qualquer maneira, você não pode me ver. Ao que o menino responde: não importa, há mais luz quando alguém fala". In: FREUD, Sigmund. **Três ensayos de teoria sexual.** Obras completas, Buenos Aires: Amorrortu Editores, 1990, v. VII, p. 204-205. Talvez isso nos ajude mais a entender o *Fiat Lux*: é a palavra que faz a luz.

outro significante **S2** – voz materna do conto –, mas nunca o conto dará conta do canto. É "um lugar que escapa a toda ciência, pois não há nenhuma ciência (fisiologia, história, estética, psicanálise) que esgote essa voz"[13]. Sempre restará lá um "mais além", o mais além do indizível, do inominável, do qual **S1** foi responsável quando – através da voz *Fiat Lux* do canto materno – separou a luz da treva. O que restou fora da luz, ou seja, na treva, esse *ordure* foi o que inspirou Beckett a escrever seu paradoxal *or dur O inominável*, e, Stravinski, a dança sacrificial e harmonicamente dissonante de *A sagração da primavera*. É por isso que se está tão perto do desejo como travessia, porque:

> Os sons não têm um fim. A música é esta vida dos sons, esta participação dos sons na vida, que pode tornar-se – mas não voluntariamente – uma participação da vida nos sons [fora-dentro / dentro-fora]. Nela mesma, a música não nos obriga nada[14].

É suficiente ver que uma criança não se interessa tanto pelo argumento do conto e, sim, pelo contar dele, isto é, pela voz musical, rítmica e melodiosa de quem conta, porque é no contar que estamos a nos encantar, isto é, en-canto. É isso que encerra esse *Fiat Lux*: algo entre o totalmente indizível e o que virá a ser dito como um Nome Próprio, que não tem tradução. Aliás, como o samba em francês:

> Essa gente hoje em dia / Que tem a mania / da exibição, não se lembra / Que o samba não tem tradução / No idioma francês / Tudo aquilo que o malandro / Pronuncia com voz macia / É brasileiro / Já passou de português[15].

Como traduzir "saudade" para outro idioma? Como sentir o som fonêmico macio de "saudade" em outro idioma, sem a voz do *banzo* "brasilêro"? Como traduzi-lo sem perder sua doce e triste musicalidade que herdamos dos portugueses? Isso forma parte do real do Nome Próprio do brasileiro, de sua cultura e daquilo que ela encerra e que, paradoxalmente, escapa. Por isso,

13 BARTHES, Roland. A música, a voz, a língua. In: **O óbvio e o obtuso**. Lisboa: Edições 70, 1984, p. 226.

14 CAGE, John. In: MORAES, J. Jota de. **O que é a música**, p. 48-49.

15 *Não tem tradução*, samba de Noel Rosa.

retornam os "noéis", fazendo de nossa música uma das mais variadas, belas e ricas do mundo[16].

O balbucio e a música

Se esse Traço Unário – *esse significante zero de significância*[17], essa marca deixada pela espada paterna na voz melodiosa da mãe – fosse forcluído, produzir-se-ía o delírio. Estaria *esse significante zero de significância* relacionado ao: "Quando brinco com as palavras na ponta da língua, não estou brincando com os sentidos das palavras"[18], os vagidos da criança não estariam nas primeiras tentativas de balbucio da fala?[19]. Não seria uma tentativa de imitação

---

16 Aqui nos encontramos com um termo que, apesar de nos identificar, passa "batido": **brasileiro**. Parece que para alguns formalistas a história da palavra nada tem a ver com o presente, o que tornaria obsoletos os dicionários; no entanto, seria interessante recuperar alguns dos seus significados: além do atual *relativo ou pertencente à República Federativa do Brasil ou que é seu natural ou habitante*, o ***Dicionário HOUAISS da língua portuguesa*** nos diz também: *emigrado, ger. rico, que retorna do Brasil a Portugal // novo-rico de mau gosto, sem educação ou cultura // português que volta do Brasil para Portugal sem fortuna.* Também recebiam a indicação de brasileiros os aborígenes explorados no pau-brasil, *pelo menos até o século XIX, como se sabe, não designa filiação nenhuma* (**CALLIGARIS, Contardo, *Hello Brasil!!*,** p. 29). Filiação é pertencer a uma linhagem, e o sufixo ***eiro*** não nos atrela a ela. Por outro lado, esse sufixo é o mesmo do de pad***eiro***, sapat***eiro***, etc. Em castelhano, temos dois termos que marcam essa diferença: *montañero*, aquele que escala a Montanha e *montañez*, aquele que vive na Montanha. Este pertence à montanha, aquele a explora. Pelo meu conhecimento, o português é o único idioma que para conhecer, descobrir, extrair riquezas e tirar lucros usa o mesmo verbo: **explorar**. Trago isso a modo de reflexão, como outras que, certa vez, me levaram a falar através de um personagem: "Que se pode esperar desta América sem destino, Terceiro Mundo, mas Primeiro Inferno". (MENGARELLI, Hugo. In: **O eucalipto e os porcos [Viva Perón, Carajo – La Cumparsita]**), peça montada nos anos 1986/87). É um pouco isso o que nos transmite a charge de ANGELI (Folha de São Paulo, 18 de janeiro de 2008), onde aparece, na parte superior do desenho, um título: FISSURA NO SISTEMA CAPITALISTA NORTE-AMERICANO, sobre uma enorme fenda, e pessoas comentam ao olhar em seu fundo: "Veja! Ali sob os escombros, podemos ver a África, parte da Ásia e toda a América Latina". Angeli denomina os habitantes dos EUA de norte-americanos, e não de americanos, como a maioria faz, e isso me leva a pensar: "e então nós, brasileiros, seríamos o quê? Europeus, asiáticos, africanos etc". Isso me implica, ainda que para certos formalistas não passe de "veleidade de intelectuais".

17 DIDIER-WEILL, Alain. **Os três tempos da lei**. Rio de Janeiro: Jorge Zahar Editor, 1997, p. 243. "Significante zero de significância", a não ser o da própria diferença. Mas também aquilo que escapa de toda significância.

18 QUIGNARD, Pascal. **Le non sur Le bout de La langue**. Gallimard, Paris, 1993, p. 72. "En jouant sur le mot qui se tient sur Le bout de La langue, je ne joue pas sur les mots".

19 LACAN, Jacques. **Função e campo da palavra.** In: Escritos. Rio de Janeiro: Campo Freudiano no Brasil – Jorge Zahar Editor, 1998, p. 239.

da voz da mãe? Talvez o único sentido seja o de uma demanda, uma demanda que carece de sentido, de comunicabilidade:

> Minha língua não se reduz somente a um instrumento de comunicação. Quem sou eu, na realidade, antes de dizer a mim mesmo quem sou eu? Quem sou eu sem essa fala íntima que, tangente ao silêncio, me constrói, incluso, se, criança, solicito a que qualifique minha língua materna? Quem sou eu, senão uma emergência, cujo ruído se eleva (*s'élève*) por cima de uma arcada negra e tácita, cujo rumor sustentado se destaca (*se soulève*) sobre esse ruído de fundo, cuja primeira música, ritmo e canto, emanam desse rumor, cujo primeiro balbucio ascende (*se eleve*) sobre essa música?[20].

Quinard nos dirá que "o ser do balbucio" constitui "o umbral final do articulado na fala [...] é fala, mas a fala no sentido de que é a menos articulada e a menos signalética"[21], *le non sur la bout de la langue.*[22] Deleuze dirá que o balbucio "empurra assim a linguagem até seu ponto de suspensão, canto, grito, silêncio"[23]. Mas algo impossível de articular encerra o balbucio, o dizer ou o não dizer, ou um ou outro, "disjunção exclusiva entre os termos em jogo, escolho um ou escolho outro, sem mais alternativa – se transforma em inclusiva"[24]. Não há possibilidade: para Deleuze, o balbucio "implica antes uma suspensão que uma repetição [...] esta última constitui a característica própria do gaguejo"[25]. Seria a música uma sublimação do balbucio? Daquilo que estaria relacionado à castração primária, à entrada do rebento na linguagem?

---

20 SERRES, M. In: HARARI, Roberto. **Palabra, violencia, segregación y otros impromptus psicoanalíticos**. Buenos Aires: Catálogos, 2007, p. 24.

21 QUIGNARD, Pascal, In: HARARI, Roberto, idem.

22 Como vimos, título do livro de Pascal Quignard.

23 DELEUZE, Giles, idem.

24 HARARI, Roberto, **Palabra, violencia, segregación y otros impromptus psicoanalíticos**. Buenos Aires: Catálogos, 2007, p. 26.

25 Ibid. No capítulo 7, Corpo e "energia": **O caminho da razão-orgânica como síntese do paradoxo**, trabalharemos o balbucio e o gaguejo como significantes na interpretação.

Música, loucura e dança

Os povos primitivos muito se preocuparam em atender à loucura com a música. Aquele que ofendia a um de seus deuses tinha como resposta do ofendido o castigo da demência. O *xamã* devia primeiro saber qual deus tinha provocado a punição; o segundo momento era estabelecer uma invocação ritual para que o doente pudesse se integrar simbolicamente ao seu meio. O processo é muito significativo: escutavam-se todas as músicas dos deuses e, quando a do deus ofendido era tocada, esse podia consentir e descer até o cavalo, a fim de possuir tal animal numa dança, que não era anárquica, mas codificada, isto é, dentro de uma ordem simbólica, como caminho para a restituição ao social. É por meio desse "ato de dança, que é o transe, que o sujeito 'endeusado', 'entusiasmado', pode reencontrar, mediante um ato simbólico, o deus de quem tinha se separado numa ruptura de pacto, pela qual o deus tinha sido rejeitado, forcluído num real em que ele subsistia como encolerizado"[26]. A música nos remete à fundação, à origem. É o mais sublime dos eternos retornos, pois "o homem não faz mais do que repetir o ato da Criação"[27]. É por isso

> que o impacto da música não é rememorar, e sim comemorar o tempo mítico desse começo absoluto pelo qual um "real", tendo se submetido ao significante, adveio como essa primeira coisa humana, **das Ding**, no nível da qual aquilo que era absolutamente exterior – a música da voz materna – encontrou o lugar absolutamente íntimo onde as notas poderão dançar [...] A partir daí, a música vai dançar na "extimidade" que se tornou o corpo humano[28].

É só ver como dança o corpinho da criança ao escutar a voz da mãe. A música me invoca para eu invocá-la e não parar de dançar, isto é, o significante musical – poderíamos chama-lo de traço (traço unário) – nos atravessa provocando um duplo movimento, *centrípeto* e *centrífugo*, fora-dentro, dentro-fora (ver: Alienação-separação), provocando uma transformação, fazendo emergir um sujeito que, de ouvinte, passa a ser falante, ou, caso se queira: um objeto

---

26 DIDIER-WEILL, Alain. **Os três tempos da lei**. Rio de Janeiro: Jorge Zahar Editor, 1997, p. 246.

27 ELIADE, Mircea. **O mito do eterno retorno**. Lisboa: Edições 70, 1984, p. 37.

28 DIDIER-WEILL, Alain. **Invocações**: Dionísio, Moisés, São Paulo e Freud. Rio de Janeiro: Companhia de Freud Editora, 1999, p. 16.

cantado passa a ser *um sujeito cantante*[29]. É o lugar da imensidão, onde o saber, que não pode ser dito pela palavra, senão pelo balbucio da música, aquele *mais além* que carrega o mundo simbólico pode ser dançado como *Zorba, o grego*, a fim de não fazer explodir o coração, a não ser pelo *enthusiasmos*. Não podemos nos esquecer de que, para advir o *hypócritès*, o orador devia ser tomado por Dionísio e, com êxtase e entusiasmo, ultrapassar o *metron*, *a medida de cada um*, tornando-se assim um *aner*, um herói, para logo ser um *Ypocritès*, "quer dizer, aquele que responde em êxtase e entusiasmo, o **ator**"[30].

Música e teatro

Aqui encontramos a relação entre a música e o teatro. Seria muito importante refletirmos sobre ela. Nietzsche nos diz que "a melodia é *primeira e universal* por permitir que nela circulem *múltiplos textos [...] a melodia dá luz à poesia e volta a fazê-lo sempre de novo; [...]* assim como *[...] a* ***forma estrófica da canção popular***"[31]. Estrófica no sentido original, do grego *strofe* (ação de voltar)[32]. Eterno retorno ao vazio que o significante Nome do Pai, na melodia da voz da mãe, deixou; lugar do puro *ex-nihilo*, no qual do fundo do abismo ameaçam as trevas do imundo, do que não é deste mundo e tanto nos pertence: é só retornar a Picasso, que nos disse que com *l'ordure*, o excremento, nós fazemos *l'or dur*, o ouro duro da criação. O balbucio é essa inclusão do *ordure* e o *or dur* é essa procura do céu carregando o inferno. A riqueza disso tudo é que, poderíamos parafrasear Nietzsche, a melodia que parte do *Fiat Lux*, da *Nota azul*[33], parece um enorme Atlas que nos repara, por não sermos engolidos pelo abismo que sustenta o vazio da criação – que, como sabemos, está cheio de *ordure*. Aqui o Outro, como já foi visto, invoca-me a dançar e passo

---

29 DIDIER-WEILL, Alain. **Nota azul**: Freud, Lacan e a arte. Rio de Janeiro: Contra Capa Livraria Ltda. 1997, p. 77.

30 BRANDÃO, Junito. **Teatro grego**: origem e evolução. São Paulo: Ars Poética, 1992, p. 25-26.

31 NIETZSCHE, Friedrich. **O nascimento da tragédia ou helenismo e pessimismo**. São Paulo: Companhia das Letras, 1998, p. 48.

32 Nota de J. Guinsburg na obra acima citada, p. 148.

33 Chama de *Nota azul* aquela *Nota de música que em nós acertará na mosca e desenvolverá o estado de gozo.* É assim que a define DIDIER-WEILL, Alain, em **Nota azul**: Freud, Lacan e a arte, p. 58 – expressão tirada de Chopin.

a invocá-lo na dança. No teatro, através de minha oração e minha "dança", vou até o "orixá" Dionísio, para assumi-lo, ser como ele. Simultaneamente, ele me é. Nesse caso, estamos mais próximos da loucura – e sobram exemplos no teatro que confirmam tal proximidade. Porque o teatro não fica só com o significante da partida, isto é, de *significância zero*, o *traço unário*; esse balbucio se sustenta na *Eine Andere Schuaplatz*, uma outra cena, a cena do Édipo. O traço unário – esse "significante de significância zero" – passa a ser o *significante um* (S1), que se articulará à cena na qual se subjetivará o sujeito, a Outra Cena do Édipo, a um outro significante (S2), aquele da página em branco do inconsciente, o que dará significâncias a minha vida. Aqui é importante ressaltar que o *melos*, canto, materno, sidera-nos com seu en-canto, ao mesmo tempo que o ritmo da estocada paterna na *Nota azul* nos lança à dança. Retomando: alienados e separados, *centrípeto e centrífugo,* siderados e lançados ao *mais além, a ultrapassar o metron* e vencer a gravidade, esse *eromenos,* amado transformado em *erastes*, amante; assim como Gene Kelly – para quem *o sol está brilhando por toda parte* – desliza na chuva seu corpo, sapateando e cantando em *Dancing' and... Singing' in the rain*[34]. O que poderíamos traduzir, também, a partir de Barthes: *onde "eu escuto" quer dizer também "escuta-me"*[35], escuta-me como canto, escuta-me como danço. Eu, através da música da voz, tenho a possibilidade de fugir da demência, apaixonar-me loucamente, ficar siderado pela voz da sirene mãe e fugir com o desejo cortante em Nome do Pai[36].

Nietzsche fala da importância da tragédia, que permite, como na música, o encontro de Apolo e Dionísio, quando o encontro facilita ao artista trágico dar sentido às essências informais que a música representa. Esse é o encontro das irreconciliáveis divindades, "pois uma se encarrega da *démesure* da música e da dança e a outra do mundo da medida e da forma"[37]. Isso quer dizer que tocar uma música difere em número e grau de "tocar" uma peça teatral. Ainda

---

34 Lembremos a importância da voz no filme de Stanley Donnen e Gene Kelly. Talvez uma das mais importantes reflexões da passagem do cinema mudo ao cinema sonoro e da importância da "musicalidade" da voz – e seu desprendimento, o canto e a dança. Sem esquecer a ruptura periódica do ilusionismo hollywoodiano, ou, se se quiser, o *Verfremdung* atravessando o filme.

35 BARTHES, Roland. Escuta. In: **O óbvio e o obtuso**. Lisboa: Edições 70, 1984, p. 201.

36 Logicamente, trata-se apenas de uma introdução a fim de desenvolver um estudo dessa diferença, que vai mais além, principalmente porque o teatro, desde sua origem, encerra a palavra.

37 DIDIER-WEILL, Alain. **Nota azul**: Freud, Lacan e a arte. Rio de Janeiro: Contra Capa Livraria Ltda. 1997, p. 27.

que ambas estejam relacionadas ao jogar (*to play*, *jouer*), não é a mesma coisa jogar com um instrumento musical e jogar com o instrumento corpo humano; o ator joga com seu próprio corpo e o corpo de outro ator. Deve-se ao poder da palavra que o teatro tem a coragem de enfrentar a loucura, que está tão relacionada com o princípio de identificação[38].

Uma música se estrutura com **notas** e **silêncios**, que permitem a composição da melodia, da harmonia e do ritmo. A **melodia** é uma sucessão de notas, um deslocamento sintagmático de notas, uma cadeia de significantes um de significância zero, na mais pura diacronia. É o balbucio tornando-se canto, melodia. Daí é possível emergir a **harmonia**: diferentes vozes simultâneas acordando, ou não, no mesmo tom. Ou seja, trata-se de uma estrutura paradigmática, simbólica. Mas a pulsação do tempo – o **ritmo** – talvez seja aquele ponto do discurso musical que vem ao encontro da *Nota azul*, que nos surpreenderá e que, ainda que a esperássemos, "nos acertará na mosca e desenvolverá o estado de gozo (que) será, sem jamais ser monótona, sempre a mesma, no sentido de que será disparada tanto de uma simples cantiga quanto do piano de Mozart ou do sax de Lester Young"[39]. É dessa nota que dependemos para sermos arrojados à louca coragem de vencer a gravidade, no incomensurável espaço que se abre na dança[40]. Essa *Nota azul* tem a ver com a voz da mãe, à qual a criança responde com o alegre e desmesurado movimento de seu corpinho. Não é demais insistir que a filosofia trágica a chamava de "loucura controlada e júbilo"[41], com o que concorda plenamente Grotowski: "Só uma loucura lúcida nos pode levar à plenitude"[42].

---

38 Ver: **To be or not? To be the personage, is the question**. Capítulo 1 desta obra. É claro que os códigos permitem fugir da loucura, aliás, como vimos recentemente. Mas qual é o primeiro código a que o humano é sujeito senão a linguagem?

39 DIDIER-WEILL, Alain. **Nota azul**: Freud, Lacan e a arte. Rio de Janeiro: Contra Capa Livraria Ltda. 1997, p. 58. Aqui nos deparamos com a repetição, presente tanto na música como na língua. O retorno ao mesmo para ser diferente. (ver: Repetição e acaso)

40 "O enigma ascensional em que nosso ancestral, o *Homo erectus*, ergueu-se um dia envolve uma outra força que não a dos músculos". DIDIER-WEILL, Alain. **Nota azul**: Freud, Lacan e a arte. Rio de Janeiro: Contra Capa Livraria Ltda. 1997, p. 21. Talvez isso nos permita entender melhor o que Peter Brook narra em seu livro **El espacio vacio**: "[...] a necessidade origina, de repente, estranhos poderes. Escutei falar de uma mulher que levantou um enorme automóvel para tirar seu filho ferido que nele estava preso, proeza tecnicamente impossível para seus músculos em qualquer possível situação", p. 62.

41 ROSSET, Clement. **Lógica do pior**. Rio de Janeiro: Espaço e Tempo, 1989, p. 23.

42 GROTOWSKI, Jerzy. Lo que fue. In: **Máscara**. n.os 11-12, Octubre 1992 / Enero 1993.

A escuta do silêncio

O silêncio. Quanta música não encerra um silêncio, uma pausa aberta na melodia-harmonia pelo marcante do ritmo... O silêncio é a ausência da presença do som melodioso da mãe e é a marca da presença da espada paterna nessa ausência da melodiosa voz, é a presença da descontinuidade, da ruptura, da diferença, do traço unário, é uma metáfora da hiância, da carência real do inconsciente[43].

O que seria da música e de todas as coisas sem a pausa do silêncio, ou melhor, do intervalo? "[...] o elemento interválico constitui a base do modo de ser e de se estruturar da música em todos os tempos"[44]. O espaço diastêmico emerge das notas musicais e abre as portas para a repetição, para o gozo do som, ritmicamente, ser possível. Então, poder escutar o silêncio privilegia o som tanto como a presença da morte privilegia a vida. As lágrimas para um morto são lágrimas de dor para nossa própria morte, e também de alegria, porque ainda podemos chorar. Respeitar a morte é respeitar a vida, reconhecer o silêncio é valorizar a *Nota azul* do som vital. A *Nota azul* é possível porque o silêncio, ausência dela, anuncia sua presença. Como poderia haver a presença da *Nota azul* sem a ausência, sem o *pedido de socorro*, sem o *rogo* do silêncio? Ninguém soube privilegiar o silêncio como a música, onde um silêncio expressivo vale mais que 1000 palavras vazias... um silêncio expressivo não é um cemitério com milhares de mortos encaixotados, é um morto num canto, no en-canto do reconhecimento. Como posso ser surdo diante das chamadas dos longos silêncios musicais, silêncios da Abertura de *A flauta mágica* de Mozart? Como não vou me preparar para responder com *un corte e una quebrada* aos silêncios arrombantes que o maestro Juan D'Arienzo, *El Rey del compás,* me faz escutar em seu arranjo de *La Cumparsita*, se eles me abrem para a chegada do piano, *bandoneón*, violino, que com suas *notas azuis* fazem dançar meu corpo? Isso é *a Nota azul*, aquela que "tem esse poder de veicular o Sujeito

---

43 "Onde está o fundo? Será a ausência? Não. A ruptura, a fenda, o traço da abertura faz surgir a ausência – como o grito não se perfila sobre o fundo de silêncio, mas, ao contrário, o faz surgir como silêncio". LACAN, Jacques. **Seminário XI**: os quatro conceitos fundamentais da psicanálise. Rio de Janeiro: Zahar Editores, 1979, p. 31.

44 DORFLES, Gillo. **El intervalo perdido**. Barcelona: Editorial Lumem, 1984, p. 41.

no sentido e na presença"[45]; "o mundo começa a falar conosco, as coisas a terem sentido"[46]. A *Nota azul* dá o sentido que o silêncio interrompe, isto é, é um sentido não todo, por isso se repete, mas fora da monotonia, "como se o gozo conferido por essa Nota azul o presumisse contra a percepção de sua repetição"[47]. Gillo Dorfles faz uma análise comparativa do intervalo silêncio, "intervalo no sentido de pausa, de espaço vazio, de silêncio entre dois sons ou dois ruídos. Este intervalo é o equivalente musical do intercolúnio no tempo grego, por exemplo do espaço existente entre pilares – ou bem da presença de um espaço em branco dentro de uma composição poética, ou o espaço amorfo que separa as diferentes figuras de um quadro e que constitui o 'fundo' deste"[48]. Pensemos no ator a importância do silêncio, da quietude, da inexpressividade no contexto da representação[49].

2º tempo: a voz, o corpo e a palavra

Grotowski nos confirma o movimento pulsional[50]: a "voz é o prolongamento dos impulsos do corpo"[51]. Didier-Weill já nos havia colocado o início disso que chamaremos de pulsão invocante, *no nível da qual aquilo que era absolutamente exterior – a música da voz materna – encontrou o lugar absolutamente íntimo onde as notas poderão dançar. A partir daí, a música vai dançar na "extimidade" que se tornou o corpo humano.* Isto é, a pulsão invocante instala-se no corpo simultaneamente e de invocados nos transformamos em invocantes, pelo movimento e pela dança. Quer dizer, nosso corpo é marcado e historizado pela voz e, logicamente, pelo toque do Outro (mãe). E, se todo "nosso corpo é memória e no nosso corpo-memória se criam diversos pontos de partida"[52],

45 DIDIER-WEILL, Alain. **Nota azul**: Freud, Lacan e a arte. Rio de Janeiro: Contra Capa Livraria Ltda. 1997, p. 59.

46 Ibid., p. 61.

47 Ibid., p. 59.

48 DORFLES, Gillo. **El intervalo perdido**. Barcelona: Editorial Lumem, 1984, p. 41-42.

49 No Capítulo 7, Corpo e "energia", utilizaremos esses substantivos como significantes na criação do ator.

50 Ver cap. 1, *To be or not? To be the personage is the question.* E ver: Pulsão e libido.

51 GROTOWSKI, Jerzy. Los ejercicios. In: **Máscara**. México: Escenologia S.A., outubro 1992 / janeiro 1993, p. 28.

52 Ibid., p. 34.

nem por isso temos que ir a esses pontos, eles vêm a nós, em forma de metáforas, com o chamado do trabalho. Torna-se imperioso pensar que nosso corpo não só fala, no sentido em que desenvolveu seu trabalho corporal Rudolf Laban, senão que, quando a voz se manifesta, é algo mais que sons: são esses, mais a história do corpo que os sustenta.

No entanto, se estabelece um circuito entre o falar e a escuta – referimo-nos não só à escuta do outro que podemos transformar com nossa fala, mas também à própria escuta de quem fala. A escuta do próprio sujeito que fala "augura um *side tone effect* estrutural, verdadeiro efeito imaginário no qual minha palavra se perturba – até a gagueira – pela voz que a porta"[53]. Essa voz, essa entonação que ela carrega me é estranha, provoca uma alteridade: "devo *me* reconhecer inteiramente *nessa* voz?". Simultaneamente, esse reconhecer "significa também num tal uso autoerótico da voz [...] cantarolando, cantando para mim mesmo [...] não busco, nesse refrão, um efeito de eu [*moi*] sobre mim mesmo?"[54]. Ou seja: a voz, ao mesmo tempo que vem como alteridade, porta uma identificação: sou eu como imagem.

É por isso que uma das coisas que me chamou profundamente a atenção foi uma reflexão que Nietzsche fez em torno da mudança que estava sofrendo a língua alemã falada, na medida em que se tinha generalizado falar como os oficiais prussianos:

> que arrogância, que furioso sentimento de autoridade, que sardônica frieza não ressoa em tal gritaria! Seria os alemães realmente um povo musical? – É certo que eles agora se militarizam no som de sua língua: é provável que, treinados em falar militarmente, também acabem por escrever militarmente. Pois acostumar-se a determinados sons é algo que influi profundamente no caráter: –adquirem-se logo as palavras e locuções e, por fim, os pensamentos próprios desses sons[55].

Acredito que esta ideia, a que se tem de os alemães serem um povo marcial, e que marcialmente caminharam para o nazismo, leva-nos neste instante – junto com o que estamos desenvolvendo – a pensar a função da voz no trabalho do ator. Porque o contrário também pode ser verdadeiro, quando

53 ASSOUN, Paul-Laurent. **O olhar e a voz**. Editora Companhia de Freud: Rio de Janeiro, 1999, p. 39.

54 Idem.

55 NIETZSCHE, Friedrich. **A gaia ciência**. São Paulo: Companhia das Letras, 2001, p. 130.

a voz deve carregar textos que escapam da índole do sujeito. Quer dizer, esse texto pode ser assumido por minha voz, identificando-se, o que produziria um mergulho da voz no texto tornando este parte do sujeito. Não é por acaso que Stanislavski falava que o ator deveria "*Estar em voz!* Seria uma benção para o cantor, como para o ator dramático! Sentir que se tem o domínio dos próprios sons, que eles se subordinam... à criação!" *Não estar em voz!*[56]. Seria um tormento para eles, já que o sentimento da personagem não seria representado por ela. Em cima dessas questões, foi-se desenvolvendo minha pesquisa com o diretor e compositor Álvaro Nadolny[57], que possui um longo percurso no campo de estudos da voz, principalmente pelo período que passou com os monges budistas na Índia. Sem assumir plenamente as questões da teorização da voz proposta por Nadolny, o importante é poder escutá-la e observar as possibilidades de seu uso no trabalho teatral: a voz estaria profundamente relacionada com os pontos de ressonância no corpo, determinando, assim, significados que podem vir a questionar o que se está falando.

Cada cultura teria sua forma de utilização de seus ressonadores. Por exemplo: no Brasil, utiliza-se o quadril como ressonador para significar sensualidade. Os suecos teriam um estilo próprio, para eles corresponderia à fala normal, enquanto para nós essa fala pareceria sensual. Mas, por outro lado, segundo o Maestro Álvaro, nos EUA a sensualidade é expressa usando como ressonador a parte de baixo do nariz, o que torna fanhosa, também para nós, a fala do apaixonado norte-americano. Ou pior, para alguns, a fala soa muito esquisita, como a de um homossexual. Para as japonesas de gerações passadas, a sensualidade se manifestaria quando um homem utilizava as mãos como ressonadores, pois isso poderia significar que se tratava de um homem que possuía uma relação muito forte com o trabalho. O que quer dizer que as possíveis significações da voz estariam relacionadas ao meio cultural, isto é, a um contexto e ao momento histórico: "acho que determinada atitude do homem diante dos dados sensoriais, perceptivos e artísticos pode depender de fatores próprios de cada época, muito difíceis de explicar, mas, sem dúvida, existentes e relacionados com alguma coisa mais importante que o instável mandato

---

56 STANISLAVSKI, Constantin. **El trabajo del actor sobre sí mismo**. Buenos Aires: Editorial Quetzal, 1983, p. 61.

57 Álvaro Nadolny, regente do coral da UFPR (Universidade Federal do Paraná) e professor da disciplina "Voz e ritmo", no "Curso de Formação de Ator" da UFPR.

da moda"[58]. Ou seja, há algo de inexplicável, para além da moda, para além das ideologias, para além dos significados: o real que a diferença dos sons da voz carrega. Esse elemento, que nos traz Dorfles, é aquele a ter presente na intencionalidade consciente do sujeito falante, é o real que poderia emergir nessa fala, estabelecendo uma ruptura. Poderíamos pensar que esse real, esse balbucio apagado, essa história recalcada do sujeito se poderia presentificar nos ressonadores?

A utilização da interrogação se deve em parte a eu não possuir um percurso mais profundo sobre o tema, no entanto insisto que, apesar de estar articulada na palavra, não seria a voz, como veremos a seguir, que teria o poder de desarticulá-la? Não seria a mesma voz que divide a palavra, ou melhor, faz dela plurívoca, o que torna o Sujeito cindido $\cancel{S}$, sujeito esse que foi o que tratamos de ver no trabalho até agora desenvolvido? Também nos caberia questionar: seria a voz portadora de sentido? É claro que, sendo do campo do real, estaria no domínio do indizível, do ominoso, do *non sense*, ou, em todo caso, poderia estar à espera de um sentido por vir na travessia analítica. De qualquer modo, é necessário que eu retome algumas questões que, a meu ver, nos aproximam muito do trabalho teatral. Os monges tibetanos em sua *Sangha*, comunidade de monges, têm tarefas que semanalmente devem cumprir, mas para realizá-las devem atingir o estado que denominam de *Iluminado* – aproximando-se de Buda, o iluminado. Para isso, cada responsável pelas tarefas que serão desenvolvidas na semana – pois mudam constantemente – deve tomar pela trilha *bodhisattvas*, que os conduzirá à iluminação. Deve falar e movimentar seu corpo – caminhada, gestos – de modo congruente à atividade, seja ele o responsável pela cozinha, pela limpeza ou pelas orações. Para isso, deve encontrar vozes diferentes para cada ocasião. É necessário, em primeiro lugar, sentir a "voz interior"[59], a que lhe corresponde em estado *Nirvana*, onde cessa o "dukkha, existência insatisfatória e cheia de sofrimentos"[60]. A partir daí pode diferenciar a "voz interior" das outras vozes. O mesmo acontece com seu corpo, que da posição "neutra" pode partir na busca de outras posições diferentes. O teatro, hoje em dia, está bem perto disso. Já não há dúvidas de que, no palco ou na tela, devemos caminhar sempre de modo diferente e não

---

58 DORFLES, Gillo. **El intervalo perdido**. Barcelona: Editorial Lumem, 1984.

59 Essa voz que medeia, segundo Freud, a Lei parental com o sujeito desejante.

60 BOWKER, John. **Para entender as religiões**. São Paulo: Editora Ática, 1997, p. 54.

da mesma maneira (como sempre fez um John Wayne). E o que não dizer da voz, o que seu mau uso pode provocar? É por isso que Nadolny nos convida à constante mudança da voz. Inclusive, quando devemos realizar leituras, coloca o exemplo a seguir.

Quando "o estudante usa sua própria voz, na necessidade de mudar de posição, de ponto de vista, de assumir um conteúdo antagônico com os seus, muito dificilmente terá condições de fazê-lo. Ele terá mais dificuldades"; e continua... "o fato de que a leitura seja feita com a 'voz mental' – 'voz interior' – determina uma situação muito peculiar, o leitor é tomado pelo texto, que termina sendo elaborado como próprio". Aqui Nadolny aponta para o teatro, "imagina o que não pode acontecer com o ator que faça sujos textos que podem comprometer sua vida?"[61].

Poderíamos pensar que a questão da identificação é um pouco mais complexa – é o que vimos trabalhando até o momento –, isto é, a identificação está relacionada com o Outro nos níveis real, simbólico e imaginário. No entanto, é muito instigante essa teorização em torno do poder da voz, ou ao menos não podemos deixar de considerá-la, principalmente no trabalho teatral. Lembro-me de quando era estudante de teatro da Escuela de Teatro Casacuberta, da FATI (Federación Argentina de Teatros Independientes) – por meados dos anos 1960. Às sextas-feiras, tínhamos trabalhos práticos e, na saída, por volta das 23h, jantávamos no Pipo, restaurante muito popular na classe média portenha, e quem apresentava o melhor trabalho do dia comia de graça. Era o prêmio de reconhecimento que recebia o ganhador de seus companheiros. Foram poucas vezes, mas não me esqueço. O trabalho era trazer personagens da rua. Eu, nessa época, estudava Direito pela manhã e Teatro durante a noite e, à tarde, trabalhava num estudo jurídico, em que operava um insigne advogado que tinha sido o último secretário do Presidente General Juan Domingo Perón – 1954/1955. Era o Doutor Carlos Augusto Gentile, que anos depois terminaria sendo um dos Juízes do Supremo Tribunal de Justiça da Capital Federal. Esse homem tinha estabelecido uma relação muito forte comigo, discutíamos muito política – ambos peronistas, ainda que eu mais à esquerda do que ele –, mas tinha muito carinho por minha pessoa e sempre me falava com sua voz marcadamente rouca: "Pibe, vos tenés todas las taras para ser um gran abogado"[62].

61 NADOLNY, Álvaro. 1ª entrevista: 07/05/2004.

62 "Garoto, você tem todas as taras para ser um grande advogado".

Era o que mais me chamava a atenção: sua voz e a forma como sentava, abria os braços encostando-os sobre sua mesa, como quem quer abraçar o mundo inteiro. A voz definiria um sentido na fala? Ele queria abarcar com seus braços o mundo todo? A leitura d'Isso, desse real que me escapava é que me permitiu criar o meu personagem – Dr. Carlos Augusto Gentile –, **interpretando-o**. Esses dois elementos me serviram como anteparo na passagem à pré-atuação e parti para realizar meu exercício. Devo confessar que a voz era o que mais me atraía no Dr. Gentile, o que me levou a começar meu trabalho, resultando a voz ser aquilo que me colocou de passagem, foi o elemento mais importante desse personagem para a *pré-atuação*. Essa noite, eu dei meu *show de los tallarines* – que era como meus amigos falavam, ao me ver comendo os macarrões com garfo e colher –, de graça.

Apresentarei agora, orientado pela proposta do professor e regente Nadolny, um mapa no qual se localizam as ressonâncias mais usadas segundo a teoria que vínhamos observando. Entendemos que se trata de um campo bastante polêmico, podendo ser interpretado como tentando uma "utopia da homoglossia (do fato de falar a mesma língua)"[63]. Demais está aclarar que o humano não só está inserido na *heteroglossia* (ao fato de falar línguas diferentes), como também o próprio humano, como vimos anteriormente, está sujeito a falar mais de uma língua (aquela que imagina no seu dito, na sua **língua**; e aquela que vem a desdizê-lo através da **alíngua**, nome que Lacan dá ao Discurso do Outro). Mas não podemos negligenciar o que nos traz o trabalho dos ressonadores: é no mínimo uma reflexão de importância sobre a voz no trabalho do ator e, principalmente, na possibilidade de seu uso como **anteparo**[64]. Trata-se do uso da voz como organizador simbólico na construção da personagem.

63 DORFLES, Gillo. **Elogio da desarmonia**. Lisboa: Edições 70, 1988, p. 22. No capítulo 1 da Primeira Parte, Dorfles desenvolve o mito da existência de uma única língua pré-babélica: "A utopia, por acaso, consiste no julgar que existia um presente ou futuro *topos* onde seja possível o retorno à homoglossia, a edênica e pré-babélica situação perdida pelos nossos pais por culpa da sua ambiciosa escalada a um Paraíso nunca alcançado", p. 23. E que nunca existiu, podemos agregar.

64 Trataremos do anteparo no capítulo 7: Corpo e "energia".

3º tempo: a voz e os ressonadores

Primeiro, deve-se concentrar na impostação no fundo da boca, adenoide. Sendo só a impostação usada como foco nela mesma, nos deixará a impressão de boçalidade. Daí, para obter um texto definido e nítido, devemos usar um dos três focos na cabeça: o palato (céu da boca) nos coloca numa expressão mais comum; levando o foco atrás dos olhos, nos aproximamos de algo mais elegante; e, por último, focalizando embaixo da corda vocal, foco baixo. Esse foco, mais grave, foi muito usado pelos radialistas e apresentadores de TV até a década de 1960 e começo da década de 1970 como forma de compensar microfonia e outros problemas técnicos. Hoje tem mudado o foco como consequência do avanço tecnológico, mas ainda restam exemplos da utilização desse tipo, como Cid Moreira e Sérgio Chapelin, por exemplo.

Vemos como o momento histórico tem sua influência – Nietzsche já nos tinha informado sobre o falar marcial do povo alemão imitando seus soldados –, também o costume cultural, isto é, os significantes que marcam uma época e um povo, e, em especial, o indizível do real que a voz carrega, injunção determinante do *non sense* para qualquer tentativa de sentido. Esse paradoxo nos estaria remetendo à cisão que se estabelece entre a **fala** do sujeito e sua própria **escuta**? Em que medida a fala que nos chega como alteridade – a espada cortante do pai – não nos provém, na criação da personagem, de nos libertar da escuta do canto da sereia – da melodiosa voz da mãe – que ela mesma carrega?[65]. Essa utilização dos ressonadores não nos permitiria estabelecer uma diferenciação entre a personagem e o ator, através da fala de uma e de outro? É por isso que insistimos que a elaboração dos ressonadores permite, em relação ao trabalho criativo do ator, ainda que imaginariamente, a criação de diferentes vozes, independentemente de os ressonares expressarem ou não um sentido determinado[66].

---

65 "As vozes das Sereias seduzem menos pelo que dizem do que por esta 'captação' que produzem". ASSOUN, Paul-Laurent, op. cit., p. 81.

66 Já tínhamos observado que os ressonadores permitiriam simbolizar a singularidade da voz da personagem, isto é, cumpre uma função simbólica para a criação da personagem, assim como sua gestualidade, seus movimentos (caminhar, parar-se, sentar-se etc.) constituiriam a base de uma partitura, de um elemento crucial para a pré-atuação. Sempre pensando a criação no movimento **fora/dentro**. É claro que tudo isso também pode advir, como veremos no capítulo 7 – através de improvisações e exercícios, da própria elaboração do trabalho vão surgindo as características de gesto, movimento, voz, noutras palavras: **dentro/fora**.

Agora veremos a função que caberia, em nossa cultura, vista a partir da proposta apresentada pelo Regente Álvaro Nadolny, a alguns dos ressonadores. Pode-se dividir o corpo humano em três partes, determinando a qualidade da voz (figuras 1, 2 e 3, páginas 172 e 173):):

Cabeça: **RACIONAL.**
Tórax até final das **costelas: EMOCIONAL.**
Abdome, quadril e **pernas: INSTINTIVO, PULSIONAL.**
Arco saindo ou **voz em projeção:** sou eu que quero.
Arco voltando ou **voz em ré:** É o outro que deve me querer, demando.
Arco fechado: Dirigindo-me com cautela.
Arco aberto: Entrando de sola na situação.

A) CABEÇA

- Quando a **ressonância** se produz nos **arcos dos olhos para fora** acarreta **INTIMIDAÇÃO.**
- Quando a ressonância se realiza nos **arcos dos olhos para dentro** nos reflete **PERVERSIDADE.**
- A ressonância **acima dos olhos** nos produzirá **AUTORITARISMO, TIRANIA.**
- E a resonância **abaixo dos olhos** terá o efeito de **ENERGIA, BOM HUMOR, ALEGRIA.**
- **Raiz dos cabelos** produziria o efeito de **DIMENSÃO INTELECTUAL.**
- A ressonância produzida **ao lado do nariz** terá o efeito de **DESÂNIMO, TÉDIO, CANSAÇO.**
- A **SEGURANÇA** surge ao fazer a ressonância na **ponta do queixo.**
- E os ressonadores usados nos **caninos** produzirão o efeito de **COVARDIA, BLEFE.**
- Seguindo com as ressonâncias na cabeça, temos: o **BOÇAL**, aquele que se sente melhor que os outros – ao fazer foco no **fundo da boca**, no próprio ponto da impostação.
- **Sob o nariz** nos provoca um efeito de **IRONIA COM DESDÉM.**
- A **INTELIGÊNCIA** se consegue fazendo ressonar **em cima da testa**.
- Produzir a ressonância na **mandíbula** nos permite conseguir: **AGRESSIVIDADE.**

B) TÓRAX E BRAÇOS

- Usar o **tórax** como ressonador nos traduziria a **PAIXÃO**.
- **VITALIDADE** é conseguida quando a ressonância se realiza na parte **superior do esterno**.
- **VIGOR SEXUAL** é atingido fazendo arco na **lâmina do esterno por dentro**.
- Enquanto que no **meio do esterno** nos daria **TRISTEZA**.
- Na **cavidade onde se encontra o estômago** se produz a **FRAGILIDADE**.
- Os ressonadores no **fígado** nos trazem a **MENTIRA**.
- Enquanto que os mesmos, produzidos **acima do ombro**, nos darão **CONHECIMENTO, EXPERIÊNCIA**.
- E na **base do esterno**, produzimos a **ARROGÂNCIA (dominador)**.
- Quando a ressonância é produzida a partir da **coluna,** obtemos: **RESPONSABILIDADE, ORGULHO.**
- Realizando a ressonância na **clavícula**, conseguimos estabelecer um **ESPAÇO IRREAL**, oposto ao produzido pelos **pés** e **canela: REALIDADE, DECISÃO**.
- No **cotovelo (para trás)**, conseguimos **SIMPATIA**. E **cotovelo (para frente) CANSAÇO**.
- Os ressonadores **nas mãos** nos trarão a ideia de **TRABALHO**.

C) ABDOME, QUADRIL e PERNAS

- Com a ressonância nos **ossos do quadril** obtemos **SENSUALIDADE**.
- A ressonância nos **glúteos** produz **CAPACIDADE DE SE DEFENDER.**
- Quando a ressonância se produz no **umbigo**, nos dá a ideia de que se consegue **PERCEBER A TOTALIDADE**, que tudo é compreensível.
- No **joelho,** conseguimos a **SUBMISSÃO.**
- No **fêmur,** a **VONTADE.**
- Na **canela**, a ressonância nos produz o **SENSO DE REALIDADE, CONSISTÊNCIA DE REALIDADE**. Sem a **canela**, parece que a expressão é pura imaginação, pura ficção.
- No **calcanhar** produzirá o **INTERESSE**.
- No **pé** obtemos a **DECISÃO.** A consistência de uma **decisão** está no **pé.** Jurar é com o **pé.**

Os arcos ou pontos de ressonâncias fariam da fala uma verossimilhança, um sujeito possível.

Para o palco é bastante convincente trabalhar com cinco arcos, o que faz surgir algo do jogo, isto é, da magia.

Pegar um lápis e ir tocando os pontos de ressonâncias.

EXERCÍCIOS	
1 – Descrever um cachorro usando:	arco no quadril: SENSUALIDADE arco na coluna: RESPONSABILIDADE (orgulho)
2 – Falar sobre disco voador usando:	arco na canela: SENSO DE REALIDADE arco na coluna: RESPONSABILIDADE arco no queixo: SEGURANÇA
3 – Falar sobre o silêncio usando:	arco na extremidade inferior do esterno: ARROGÂNCIA arco sob os olhos: HUMOR

Podemos compor com cinco arcos da seguinte maneira:
/ 3-1-4 / 3-2 / 5 / etc.

A fala FORMAL se consegue colocando o arco fora do corpo. Mas, primeiro, deve-se estabelecer a zona de ressonância: "Falou da boca para fora", como diz o povo.

Isso visa a uma ordenação técnica para o trabalho da voz, mas, de maneira nenhuma, se esgota em si mesmo, já que a voz, como vimos, é sustentada pelo corpo, isto é, pelo corpo-alma, ou, se se quiser, o corpo libidinal. Essa voz deve ser encarnada na história da personagem; do contrário, estaríamos diante de uma "interpretação" técnica. Assim como Roland Barthes falava da música, que deveria manter esse lado amador, esse lado "manual, muscular, amassadora", essa que "[...] fazia vibrar em nós (público) não a satisfação, mas o desejo [...][67], essa voz deve fazer vibrar não só o público, mas também, e principalmente, o ator, a música fazendo vibrar, fazendo escutar o próprio instrumento. Mas, como já vimos, a voz nos ressonadores está como as partituras no corpo, para permitir distanciar o corpo e a voz do ator dos da personagem. Essas formas servem para singularizar a voz e o corpo da personagem[68] e, como tal, abrem ao momento de *pré-atuação*. Logo, na interpretação, virá o *Pathos* e o *Logos*, a *loucura controlada* e o grande *júbilo* no processo de criação.

Mas o ator não cria uma voz diferente quando está incorporando a personagem? Vimos que sim, há atores que por esse caminho se endereçam, isto é: dentro/fora. Alguns consciente, outros inconscientemente. No entanto, o fato de colocar o texto a partir do corpo – através dos ressonadores – nos distancia dessa questão que já analisamos, isto é, que o texto venha a dividir o sujeito-ator. Por isso, insisto, criar a voz da personagem a partir das características que sugere o texto, daquilo que de real transmite e pode ser lido pelo ator é um momento precioso na criação de um anteparo.

4º tempo: trabalho prático

Com uma colega, a atriz e diretora Regina Mendes, optamos por improvisar partindo do mito de Narciso e Eco. A Ninfa, profundamente apaixonada, trata de chamar a atenção de Narciso, que está perdido em sua própria imagem e não escuta o chamado amoroso. Existem várias versões, algumas até culpam Eco por Narciso ficar siderado em sua imagem até a morte. Ela teria amaldiçoado seu objeto amoroso pelo descaso. Foi dessa base que partimos. Narciso, envolvido em sua fotografia, não dava a mínima atenção a Eco. Ela atrai sua atenção por meio de uma lanterna mágica, deixando-o à mercê da luzica que o leva – arrastando-se atrás da luzica – até ela. Mas não leva muito tempo até que ela o atraia, ele até

---

67 BARTHES, Roland. Música prática. In: **O óbvio e o obtuso**. Lisboa: Edições 70, 1984, p. 213-214.

68 Poderíamos dizer o mesmo do figurino: vimos a importância que tinha o sapato para Nena Inoue construir sua personagem a "Polaquinha". Capítulo 2, O ator e a personagem: Pré-atuação: momento sublime da ação diferencial. Além disso, vimos nesse mesmo capítulo o que adereços e a própria maquiagem podem produzir.

chega a fascinar-se novamente com a luzica que Eco levou até seu rosto. Ele acaricia o rosto da ninfa. Está extasiado com a luzica e com a ninfa, mas sai enquanto ela fala olhando para o público: *Me tocou... ele me tocou.* Depois de uma certa luta com seu desejo, Narciso retorna a suas fotos. Então ela vai procurá-lo, cantando em italiano e, quando fica bem perto dele, entoa: *Dìo como ti amo, non è possìbile...* – usando os ressonadores tórax – paixão – e queixo – segurança. A reação de arrogância – inferior do esterno –, desprezo e ironia – sob o nariz, ambos com o arco voltando, voz em ré – de Narciso, não se faz esperar e lhe responde: *Non è possìbile, io non sono Dìo.* Ela ainda se aproxima com tal ternura e tristeza, tórax e quadril, acentuando o meio do esterno – que leva Narciso a uma ação severa e firme, mas irreal – clavícula. Com seu braço, indica a saída de Eco: *Vìa!* Eco sai chorando, mas não tarda em reagir, enviando uma maldição a Narciso, que fica paralisado, olhando uma enorme foto sua, enquanto ela trata de fazer palavras cruzadas. Não há dúvida de que a vozes se distanciaram das nossas comuns e que os ressonadores ajudaram muito a composição final.

Uma vez mais vamos insistir que o resultado desse trabalho permite a diferenciação da voz na criação do ator. Não seria totalmente necessário determinar os mesmos ressonadores para o mesmo personagem. Em duas concepções de montagens da mesma obra, *Don Riccardo Terzo*[69], utilizaram-se ressonadores diferentes para a mesma personagem. O ator era o mesmo, mas mudaram a direção e a dramaturgia, bem como a estética da obra.

Alguns depoimentos dos integrantes da Companhia sobre o uso dos ressonadores:

> Na busca pela perspectiva da razão-orgânica no incessante jogo dentro-fora-fora-dentro da atuação, a voz dos atores envolvidos na montagem da Cia. foi explorada segundo sua relação corporal com a cena. Nesse sentido, o estudo dos ressonadores teve um papel fundamental na medida em que promove uma relação ainda mais íntima entre o gestual e o som produzido pelo ator.
>
> Surpreende, porque atua em um elemento por muito tratado de maneira separada: voz e corpo – razão-orgânica – quando na realidade andam juntos e se fortalecem

69 Texto de minha autoria: O primeiro esboço de direção foi feito por mim. A direção definitiva foi realizada por Roberto Inocente, 2008.

> com o apoio da práxis da técnica dos ressonadores, no que tange à construção das personagens[70].
>
> Primeiramente, precisei descobrir quais eram os sentimentos que mais ressaltavam na personagem e quais eram os pontos do corpo onde elas ressonavam. Através da razão-orgânica começo a experimentar os gestos, movimentos, as pausas e com essas experimentações nosso corpo reage e naturalmente aparece um som, um ruído, uma palavra e assim coloco em prática os ressonadores que eu havia definido anteriormente e a partir desse momento tenho material para explorar e definir o perfil físico da personagem[71].
>
> Com o uso dos ressonadores cheguei a uma qualidade de voz bem próxima da ideal para meu personagem, que era um homem velho de rua [...] com o uso dos ressonadores sinto conforto ao dar meu texto, pude desempenhar meu papel livremente[72].
>
> O trabalho com os ressonadores tem me proporcionado aumentar muito meu repertório vocal para treinamento das vozes das personagens que preciso fazer [...] Os ressonadores exercem papel fundamental nessa "transformação" da voz do ator, para a voz da personagem[73].

Voltando ao exercício sobre Eco e Narciso: uma vez definida a partitura cênica utilizando um metrônomo, entendemos que a cena possuía um andamento em *andante*, ainda que em alguns momentos se sentisse que estávamos em outra velocidade. Fizemos, também, a cena em *allegro* e conseguimos separar os momentos em que o movimento da cena exigia algo mais leve e gracioso, como Narciso indo atrás da luzica ou, mais tarde, quando volta a suas fotografias e abandona Eco. Sabe-se que os movimentos mais lentos são mais dramáticos, por isso passamos para um movimento *Largo*. Isso nos ajudou muito para definir a parte final, sentir o peso da ruptura e a violência contida nos movimentos e nas falas, lentas e sincopadas. Grande parte dos movimentos e da fala de Eco manteve-se em *andante*. Esse trabalho nos impulsionou a desenvolver o conceito de **andarritmo**, que veremos no capítulo 7: Corpo e "energia".

---

70 Paulo Marques, ex-ator e diretor da Companhia de Teatro PalavrAção da UFPR.

71 Marcos Trindade, ex-ator e produtor da Companhia de Teatro PalavrAção da UFPR.

72 João Winch Filho, ator da Companhia de Teatro PalavrAção da UFPR.

73 Alaor de Carvalho, ator e diretor da Companhia de Teatro PalavrAção da UFPR e professor de Teatro da UFPR.

5º O tempo da regularidade e da síncopa

A música não nasceu dentro da "tirania da barra do compasso" imposta pelos períodos Clássico e Romântico (séculos XVIII e XIX) e nem pelo que deu sua origem, a Ars Nova (século XIV), a "rítmica quantitativa, aquela que divide as notas em unidade de tempo em relação proporcional umas das outras"[74]. A rítmica quantitativa aparece pouco tempo depois do surgimento do relógio e, ainda que demorasse muito mais tempo, o relógio da música foi inventado no início do século XIX e chamou-se Metrônomo.

O metrônomo está relacionado ao relógio – é verdade que um relógio variável –, tem um ritmo matemático. Da mesma forma que o escrito do compasso também está relacionado com o que poderíamos chamar espírito matemático. O Ritmo, que poderíamos definir como a duração da pulsação – tensão e relaxamento – das notas em movimento, possui acentos fortes e fracos. No ritmo regular – que corresponde à rítmica quantitativa e que tem como modelo o *compasso comum* indicado pelo C, "resquício do sistema de notação medieval, que representa um semicírculo"[75] e que corresponde ao compasso 4/4 –, os acentos estabelecem-se assim: forte-fraco-fraco (alguns falam em forte-semiforte-fraco). Em princípio, todos contêm o mesmo tempo de duração. Essa submissão da música a uma métrica rígida e igual escritura, influência principalmente do racionalismo, será quebrada pelos grandes autores da época. A pulsação rítmica tem uma velocidade de execução, é o que conhecemos como andamento, que através do *tempo rubato*, ou *rubato*, que significa "tempo roubado"[76], modifica-se, assim como através da *quiáltera* e da *agógica*[77]. No entanto, aquilo que mais vai definir a música contemporânea será o uso da síncopa que desloca o acento forte.

Se, com a métrica regular, proporcionalmente se estabelece a repetição, repetição significante – ainda que seja de "significância zero" –, as rupturas

---

74 SEKEFF, Maria de Lourdes. **Curso e dis-curso do sistema musical** São Paulo: Annablume, 1996, p. 56.

75 HOLST, Imogen. **ABC da música.** São Paulo: Martins Fontes, 1987, p. 58.

76 **Rubato**: "Ligeiras modificações de tempo para acelerar ou prolongar certas notas da melodia, fugindo assim ao rigor do **compasso** estabelecido e criando um efeito de suspensão". In: **Glossário da música.** São Paulo: Abril Cultural, 1984, p. 18.

77 **Quiáltera**: "Grupo de três notas de igual valor executadas no mesmo tempo em que seriam tocadas duas delas". Idem, p. 17. **Agógica**: "Modificações de tempo durante uma execução musical [...] trata-se de suas modificações, como aceleração, retardamento, interrupção regular ou irregular". Ibid., p. 1.

que se estabelecem com a *Sincopa*[78] vêm ao encontro do acaso (ver: Repetição e acaso), com o novo, o diferente, o *thaumastós*, a surpresa. Trataremos de nos aproximar analisando dois trechos de música: um, o belíssimo tema de Astor Piazzolla, *Bandoneón*, e o outro, *Another Brick in The Wall (Part II)*, tema de *The Wall*, de Pink Floyd.

Em *Bandoneón* podemos ver o tempo regular marcado pelo baixo, enquanto o *bandoneón* e o violino dialogam – também disputam – em síncopas diferentes, o que chamam de *síncopas superpostas*. Essa dupla síncopa, que realiza entre si um contraponto, estabelece outro contraponto, com o baixo criando desequilíbrio e tensão. O regular repetitivo do baixo é surpreendido pelas duplas sincopas, por acaso.

Fonte: Partitura extraída do tema de Piazzolla pelo professor Álvaro Nadolny e transcrita pela pianista Cristina Serkes.

No caso de *Another Brick in the Wall* do álbum *The Wall*, de Pink Floyd, o tema desenvolvido pela voz (canto) está em síncopa e é acompanhado pela mão direita em clave de sol do piano, enquanto a esquerda, em clave de fá, sustenta o tempo regular. Repentinamente, algo novo, diferente, inesperado

78 **Síncopa ou Síncope**: Distribuição irregular do som nos tempos do compasso. Produz a sensação de uma falha rítmica, porque as notas principais se desencontram dos tempos fortes do compasso. Ibid., p. 19.

acontece, a voz, quando exclama "Hey!", entra no ritmo regular, provocando, assim, uma ruptura pelo estranhamento[79]. O paradoxo está no ritmo em que ela é provocada, ingressando no tom regular. Isso significa dizer que o que sustenta a "normalidade" de um discurso é a repetição, o acaso é aquilo que escaparia dessa "normalidade", dessa regularidade (ver: Repetição e acaso). Nesse caso, passando do ritmo sincopado ao regular, termina provocando essa estranheza que a torna "anormal", essa mudança provoca uma descontinuidade. Esse acaso vem fundar a regra, esse estranho ritmo regular funda o repetido ritmo sincopado.

A síncopa é usada no discurso verbal, além do movimento e gestual, só que devemos ter presente os acentos das palavras. Um exemplo:

"Vo**cê** se encon**trou** com João?"

Seria a pronúncia regular; vejamos agora:

"**Vo**cê se en**con**trou com João?"

Seria uma pronúncia sincopada, estranha e levaria a outro entendimento, ou melhor, abriria uma significância diferente da anterior. É claro que essa mudança pode ser meramente técnica se não estiver inserida dentro de um contexto e de uma intencionalidade.

"Eu **a**mo vo**cê**".

Seria uma pronúncia regular. Vejamos agora com rubato:

"Eu am**oooooo** você".

Não só entra o rubato, como também a síncopa, o que transforma radicalmente o sentido da frase. Dependendo das circunstâncias – contexto e intencionalidade, ou, se se quiser, em termos stanislavskianos, *condições dadas* –, o que, em princípio, está no tempo presente pode dar a entender que, como no segundo caso, esse amor é passado.

Com a quiáltera:

"**Eu** a-mo-vo-cê".

O que predomina é o Eu que esconde o predicado, como se custasse se reconhecer nele.

Com a agógica:

---

79 Seria interessante observar que a nota, uma mínima em sol, está na metade do compasso. Acontece que é precedida por um silêncio de mínima, o que permite entrar no ritmo regular, acentuado depois com o ***"teacher"*** – o ***tea*** forte na semicolcheia em sol.

“Euuuu **aaaa**mo vo**cêeeee**” ou “Euamovo**cê**”, também “Eu**a**mocê”. Mudança no andamento, o que nos permitiria, dependendo do caso, significâncias diferentes. Isso nos aproxima do que Roberto Harari nos traz como a *realíngua*, o real na língua e sua manifestação na “práxis poiética – que não é poética –, obra ‘equivocando’ – gerando equívocos –, deslocando, bamboleando, elongando uma palavra, em, ou sobre outra/s, intervertendo, sublinhando diferencialmente as diversas partes integrativas de um significante[80].

Fonte: Partitura extraída do tema de Piazzolla pelo professor Álvaro Nadolny e transcrita pela pianista Cristina Serkes.

80 HARARI, Roberto. **Palabra, violencia, segregación y otros impromptus psicoanalíticos**. Buenos Aires: Catálogo 2007, p. 34. Do grego *Poiesis*, "ação de fazer", noutras palavras: a língua posta em ação.

O que estamos tentando dizer é que a música e a voz estão profundamente unidas, ou melhor, a música é uma voz, uma voz que futuramente se tornará palavra – novamente nos questionamos, a música é a sublimação do balbucio? E, ao se tornar palavra, advém a ação, aquela que, com música, danço uma homenagem a esse *in illo tempore.*

Sabemos que o ritmo não está ligado ao tempo regular, "qualquer fenômeno seria absolutamente previsível, não haveria acaso"[81]. E continua Nadolny: "o ritmo tem medidas que vão ter relações *a posteriori* por estar aberto ao que virá"[82]. Em outras palavras, está sujeito, como vimos, ao acaso, e o acaso depende da repetição, ou talvez melhor: o acaso é que se repete na repetição. Também vimos que, falando, quase nunca estamos no mesmo ritmo e (ou) mesmo andamento. Da mesma maneira acontece com o movimento e o gesto. Há conjugação de mais ritmos e andamentos. Não se trata de levar uma fala só no ritmo regular nem na síncopa, a não ser que se pretenda isso. O primeiro provoca sonolência, o segundo transforma aquele que fala em algo perto da demência. Por isso, o caminho é saber trabalhar com os dois. A repetição é estrutural. No entanto, para que ela não nos traga sempre o mesmo, deve haver aquilo da ordem da surpresa, do maravilhoso, *Thaumastón*, essa Tiquê, esse acaso que provoca as variações rítmicas, como acabamos de ver em Astor Piazzolla e em Pink Floyd. Esse ponto é crucial em seus trabalhos[83].

A seguir teremos os mapeamentos dos ressonadores desenvolvidos pelo professor e regente Álvaro Nadolny.

81 NADOLNY, Álvaro. 3ª entrevista, 21/05/2004.

82 NADOLNY, Álvaro. Idem.

83 Retomaremos isso no capítulo seguinte.

RESSONÂNCIA I

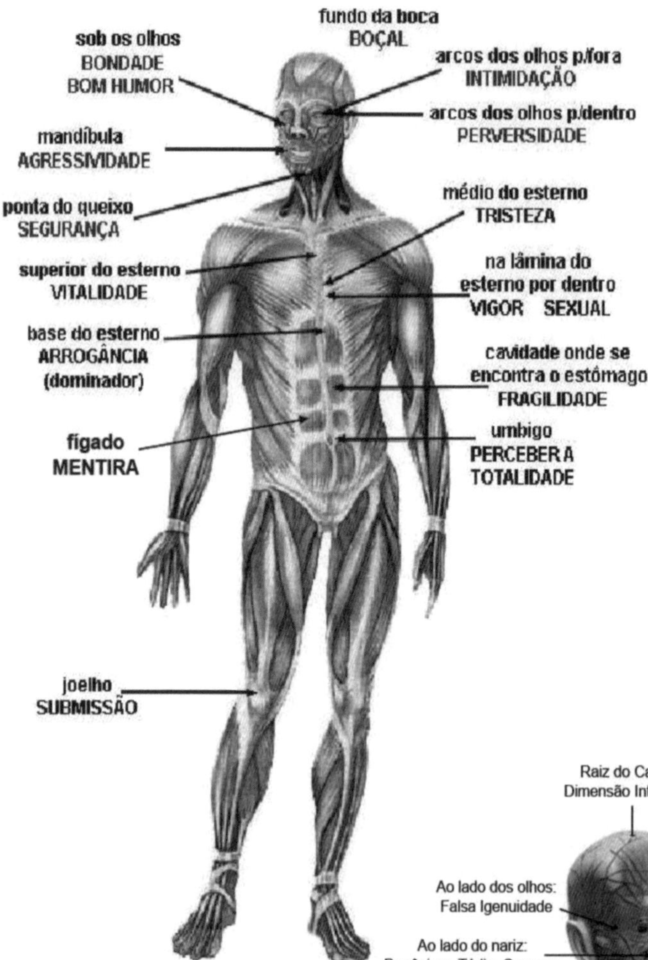

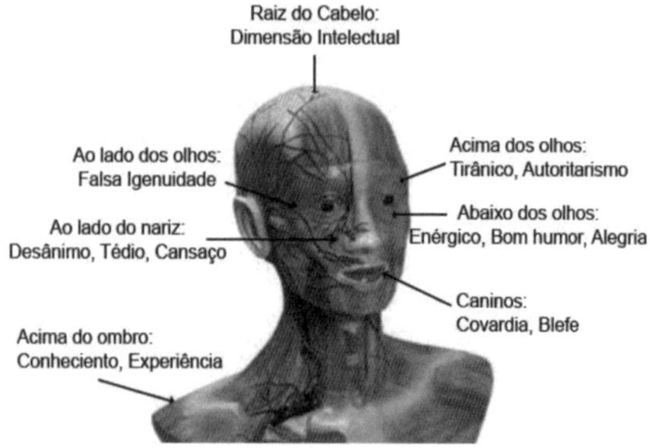

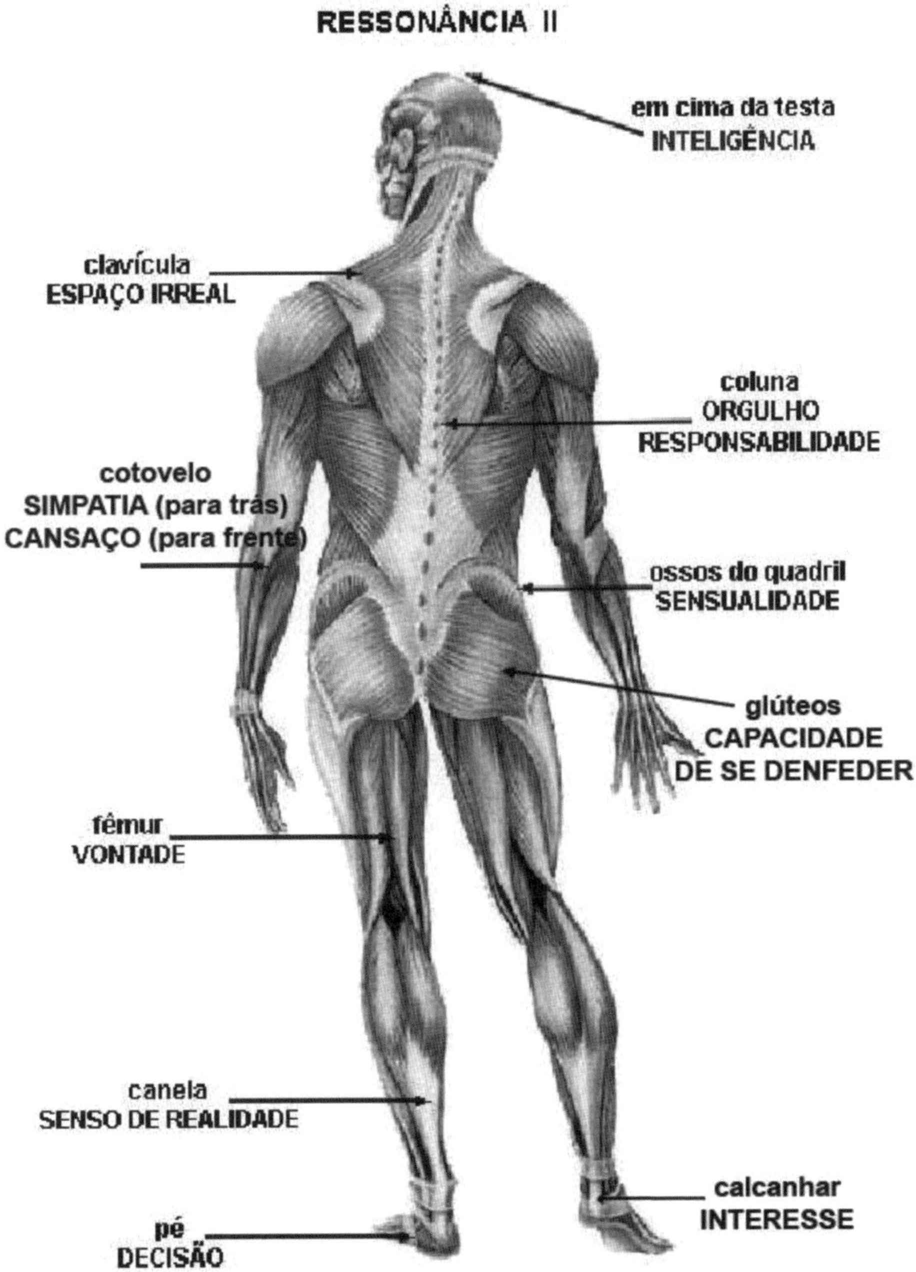
RESSONÂNCIA II
em cima da testa
INTELIGÊNCIA
clavícula
ESPAÇO IRREAL
coluna
ORGULHO
RESPONSABILIDADE
cotovelo
SIMPATIA (para trás)
CANSAÇO (para frente)
ossos do quadril
SENSUALIDADE
glúteos
CAPACIDADE
DE SE DENFEDER
fêmur
VONTADE
canela
SENSO DE REALIDADE
calcanhar
INTERESSE
pé
DECISÃO

CAPÍTULO 7:

Corpo e "energia": o caminho da razão-orgânica como síntese do paradoxo

Como é bela uma asa em pleno voo.../ Uma vela em alto-mar... / Sua vida – toda ela! – está contida / Entre o partir e o chegar...

Mário QUINTANA

A veces camino solo / a veces en soledad / a nadie le dije nunca / como me gusta marchar[1].

José LARRALDE

O ator e sua angústia – criação

Os versos de Mário Quintana e de José Larralde nos falam de um andar solitário. Embora esse andar seja, às vezes, em companhia – e no teatro isso é essencial –, o ato criativo é como o encontro com a morte, profundamente solitário e singular. Não há professor teatral. Talvez aí resida aquilo que Stanislavski considerava como chave em seu sistema, aquilo que denominava de *perezhivania*, experiência, vivência. Experiência-vivência como acontecimento, experiência que, se tem a ver com a vida do ator, fundamentalmente tem a ver com a vivência do mesmo numa situação dramática. Era essa a que devia predominar, essa vivência junto com seus companheiros provocaria a mudança no ator. Algo de ético se reclama do criador e esse algo está relacionado ao momento em que a angústia – é angústia de castração que se trata – se transforma em criação. *Wo Es War, Soll Ich werden*, onde era Isso, o real, o Eu simbólico da

1 *"A vezes caminho só / às vezes em solidão / a ninguém disse nunca / como gosto de caminhar"*. Da canção de José LARRALDE: "A nadie le dije nunca".

enunciação advirá, poderíamos dizer: **onde era a angústia a criação advirá**. O ato criativo é um ato de maior solidão, ainda que o ator tenha que lidar com todos os fantasmas de sua história: "no teatro é possível experimentar a realidade absoluta da extraordinária presença do vazio, em contraste com a confusão estéril de uma cabeça entulhada de pensamentos"[2]. Professor e diretor nunca poderiam esquecer disso, a ferramenta desse homem que se doa – supostamente para um ato de *ser visto*, isto é, narcisista – encerra, em contrapartida, o risco, este *Bom conselho* que nos dá Chico Buarque: "aja duas vezes antes de pensar". Não é qualquer um; é o risco de ter que lidar com *Deus e o Diabo*. A *terra do sol* ele terá que criar sobre o abismo. Ou, como nos fala Armando Sérgio da Silva: "Há que arriscar trabalhar sem rede de segurança"[3]. É necessário deixar bem claro que *sem pensar* não quer dizer não estar ciente da situação; quer dizer *chuvsnovat*, agir em plena emoção e na mais lúcida razão.

O cheiro da respiração

Em princípio, estimulados por nossas dúvidas e inquietudes, gostaríamos de pensar um pouco uma possível concepção de a respiração estar sujeita à pulsão respiratória. Temos de reconhecer que, por todos os campos em que a respiração navega, ela encerra alguma coisa de muito especial. É só pensar que em grego *pneuma*, significa: sopro / vento / respiração / odor / espírito, isto é, vai navegando pelo sopro da vida respirando os odores do espírito, e por que não, as dores. Principalmente quando a angústia provoca essa pressão tão particular no "plexo solar", que torna difícil respirar. A respiração, em casos clínicos, aparece como crucial na angústia do analisante: "Por que temos que respirar? Poderia deixar de respirar? Que sucederia se deixasse de respirar?"[4]. Já Lacan tinha observado que a respiração está marcada pela erogeneidade, dizendo que é "pelos espasmos que ela entra em jogo"[5].

2 BROOK, Peter. **A porta aberta**. Rio de Janeiro: Civilização Brasileira, 1999, p. 19.

3 Aulas de Pós-Graduação, ECA-USP, 2001.

4 EIDELSZTEIN, Alfredo. **La pulsión en psicoanálisis e la pulsión respiratoria**. Buenos Aires: Letra Viva, 2004, p. 49.

5 LACAN, Jacques. **Escritos**. Rio de Janeiro: Jorge Zahar Editor, 1998, p. 832.

Vemos que está profundamente ligada à morte. Lacan considerava a asfixia como o único e fundamental trauma do nascimento[6]. Mas devemos reconhecer que, por estar ligada à morte, também está ligada à vida.

O respiratório fica velado, em parte, pelo visual – vimos, no capítulo O olhar e o ator, como o visual atravessa todas as sensações –, mas, fundamentalmente, pela voz (boca) e pelo cheiro (nariz) – hiâncias do corpo relacionadas ao ato da respiração. A boca e o nariz funcionam como um anteparo da respiração, sendo que o odor seria seu representante. Ele, o odor, não foi tratado sempre da mesma maneira. A cultura tem marcado sua presença de formas variadas: "nos anos 1930 [...] era um mundo cheio de odores. Reconhecia-se o ente querido pelo cheiro dos pés. Hoje, a referência é o desodorante"[7]. Parece que ainda se guardam "lembranças" do homem quando não era bípede, quando o uso do olfato era de absoluta importância.

Marco Antônio Coutinho Jorge trabalha a pulsão olfativa e nos traz alguns exemplos significativos. Referindo-se à pergunta que fizeram a Darcy Ribeiro – por ocasião de uma festa de aniversário que lhe organizaram suas ex-mulheres –, sobre o que ele mais gostava das mulheres, ele respondeu: o cheiro. Outro exemplo vem de uma analisanda, jovem viúva, referindo-se a seu desaparecido esposo: "A casa, o armário ainda têm o nosso cheiro; não é nem o cheiro dele, nem o meu, é o nosso cheiro, e isso é insuportável, porque ele não está mais ali"[8]. Aqui, poderíamos ver o objeto da pulsão, o cheiro dele – que se mescla ao dela –, que se torna insuportável, porque ele não está mais. Aliás, nem precisaria estar morto para provocar a mesma situação, pois é em sua ausência que o objeto funda, no cheiro, sua presença.

Na montagem de *Agidi*[9], decidimos usar o que denominamos **aromaturgia**: trabalho representação com aroma como anteparo para a criação dos

6 Ibid., p. 45.

7 VINCENT, Gerard. O corpo e o enigma sexual. In: **História da vida privada**: da primeira guerra à nossos dias. São Paulo: Companhia das Letras, 1992, p. 309.

8 COUTINHO JORGE, Marco Antônio. **Fundamentos da psicanálise de Freud a Lacan**. Rio de Janeiro: Jorge Zahar Editor, 2000, p. 53.

9 **Agidi, uma Antígona brasileira**, peça de minha autoria, montada pela Companhia de Teatro PalavrAção da UFPR, sob minha direção, em 2001.

personagens. Essa experiência foi importante, principalmente pelos resultados obtidos[10].

Mas a respiração é mesmo o oxigênio do ator não só quanto ao ar que possibilita a vida, mas, também, enquanto o que permite a fala, o movimento e, fundamentalmente, a vida da "energia". Gostaríamos, sem dúvida, de poder aprofundar a questão pulsional, tanto da respiração quanto do olfato, mas não são muitos os trabalhos realizados nesse campo; e eles estão sujeitos a controvérsias, ainda que estejamos inclinados a pensar, pelo que o cheiro representa na vida das pessoas e pelo uso do anteparo, que está relacionado à pulsão. No entanto, me limitarei a trabalhar a respiração junto à "energização" ou **razão-pulsional**.

Razão-pulsional: a consciência da "energia" buracal

A "energia"[11] da qual falamos não é a energia da física, isto é, a "capacidade que os objetos ou sistemas têm de realizar trabalho a partir de seu estado

10 Tratava-se de uma versão absolutamente livre de Antígona, de Sófocles, uma ficção científica. O local central era o departamento de jornalismo de um sistema internacional de comunicação, denominado: *Jornalismo da Universal.* O mundo era governado pela ULN, *United League of Nation*, cujo representante era um Super Primeiro Ministro, Janos Power (o Creonte em questão). Agidi era a melhor apresentadora e comentarista política e foi interpretada por Paula Dias, atriz negra, que usava como perfume uma combinação de canela e cravo, este um pouco mais acentuado. Sobre seu perfume, Paula nos falava: "era o que me introduzia no mundo da personagem, me remetia ao passado, à família (os pais tinham morrido), me propiciava sensualidade, essa que tanto relacionam à nossa etnia e que com orgulho levamos". O perfume que mais a atraía era o de seu irmão, interpretado por Adriano Esturilho, ator branco, que usava perfume de canela, remetendo-o, também, a sua história. Isso foi de propósito, ambos eram filhos originais de pais negros, uma forma de colocar os problemas em outra ordem. O personagem Rhuan, jornalista e poeta, interpretado por Alaor de Carvalho, usava mistura de uva (vinho) e tabaco, que o remetia à figura que mais tinha marcado sua vida, seu "abuelo" argentino, e que, também, o ajudava a atrair sua companheira de trabalho, **Clarissa**. O caso mais marcante foi o de Silvério, interpretado por Paulo César Farias, dedo duro do sistema. Ele usava uma mescla de tabaco e fumaça e seu cheiro era profundamente marcante e repulsivo. Paulo nos fala: "foi uma experiência muito forte, eu sentia como o perfume tornava meu personagem com mais força, parecia que seus movimentos adquiriam outra qualidade. Apesar do confronto com a figura de Rhuan eu tinha uma certa identificação, porque o perfume dele também tinha tabaco".

11 Lacan não concordava com a utilização da palavra "energia" para se referir às questões dessa força a mais que viemos trabalhando, força própria do humano, por isso nos dirá no Seminário sobre "O sinthoma": "A única concepção que pode suprir essa real energética é aquela que enunciei com o termo de real" (p. 130). O real da pulsão que se presentifica na libido, quase como o avesso, mas da mesma moeda, o buraco construtor.

ou movimento; portanto, uma medida do estado de um sistema físico"[12]. É uma "energia" – entre aspas – que não tem origem na massa física do objeto – músculos, por exemplo – e, sim, na falta, na carência radical do objeto, ou seja, essa "energia" é proveniente dos buracos do corpo (boca, olhos, ouvido, ânus etc.), isto é, das pulsões. Das pulsões parciais se origina a "energia" totalizadora – na medida em que envolve todo o corpo –, que está relacionada com a libido ou pulsão de vida (ver: Pulsão e libido), Eros, como denominou Freud, no começo de sua elaboração. Essa é uma "energia" erótica e tem sua origem nos buracos parciais da pulsão de morte. Então, o termo energia não seria o mais correto. O melhor seria usar **real da pulsão** ou, no mínimo, o efeito da mesma, a **libido**. Por isso, tentamos usar um termo que se aproxime, como **razão-orgânica** – na medida em que Lacan denomina a libido como um órgão –, ou talvez mais conveniente seja dizer **significante-orgânico**, isto é: aquilo que surge pela carência do "órgão", representado pelo objeto *a*. Essa "energia" tem origem na intervenção da linguagem, mais concretamente pela imersão do rebento no campo simbólico, o que funda essa "energia" do real. Por sermos atravessados pela linguagem, estamos sujeitos à falta de objeto, estamos sujeitos a algo que escapa de medição matemática. Mas é necessário esclarecer que também existe energia no sentido muscular, isto é, não é o mesmo a força de alguém que tem os músculos desenvolvidos e a de quem não os tem. No entanto, não é de surpreender que, em certas circunstâncias, um homem menos desenvolvido muscularmente possa ter mais força que um homem mais desenvolvido, ou que Dadá Maravilha seja chamado de "Beija-Flor" (porque ficava parado no ar), ou que a bailarina levite, ou seja, isso nos deixa claro que, nesses casos, predomina essa outra energia, a que chamamos de **"energia" buracal**[13].

Barba nos define energia da seguinte maneira: "A energia do ator é uma qualidade facilmente identificável: é sua potência nervosa e muscular [...]. Estudar a energia do ator [...] significa examinar os princípios pelos quais ele pode modelar e educar sua potência muscular e nervosa de acordo com

---

12 **Nova enciclopédia ilustrada da Folha**: a enciclopédia das enciclopédias. Empresa Folha da Manhã S.A., 1996, v. 1, p. 297.

13 Colocamos "energia" (entre aspas) porque, como podemos ver, a energia (sem aspas) está relacionada à matéria, ou, caso se queira, ao objeto matéria, enquanto que a "energia" buracal tem origem justamente pela falta de objeto.

situações não-cotidianas"[14]. Isto é, para ele, em princípio, a energia provém dos músculos do corpo, de um corpo biológico. No entanto, ele reconhece que "há algo íntimo, algo que pulsiona na imobilidade e no silêncio"[15], isto é, uma força que não estaria relacionada só aos músculos e nervos. Isso não quer dizer que não damos importância aos músculos e seus poderes, mas nessa hora entendemos que não é dos músculos que se originam as "energias" e, sim, da pulsão e seus efeitos: a libido. Assim, não é das partes maciças do corpo que provém a "energia", mas, como vimos, dos seus buracos, diríamos, insistimos: não se trata de uma *energia muscular* (ainda que a libido encubra todo o corpo), mas de uma "energia" que tem origem nos buracos do corpo, por isso a chamamos de **"energia" buracal**. Então, a "energia" não se origina nos músculos em si, mas no *Thánatos*, a pulsão de morte, isto é, a "energia" tem sua fonte no pulsionar das bordas dos buracos. É por elas que se estabelece a lâmina (energética) que encobre os músculos e o corpo inteiro, a lamela que Freud, no começo, chamava de *Eros*, pulsão de vida, e que, depois, denominou libido. A "energia" é inconsciente. E, por isso, tanto Barba quanto Stanislavski – quando nos mandam controlar os músculos – e outros mestres se preocupam em "modelar e educar de acordo com situações não-cotidianas". É importante ressaltar que eles o fazem com o guia da palavra do xamã-diretor. Há uma passagem bem significativa de Peter Brook que nos fala de uma força nada muscular: "Ouvi dizer de uma mulher que levantou um enorme carro para tirar, debaixo dele, o seu filho ferido, proeza tecnicamente impossível para seus músculos em qualquer possível situação"[16]. Alain Didier-Weill, tratando de responder o enigma que levou o homem ao momento ascensional que o tornou o *Homo Erectus*, nos diz que o ato "envolve uma outra força que não a do músculo e que não podemos *esquecer* que [...] o [...] corpo não é apenas material: [...] ele [...] encerra a possibilidade de ser imaterializado pelo inserto do véu imaginário e da palavra"[17]. E mais para frente, referindo-se ao dançarino: "não é o artista aquele que nos instrui sobre a aptidão do corpo para recusar o peso ao dar

14 BARBA, Eugenio. **A arte secreta do ator**. Campinas: Editora Hucitec e Editora Unicamp, 1995, p. 74.

15 Ibid., p. 81.

16 BROOK, Peter. **El espacio vacío**. Barcelona: Nexos, 1990, p. 62. Que os músculos são comandados está claro em uma infinidade de exemplos: a paralisia histérica, o estresse, tumores etc. E que a energia é buracal, a metáfora ficcional vem ao nosso encontro: o olhar de homem-Superman atravessa os objetos; do homem--Dragão sai fogo pela boca, a mulher-Galinha põe ovos de ouro.

17 DIDIER-WEILL, Alain. **Nota azul**: Freud, Lacan e a arte. Rio de Janeiro: Contra Capa, 1997, p .21

testemunho de sua parte de imaterialidade?"[18]. Barba, além de nos marcar claramente que *é o corpo inteiro que pensa* – aqui o corpo já não aparece como biológico –, também nos fala que o que se pretende em seus exercícios é "um corpo para voar, poder encontrar o chão sem peso, sem medo"[19].

Esse corpo não é do campo da biologia, mas da erogeneidade, é o corpo libinal total que tanto usa o ator, mas que é resultado de suas pulsões parciais. Esse corpo, o corpo humano, advém do corpo simbólico próprio da cultura, próprio daquele corpo atravessado, engolido, mastigado e cuspido pela linguagem. É por isso que Lacan nos disse: *O primeiro* (corpo da linguagem) *faz o segundo* (corpo humano), *por se incorporar nele*[20]. Tomemos como exemplo bem expressivo a voz de um brilhante psicótico como Antonin Artaud, falando de um corpo em que o corpo simbólico operou com falha:

> Uma sensação de queimadura ácida nos membros,
> de músculos retorcidos e como em carne viva, o sentimento de ser de vidro e fácil de quebrar, um medo, uma retração diante do movimento e o ruído [...]
> uma fadiga de começo do mundo, a sensação de carregar o corpo, um sentimento de fragilidade incrível, e que devêm num demolidor sofrimento,
> um estado de dolorosa torpeza, uma espécie de torpeza localizada na pele,
> [...]
> Uma espécie de ruptura interior da correspondência dos nervos
> [...]
> uma cabeça pisoteada pelos cavalos.
> [...]
> As palavras apodrecem ao chamado inconsciente do cérebro, todas as palavras para qualquer operação mental, e principalmente aquelas que têm a ver / com as molas mais habituais, aquelas mais ativas, do espírito[21].

---

18 DIDIER-WEILL, Alain. **Nota azul**: Freud, Lacan e a arte. Rio de Janeiro: Contra Capa, 1997, p. 22. Poderíamos dizer que essa imaterialidade corporal estaria relacionada aos *incorporais* dos estoicos. Isso é, o simbólico – a linguagem – toma corpo. Esse corpo que não é biológico e, sim, *simbólico*, corpo erogeneizado.

19 ODIN TEATRET FILM – RAI-Radio Televisione Italiana. **Film II**: treining físico. Itália, 1972.

20 LACAN, Jacques. Radiofonia. In: **Outros escritos**. Rio de Janeiro: Jorge Zahar Editores, 2003, p. 406.

21 ARTAUD, Antonin. Description d'un état physique. In: **Poetas franceses contemporâneos**. Buenos Aires: Ediciones Librerias Fausto, 1974, p. 247-249. *Une sensation de brûlere acide dans le membreles muscles tordus et commme à vif, le sentiment d'être en verre et brisable, une peur, une rétraction devant le mouvement, et le bruit [...] Une fatigue de commencement du monde, la sensation de son corps à porter, un sentiment de fragilité incroyable*

Não por acaso o corpo foi o centro de pesquisa do ator francês, teria sido seu corpo o caminho para seu sinthoma (ver: O sintoma e o sinthoma)? Não foi por acaso que faltaram palavras (significantes) que dessem conta de seu *corps morcelé*, corpo despedaçado, próprio do corpo em que a linguagem (e, se se quiser, o Pai), não operou para estabelecer a cadeia significante, a repetição simbólica que tem a falta real como mola. A mola da qual Artaud fala é justamente o que falta, falta a falta que advém – como nos cansamos de repetir – com o ingresso do rebento na linguagem. Isto é, há um significante (do contrário Artaud não falaria), mas fica como congelado, o complexo do Édipo não confirma o recalque primário (ver: Complexo de Édipo: falo/castração). Parecendo que, por momento, não faz cadeia S1... S2, não faz borda em torno do buraco provocado pelo S1, não há quarta parede, há um muro mesmo, e a alegoria o chupa, o engole, o que é do campo do delírio. É importante insistir sobre a questão da sublimação, nem todos conseguem fazê-la. Mas, para sublimar, as estruturas clínicas (neurótica, perversa, psicótica) não seriam tão determinantes. Sabemos de psicóticos que produziram excelentes obras: Van Gogh, James Joyce, inclusive o próprio Antonin Artaud. Nesse caso, abre-se uma questão: Artaud está no campo da interpretação teatral. Para mim, parece ser uma questão mais complicada, já que sabemos que o caudal de loucura não encerra uma identificação, principalmente quando ela se faz de "corpo inteiro".

É por isso que nunca está demais perseverar: o corpo é que sustenta a fala – já nos falava Grotowski –, mas um corpo que foi erguido pela linguagem,

---

et qui devient une brisante douleur. Un état d'engourdissement douloureux, une espèce d'engourdissement localisè à la peu, [...] Une espèce de rupture intérieure de la correspondance de touts les nerfs. [...] Une tête peítinée de chevaux. [...] Les mots pourrissent à l'appel inconsciente du cerveau, tous les motspour n'importe quelle opération mentale, et surtout celles qui touchent auxressort les plus habituels, les plus actifs de l'esprit. Para vermos a questão do corpo e a palavra ou do corpo da palavra, o próprio Artaud escreve em ***Pos-scriptum***: *Qui sois-ja? / D'où je viens? / Je suis Antonin Artaud / et que je le dise / como je sais le dire / inmmédiatement / vous verrez mon corps actuel / voler en éclats / et se ramasser / sous dix mille aspects notoires / un corps neuf / ou vou pourrez / plus jamais / m'oublier.* "Quem sou? / De onde venho? / Sou Antonin Artaud / e enquanto o diga / como sei dizê-lo / imediatamente / você verá meu corpo atual / voar em pedaços / e se refazer / sob mil aspectos notórios / um corpo novo / onde nunca poderá / jamais / me esquecer". O que seria esse corpo novo a não ser o corpo da linguagem, corpo do poema, onde ele o encontra? In: **Poetas franceses contemporâneos**, p. 258. É importante ressaltar que nem sempre Artaud era tomado plenamente pelo Outro (texto), o que quer dizer que há momentos em seu trabalho em que a sublimação se faz presente. Nesse ponto, o enigma dessa relação especial, que o ator estabelece com o objeto ***a***, marca a singularidade do ato.

pelo corpo simbólico da linguagem. Para nós, gentes do palco, são importantes estes simples versinhos, recuperando a ideia de Grotowski: **Se o corpo não está presente / não há fala que se sustente** – Mas sem se esquecer da origem, que **Se o corpo (hoje) está presente é porque a fala – significante (ontem) não esteve ausente.**

Não quero me estender muito, mas não posso esquecer de comentar aquele domingo de julho de 1970, a final entre Brasil e Itália: trata-se do momento especial quando Edson Arantes do Nascimento (Pelé) pulou mais que o beque italiano – eu não lembro bem se foi Facchetti, o que lembro é que era muito mais alto que o Rei – e, quando vai dar a cabeçada para o gol, parece que ele fica parado no ar, como que esperando a bola, como querendo vê-la entrar no arco de Albertosi. O mesmo fazia, como já vimos, outro grande cabeceador, Dadá Maravilha, conhecido também por sua mania de ficar parado no ar, como um "Beija-Flor".

Agora, a pergunta que me faço é a seguinte: existiria uma relação entre a angústia e a tensão do "plexo solar" com as tensões corporais, essas que denominamos tônus negativo e que geralmente travam o ator? No trabalho com os atores, o desenvolvimento da questão da "energia" provocou situações que permitem entender que o corpo fala. Fala como real, ou seja, é uma fala que escapa do simbólico. Geralmente, os atores chegam com tensões, algo assim como a libido, a lamela, não podendo dar conta da unidade e da imortalidade do corpo. É aí, então, que, sob o comando da palavra do xamã-diretor – nesse caso, eu mesmo –, se faz possível que esses tônus negativos possam ser distribuídos pelo corpo todo, permitindo o retorno à unidade e à "imortalidade" de que o ator tanto precisa nesse desafio ao nada, ao *ex nihilo* gasolina da criação, no desafio que representa *se jogar sem redes*[22]. O simbólico vem restituir a imagem – como a dança codificada no "louco" – através de um corpo "energizado" – corpo de razão-orgânica, a razão comandando aquilo que é puxado pela "energia" orgânica[23], os movimentos do ator, assim como conduzindo um automóvel quem puxa é o motor, mas é o motorista quem comanda.

22 Quero fazer notar a importância que a transferência (ver: Transferência e inconsciente) tem nesse momento, porque ao esta não mediar é difícil desenvolver o processo de **razão-orgânica** como logo veremos. Me aconteceu com duas atrizes e um ator com muitos anos de profissionalismo, que por razões particulares não aceitavam o processo. É claro que eles sozinhos ficam separados do grupo e como tal torna-se difícil a relação com o mesmo. Não demoraram a sair da Companhia.

23 Nesse caso, "orgânico" se refere ao órgão libido.

Comandando, porque a "ordem" é não usar os músculos, mas a energia que, apesar de vir da pulsão de morte, torna-nos vitais. O *corpo-vida* do qual nos falava Grotowski, ou o *corpo dilatado*, de Barba, provém, como vimos, da pulsão de morte. Então, sem as dores das tensões, realizam-se os movimentos mais variados, quase um "milagre" curandeiro, milagre que pode acontecer quando o simbólico, na voz do xamã-diretor – o mestre que sabe que o outro sabe fazer –, vem regrar o real[24]. Os atores podem ficar horas trabalhando e não sentir cansaço, conseguir movimentos diferentes, contracenar com outros atores ou objetos, vivenciar em improvisações e desequilibrar o corpo com facilidade. Sem que, para isso, tenham de levar, de início, o corpo à exaustão.

Esse corpo que está marcado pela introdução do simbólico, pela falta, difere radicalmente do corpo do animal, "um animal [...] ideal, quer dizer, bem-sucedido – o malsucedido é o animal que chegamos a capturar[25]. Esse animal ideal nos dá uma visão de completude, de realização, porque supõe o encaixe perfeito, e mesmo a identidade do *Innemwelt* (do interior-dentro) e do *Umwelt* (do exterior-fora). É nisso que está a sedução dessa forma viva, desdobrando harmoniosamente sua aparência"[26]. Quem sabe essa completude é que nos leva a fazer dos animais entes falantes. Na realidade, gostaríamos de ter o que eles possuem, a completude que o espelho da libido não consegue conquistar. Aqui o trabalho do ator é conseguir senão a unidade, a possibilidade de fazer uso de seus buracos e da palavra para regimentar, nos três registros, real-simbólico-imaginário (ver: Real-Simbólico-Imaginário), um narcisismo topológico que não fique só preso no espelho, mas faça advir o quadro artístico. A prisão nas palavras é o que nos permite a liberdade da criação, ou, se se quiser, na repetição significante advir o acaso do real, do inominável, dos diabos. Depois de tudo o que seria a liberdade: "Mas liberdade – aposto – ainda é só alegria de um pobre caminhozinho, no dentro do ferro de grandes prisões"[27]. Então, o ator pode receber a quebra das grades da repetição

24 Ver LEVY-STRAUSS, Capítulo X: "A eficácia simbólica": **Antropologia estrutural**. Rio de Janeiro: Tempo Brasileiro, 1975, p. 215-221.

25 Eu digo que animal bem-sucedido é aquele que não cai nas "garras" do homem, porque nunca vi – nem ouvi – uma leoa entrar num salão de beleza dizendo: "Por favor, podem fazer minhas garras?".

26 LACAN, Jacques. **Seminário I**: os escritos técnicos de Freud. Rio de Janeiro: Zahar Editores, 1983, p. 161.

27 ROSA, João Guimarães, **Grande Sertão: veredas**. Rio de Janeiro: Nova Fronteira, 1984, p. 286.

significante, quando vem o acaso e, "de repente, derruba uma barreira e experimenta quanta liberdade pode caber na mais estreita disciplina"[28].

"Respirar é um ato involuntário e automático"[29] e Grotowski nos enumera as três possibilidades: "a) a respiração da parte alta do tórax ou peitoral [...] b) respiração da parte baixa do abdome [...] c) Respiração total (parte superior do tórax e o abdome. A fase abdominal é dominante [...] A respiração total é a mais efetiva para o ator"[30]. Deveríamos agregar a respiração intercostal, que completaria a respiração diafragmática, o que permitiria a respiração do tronco inteiro; mas o professor Álvaro Nadolny desenvolveu junto ao Coral da UFPR, do qual é diretor e fundador, a *respiração corpo inteiro, respiração integral*, trazida dos monges tibetanos. Ele entende, assim como nós entendemos que o olhar não é só dos olhos, que o corpo respira além das narinas[31], e continua: "essa respiração nos permite desenvolver um maior equilíbrio e dar mais firmeza ao corpo sem tencioná-lo". Nadolny acrescenta: "é dessa forma que a ressonância pode se estabelecer sem dificuldades". Sem dúvida, a razão-orgânica deve ser pensada nessa linha, na medida em que, nos exercícios, como veremos a seguir, a ressonância opera no corpo já "energizado".

Os exercícios como consequências

Os exercícios seguintes têm como objetivo incorporar os conceitos de dentro-fora / fora-dentro, ou seja, alienação e separação. Mas, antes, vamos ao lugar do trabalho. Em seu livro *The Empty Space*, "O espaço vazio" (aqui traduzido como "O teatro vazio"), Peter Brook começa nos dizendo: "Posso tomar qualquer espaço vazio e chamá-lo de palco nu"[32], isso nos coloca num espaço diferente, a que

28 BROOK, Peter. **El espacio vacío**. Barcelona: Ediciones Península, 1986, p. 153.

29 RUIZ LUGO, Marcela; MONROY BAUTISTA, Fidel. **Desarrollo profesional de la voz**. México: Grupo Editorial Gaceta S.A., 1994, p. 27. (Coleção Escenologia).

30 GROTOWSKI, Jerzy. **Hacia un teatro pobre**. México: Siglo Veintiuno Editora, 1984, p. 110-111.

31 Sabemos que o corpo inteiro respira através dos poros. Um claro exemplo disso é o filme *007 contra Goldfinger*, quando a moça, interpretada por Shirley Eaton, no começo, é morta por asfixia, ao ter seu corpo, supostamente, todo pintado com ouro. Como consequência disso, correu uma versão de que ela tivesse morrido. Na realidade, toda a parte do estômago e parte do tórax não foram pintadas. Ela própria conta isso, surpresa pela história inventada.

32 BROOK, Peter. **El espacio vacío**. Barcelona: Ediciones Península, 1986, p. 5.

denominamos tela, ou melhor, por trás da tela: "descobrir o espaço é descobrir-se nele, representa para cada indivíduo uma experiência a um só tempo pessoal e universal"[33]. Então, como também nos tinha ensinado Viola Spolin, começamos com um caminhar, para que o aluno-ator se integre no espaço.

É nesse momento de relação espacial que ele vai incorporar a **respiração**. Primeiro **toráxica,** depois a respiração de **abdômen** e **intercostal**, mais tarde a respiração **total** (tórax, abdômen e intercostal) e, por último, a respiração **integral** – o corpo inteiro respira. Logo vamos desenvolvendo a "energização", que eu prefiro chamar de **razão-orgânica**[34]. Esse fora-dentro / dentro-fora, próprio do discurso (lembrar que quando falo sou eu, mas quando fala o outro sou tu), vai se realizando nas relações que os atores estabelecem com o espaço, com os objetos e com os outros atores. É o m'eu corpo (meu eu corpo) que deve emergir como incorporado a minhas ideias, que podem surgir, também, no movimento de alienação-separação (ver: Alienação-separação). Esses exercícios também apontam para a prática do constante jogo do ator com a personagem que se mantém nesse movimento. A palavra condutora – do xamã-diretor-professor – tem de vir com o objetivo de se "incorporar" no ator. Desse modo, ele tem de estar sujeito à repetição para permitir o devir do acaso. A função do xamã-diretor-professor é a função do mestre, no sentido em que aparece em *Menon*, de Platão, isto é, não é aquele que possui o *savoir-faire*, mas aquele que o faz emergir no escravo-ator. O termo escravo se refere ao escravo do texto de Platão[35].

---

33 OSTROWER, Fayga. **Universo da arte**. Rio de Janeiro: Editora Campus Ltda., 1987, p. 30.

34 Num primeiro momento, usei o termo ideia-orgânica: entendia que não era o ideal, mas não tinha encontrado outro que pudesse traduzir essa ideia de encontro da *Trieb*, pulsão, com o *logos*. Ou, se quisermos, o encontro desse corpo erogeneizado, cujo representante é a libido, com a cadeia significante que a atravessa. Muito tempo fiquei matutando no termo, que se aproximaria a essa ideia, essa consciência corporal tão mencionada em teatro, algo sempre apresentado em 3ª pessoa, tal como nos referimos ao próprio corpo. Até que uma manhã, bem cedinho, alguém pensou por mim: "razão-orgânica", e me obrigou a levantar e mudar as coisas e escrever estas linhas. A libido é a energia do cavalo pulsão, e o ator-desejo seu ginete, que faz presente o *chuvsnovat* stanislavskiano.

35 PLATÃO. **Menon. Diálogos**. s.l.: Ediouro, s/d, p. 60. (Coleção Universidade de Bolso).

SÓCRATES: – Que te parece, meu caro Menon? Este rapaz, acaso, não me disse em resposta o que justamente pensava?

MENON: – Sim, o que ele próprio pensava.

SÓCRATES: – E, entretanto, como dizíamos há pouco, ele nada sabia dessas coisas.

MENON: – Tens razão.

SÓCRATES: – Mas já não se achavam esses conhecimentos no seu íntimo?

1ª parte – aquecimento: respiração e razão-orgânica

A – **Caminhada no espaço** (Partindo dos trabalhos de Viola Spolin, que usa o dentro-fora / fora-dentro). **A1**: Descubra sua respiração no andar. Respire através: 1º) **tórax**, 2º) **diafragma** (dividida 1º em abdominal anterior, 2º em abdominal posterior, intercostal); combine-as (duas por vez); depois realize a respiração **total** (as três juntas) e, por último, a respiração **integral** (corpo inteiro). **A2:** (trate de contar, de forma simétrica, até 4x4 ou 6x6, etc. inspirando pelo nariz e soltando o ar pela boca, e de forma assimétrica, 4x8; 2x6, etc). Experimente o espaço à sua volta e investigue como se fosse desconhecido. Experimente-o com as diferentes partes do corpo, interior e exterior. Depois deixe o espaço sentir você. **A3**: Agora você, primeiro, **atravessa** o espaço e, depois, deixa o espaço **atravessá**-lo. Mais tarde, simultaneamente, **atravessa** (dentro-fora) e é **atravessado** (fora-dentro). **Sustente** o espaço e deixe que ele **o sustente**, **sustente** e seja **sustentado**, simultaneamente. Dê vida ao espaço e o espaço lhe dá vida – não há ser sem estar, é uma intrarrelação. O passo seguinte é atravessar e, simultaneamente, ser atravessado pelo espaço; sustentar e, simultaneamente, ser sustentado pelo espaço. Sentir as tensões de seu corpo, sentir o esforço em seu interior. Sentir o esforço no exterior de seu corpo. Observe, memorize corporalmente, **incorpore-o**. Seu corpo está dentro e fora.

B – **Tensão e relaxamento** (Orientamo-nos em parte pelos trabalhos de Klauss Viana, Grotowski, Viola Spolin e Alexander). **B1**: Sentir os tônus musculares relacionados aos movimentos. Sentir a diferença entre a tensão e as dores, os tônus negativos e os tônus positivos, a energia, muscular, fluindo como tônus positivo. Trabalhar as diferenças, fazê-las com cada parte do corpo: mãos, braços, ombros, pescoço e cabeça, quadril, coxa, perna, pés. **B2**: Relaxar ao máximo deixando que o espaço o conduza, o sustente. Experimentar como seus olhos são sustentados por ele, suas pernas, suas mãos etc. Consciência da respiração integral. Agora pare e experimente: sinta o não movimento como movimento, sinta uma nova "energia" percorrendo seu corpo,

---

MENON: – Achavam-se.

SÓCRATES: – Portanto, em todo aquele que não sabe o que são certas coisas se encontra o conhecimento verdadeiro dessas coisas.

Poderíamos dizer que o ator não precisa do diretor para saber o que deve fazer, senão para pô-lo em movimento e fazer aparecer esse *savoir-faire* que já se *achava no seu íntimo.*

não provocada pelo movimento. Essa é a "energia" buracal. Deixe que essa "energia" seja o motor de seus movimentos. Experimente os movimentos e suas pausas, sigamos o conselho de Chico Buarque: "Aja duas vezes antes de pensar". É importante ressaltar que *não pensar* não quer dizer não estar ciente; entendo o *não pensar* como não se antecipar aos acontecimentos, permitir que o acaso nos surpreenda. Relacionar a **respiração integral** com a **"energia"**[36]. Sentir a "energia" fluir por todo o corpo. No não movimento há um movimento vulcânico que emerge de todos os poros, sustentado pela respiração **integral**[37]. **B3**: Recuperar a observação de suas tensões, transformá-las em tônus positivo; fazer delas um centro "energético" que se desloque pelo corpo e experimentar que permite fluir sem esforço: *"D'ordure on fait l'or dur de la création"*. Sinta que o movimento está sustentado pelo não movimento, pela razão-orgânica, que o sem movimento aparente sustenta o movimento do corpo. "Energia" que sai do interior, "energia" que vem do exterior. A razão--orgânica é o motor do carro que você dirige. Seja ciente, não pense, *aja duas vezes antes de pensar*. Encontre-se com um companheiro, sinta a "energia" que vai de você em direção a ele, sinta a "energia" que vem dele em direção a você. A "energia" está dentro e fora / fora e dentro. **Não use seus músculos, deixe que a razão-orgânica fluente conduza seus movimentos**. **B4**: O corpo vai atrás da "energia". Ela pode sair de diferentes partes do corpo: das mãos, dos olhos, do joelho, do peito e, principalmente, da cabeça. Tudo isso é como se, desde a cabeça, um fio nos puxasse e a coluna vertebral se esticasse. A "energia" nos **levando** e a coluna nos **equilibrando. B5:** Agora a "energia" vai

---

36 Apesar de ter o contato com Lao Tse no seu belíssimo livro de poesia **Te King**, eu não conhecia o desenvolvimento do Taoismo sobre a energia vital *Chi*. É realmente surpreendente ter me aproximado – por caminho supostamente tão diferente – a algo tão antigo e tão esclarecedor como esta parte da cultura oriental, principalmente chinesa, onde o mundo ter origem no Tao, esse imenso vazio impossível de preencher. O Tao princípio de tudo, o vazio fundante, mas também ele é um estado de consciência que começa "onde a mente acaba" (TORNAGHI, Pedro in **Te King**, p. 9), ou seja, se age sem pensar, nem por isso não se tem consciência, é a "consciência dinâmica", essa que deve prevalecer no ator, no artista. Muitos frutos espero recolher nessa travessia pelo Taoismo e a cultura chinesa.

37 Viola Spolin nos fala desse não-movimento: "Não movimento não é congelar. Seu objetivo é criar uma área de repouso ou não pensamento entre as pessoas, no exato momento em que estão ocupadas com diálogo e atividade em cena. Se for realizado, a compreensão surgirá dessa área de repouso ou não pensamento, uma energia que explode e se expressa através de uma utilização singular de adereços, diálogos, relacionamentos de personagens mais intensos, e tensão crescente em cena" (SPOLIN, Viola. **O jogo teatral no livro do diretor**, p. 131).

puxando de diferentes partes do corpo e ele a acompanha, mas sem sair do lugar, trabalhando o **desequilíbrio**. "Energia" e coluna vertebral trabalhando o **desequilíbrio-equilíbrio**. **B6:** Buscando todos os desequilíbrios possíveis nos diferentes níveis, alto, médio, baixo. Ser ciente de que o movimento tem começo-meio-fim. Repetir com um objeto a relação da energia dentro-fora / fora-dentro. Sinta a energia que vai para ele e a energia que vem dele. **B7**: Agora ande no espaço transformado em gelatina, estabeleça formas, sinta como você forma o espaço e como o espaço o forma. **B8**: O espaço volta a ser normal. Introduza o equilíbrio – desequilíbrio: no andar – para frente, para trás, de lado – no pulo –, para frente, para trás, de lado. Subindo em objetos, cadeiras, escadas, cubos etc. Trabalhar com a razão-orgânica (sem esquecer a coluna vertebral) para estabelecer o desequilíbrio – equilíbrio. **B9:** Trabalhar o movimento com começo-meio-fim. Cada trabalho deve ser **in-corporado** (*In*, em, dentro, sobre; *Corporo*, dar corpo).

Alguns depoimentos de integrantes da Companhia de Teatro PalavrÁção da UFPR nos dão uma ideia da modificação que esses exercícios operaram no trabalho de seus componentes.

> Cristiano Gonçalves: "O que permite a Razão-orgânica é você estar inteiro. Acho que pela primeira vez eu realmente me senti ator, isto é, senti sem pensá-lo".
> Paulo Marques: "Eu me sinto mais orgânico. Termino o trabalho e me sinto muito menos cansado do que me sentia antes. Eu não preciso intelectualizar tanto com relação aos movimentos e aos relacionamentos com as coisas e com os outros, através do toque ou mesmo do diálogo".
> Alaor de Carvalho: "A razão-orgânica provoca uma sensação interior que faz com que o personagem fique mais vivo e com muito mais rapidez. Com a 'energização' a gente chega muito mais rápido ao auge da personagem".
> René Lyon: "É muito interessante sentir as partes do corpo pulsando e correndo dentro de si. Te dá uma energia diferente que te permite falar, movimentar-te com mais segurança, há uma força diferente para fazer as coisas".

2ª parte – o olhar

Os exercícios seguintes continuam com o movimento da razão-orgânica dentro-fora / fora-dentro, mas agora introduzindo os princípios do Olhar. Isto é, olhar com o corpo, receber tudo através dele – nesse momento se trabalha com olhos vendados –, tato, ouvido, olfato, gosto. Olhar-se a partir de fora pode abranger um olhar do corpo inteiro, assim como no sonho – aliás, único lugar em que nos vemos de todos os ângulos. Essa linha de pensamento nos leva ao encontro dos objetos de uma maneira diferente: não é o ator que os vê, são eles que os olham, é a partir do objeto que se estabelece a relação. Trata-se de uma improvisação, na qual o objeto adquire tanta vida como o carretel do neto de Freud, em seu jogo de *Fort-Da* (ver: O gozo e sua relação com o desejo), em que podemos ver claramente a estrutura constitutiva da alienação-separação (ver: Alienação-separação).

A inclusão do jogo do espelho (**D**) tem como finalidade entender a importância do outro, saber em que medida estamos alienados a esse outro (companheiro) indispensável para que a ação se realize. Esse exercício do espelho é o contrário do espelho de Narciso, o espelho cotidiano, já que o que exige é o dom, a entrega, a quebra narcisista para que a ação do jogo – o espelho espelhando o movimento do sujeito – se realize. O dentro-fora-fora-dentro está presente, agora, na relação com o companheiro, no movimento alienação: **sou o espelho**, separação: **sou o sujeito**. E, simultaneamente, os dois atores: **sou o espelho/sou o sujeito** (alienação/separação), como deve ser o trabalho do ator regido pela disponibilidade do **dom**: dar e receber).

C – Olhar-se de fora (ocupar o Olho do sonho) seguindo seus movimentos. Com vendas. C1: Utilizar a "energia" de fora para dentro para estabelecer o olhar sobre si mesmo, enquanto realiza os trabalhos. Olhar-se de diferentes ângulos: picado, contrapicado, normal, normal baixo, supina etc. **C2**: Repetir tudo improvisando com um objeto, depois com o objeto e um companheiro. Experimentar toda a cena plenamente, razão-orgânica, e Olhar a cena de fora (sem perder a razão-orgânica). **C3**: Repetir tudo sem vendas. Incorpore-o.

D – O jogo do Espelho. D1: Frente a frente os alunos-atores ocupam A o lugar do sujeito que é refletido, B o espelho que reflete. **D2:** A e B trocam de lugar, o sujeito vira o espelho e vice-versa. **D3:** A e B são sujeito e objeto (espelho), ao mesmo tempo.

3ª parte – o olhar com andarritmo e ressonância

Em princípio, o ser advém num espaço e numa projeção temporal. Noutras palavras, a ação requer o que – tomado de Einstein – Bakhtin chamava de **cronotopo** (tempo-espaço). Por uma questão prática podemos inverter os termos – já que desenvolvemos primeiro o espaço: **topocrono**. Também sem espaço não haveria um ser para o tempo. Introduziremos, a seguir, a **ressonância** e o **andarritmo**. Andarritmo é o que resulta do encontro do ritmo e andamento, já que se torna complexo separá-los no ator, principalmente porque "o ritmo não está ligado ao tempo, se fosse assim qualquer fenômeno seria absolutamente previsível, não haveria acaso". Essa afirmação do Prof. Nadolny nos libera o uso do conceito de andarritmo, segundo o qual *o que virá* estabelece a inesperada mudança. É importante fazer a seguinte ressalva: a noção de tempo estaria relacionada a uma regularidade, isto é, a uma repetição – como vimos no capítulo anterior –, já que a mudança inesperada, o acaso, também está dentro de um tempo. Da mesma maneira, muitas vezes o ritmo se confunde com velocidade: quando a uma cena falta ritmo, muitos diretores mandam fazê-la mais rápido, o que é um grande equívoco. Às vezes, acelerar uma cena é destruir totalmente seu ritmo. A princípio, o ritmo é uma pulsação de tempos fortes e tempos fracos, o que faz adquirir *tensão e distensão*, que podemos observar em qualquer movimento, e as variações de tempo entre uma e outra é o que provoca os diferentes ritmos. Aliás, não podemos esquecer as pausas, isto é, os intervalos[38], que são justamente um dos integrantes que compõem o ritmo. O andamento seria a velocidade do tempo – rápido / lento – em que essas variações rítmicas – tempo forte / tempo fraco; tensão / distensão – aconteceriam. Então, um mesmo ritmo – ¾, por exemplo – pode ter variados *andamentos* – largo / alegro / prestíssimo. Isso é importante, mas está sujeito às possibilidades do acaso, em que o tempo rítmico é obrigado a mudar, o que quer dizer que de ¾ posso passar para $^{2}/_{4}$ ou $^{4}/_{4}$. Isso em teatro é mais do que óbvio. Stanislavski não separa o tempo do

---

38 Eu iria um pouco mais longe. No movimento e nos gestos do ator, ele deveria pontuá-los como pontuamos uma frase ou uma oração, isto é: uma fala carrega os signos de pontuação: vírgulas, ponto e vírgula, ponto, ponto final ou parágrafo, exclamação, interrogação etc. Sabemos que a **vírgula** é uma pequena pausa que permite a variação da entonação. Assim como o **ponto-e-vírgula** corresponde a uma pausa maior. Os **dois-pontos** nos abrem o caminho para introduzir seja uma classificação, uma citação ou um esclarecimento. O **ponto** nos sinaliza o final de uma frase, enquanto que o **ponto-final** ou **paráfrase** nos indica a finalização de um tema ou ideia, ou final de um capítulo. Etc.

ritmo, ele o chama de *Tempo-ritmo*[39]. Eu preferi chamá-lo de **andarritmo**, mantendo as designações da música: andamento e ritmo, mas com a ideia de que eles estão sujeitos a mudanças constantes.

Utilizamos para o **andarritmo** diferentes exercícios, com músicas de ritmos e andamentos diferentes, em que o ator realiza uma ação dramática – geralmente com objetos – e o toque de uma caixa, tambor etc., toques espaçados – diferentes tempos –, em que o ator possa desenvolver uma pequena ação. Mas também trabalhamos o ritmo com objetos e o próprio corpo.

Agora, pensemos uma cena e suponhamos que a mesma poderia ser definida com um andamento de *adágio*, isto não significa necessariamente que todos os personagens estariam num em que dominasse o *adágio*, bem poderia haver um personagem que venha justamente acentuar o *adágio* através de um *allegro vivace*. Poderíamos pensar que um personagem dentro de uma mesma cena também poderia mudar seu andarritmo.

E) Acompanhar o andarritmo de uma música com objetos, E1: Cada integrante contracena com um objeto acompanhando a música. **E2:** Escolhem-se alguns dos acompanhamentos que juntos realizarão. **E3:** No terceiro momento, retira-se a música para que os atores-alunos assumam o andarritmo.

F) Acompanhar o andarritmo de uma música com o corpo. Repete-se o exercício anterior utilizando todos os sons que o corpo pode produzir – com as mãos, com os pés –, inclusive vocal.

Sobre o andarritmo, os integrantes da companhia opinaram:

> Ana Paula Machado: "Antes de começar a trabalhar andarritmo, a gente pensava em ritmo como ritmo da fala, como ritmo da métrica, esquecendo o corpo. Quando passamos a trabalhar andarritmo a gente começa a entender que se trata do ritmo corpóreo que será traduzido à personagem".
>
> Alaor de Carvalho: "O andarritmo para mim é fundamental porque vai me dar uma segurança no casamento do movimento com a fala, o texto".
>
> Fernanda Albanaz: "O andarritmo cria uma consciência corporal muito maior. Ele permite uma maior interiorização do que se vai trabalhando para a personagem.

39 STANISLAVSKI, Constantin. **El trabajo del actor sobre sí mismo**: en el proceso creador de la encarnación. Buenos Aires: Editorial Quetzal, 1983. Cap. V, Tempo-Ritmo, p. 136.

Favorece muito trabalhar o dentro-fora / fora-dentro por essa consciência corporal. Encaixa com a razão-orgânica".

G) – **Relacione-se com um objeto através do olhar deste. G1**: Deixe-se surpreender por um objeto, é ele que o olha. Improvise, estabelecendo uma relação dramática – de ação. **G2**: Continue a improvisação com o objeto seguindo o andarritmo da música. **G3**: Escolha um andarritmo (esvazie-se da melodia) para uma das situações estabelecidas com o objeto e trabalhe com ele criando uma linha básica de partitura corporal. **G4**: repetir o exercício, mas sem objeto: focalizar o objeto imaginário e estabelecer uma relação dramática com o corpo todo. **G5**: crie o objeto através da razão-orgânica.

H) – **Relações com objetos introduzindo as ressonâncias. H1**: Repita o trabalho com o objeto, relação, andarritmo e acrescente a(s) ressonância(s) em sons farfalhados, *Grammelot*[40] que se aproxima, pelo sons sem sentido, ao balucio, mas com o trabalho corporal – movimentos e gestos – passam a adquirir significações (Charles Chaplin em *Modern Temps*). Por último, repetir colocando uma fala mínima. Incorpore-o.

Os significantes: os opostos dialogam

I) – Os opostos dialogam com o outro e consigo mesmo, em conjunção e (ou) disjunção. Define-se onde?, Quem? e O quê?

Utilizaremos os seguintes significantes para estruturar uma mínima relação de **conjunção:** $\wedge$ (e) – **disjunção:** $\vee$ **(ou)** com o outro e (ou) consigo mesmo: **Palavra/Silêncio; Movimento/Quietude; Gesto/Inexpressão**. Sendo que a palavra/silêncio corresponde à ordem da **expressão verbal**, enquanto o resto à ordem da **expressão corporal**. Esse exercício visa à conscientização das expressões verbal/corporal e sua incorporação ou, como nos diz Stanislavski: "Todo artista deve ser para si mesmo um *régisseur*"[41]. Esses princípios técnicos

---

40 "*Grammelot* é uma palavra de origem francesa, inventada pelos cômicos da *commedia dell'arte* a partir de um ponto de vista particular, o da linguagem e de seu uso na prática [...] trata-se [...] de um jogo onomatopeico, articulado com arbitrariedade, mas capaz de transmitir, com o acréscimo dos gestos, ritmos e sonoridades particulares, um discurso completo" (FO, Dario. **Manual mínimo do ator**. São Paulo: Editora Senac, 1998, p. 97).

41 STANISLAVSKI, Constantin. **El trabajo del actor sobre su papel**. Obras completas. Buenos Aires: Editorial Quetzal, 1977, p. 201.

apontam para o aluno-ator se habituar aos usos desses significantes. Ou, melhor, que esses significantes os habitem. O que quer dizer, o ritmo – com sua pausa, e seu silêncio – habite o movimento e a fala.

I1: A relação se estabelece entre **A** e **B**, primeiro a manifestação de **A**, depois a resposta de **B**. A separação se deve entender como forma de concientização das expressões verbais e corporais: começo-meio-fim e o andarritmo. Incorporar esses exercícios lembrando Grotowski: "Não se trata que *o corpo* tenha memória. Ele *é memória*"[42]. Então, hoje os trabalhos estão marcados por um trilho de consciência, amanhã o trilho estará incorporado à razão orgânica. É importante definir o *Onde? Quem?* e *O quê?*

A palavra/gesto **V** **B** silêncio/movimento...

A movimento/gesto **Λ** **B** inexpressão/silêncio... etc.

I2: A relação se estabelece entre **A** e **B**:

A movimento/palavra **Λ** **B** gesto/movimento, **A** palavra/movimento **V** **B** gesto/palavra...

A quietude/movimento **V** movimento/palavra, **A** movimento/palavra **Λ** **B** silêncio/inexpressão... etc.

I3: A relação se estabelece entre **A** com ele mesmo, ou, se se quiser, o aluno-ator consigo mesmo, relação principalmente de disjunção ou conflito. Ou seja, aquilo que tanto preocupava Stanislavski, que os

> extremos ampliam o diapasão da paixão humana; é por isso que o ator quando interpreta um personagem bondoso, deve buscar seu lado mau, ao interpretar um inteligente, sua face tonta, a do personagem alegre, deve encontrar seu momento de seriedade[43].

Noutras palavras, como ocorre com a pintura: "As tonalidades mais artisticamente refinadas não se obtêm com uma só cor; pelo contrário, se conseguem

42 GROTOWSKI, Jerzy. **Respuesta a Stanislavski**. In: Máscara, nº 11-12, Escenología, México, Octubre 1992/Janeiro 1993, p. 34.

43 STANISLAVSKI, Constantin. **El trabajo del actor sobre su papel**. Obras completas. Buenos Aires: Editorial Quetzal, 1977, p. 129.

com a combinação de várias cores"[44]. Brecht nos aponta o caminho visando a dialética da personagem:

> também os atores devem encontrar suas personagens em cópias ou numa concepção diversa [...]. Personificada por um ator de sexo oposto a personagem revelará melhor seu próprio sexo [...] sobre todo o ator, desenvolvendo junto com ele próprio também os personagens antagônicos, ou pelo menos substituindo a seus intérpretes, define a posição social, decisiva, que ele tem assumido para representar sua personagem[45].

Tratamos de desenvolver essas contradições próprias do sujeito – isso que se sintetiza com a expressão "amódio"– por meio dos significantes mencionados, seja diacronicamente, primeiro um, depois o outro, seja sincronicamente, ambos significantes simultâneos (utilizaremos colchetes [ ] para significá-lo). Noutras palavras: os conflitos são estabelecidos organicamente, isto é, de *organon*, órgão, "órgão *do corpo, dos sentidos* [...] obra; produto [...] instrumento; agente (pessoa) [...] formas de linguagem"[46]. Poderíamos dizer que se trata de **uma obra do "corpo" e dos sentidos em forma de linguagem** quando falamos em organicidade.

A palavra [palavra **V** silêncio] **/** movimento [movimento **V** gesto], aqui podemos relacionar a conjunção e disjunção simultâneas [ ]. Aqui a palavra dita por **A** está atravessada pela disjunção silêncio, e seu movimento pela disjunção de um gesto.

I4: Estabelecem-se relações simultâneas de conjunção tanto em **A** quanto em **B** e relação entre o primeiro e o segundo.

A inexpressão [silêncio **Λ** quietude] **Λ** **B** palavra [gesto **Λ** movimento]

I5: Neste momento se estabelecem as combinações das relações simultâneas conflitivas ou tensionais (**V** disjunção) consigo mesmo, em forma simultânea – tanto em **A** como em **B** – e as relações de conjunção e disjunção com o outro:

---

44 Ibid., p. 128.

45 BRECHT, Bertolt. **Breviario de estética teatral**, Ediciones La Rosa Blindada, Buenos Aires, 1963, p. 49-50.

46 Dicionário Grego-Português. Equipe de coordenação: Daisa Malhadas, Maria Celeste Consolin Dezotti e Maria Helena de Moura Neves. Ateliê Editorial, Cotia-SP, 2008, v. III, p. 239.

A palavra [palavra ∨ silêncio] / movimento [movimento ∨ quietude] ∨ **B** silêncio [silêncio ∨ palavra] / palavra [palavra ∨ silêncio].

I6: Neste caso seria não só a relação de tensão no próprio significante, isto é: o conflito interno – por exemplo: de gesto [gesto ∨ inexpressão] –, mas a relação dos próprios significantes (gesto ∨ palavra), seja no **A** ou no **B**.

A inexpressão [inexpressão ∨ palavra] ∧ gesto [gesto ∨ palavra] ∧ **B** palavra (palavra ∨ movimento) ∧ gesto (gesto ∨ movimento).

I7: Estabelecem-se as relações simultâneas conflitivas em **A** e **B,** mas estabelecendo-se entre ambos as relações de conjunção e disjunção.

A silêncio [silêncio ∨ palavra] ∧ **B** palavra [palavra ∨ gesto] ∨ **A** movimento [movimento ∨ quietude] ∧ **B** quietude [quietude ∨ palavra].

I8: Aqui os significantes se expressam simultaneamente – representados entre parêntesis (). Noutras palavras, palavra e gesto se produzem simultaneamente.

A (movimento [movimento ∨ quietude] ∧ palavra [palavra ∨ silêncio]) ∧ (gesto [gesto ∨ inexpressão] ∧ silêncio [silêncio ∧ palavra])

Em continuação, introduziremos dois novos significantes da ordem da **expressão verbal**: balbucio e gagueira.

O balbucio é a presença de uma injunção, no mesmo nível do dizer algo e não dizer, simultaneamente. A gagueira é a repetição de algo que se quer dizer...

A partir daqui, podemos continuar as combinações de três significantes simultâneos e intercalações de outros significantes. O mais importante é permitir que os atores-alunos resolvam sozinhos a utilização dos significantes, que é o objetivo final do exercício.

A possibilidade de ir desenvolvendo partituras a partir desses exercícios é clara e nos leva a Stanislavski, que já recebia a influência de seu aluno Meyerhold. Escutemos o grande mestre: "Sobre a base da indissolúvel relação que existe entre a vida física e espiritual, e de sua ação recíproca, criamos a linha do 'corpo humano', para que, através dela, espontaneamente possamos evocar a linha do 'espírito humano'"[47]. "A criação da vida física do corpo

47 STANISLAVSKI, Constantin. **El trabajo del actor sobre su papel**. Buenos Aires: Editorial Quetzal, 1977, p. 334.

humano da personagem que se interpreta constitui a metade de todo o processo, já que o papel, da mesma forma que para o ser humano, possui duas naturezas: a física e a espiritual". Não podemos deixar de pensar o que vem na continuação: Ações Físicas – "Acaso se me diga que o objetivo principal de nossa arte não é o exterior; que o que nos preocupa, em primeiro lugar, é a criação da vida do espírito humano da obra que se interpreta. Concordo com isso. Precisamente por isso é que começo o trabalho desde 'a vida do corpo humano' [...] vocês sabem que se a personagem não cobra vida no interior do artista, não haverá mais remédio que abordá-lo em direção inversa: do exterior ao interior"[48]. Ou seja, o trabalho do ator é *ex-interior*, *in-exterior*, continuamos no movimento da pulsão. Nunca está demais insistir que o movimento pulsional dentro (*Innewelt* – mundo interior) – fora (*unwelt* – mundo exterior) e vice-versa deve ser sublimado.

4ª parte – Improvisação e ações físicas

Improvisação vem do latim *Improvisus*, "imprevisto, repentino, inesperado", isto é, da ordem do acaso. A improvisação como processo de criação estava claramente presente em Stanislavski, no desenvolvimento final de seu trabalho:

> Meu modo de enfocar um novo papel é diferente e consiste no seguinte: sem realizar leitura prévia da nova obra, sem realizar conversa nenhuma sobre ela, convida-se diretamente os atores ao primeiro ensaio [...]. Relatarei a vocês a fábula por episódios e irão interpretando-a. Vou segui-los, para ver como improvisarão. Anotarei o mais acertado. Desse modo, num esforço comum, anotaremos e representaremos ao mesmo tempo o que ainda não se tem escrito. Os honorários dos direitos de autor repartiremos entre todos[49].

Esse momento, elaborado em um ano de trabalho com o professor e diretor teatral Raúl Serrano (1971), levou-me, posteriormente, a estruturar todos os meus trabalhos de direção que viriam a se realizar em torno da improvisação. Uma improvisação que tem uma origem direta no que Stanislavski

48 Ibid., p. 213.

49 Ibid., p. 305.

chamava de *ações físicas,* que sabemos perfeitamente que não eram só físicas, mas também psicofísicas. Falando das *ações físicas*, ele nos diz:

> Assim como seguindo os trilhos do trem o viajante atravessa vários países, o artista avança pelas ações físicas através da obra, de acordo com as circunstâncias dadas, o "se" e outros elementos da imaginação[50].

O "se" mágico é criticado na medida em que se supõe um sujeito-ator se colocando no lugar da personagem, isto é, que a lógica interna do ator seria diferente – por sua estrutura – da lógica da personagem. Numa esclarecedora passagem Stanislavski nos disse:

> – Mas se a fábula já foi criada pelo autor e se vai desenvolvendo durante a criação!
> – Pelo autor sim, mas não por vocês. A fábula do autor fica em pé, mas é necessário um vínculo entre elas e vocês. Realizar-se-ão as ações do autor, mas estas devem ser próprias de cada ator e não permanecerem alheias a ele. Não é possível viver sinceramente as ações que não sejam ditadas pela gente mesmo; é preciso criar as ações próprias, análogas às da personagem, indicadas pela própria consciência, os desejos e sentimentos, a lógica, a consequência, a verdade e a fé[51].

Então, não se trata de adaptar a personagem aos interesses do ator, e, sim, traçar a ponte que o vincule à personagem. O ator se deve emprestar a produzir a enunciação da personagem – deve-se doar – mediante a singularidade da criação de sua enunciação, o que quer dizer que ela será diferente da produção da enunciação de um outro ator. Assim sendo, **o ato estético da sublimação é singularmente ético**. Por isso dizíamos no capítulo 2 que existirão tantos hamlets como atores que o representem, o que não quer dizer que haja traição ao autor. A obra do autor é não toda, lembremos que "ele(a)" – a obra ou o texto – está determinado por aquilo que fica de fora "~~ele(a)~~", pelo não dito, pelo impossível de dizer, isto é, pelo real. Cabe ao ator preencher esse vácuo, interpretar esse silêncio, isto é, "pular sem redes", como disse Armando Sérgio da Silva (ver: Real-Simbólico-Imaginário – Real, Simbólico e Imaginário e sua relação com a estrutura discursiva: eu-tu / ele).

50 Ibid., p. 327.

51 Ibid., p. 308

Isso, o real que está de fora/dentro, é o que determina a travessia, e, como já vimos na bela metáfora de Guimarães Rosa, "o real não está na saída nem na chegada: ele se dispõe para a gente é no meio da travessia". Agora, escutemos Stanislavski:

> Deve-se tratar o inconsciente com máximo cuidado, da mesma maneira como o caçador cuida de sua presa, a que procura atrair. Você não a encontrará se vai à sua procura[52].

E Pablo Picasso nos acrescentará:

> Dizem que sou eu que procuro alguma coisa.
> Eu não procuro, eu encontro...[53]

Não se deve procurar; é necessário "encontrar", "achar"... "nos trilhos do trem", Lacan nos dirá "nos trilhos do significante". Quem sabe isto nos ajude a entender melhor a importância do significante na trilha do encontro com o vazio criador, ou, se se quiser, com "os ferros das grandes prisões", para sermos livres.

É verdade que nos trabalhos de improvisação que desenvolvíamos não partíamos da maneira que Stanislavski os propunha, mas eles foram fundamentais para a criação das personagens enquanto foram usados, como já vimos, não só para as cenas teatrais da peça, mas também para as supostas cenas que "teriam acontecido" na alegoria da estória. Essas cenas paralelas eram, geralmente, sugeridas pelos próprios atores. Elas eram regadas não só pelos anteparos – que veremos a seguir – escolhidos pelos atores, mas também, às vezes, surgiam como consequência mesma da improvisação. Quando Martin Kurtin traduz *Perezhivania* como a "experiência consciente na aproximação da vida do rol"[54] – e nos diz, também, que foi a palavra que o próprio Stanislavski "escolheu para definir sua escola"[55] –, notamos a aproximação desse termo com "improvisação". Essa expressão tão radical em Stanislavski foi, às vezes, traduzida por vivência, o que criou uma série de

---

52 Ibid., p. 293.

53 In: WALTHER, Ingo F., **Pablo Picasso (1881-1973):** o gênio do século. Berlim: Taschen, 1992, p. 25.

54 KURTIN, Martin. La terminología de Stanislavski. In: **Máscara, Nº 15**: Stanislavski, ese desconocido. México: Escenología, 1993, p. 36.

55 Ibid., p. 35.

equívocos[56]. Um deles é supor que se trata das vivências singulares na vida do ator, ou da necessidade de viver experiências similares às que vive a personagem como fizemos referência no capítulo **2**. Utilizar o termo experiência nos leva a entender melhor essa questão do *processo da vivência*, que "*consiste na criação da partitura da personagem, o superobjetivo e a execução dinâmica da ação central.* Reside na realização da partitura e na mais funda tonalidade da alma"[57]. Entendendo a *partitura* não só das ações físicas, dos movimentos e gestos corporais, como também o uso da voz e dos próprios sentimentos da personagem, enquanto o *Superobjetivo é* **O quê?**: faro central da personagem que deve se realizar na *ação central* da obra. A própria improvisação acabava sendo um anteparo para a personagem – aqui podemos definir anteparo como aquilo que vem a atualizar a *memória emotiva* da **ficção do ator** para fazer advir – no processo de sublimação – a *memória dos sentimentos* da **ficção da personagem**, sublimar uma ficção (ator) em outra ficção (personagem) – abrindo a porta para outras improvisações. Elas se transformavam numa corrente significante, de onde ia surgindo a dramaturgia da personagem. Foi a partir disso que nosso próximo passo nos levou a realizar uma experiência, na realização de uma dramaturgia, partindo da improvisação: 1º) realizávamos a improvisação, 2º) dela surgiam as ações físicas e repetíamos a improvisação, mas, através dos troços, unidades e objetivos[58] das ações físicas, 3º) agregávamos os anteparos que os alunos-atores encontravam para seus personagens (objetos, música, cenário, figurino, voz, etc.) e, 4º) novamente retornávamos à "improvisação". Dessa maneira, iam surgindo cenas que adquiriam uma dramaturgia própria, isto é, a improvisação terminava num texto não só no sentido do diálogo, mas no sentido de **tecido** de tudo aquilo que constitui o esquete: partitura, gestos, adereços, cenário, figurino etc.

---

56 Ver Martin KURTIN, La terminología de..., p. 35-36. Mas é necessário deixar bem claro que vivência em absoluto está errado, o que não podemos confundir são as vivências do ator na sua vida com as vivências no palco, no mundo da alegoria. Podemos notar que este equívoco encerra uma questão ética.

57 STANISLAVSKI, Constantin. **El trabajo del actor sobre su papel**. Buenos Aires: Editorial Quetzal, 1977, p. 142.

58 **Unidade** está relacionada a uma ação dramática determinada: ir até a praça e pegar o ônibus. Essa unidade está sujeita aos **troços**: sair de casa, caminhar até a praça, esquivar um transeunte etc. "O objetivo nasce organicamente de seu troço, ou, reciprocamente, o engendra" (p. 172). Ou seja, esse troço pode ter um objetivo físico ou psicológico, mas que não devem se separar: "Em todo objetivo físico e em todo objetivo psicológico temos muito de um e de outro. Não se podem separar" (p. 176). E Stanislavski nos agrega: "*o objetivo cênico se deve definir inelutavelmente com um verbo*" (p. 179). **El trabajo del actor sobre sí mismo... en el proceso criador de las vivencias**.

Também usamos esse processo, como já vimos, para as cenas que supostamente "teriam acontecido", permitindo uma aproximação não só do ator com sua personagem, como também criar um início de partitura.

A improvisação está fortemente ligada à ideia de repetição. Essa que traz o acaso do novo, a surpresa do diferente. É impressionante como esse jogo é estruturante para a dramaturgia final da peça, é o molho que permite essa aliança de dons – essa Dádiva que compreende o dar e receber, dar com o corpo e receber com o corpo[59] – entre aqueles que ficam presos à cadeia significante da dramaturgia, para serem livres e fazer uma abertura constante. Essa abertura dramatúrgica é estrutural. Ou seja, a dramaturgia deve ser os ferros da grande prisão de que nos falava Guimarães Rosa, a abertura dramatúrgica é a liberdade[60]. A arte do ator se aproxima ao *Free jazz*, à Bossa Nova, a Piazzolla, em que a partitura – da repetição – não impede, senão sustenta, a improvisação – do acaso.

---

59 Estamos nos referindo ao conceito de *Potlach* que desenvolve Marcel Mauss, trata-se de *troca por dádivas* (p. 67): "Recusar-se a dar, negligenciar o convite, recusar receber equivale a declarar a guerra; é recusar a aliança e a comunhão (p. 69)"; "esses ritos ou essas comunhões têm poder mágico e religioso sobre vós" (p. 68). MAUSS, Marcel. **Ensaio sobre a dádiva**. Lisboa: Edições 70, 1988. É por isso que afirmo que o teatro encerra o Sagrado da dádiva e o Profano do trabalho.

60 Em todo o mês de junho de 1987, estivemos no Teatro Glauce Rocha, no Rio de Janeiro, com a peça escrita e dirigida por mim, **Eucalipto e os porcos (viva Perón, carajo! – la cumparsita)**. Em um determinado momento, nosso sonoplasta teve um problema e não conseguia encontrar a música (tango) que os atores deveriam dançar. A construção dramatúrgica era tal que se não dançassem se perderia o fio central da ação. Os atores, sem problemas, improvisaram a tal ponto que não só ninguém notou, como também parte dessa improvisação serviu para as interpretações futuras. Em outra ocasião, em maio de 1985, estreamos **Vou te contar como é lá em casa**, peça musical infanto-juvenil de minha autoria, e, no dia da estreia, aconteceu um acaso, que seria fatal, se todo o espetáculo não tivesse sido montado na base da improvisação e sugestões dos atores. Começa o espetáculo com três cenas, que acontecem simultaneamente de forma intercalada. Dois pares de meninos e três meninas. Estas discutiam sobre o sanduíche de Mariazinha. Era a primeira cena do espetáculo e eu vejo da cabine de iluminação – eu a estava executando – que Mariazinha estava sem o sanduíche. Quase morro de desespero; pouca confiança depositei neles e no próprio trabalho que tínhamos desenvolvido. Eles, todos, improvisaram sobre o sanduíche que Mariazinha não tinha levado, mantendo a dramaturgia, e tudo se passou de uma forma tal que o único desesperado na questão fui eu. Foi uma bela lição. Confirmou-se o trabalho que durante muitos anos foi-se desenvolvendo.

▸ A disponibilidade

Estar disponível "é uma disposição sem disposição fixa"[61], poderíamos continuar com a fórmula *Anacleta* de Confúcio (IX, 4):

> Quatro coisas que o mestre não tinha: nem
> ideia, nem necessidade, nem posição, nem eu[62].

Ou seja: pronto para receber, para se encontrar com a novidade. Continuando com Confúcio: "não há nada que se possa ou não se possa fazer"[63]; noutras palavras, se "mantêm abertas todas as possibilidades"[64], e daí poder se entregar ao dom. E o dom do ator passa necessariamente pelo corpo.

Estar disponível para dar com o corpo e **receber com o corpo** é o que nos permite entender o trabalho do ator. É como dirigir um carro: não se dirige pensando; quem pensa é o corpo, quem age é o corpo. Nós podemos estar pensando e falando outras coisas enquanto o motor do carro, a "energia" **orgânica**, nos leva, enquanto a **razão – a lucidez** – é aquela que, justamente, comanda essa "energia" (libido) sem pensar nela, isto é: *agir duas vezes antes de pensar... pular sem redes...* Isso é próprio da razão-orgânica. Noutras palavras, o corpo incorporou o processo de dirigir um carro, é assim que o ator deve incorporar: desde os processos técnicos até a personagem. Não podemos esquecer que o corpo é fundamentalmente memória.

▸ Pausa e os três tempos do ator

A mecanização é um dos males mais presentes no momento interpretativo do ator. Gestos, movimentos, ações e os próprios diálogos devem ser regidos pela pausa[65] – a não ser, claro, quando a cena exige o contrário – e os acentos e momentos de pontuação seguidos de pausa. Essa preocupação expressa por Barba sobre o movimento com começo, meio e fim marca justamente a questão de não deixar o

---

61 JULIEN, François. **Cinco conceptos propuestos al psicoanálisis**. El cuenco de plata, Buenos Aires, 2013, p. 32.

62 Idem.

63 CONFUCIO. In: op. cit, p. 33.

64 JULIAN, François. **Cinco conceptos propuestos al psicoanálisis**. El cuenco de plata, Buenos Aires, 2013, p. 33.

65 Ver nota 35 deste capítulo.

corpo a soltas. A razão-orgânica colabora bastante para essa conscientização, mas nunca é demais ressaltar que qualquer movimento viciado desmancha a personagem e a própria cena. A pausa e as pontuações, no trabalho teatral, têm a função do silêncio na música e dos sinais de pontuação na fala. Não é raro encontrar o ator com o que chamo de "diarreia de movimentos", sem encontrar uma pausa, um momento de pontuação (finalização de um gesto ou de uma ação). O tempo é um *sine qua non* em toda obra dramática, e é responsabilidade total do ator não só a criação rítmica, como também organizar o acontecimento dramático. Insistimos que o ator não deve nem ver ou escutar com os olhos ou ouvidos, e, sim, **com o corpo**, ou melhor, com a **razão-orgânica**. Três tempos regem o inconsciente, por isso devem ser presentificados no trabalho: 1º) **instante de perceber** (o ator recebe com seu corpo a informação) 2º) **tempo de compreender** (coloca-o diante da nova situação) e 3º) **momento de concluir** (o ator responde). Esses três tempos colocam o ator fora da mecanização. São três tempos que não devem ser pensados, mas que devem ser trabalhados até serem, finalmente, **incorporados**.

5ª parte: o conflito

A regra mais importante de uma improvisação é o **conflito** que, lembrando Heráclito, *é o pai de todas as coisas*, ou, como nos confirma Serguei Eisenstein: "Porque a arte é sempre conflito"[66]. Antes de falar do conflito em si, quero retomar o conflito mor que vive o ator: entre a emoção e a razão. Os conflitos, a princípio, podem ser: exterior-interior (fora-dentro – alguém ou uma força se opõe ao sujeito); interior-exterior (dentro-fora – entre o sujeito e um outro ou outra força); e, exterior-exterior-interior (forças externas em choque que afetam o sujeito), e interior-interior-exterior (o sujeito, entre demanda e desejo, e seus efeitos, no meio). Ainda que, seguindo Stanislavski, seja importante o ator não esquecer que os conflitos internos, como já trabalhamos, devem sempre estar presentes. Ao

> encarnar algumas das paixões humanas, o artista deve pensar não só na paixão em si, mas nas outras que podem integrar as mesmas, e quanto mais amplamente

66 EISENSTEIN, Sergei: ***A forma do filme***. Rio de Janeiro: Jorge Zahar Editor, 1990, p. 50.

deseje desenvolver essa paixão, tanto mais [...] deverá buscá-la entre as mais diversas e contraditórias[67].

Viola Spolin nos coloca, em primeiro lugar, os três elementos básicos que devem existir para se poder desenvolver a improvisação: *Onde?*, *Quem?* e *O Quê?*

Onde?: Advérbio interrogativo de lugar. Coloca-nos num espaço. Tínhamos visto em Fayga Ostrower que descobrir o espaço é descobrir-se nele, representa para cada indivíduo uma experiência a um só tempo pessoal e universal. Ser é estar. Já tínhamos visto que, assim como *To be*, em inglês, como *Être*, em francês, significa tanto "ser" como "estar". Vimos também que, em italiano, não se fala "eu estou no Brasil", mas: *Io sono a Brasile*, "eu sou em Brasil". Fayga ainda nos diz, referente ao espaço, quando "algo nos toca de modo profundo ou superficial ou esse indivíduo é aberto ou fechado, expansivo ou introvertido, desligado, envolvente, atraente, repulsivo, distante, próximo, usamos sempre imagens de espaço"[68]. **Onde?** Lugar em que se diferencia de **Aonde?** Lugar a que. No **espaço** teatral **Onde?** É o lugar em que... vai se realizar a alegoria. O lugar (ou os lugares) tem (têm) uma forte influência na situação que se vai desenvolver.

Existem diversos exercícios do *Onde?*. Alguns já expusemos no começo, mas o importante é a relação que o ator estabelece com o meio.

F1: **Exercícios do Onde?.** Podem ser individuais ou em grupo. Estar num bar, num barco, num trem, no mar etc. Com tempo frio, quente, chuvoso etc. Lugar fechado ou aberto. Criação. Lugar familiar ou estranho, tranquilo ou perigoso etc. **F2**: De **onde** vem, **aonde** vai, aqui já implica o **tempo**. Frisar essa diferença, porque em definitivo está relacionada com a travessia do Quem?. O interessante é que esses jogos propostos por Viola Spolin, o ***Quem?***, a **pessoa, máscara**, no começo, são só uma indicação. É através do desenvolvimento da improvisação e na relação com o outro (alienação e separação) que a máscara vai emergindo. É propriamente no acontecimento do jogo e através do que vem do outro – e da situação que vai surgindo – que vai se conformando a personagem, isto é, que ela vai adquirindo identidade. Aqui

---

67 STANISLAVSKI, Constantin. **El trabajo del actor sobre sí mismo**: el trabajo sobre sí mismo en el proceso creador de las vivencias. Buenos Aires: Editorial Quetzal, 1980, p. 129.

68 OSTROWER, Fayga. **Universos da arte**. Rio de Janeiro: Campus, 1987, p. 30-31.

é importante reconhecer que esse *Quem?* define, também, o relacionamento dos atores. Em outras palavras, o **eu** é (são) o(s) **outro(s)**.

F3: Mediante a relação com o outro, descobrir quem é (fora-dentro). **F4**: Pelo que realiza, ser descoberto quem é (dentro-fora).

O quê? como estrutura está relacionado com o que o ator tem como causa (por quê?) e objetivo (para quê?). É justamente nos **O quê?** dos atores que deverá surgir o **Conflito**, isto é, dentro de um **tempo**. Como ação na cena, Viola Spolin nos ensina que *O quê?* é a atividade que o ator realiza, é a relação que estabelece com os objetos em si ou mesmo com outros atores: "ouvir uma música, gostar de um sabor, sentir o corpo como eu, fechar um zíper, fazer com que o companheiro saia do lugar etc"[69]. *O Quê?*, para Stanislavski, está relacionado ao *Superobjetivo* e aos *Objetivos* menores. Ele nos diz:

> tenham presentes no momento da criação só os objetivos fundamentais que assinalam a trajetória criadora, o alvo (o quê?). Os demais (o Como?) virão por si sós, de um modo inconsciente, e devido ao fato de que isso será feito de maneira inconsciente a interpretação resultará espontânea, brilhante e densa[70].

Esta é a marca stanislavskiana: para ele há inconsciente, para ele há um Outro que cria, o ator é apenas o secretário[71]. Parece claro que o *O quê?* stanislavskiano está na ideia que damos do **Para quê?** (objetivo-alvo); nos mantemos na ideia de Viola Spolin, deixando o **O quê?** como o desejo em ação, aquilo que movimenta a personagem.

➤ Conflito a dois

Viola Spolin nos coloca dois tipos de conflitos, ambos na disponibilidade do **dom** de **dar** e **receber**: 1º) o conflito no qual a regra é *aceitar* tudo o que vem do outro. 2º) o conflito no qual a regra é *aceitar* e (ou) *bloquear* o que

---

69 SPOLIN, Viola. **Improvisação para o teatro**. São Paulo: Editora Perspectiva, 1987. (Estudos).

70 STANISLAVSKI, Constantin. **El trabajo del actor sobre su papel**. Buenos Aires: Editorial Quetzal, 1977, p. 371.

71 Em certa ocasião, perguntaram a Balzac como ele escrevia, ao que respondeu o grande escritor francês: "Eu não escrevo, quem escreve é a história. Eu sou apenas o secretário". Estilizei essa frase, onde é claro que um Outro comanda, da seguinte maneira: "Eu não escrevo, quem escreve é minha história. Eu sou apenas o secretário".

vem do outro. Devemos entender que podemos aceitar ou bloquear com *palavras, silêncio, gestos e movimentos, balbucio etc.*

G1: Aceita-se o que o companheiro propõe: Define-se o *Onde?*, *Quem?* o *quê?* Orientação para os atores: 1) Um tem que sair, o outro lhe demanda ficar; 2) Um demanda que o outro saia, o outro quer ficar; 3) Um quer mudar uma coisa, o outro quer mantê-la; 4) Um demanda algo do outro, o outro lhe nega; 5) Um não quer falar, o outro lhe exige que fale; 6) Um está ocupado, o outro demanda atenção etc.

G2: Aceita-se ou bloqueia-se o que o companheiro propõe: Repetem-se os exercícios anteriores.

Os exercícios podem ser repetidos com anteparo, andarritmo, ressonância, ação física e partituras.

G3: Com a razão-orgânica, trabalhar com um companheiro os opostos nos conflitos anteriores, usando a voz (palavra-silêncio, balbucio, gaguejo), o gesto (gesto-inexpressividade) e o movimento (movimento-quietude).

É importante que o ator não fique só, como exemplo, no "amador" ou "odiador", mas que ao receber a razão-orgânica doada do companheiro ele possa se "quebrar", isto é, sentir o contrário, e sempre recuperando sua posição original, sempre estabelecendo a **aceitação** que vem do outro.

6-1 razão-orgânica: Definir o **Onde? Quem e O quê?**

a) amador **ou** odiador.
b) vítima **ou** criminoso.
c) diabólico **ou** puro.
d) tétrico **ou** alegre e vital

O mesmo invertendo

"Energeticamente", trabalhar com os paradoxos:

7-1 razão-orgânica: Definir o **Onde? Quem** e **O quê?**

a) amador **e** odiador.
b) odiador **e** amador.
c) diabólico **e** puro.
d) odiado **e** amado.
e) etc.

CONFLITO (1)
Aceito o que o companheiro propõe

G4) "Energeticamente", trabalhar com um companheiro os opostos, usando a voz (palavra – silêncio, balbucio, gaguejo), o gesto – inexpressividade e o movimento – quietude.

Nesse caso, o exercício propõe a quebra, mas, num sentido diferente, se trata de sentir as oposições no corpo, agora levadas à ação. Trata-se de levar essa oposição à ação estabelecendo o **bloqueio**.

6-1 razão-orgânica:

a) amador **ou** odiador.
b) vítima **ou** criminoso.
c) diabólico **ou** puro.
d) tétrico **ou** alegre e vital.
O mesmo invertendo

"Energeticamente", trabalhar com os paradoxos:

7-1 razão-orgânica: Definir o **Onde? Quem** e **O quê?**

a) amador **e** odiador.
b) odiador **e** amador.
c) diabólico **e** puro.
d) odiado **e** amado.
e) etc.

} CONFLITO (2)

Aceito ou bloqueio o que o companheiro propõe

Com o **outro:** Diante da **oferta** da **Coisa**

CONFLITO (1): Aceito ou **bloqueio a Coisa: demando-a ou**

CONFLITO (2): Aceito perdê-la. Nada.

Definir as contradições paradoxais da personagem através da música – andarritmo. Definir uma partitura corporal – de voz – emocional da personagem.

Temos nesses exercícios duas possibilidades: se só trabalharmos a emoção, o ator, ao trocar de posição (exemplo: de vítima a criminoso), permitirá fazer emergir o outro lado de seu sentimento (o paradoxo que nos constitui), enriquecendo dessa maneira seu leque sentimental. Aqui estaríamos mais perto, como já vimos, do que nos observa Stanislavski. Mas a outra possibilidade é a de trocar de personagem; nesse caso, não só nos serve para nos colocar em outro sentimento, mas nos permite distanciarmo-nos, estranharmo-nos com nosso personagem original. Isso é muito importante pela troca que nos traz: ao trocarmos de personagem, aportamos uma nova visão para o companheiro e vice-versa; ao mesmo tempo, ao retomarmos o personagem original, esse fica enriquecido pelos elementos contrastantes do outro. Aqui nos aproximamos do que Bertolt Brecht nos ensinou.

➤ Conflito a três

Denomino esse conflito como histérico, já que se trata de um jogo em que dois integrantes da improvisação conflitam para ganhar o terceiro. Este se encontra dividido entre as duas tendências, por isso o chamo de histérico – como histérico é estruturalmente o humano, dividido pela linguagem, dividido entre a demanda e o desejo.

Esses exercícios são mais complexos: usa-se o aceitar e o bloquear, além de tudo o que se estava usando nos exercícios anteriores.

J1) Define-se: Onde? Quem? e O Quê?

A demanda **C** algo que se opõe a **B**.

B se opõe à demanda de **A**, colocando **C** dividido.

Entre os exercícios de conflito a três há um que foi a primeira improvisação que realizei, lá pelo ano de 1965, na Escola de Teatro Casacuberta: "A Estátua". Originalmente, tratava-se de uma estátua que se relacionava com um dos outros personagens, o terceiro via apenas a estátua e pensava que seu companheiro estava perdendo a razão. Esse exercício passou a sofrer uma modificação importante, porque relacionei a estátua com a **Coisa**, um verdadeiro *Unheimliche* que tomava conta da cena. Já não se tratava de uma estátua, podia ser qualquer coisa que adquirisse vida: um espantalho, a foto que, nos hospitais, chamava ao silêncio, Santo Antonio e duas caipirinhas, a Preta Velha do terreiro, a morta etc. Desse exercício surgiu o primeiro trabalho da Companhia de Teatro PalavrAção da UFPR, *La Chose Vivante*. As apresentações foram realizadas em palcos alternativos (ruas, praças, escolas), bem como em palcos italianos[72].

---

72 Recentemente, fazendo homenagem à Companhia, realizamos *La Chose Vivante II*, baseados nos mesmos exercícios.

Sempre não estará demais insistir que os exercícios não devem se sujeitar só aos diálogos com **palavras**. O ator dialoga com o corpo inteiro, é com o corpo inteiro que respiramos, é com o corpo inteiro que pensamos. No **contexto da cena**, um **gesto** – seja com a mão, com a cabeça ou com outra parte do corpo, ou mesmo com o corpo inteiro – pode ser tão importante como a palavra e, às vezes, até mais. Um **movimento** pode ser uma negação – dar as costas para quem demanda – ou mesmo uma aceitação – se aproximar de quem demanda –, um **silêncio** pode ser uma grande resposta (não é por nada que Stanislavski falava do "silêncio expressivo", tão necessário neste mundo entrópico). Noutras palavras, os significantes trabalhados em **Os opostos dialogam** vêm à nossa causa, para entendermos as possibilidades expressivas que o corpo e a voz, juntos com aquilo que nos funda, a palavra, estabelecem na criação do ator.

J2) A Coisa: Define-se o Onde? Quem? O Quê?

A (a Coisa) se põe em contato com **B**, este, ao se pôr em contato com **A**, entra em conflito com **C**.

- Interrogativos na orientação da construção da personagem

Para nos perguntarmos sobre a personagem podemos recorrer a cinco advérbios interrogativos e dois pronomes interrogativos. Isso nos permitirá atingir as causas de sua ação na situação determinada, no lugar em que acontece, num tempo determinado.

Advérbios Interrogativos de	CAUSA	**Por quê?** Razão da causa.
		Para quê? Objetivo, consequência da causa.
	TEMPO	**Quando?** No momento de...
	LUGAR	Ambiente: **Onde** acontece a cena.
		Dramaturgia: **de Onde?** (partida) **Aonde?** (Chegada).
	MODO	**Como?** Estado de ânimo: como se produz esse desejo. Processo inconsciente.
	QUANTIDADE	**Quanto?** Valor – peso – importância.

Pronomes Interrogativos de	AÇÃO	**O quê?** O desejo em ação, aquilo que movimenta a personagem.
	PESSOA	**Quem?** Relação psicossocial da personagem.

6ª parte – os anteparos

Ao longo do trabalho fizemos referência aos anteparos. Em princípio, anteparo significa: *ação e efeito de anteparar (fazer parar antecipadamente) / parada antecipada; interrupção, suspensão / parada repentina...* define o Houaiss da Língua Portuguesa. O que, em princípio, não coincidiria com a ideia usada em teatro que, de alguma maneira, facilita a relação de desvendar e desvendar-se na travessia da personagem. Poderíamos dizer, com Lacan, que o anteparo mediatiza a relação que se estabelece entre o objeto *a* e o sujeito (ver: A Coisa e o objeto) – claro que, no caso do teatro, trata-se de um objeto *a* imaginário, simbolicamente escrito, a personagem –, e se, no caso do olhar, carrega o engodo, no teatro, como já temos falado, é um engodo com muita verdade. Mas o anteparo funcionaria como uma *parada antecipada*, uma *suspensão*, uma *interrupção* da ficção do ator para dar passagem, fazer advir a ficção da personagem, *Wo es war, soll Ich werden*, onde era a ficção do ator, a ficção da personagem advirá. É aí que o objeto *a*, como falta originária, deve comandar essa passagem, em cuja fronteira (já vimos no capítulo sobre a pré-atuação) se estabelece a sublimação – essa sublime-ação do fogoso cavalo e seu brioso ginete (ver: Pulsão e libido). Aqui, a relação que o sujeito estabelece com o objeto *a* é fundamental para o surgimento desse outro objeto *a* imaginário, que é a personagem. Os anteparos são pontes que abrem o caminho para a personagem. Ela existe como tratamento simbólico e está escrita para ser levada ao palco, e para isso precisamos do ator, com seu corpo pulsional e seu desejo. Mas é necessária a interpretação do ator? Não só é necessária como fundamental, porque é por meio dela que se vai incorporando aquilo que não está no escrito e, sim, no não escrito, nas entrelinhas. Isso determinará diferentes interpretações, de quantos atores existam que tratem de fazê-la. Não se trata só de desvendar a personagem nessa aproximação; o importante é desvendar-se nela. A alienação (o dentro tomado pelo fora) e a separação (de fora ir dentro da consciência) são estruturais ao sujeito, estão em cada passo no dia-a-dia; nesse momento mesmo o leitor está alienado – pare e pense e verá como se separa. Pensar que só existe o ator empregado, escravo da personagem, é desconhecer a estrutura do sujeito pulsional e desejante, isto é, do sujeito humano sujeito à linguagem, ao simbólico e ao real (ver: Real, Simbólico e Imaginário). Está claro que não estamos questionando o teatro que surge da improvisação – minha história teatral gira em torno dela –, pois, por mínimo que seja, há um tema, tem-se que improvisar em torno de alguma coisa ou, no mínimo, de umas regras de jogo estabelecidas, como no caso dos exercícios de Viola Spolin, que desenvolvemos anteriormente com algumas modificações.

Neste capítulo já falamos de vários anteparos, como quando nos referimos à aromaturgia em "Agidi...", que tinha mostrado a função do perfume como anteparo da personagem. Mas cabe dizer que nos próprios processos de improvisação na aproximação ao texto foram surgindo outros. Na própria "Agidi...", Paula Dias foi descobrindo outros anteparos. A cocada, por exemplo, tradição da família, era o que a relacionava com seu irmão Ernesto, assim como a terra umedecida a introduzia ao estado de gravidez da personagem. No caso de Adriano Esturilho, que interpretava Ernesto, a foto de "El Che Guevara" lhe servia como anteparo da personagem como um homem comprometido com seu tempo. Vimos a função dos sapatos na Nena Inoue, a ponto da própria personagem sofrer mudança quando eles foram trocados. Uma música, um quadro, um objeto podem adquirir uma presença dramática no processo de pré-atuação. O chapéu e a jarra, em mim, em "A exceção e a regra"; e o figurino árabe e a fala de Paulo Salin Farah em "Don Riccardo Terzo"; uma improvisação determina a Eugênio Camargo o elefantinho branco como a relação do inglês Janos Power, em "Agidi", com sua mãe, que era indiana.

7ª parte – status da personagem em cena

Neste mundo de democracia infesta – in-festa de vale tudo –, falar de **status** pode provocar que o ouriço tome conte de muitos "democráticos" das artes. Mas assim mesmo é necessário poder entender o valor deste conceito numa personagem em cena.

Em princípio, podemos dizer que **status** se particulariza em ser "um conjunto de direitos e deveres que caracterizam a posição de uma pessoa em suas relações com as outras"[73]. Pessoa, *persona*, máscara, personagem: esta relação nos ajudaria a entender a importância de uma personagem em relação com as outras. Isto é, numa cena existem, dependendo da personagem, diferentes níveis de *status*, o *status* 1, por exemplo, predomina, na ação dramática, sobre os outros *status* 2 ou 3, por exemplo. É o que acontece na vida diária, "a duplicidade senhor-escravo está generalizada no interior de cada participante de nossa sociedade"[74]. Não poderia ser de outra maneira, mas não quer dizer que estejamos sempre no *status* 1, ou no *status* 2 ou 3; estilizando Lacan, podemos dizer que o próprio capitalista, que geralmente aparece como *status* 1 diante do sistema econômico pode ser o 2 ou mesmo 3 – um empresário, *status* 3; o banco, *status* 2; o sistema econômico, *status* 1 –. Isso é reflexo de estrutura, já vimos ao longo do trabalho e veremos em especial no glossário quando analisamos, em "alienação-separação" e em

73 **Grande enciclopédia Larousse cultural**. Larousse, 1995 – Nova Cultural, 1998, v. 22, p. 5486.

74 LACAN, Jacques. O Seminário III: **as psicoses**, p. 154.

"Real-Simbólico-Imaginário e sua relação com a estrutura discursiva eu-tu-ele", essa questão Outra que determina o sujeito.

Eu-Tu, enquanto enunciação, está sujeito a Ele. Não haveria laços possíveis sem Ele. Ele, como Deus, está em toda parte, ainda que não se veja. Devemos entender então que o *status* da personagem é um lugar que dependendo da cena pode variar. Além disso, podem existir personagens dentro do mesmo *status*. É difícil pensar em *status* muito diferenciados numa obra dialógica, como, por exemplo, Dostoievski.

Uma cena em que a personagem ocupe, em destaque, o *status* 1, estará, em boa medida, determinada pelo **andarritmo** que a personagem imprime àquela. É claro que o andarritmo total da cena depende também de outros fatores (outros personagens, iluminação, sonoplastia etc.), mas sem dúvida o mestre de direção passa pelo *status* 1.

Não só o trabalho de *status* nos permite analisar melhor uma cena, senão também pode nos permitir desenvolver uma improvisação. O *status* formaria parte das regras da mesma, seria *o ferro das grandes prisões* para obter a *alegria de um pobre caminhozinho*, esse, da *liberdade*[75]... de criação.

75 Lembrar Guimarães Rosa em **Grande sertão: veredas**. Rio de Janeiro: Nova Fronteira, 1984: "Mas liberdade – aposto – ainda é só alegria de um pobre caminhozinho, no dentro do ferro de grandes prisões". Op. cit., p. 286.

Capítulo 8

Ética e estética: a singularidade de uma travessia – o estilo

A coisidade: do teatro e do ator ao buquê do Édipo

O palco vazio é a coisidade da coisa teatro, assim como o vazio do vaso é a coisidade da coisa vaso. O barro que marca os limites do vaso é marco simbólico como os limites do palco. Cerca de quatro séculos antes de Cristo, o poeta chinês Lao Tsé sugeria:

> Molda-se o barro para fazer o vaso.
> É o oco interno
> Que dá utilidade ao vaso[1].

Os limites do onde o dom-espetáculo será escançado. O Barro, a quarta parede, a tela, o anteparo é que permitirá, ao nosso paladar, o sabor do vinho teatral[2]. A coisidade do teatro, essência no dom do espetáculo escançado. Mas, seguindo o fundador do taoismo, nos encontramos com algo ainda mais sugestivo:

> Tao é um jarro vazio
> Que, por mais que se encha, nunca transborda.

---

1 LAO TSÉ. **Tao Te King**. Rio de Janeiro: Editora Espaço e Tempo Ltda, 1989, poema 11.

2 Talvez o teatro arena nos traga melhor a ideia do vaso e a quarta parede, já que em todo o entorno da cena não existe cenário como limite, a não ser a quarta parede do barro do vaso.

Ele é profundo
E parece ser a fonte de tudo[3].

Noutras palavras, "trata-se de uma concepção oposta de maneira absoluta à de um nada negativo, destrutiva, que nadifica, como foi postulada por tantíssimos filósofos"[4]. E Dorfles também nos dirá – diante de nosso mundo ocidental com seu *horror vacui* –, referindo-se à cultura oriental:

> O vazio é algo habitual, o vazio não só como ausência senão como início de algo positivo, como substância efetiva, de eficácia comparável ao cheio (pleno), e incluso maior que este último... O vazio... como condição necessária para poder valorar a plenitude relativa. Algo totalmente contrário a nossa concepção ocidental de um vazio como negação e ausência[5].

Esse conceito de vazio será retomado por Heidegger em sua elaboração da Coisa e, para isso, tomará a jarra como o elemento que lhe permita explicar a importância do vazio como fundador da Coisa. Entender o cósico da coisa é entender o que é a essência da coisa. Então, o

> cosivo da jarra se estabelece no que é enquanto vasilha [...] O cosivo da vasilha não se estabelece em modo algum na matéria que tem, senão no vazio que envasa [...] O vazio envasa de dupla maneira: tomando e retendo. O duplo envasar do vazio se estabelece no escançar, e o envasar é propriamente como é quando é este. O escançar da jarra é doar. No doar do escançado essencia-se o envasar da vasilha. O envasar requer o vazio como o envasador. A essência do vazio envasador está reunida no doar [...] O jarral da jarra se essencia no dom do escançado[6].

---

3 LAO TSÉ. **Tao Te King**. Rio de Janeiro: Editora Espaço e Tempo Ltda, 1989, poema 4. Lao Tsé é o fundador do Taoismo.

4 HARARI, Roberto: **Polifonías:** del arte en psicoanálisis. Barcelona: Ediciones Del Serbal, 1998, p. 44.

5 DORFLES, Gillos. **El intervalo perdido**. Barcelona: Editorial Lumem, 1984, p. 35-36.

6 HEIDEGGER, Martin. **La cosa**. In: LACAN. **Seminarios, escritos, otras obras, referencias en las obras de Lacan**. Buenos Aires, 2000. (CD-ROM).

O que parece é que a Coisa é difícil de determinar; o que se determina é sua coisidade: "A coisidade da coisa significa: o ser da coisa como ente"[7]. Noutras palavras, aquilo essencial que determina a existência, aquelas "categorias" que fazem do ente um ser: "Ela (a Coisa) se realiza ao fio da enunciação. A simples enunciação é como proposição um dizer, no que se anuncia algo de algo"[8]. Isto é, uma das características fundamentais da Coisa, nos diz Lacan, é que nos apareça "como velada – por sua natureza ela é, em seus reachados do objeto, representada por outra coisa"[9].

Retomando a expressão de Picasso, "eu não procuro, eu acho", Lacan nos dirá que, é "claro, o que é achado é procurado, mas procurado nas vias do significante"[10]. É na rede significante, *Vorstellungsrepräsentanzen*, que nos deparamos com o real da Coisa, lugar por onde surgirá, na sublimação, a criação: *Wo es War, Soll Ich Werden*, onde era o vazio da Coisa-palco o vinho do espetáculo advirá. Escutemos um pouco mais Heidegger:

> O dom do escançado é a bebida para os mortais; refresca sua sede; restaura seu descanso; alegra sua vida em sociedade [...]. Se doa às vezes como libação [...]. O escançado como libação não acalma nenhuma sede; acalma a celebração da festa nas alturas [...]. O escançado é a bebida aos deuses imortais [...] escancear [...] oferendar, sacrificar e, portanto, doar[11].

Nessa belíssima passagem em que Heidegger vem trabalhando a coisidade da coisa jarra, o jarral da jarra, nós podemos ver a homenagem que ofereciam a Dionísio. Com esse *exstasis*, êxtase provocado pelo *oinos,* o vinho, os fiéis entravam no *enthousiasmos,* entusiasmo – *em Theos,* tomado por deus – para ultrapassar o limite, a fronteira, o *metron*, a medida de cada um, e, assim, se aproximar de deus e ser tomado por Ele. Ser tomado em parte, mas nunca ser esse Outro. É a homenagem a Dionísio que o ator forma ao entrar em transe,

---

7 HEIDEGGER, Martin. **La pregunta por la cosa.** Valentin Alsina, Argentina: Editorial Memphis, 1992, p. 65.

8 Ibid., p. 64.

9 LACAN, Jacques. **O seminário, livro VII**: a ética da psicanálise. Rio de Janeiro: Jorge Zahar Editor, 1988, p. 149.

10 Idem.

11 HEIDEGGER, Martin. La cosa. In: LACAN. **Seminarios, escritos, otras obras, referencias en las obras de Lacan**. Buenos Aires, 2000. (CD-ROM).

por isso é um *ypokrites*, hipócrita, um ator. Podemos notar agora que a questão do **dom** é algo do campo do simbólico, é isso que permite os laços sociais, e também a *katharsis*, catarse, a purificação[12].

Mas de que seria essa purificação a não ser de uma culpa? Toda culpa está ligada aos "pecados", é a função social que a catarse cumpre. Mas estaria do lado do *ypokrites*, hipócrita, ator, essa culpa também? Bom, nós sabemos que, por ter ultrapassado do *metron*, sua medida, provocará uma violência, uma *ibris*, não só contra si mesmo, mas também contra os deuses, o que o lançará ao *até*, *cegueira da razão*[13]. Isto é, por alienar-se ao Outro, o hipócrita do ator perde a razão, fica à mercê do medonho, do inominável da pulsão. Então, retomando a última pergunta: estaria o ator também no campo culposo? Esse ator também está em pecado, seu ato ofendeu os deuses e ele deve operar algo para compensá-lo. Esse algo será recorrer a alguém que o tire da *mania*, loucura, à qual está sujeito. É então que o *logos* apolíneo lhe permitirá separar-se dessa mania, sob o perigo de ser devorado por ela. Além de apresentarmos o movimento dentro-fora / fora-dentro do ator, em seu exercício ele também se purifica, isto é, o constante exercício do ator é purificar-se do pecado de se confundir com os deuses. Em especial Dionísio, que nasceu duas vezes, uma da mãe, Sémele, e outra do pai, Zeus. A mãe perdida morre antes de Dionísio nascer, e o pai – parturiente – o guarda em sua perna, até Dionísio, pela segunda vez, vir ao mundo, agora da linguagem, em Nome-do-Pai.

Não posso deixar de lembrar *Édipo*, em que toda a família tem uma particularidade no andar:

Lábdaco, avô de Édipo – "coxo";
Laios, pai de Édipo – "torto"; e
Édipo, "pé inchado".

"No dom do escançado perduram antes de tudo terra e céu, as divindades e os mortais"[14]. Com algumas diferenças: os deuses até carregando filhos na coxa, e os outros, os mortais, não muito bem das pernas, mancando. Mancar vem do italiano *mancàre* e, assim como o francês *manquer*, significa "não se sair bem, estar em falta, ser insuficiente, falhar, estar em culpa". Por isso, a

12 O termo, *kathasis*, tem origem em *katharos*, que significa: "puro, sem manchas".

13 SOUZA BRANDÃO, Junito de. **Teatro grego**: origem e evolução. Petrópolis: Editorial Vozes, 1980, p. 26.

14 HEIDEGGER, Martin. La cosa. In: LACAN. Seminarios, Escritos, Otras Obras, Referencias en las obras de Lacan. Buenos Aires, 2000. (CD-ROM).

família de Édipo falhou e nós, graças a Deus – se *Deus é inconsciente* –, estamos pagando os pecados. O ato do ator é dom escançado, na alegoria compartilhada pelos dons de seus companheiros. Só assim é possível doar alguma coisa ao público. Estilizando Stanislavski: **doem-se nos "se mágicos", atores, doem-se nas "circunstâncias dadas", porque se vocês não se doarem, que mágicas circunstâncias doarão ao público?**

Agora nos é necessário retomar a questão da Coisa e do vazio que ela implica. É claro que existe uma diferença entre a Jarra de Lao Tsé e a de Heidegger. Enquanto esta poderia se encher, ainda que seja de dom, a jarra do criador do taoismo é vazia e, por mais que se encha, nunca transborda, é profunda e parece ser a origem de tudo. Ou seja, o jarral da jarra de Lao Tsé se aproxima à noção de falta primordial, carência radical, representada em Lacan pelo objeto ***a***, objeto causa de desejo; no seminário VII, sobre a ética, retomando a metáfora do vaso ele nos dirá:

> Se vocês considerarem o vaso [...] como um objeto feito para representar a existência do vazio no centro real que se chama a Coisa, esse vazio, tal como ele se apresenta na representação, apresenta-se, efetivamente, como um *nihil*, como nada. E é por isso que o oleiro, assim como vocês para quem eu falo, cria o vaso em torno desse vazio com sua mão, cria-o como o criador de mitos, *ex nihilo*, a partir do furo[15].

Esse "furo" remete ao objeto ***a***, objeto causa do desejo. Isso nos faz mudar um pouco a expressão anterior: onde era o vazio da Coisa-palco, **um** vinho de espetáculo advirá, porque se bem o vazio permita muitos espetáculos diferentes, nunca eles serão todos, ou, noutras palavras, nunca terminarão por preencher totalmente o vazio... Ainda virá uma peça a mais: nem completar nem terminar uma obra: "Você já viu um quadro terminado? Um quadro, ou qualquer outra coisa? [...] Terminar uma obra? [...] Que absurdo! Terminá-lo significa acabar com ele, matá-lo, livrar-se de sua alma, dar-lhe seu golpe final [...] O valor de uma obra reside precisamente naquilo que ela não é"[16], naquilo que de real ela carrega.

---

15 LACAN, Jacques. **O seminário, livro VII**: a ética da psicanálise. Rio de Janeiro: Jorge Zahar Editor, 1988, p. 153.

16 PICASSO, Pablo. In: H. B. CHIPP: **Teoria da arte moderna**. São Paulo: Martins Fontes, 1996, p. 277.

Para que o vazio da jarra possa receber o ato de libação, devem existir as fronteiras do barro que permitam envasar – tomando e retendo – o dom escançado do vinho teatral; caso contrário, o dom do vinho teatral se derramaria e ninguém conseguiria bebê-lo. É por isso que podemos criar a descontinuidade – e não é a única maneira, o que vimos ao longo do trabalho – quebrando a jarra, mas sabendo que ela mesma, novamente, se arruma, ergue-se das cinzas como a ave fênix. **O barro simbólico da quarta parede é o espaço, o limite que separa o palco do público**, que não só não é do campo da estética, senão, como tínhamos falado no capítulo 4, da estrutura, ou, caso se queira: **a quarta parede não é um problema estético, é ético**[17]. **Também é ética a ruptura da mesma, quando, com sua descontinuidade, nos metaforiza a própria estrutura do sujeito humano.**

O belo não é tão belo; no entanto, é belo

A introdução acima vem nos trazer duas coisas: uma, que a Coisa criação tem a ver com um vazio e a outra, que a outra cena manca para falar d'Isso, do que é sair do campo das relações sexuais dos animais e entrar no campo das relações humanas, principalmente sexuais e faladas.

Estética vem do grego *aisthesis*: relativo às sensações, órgão dos sentidos, e sempre esteve unida à ideia sobre o sentido do belo: "Não pode haver nenhuma regra de gosto objetiva que determine por conceito o belo. Pois todo juízo desta fonte é estético; isto é, o sentimento do sujeito, e não um conceito de um objeto, é o seu fundamento-de-determinação"[18]. Para Kant, até a beleza natural está sujeita a ser apreciada como belo. Para Hegel, o belo está relacionado ao espírito, à autonomia criativa do espírito, em oposição à necessidade da natureza. Então, no caso de Kant, a análise do belo não nos seria atribuída por uma lógica objetiva, pois passaria pela subjetividade de um sujeito, enquanto em Hegel o espírito age na natureza e na sensibilidade, transformando-as para transformar-se. Hegel, ao privilegiar o trabalho espiritual no belo

17 No anexo "Algumas considerações sobre o teatro pós-dramático", continuaremos a desenvolver essas questões.

18 KANT, Immanuel. Analítica do belo. In: **Pensadores**. São Paulo: Abril Cultural, 1980, p. 231-232.

artístico, privilegia o trabalho intelectual, o ideal, isto é, o belo artístico nos aparece *lógico e racional*[19].

> A produtividade artística exige a indivisão do espírito e do sensível. Aos produtos desta atividade chamamos nós criações da *fantasia*. Nela se exprime o espírito, o racional, a espiritualidade que torna o seu conteúdo consciente graças a elementos sensíveis[20].

Agora, se pensarmos o sujeito como o estivemos pensando ao longo do trabalho, como sujeito cindido, sujeito do paradoxo, a coisa se complica um pouco mais. Já não se trata só daquele que recebe a obra, senão daquele que cria. Voltando a Picasso, *d'ordure on fait l'or dur de la création*, algo de merda há na beleza do criado, "onde há uma acumulação de dejetos em desordem há homem"[21]. Para o ator, que se sustenta no dom, esses dejetos, esses *ordures* estão na base de sua sustentação, já que o dom tem origem na pulsão anal, sendo dela um derivado, uma metáfora, metáfora do pedaço que se desprende do corpo, as fezes, que num momento a criança doou à sua mãe a pedido dela. **Atores, doem à Mãe Cena *l'or dur* feito *d'ordure*.**

O *Real-Unheimliche* e a mulher

É assim que a merda do criado bufão sustenta a beleza real. Não se trata de um simples jogo de palavras, trata-se em especial disto: porque o bufão, esse ser tão *Unheimliche,* podia dizer o que dizia porque o *mesmo dito que, saído da boca do sapiente, seria castigado com pena capital, proferida pelo louco vai dar ao príncipe um prazer incrível.* Vimos isso no capítulo "O bufão nosso de cada dia"; poderíamos entender um rei sem seu "louco", o Quixote sem seu Sancho, Antonius Blöck sem seu escudeiro Jöns[22] e o *clown* branco sem seu Augusto? O que seria de Dean Martin sem Jerry Lewis? Há algo em tudo isso

---

19 ROSENFIELD, Kathrin H. **Estética.** Rio de Janeiro: Jorge Zahar Editores, 2006, p. 40.

20 HEGEL, Georg Wilhelm Friedrich: **Estética: a ideia e o ideal**. In: Pensadores. São Paulo: Abril Cultural, 1980, p. 118.

21 LACAN, Jacques. **Seminário VII**: a ética da psicanálise. Rio de Janeiro: Jorge Zahar Editores, 1988, p. 284.

22 Personagens do filme **Sétimo Selo**, de Ingmar Bergman. Max Von Sydow (Antonius Block), Gunnar Björnstrand (Jöns).

que nos interroga: o que seria do sublime da beleza sem o horrendo da pulsão? Parecem duas caras de uma mesma moeda, ainda que sejam caras separadas pelo abismo do desejo. Esse que pode deslumbrar-se pela fantasia do belo: o "belo na sua função singular em relação ao desejo não nos engoda, contrariamente à função do bem. Ela nos abre os olhos e talvez nos acomode quanto ao desejo, dado que ele mesmo está ligado a uma estrutura de engodo"[23]. Esse belo se confunde com o fantasma que põe o desejo em movimento, mas, também, por sê-lo, o belo deixa uma fresta aberta por onde pode nos iluminar a escuridão do *Unheimliche*. Aí, pelo fato de a estética ter a ver com o desejo – e, poderíamos acrescentar, com a pulsão –, a Coisa implica... e complica. Só por isso é que começamos esse capítulo com *das Ding*.

Esse ominoso, esse estrangeiro (do francês *étranger*, *qui n'appartient pas a une famille, qui n'appartient pas à un organisme*[24]) não é familiar e nem pertence ao organismo... da consciência. E é verdade, ele é o recalcado, aquilo que volta sempre das mãos do clown Tony (Augusto). O puro belo, o belo sem surpresa, sem o outro lado é o belo que se confunde com o Bem. Por isso devemos escutar o poeta quando nos fala da mulher:

> uma mulher tem que ter qualquer coisa além da beleza, qualquer coisa de triste, qualquer coisa que chora, qualquer coisa que sente saudade, um molejo de amor machucado, *uma beleza que vem da tristeza de se saber mulher*[25].

Tristeza por quê? Porque essa beleza, esse falo deslumbrante, esculpido, pintado ao longo da história da humanidade, tem o *Unheimliche*, o medonho buraco que, na beleza dos escultores e pintores, ficou recalcado, recalcado bem lá no fundo do real. O inconsciente se *estrutura como linguagem*, isso quer dizer, como o Falo simbólico (Φ), que é interpretado pela criança como falo imaginário que todo mundo possui – premissa universal do pênis (ver: Complexo de Édipo: falo-castração). Realmente, todos estão marcados pelo Falo simbólico (Φ), todos falam, todos têm o falo-pênis da fala, inclusive a mulher. Por termos esse Falo-pênis é que todos estamos sujeitos à castração[26].

23 LACAN, Jacques. **O seminário, livro VII**: a ética da psicanálise. Rio de Janeiro: Jorge Zahar Editor, 1988, p. 291.

24 Que não pertence a uma família, que não pertence a um organismo. **Le petit Larousse**, p. 412.

25 MORAES, Vinícius de. **Samba da benção**, música de Baden Powell.

26 Essa premissa do Falo-pênis está desenvolvida em Complexo de Édipo: falo-castração.

Isso significa que, de partida, não existe registro dessa diferença. É a partir do Complexo de Édipo, então, que a mesma diferença – existente nos fonemas e letras – será confirmada ou não no corpo humano, cujo resultado será: Homem ou Mulher.

Então o interdito é da Coisa mãe. Assim, para o real inconsciente *a mulher não existe*. Por isso nos indica Simone de Beauvoir que as mulheres não nascem mulheres, constroem-se uma a uma. Assim como a morte, também não há registro da mulher no inconsciente. O reflexo dessa falta de registro é o Eros, isto é, a imortal libido. Então, o buraco, que nós sabemos não ser só da mulher, é aquilo que a mulher traz como *Unheimliche* e faz referência a uma insatisfação estrutural. A histérica tratou de nos dizer isso ao longo da história. Só Freud teve o "tempo" de escutá-la.

A mulher "dá", um dia falei numa mesa-redonda[27]. Dá o quê? Dá um buraco, o buraco da castração, o buraco da diferença. Isso, desde o real, confere à mulher seu poder simbólico, que hoje, infelizmente, está se perdendo. "Nunca a mulher foi tão pouco mulher, nunca o homem foi tão pouco homem. O raciocínio é simples – se a mulher é menos mulher, o homem será menos homem"[28], sentencia nosso grande dramaturgo. O *Unheimliche* de hoje parece estar reclamando o fato de que a mulher não tem mais buraco para "dar", ela também entrou no discurso fálico da completude. Poderíamos seguir falando da mulher – aliás, a humanidade não faz outra coisa a não ser isso –, porque ela encerra um enigma indecifrável. Inclusive, como nos diz Lacan no Seminário XX, indecifrável por ela mesma: seu gozo sexual, paradigma do real.

É por isso que a estética, que implica a ética dessa diferença, não pode esconder esse real que, apesar da insistência do recalque, retorna sempre. A Lei simbólica está para garanti-la, ela se faz portadora da pouca possibilidade que temos de lidar com essa Coisa maravilhosa que é a mulher, *uma beleza que vem da tristeza de se saber mulher*, de sabermos todos no samba da castração. Isso é o que a mulher "dá", dá a diferença, o lugar simbólico do homem. Talvez

27 Mesa-redonda sobre **As brumas de Avalon**, de Marion Zimmer Bradley, em Curitiba, 1986. A expressão "dá" surge como consequência do seguinte parágrafo: *E na hora da verdade, quando a luz se apagava, os homens não eram muito diferentes uns dos outros* (uma personagem de uma peça minha disse: "somos todos iguais, centímetros mais, centímetros menos"); *podiam ser controlados com absurda facilidade, eram dependentes daquilo que a mulher lhes podia oferecer.* Rio de Janeiro: Imago, 1986, v. 3, p. 4.

28 RODRIGUES, Nelson. **Flor de obsessão**. Rio de Janeiro: Companhia das Letras, 1997, p. 112.

aí esteja algo da verdade. Escutemos Nietzsche, bem pouco suspeito sobre a questão, nas primeiras palavras em *Além do bem e do mal*:

> Supondo que a verdade seja uma mulher – não seria bem fundada a suspeita de que todos os filósofos, na medida em que foram dogmáticos, entenderam pouco de mulheres? De que a terrível seriedade, a desajeitada insistência com que até agora se aproximam da verdade foram meios inábeis e impróprios para conquistar uma dama? É certo que ela não se deixou conquistar – e hoje toda espécie de dogmatismo está de braços cruzados, triste e sem ânimo[29].

Muito significativa essa metáfora utilizada por Nietzsche, já que nos parece que, em sua enunciação, ao pé da letra, o filosofar gira todo em torno da mulher, daquilo que falta como verdade do discurso filosófico, daquilo que, por não ser conquistado, deixa *de braços cruzados, triste e sem ânimo*, ou seja, faz brochar. Depois de tudo, já alguém tinha falado que a filosofia nasceu no homem porque era ele quem tinha que dar conta do ato sexual, era o membro dele que devia vencer a "gravidade" da situação, não haveria possibilidade de engano. No caso da mulher, sabemos que é bem diferente, apesar de que, hoje, está tudo parecido.

Freud, em seu artigo "O motivo da escolha do cofre", nos diz que três são as mulheres na vida do homem:

> a mãe mesma, a amada que ele escolhe à imagem e semelhança daquela, e por último a Mãe Terra [...]. O homem velho em vão se afana pelo amor da mulher, como o recebera primeiro da mãe, só a terceira das mulheres do destino, a calada deusa da morte, o acolherá nos seus braços[30].

Nas línguas latinas a "morte" é feminina. A mulher, ao nos trazer a diferença, nos torna a todos sexuados, isto é, mortais. Vejamos como o "buraco" feminino tem tudo a ver com o buraco que prepara o coveiro, escutemos a Senhora Peachum falando do Mac Navalha, que trata de fugir da polícia, mas

---

29 NIETZSCHE, Friedrich. **Além do bem e do mal**. Rio de Janeiro: Companhia das Letras, 1998, p. 7.

30 FREUD, Sigmund. **El motivo de la elección del cofre**. Obras completas, Ediciones Amorrortu, v. 12, p. 317.

sempre acaba no mesmo lugar – o prostíbulo –, onde é traído: "Buraco da mulher se lhe tornou / Em tal buraco que o coveiro abriu"[31].

É nessa mortalidade que radica uma estética ética. É a estética da carência do objeto, essa que provoca angústia e que...

> como o afeto por excelência, atesta o "Não" do *Unheimliche* como o "Não" da estética do desejo, pois revela algo subjacente à própria constituição do sujeito e que testemunha a falha estrutural, o amálgama pulsional entre Eros e Thánatos, a privação de sentido diante da ausência do objeto[32].

A estética do desejo é negatividade, encerra um paradoxo, a beleza esconde violência, a agressividade do narcisismo primário, o que quer dizer: o Belo mantém e esconde esse estranho em nós[33]. Essa é a estética da falha e da incompletude, essa em que o desejo junta-separa Eros e Thánatos, Belo e Horroroso, Bem e Mal, personagem e ator, já que o desejo em sua cegueira nunca se *sabe para onde está indo*[34]. O andar do desejo cego atrás do fantasma, desse engodo, dessa ficção, na qual se sustenta o aparelho todo, já que o "sujeito se situa a si mesmo como determinado pela fantasia"[35]. Essa fantasia é a estruturação simbólica-imaginária que vem obturar o real pulsional, vem tratar de traduzir Isso, mas muito d'Isso não tem tradução, escapa do simbólico, porque, apesar do véu, do sonho, do devaneio que põe tudo em movimento,

---

31 BRECHT, Bertolt. **A ópera dos três vinténs**. In: Teatro completo, volume 3, Rio de Janeiro: Paz e Terra, 1988, p. 81.

32 FRANÇA, Maria Inês. **Psicanálise, estética e ética do desejo**. São Paulo: Perspectiva, 1997, p. 145.

33 Stanislavski nos dirá, referindo-se ao "se" mágico, que *o bom é que o assombroso "se" cria um estado que exclui a violência* (STANISLAVSKI, Constantin. **El trabajo del actor sobre sí mismo en el proceso criador de las vivencias**. Buenos Aires: Ed. Quetzal, 1980, p. 90). A alegoria é um *dizer outro* que cria um outro lugar onde pode operar a sublimação.

34 LACAN, Jacques. **Escritos**. Rio de Janeiro: Jorge Zahar Editores, 1998, p. 796. A frase completa de Lacan é a seguinte: *O que podemos introduzir, aqui, relembrando o que ensinamos sobre o desejo, a ser formulado como desejo do Outro, por ser, originalmente, desejo de desejo. O que torna concebível a harmonia, mas não sem perigo. Pela simples razão de que, ao se ordenarem numa cadeia que se assemelha à procissão de cegos de Breugel, cada um, sem dúvida, tem a mão na mão daquele que o precede, mas ninguém sabe para onde todos estão indo.* Está se referindo ao quadro *Parábola dos cegos*, de Breugel.

35 LACAN, Jacques. **Seminário XI**: os quatro conceitos fundamentais da psicanálise. Rio de Janeiro: Zahar Editores, 1979, p. 175.

é a própria causa, o objeto *a*, é a falta de significante que mantém a cavalgada dos significantes.

É impossível não falar de ética, porque aí a Coisa se coloca para o sujeito. Como? Um sujeito é sempre o seu-jeito para com a Coisa, quando não um sem-jeito para com a Coisa. É um seu-jeito / sem-jeito, isto é, um jeito-não--todo. Há algo que interdita, há uma Lei. Isso é o **jeito da castração**, tão diferente do nosso jeitinho malandro. É o que desenhava Nietzsche quando nos disse que *além do Bem e do Mal* está o *poder da força*, força espiritual, por cima, além do que a moral demanda.

Antígona e a visada do desejo

Retomando o Belo, podemos dizer que ele "é totalmente diferente do objeto [...] a função do belo [...] como sendo a visada do desejo"[36]. A partir do Belo o desejo nos visa, nos ilumina, a partir do buraco de que falávamos anteriormente e que se pode presentificar na caveira de Holbein. O Belo da vida nos descobre e apazigua, enquanto o horrendo da morte é que nos inquieta. É como caminha Antígona, entre esses dois campos, é como brilha sua beleza. Ela será enterrada viva, ela será uma viva-morta. É a peça teatral mais retomada ao longo da humanidade, a que mais versões sofreu, sendo que uma delas é de minha autoria. Mas por que tanta recorrência? Por que tanto retorno? Por que a morte nos horroriza ao mesmo tempo que nos fascina? "É na travessia dessa zona que o raio do desejo se reflete e, ao mesmo tempo, se retrai, chegando a nos dar esse efeito tão singular, o mais profundo, que é o efeito do belo no desejo. [...] Daí as duas faces. Extinção ou temperança do desejo pelo efeito da beleza, [...] por outro lado, essa disrupção de todo objeto"[37]. O que faz uma espécie de *Verfremdung, lapso de imagem* da vida. A beleza é o amor, a morte é o que ela carrega, o desejo: "o amor perdoa o ser amado até o desejo"[38]. Ou

---

36 LACAN, Jacques. **Seminário VII**: a ética da psicanálise. Rio de Janeiro: Jorge Zahar Editores, 1988, p. 311.

37 LACAN, Jacques. **Seminário, livro VII**: a ética da psicanálise. Rio de Janeiro: Jorge Zahar Editor, 1988, p. 302.

38 NIETZSCHE, Friedrich. **A gaia ciência**. Rio de Janeiro: Companhia das Letras, 2001, p. 99.

como nos diz Riobaldo: "Quem ama é sempre muito escravo, mas não obedece nunca de verdade"[39]. A morte como construção do novo, como criação:

> esse povo ao quebrar, cujo sangue sem vigor.
> Esse povo precisa da morte mais do que se possa supor[40].

Esse povo tem que mudar seu destino, precisa criar. Aí está o trágico. Essa fronteira da qual nos falava Lacan: "**a partir do nada**, do **ex-nihilo**, é nesse ponto [...] que um pensamento que se quer rigorosamente ateu se sustenta. Um pensamento rigorosamente ateu se situa na perspectiva do criacionismo, e em nenhuma outra"[41]. Essa é a posição ética. Para dar vida ao personagem não é preciso remeter o ator a seu próprio passado, como Grotowski fez com Ryszard Cieslak, na montagem do *Príncipe Constant*[42]. Não precisamos da história factual do ator, mas, sim, precisamos recorrer à história recalcada do sujeito ator, que virá desse Outro em forma de sublimação, *d'ordure on fait l'or dure de la création.*

Lacan tomará Antígona como paradigma do desejo e da ética. Essa "inflexível [...] incapaz de se curvar ante a desgraça"[43], que irá até as últimas consequências atrás de seu *ímeros enarges*, desejo indestrutível. Ela não responde às leis dos homens, às *nomos khthonos*, nem sequer à *Diké*, a Justiça dos deuses. Ela responde à *Agrapta*, à lei não escrita, a que eu chamo de lei inscrita do significante de partida, significante Mestre, traço unário. Vejamos o que Antígona disse a Creonte:

> ANTÍGONA: Porque não foi Zeus quem a ditou nem foi
> A que vive com os deuses subterrâneos

39 ROSA, João Guimarães. **Grande Sertão: veredas**. Rio de Janeiro: Nova Fronteira, 1984, p. 516.

40 O personagem Paulo Martins, no filme **Terra em transe**, de Glauber Rocha.

41 LACAN, Jacques. **Seminário, livro VII**: a ética da psicanálise. Rio de Janeiro: Jorge Zahar Editor, 1988, p. 315.

42 Grotowski fala sobre essa criação: "Ryszad Cieslak jamais trabalhou sobre o sofrimento; o que ele trabalhou foi sobre associações do tempo de sua adolescência, e mais que associações, o fluxo de impulsos no corpo, impulsos ligados a uma lembrança amorosa". In: **Máscara, nº 12-12**. México: Escenologia, outubro de 1992-janeiro de 1993, p. 58. Isso deve vir sublimado, não precisamos mexer com frustrações. A primeira e fundante é a primeira de tudo que dará o oxigênio às frustrações e privações futuras, seja na ficção da vida ou mesmo na ficção teatral.

43 SÓFOCLES. Antígona. In: **Três tragédias gregas**. São Paulo: Editora Perspectiva, 1997, p. 62.

> Nem nas tuas ordens reconheço força
> que a um mortal permita violar aquelas
> não escritas (Agrapta) e intangíveis leis dos deuses.
> Estas não são de hoje, ou de ontem: são de sempre;
> Ninguém sabe quando foram promulgadas[44].

Condenada a duas mortes – ela será emparedada viva –, à morte real e à morte simbólica, ela não terá os rituais de praxe. Esses mesmos pelos quais, por fazê-los a seu irmão Policines, foi condenada. Lacan diz que ela está nesse limite – entre a vida e a morte –, nessa "pureza, essa separação do ser de todas as características do drama histórico, o **ex nihilo** em torno do qual Antígona se mantém. Nada mais é do que o corte que a própria presença da linguagem instaura na vida do homem"[45]. Isso que provoca a surpresa do Coro quando a vê tão *autonomos*, autônoma, tão livre, apesar da prisão em que está condenada.

Em *Agidi, uma Antígona brasileira*, uma Antígona negra, uma ficção científica, montada pela Companhia de Teatro PalavrAção da UFPR, a personagem Agidi – que em ioruba significa "vontade", "desejo" – será presa. Na prisão, a única que está entre as grades é ela, as demais presas estão livres, como o público que as rodeia. No momento em que é julgada, Agidi responde ao juiz, representante da demanda e das leis dos homens:

> AGIDI: Senhor Juiz, não acha que este teatro é muito canastrão, isto é, que a verdade está faltando?
>
> JUIZ: Há uma única verdade senhorita: não estava no direito de fazer isso. (Enterrar o irmão)
>
> AGIDI: Senhor Juiz, neste caso, não posso discordar, direito não tinha, mas deve concordar comigo que tinha todo o dever.
>
> JUIZ: Que dever é esse que passa por cima da lei?

Cena em Off
(Novamente gritos de torturado)

---

44 Ibid.

45 LACAN, Jacques. **O seminário, livro VII**: a ética da psicanálise. Rio de Janeiro: Jorge Zahar Editor, 1988, p. 338.

Cena no Tribunal

AGIDI: E que lei é essa que por cima do dever de enterrar os mortos passa? Suas leis, Senhor, são leis corriqueiras, mudam dependendo do vento. A minha não, é uma lei desde sempre e vêm de meus antepassados. Olodumaré em alguma parte do homem a inscreveu. Vocês acham que a justiça se escreve num papel, é na carne que a verdadeira justiça se escreve e não tem papel que consiga apagá-la.

E colocará a liberdade no campo dos limites do dever-ser:

JUIZ: O que eu estudei na vida toda é que cárcere e liberdade são antônimos, isto é, opostos.

AGIDI: Na Casa Grande é que a liberdade não está, é na Senzala que a gente adormece ao calor dela; é desde os grilhões que se constrói o sonho dos Quilombos. Liberdade não é só falar o que se pensa. Todo o mundo fala hoje e mínima importância se dá por isso. Liberdade é carregar os ferros das grandes prisões que te impõe tua escolha de palavra e de ação. Liberdade é como a música, que estando presa às notas pode sobrevoar o universo. Eu escolhi respeitar as leis ancestrais de Olodumaré, e hoje compreendo o que significa seguir o caminho que Orumilá-Ifá conhece[46].

Olodumaré é o deus supremo e responsável pela criação da língua. Foi o mais próximo que encontrei para acompanhar à *Agrapta*, grega. Os deuses gregos e do candomblé têm uma aproximação muito grande. Agidi, grávida, mas sabendo que a matariam no cárcere, decide, como Antígona, se enforcar. Está aqui outro ponto a ressaltar sobre a diferença entre Antígona e Creonte. Ela escolhe a morte, é desejante, é sujeito da ação. Diferente de Creonte que, como demandante, pede a morte:

CREONTE: Venha a mim a mais bela das sortes,
a que apague minha última luz:

---

46 MENGARELLI, Hugo Daniel. **Agidi**: uma Antígona brasileira. Peça montada, sob minha direção, pela Companhia de Teatro PalavrAção da UFPR, apresentada no TEUni (Teatro Universitário da UFPR), de maio a setembro de 2001.

> a melhor! Eia! Eia!
> E que nunca mais veja outro dia. [...]
> [...] Arrastai depressa este homem louco[47].

Uma coisa é escolher a morte, ser sujeito da ação. Outra é ser escolhido por ela, ser objeto da ação. Já em *O incrível retorno do cavaleiro solitário*[48], o Quixote brasileiro, esse caminho já estava indicado. Dom Quirino do Rio Grande encontra-se com o Desconhecido – uma referência à morte e ao inconsciente – e com ela joga taba, jogo dos pampas da América do Sul, que se joga com o calcanhar do gado. Uma clara referência ao cavalheiro Antonius Blöck jogando xadrez com a morte, em *O sétimo selo*. No filme de Bergman, é o cavalheiro que desafia a morte no xadrez quando ela vem buscá-lo. Em *O incrível retorno...* é o desconhecido que desafia Dom Quirino. No filme, se o cavalheiro ganhasse conseguiria fugir da morte, mas ela é quem ganha. Na peça, se o Desconhecido ganhar, Dom Quirino deverá ir com ele, mas se Dom Quirino ganhar é aquele que irá com Dom Quirino. Desse modo, o Desconhecido sempre ficará com Dom Quirino. O que parece um simples jogo é muito mais do que isso. Quem ganhará na taba será Dom Quirino, o que não é o mesmo que o Desconhecido, a morte, ganhe. Ganhar da morte não é o mesmo de a morte nos ganhar. Ganhar da morte é um prêmio, perder da morte é uma derrota. Freud nos diz: *Si vis vitam, para mortem*, se quer viver, prepara-te para morrer. Prepara-te para ganhá-la, saber ganhar a morte é ganhar a dignidade da vida. O desejo brilha aí como nos olhos da autônoma Antígona, como no olhar fixo e eterno de "El Che Guevara".

Mais além da moral, a ética

Sempre ressoam em mim as palavras do velho e amigo "Puncho":

> Quando alguém te vem a falar em moralidade, cuidado, porque virá com alguma imoralidade.

---

47 SÓFOCLES. Antígona. In: **Três tragédias gregas**. São Paulo: Editora Perspectiva, 1997, p. 87.

48 Peça de minha autoria. Teve duas montagens, uma oficial da Fundação Teatro Guaíra, agosto-setembro de 1994. A segunda correspondeu ao lançamento da Companhia de Teatro PalavrAção da UFPR, junto com o livro da peça. Abril-junho de 1997.

Por isso não é de surpreender a lúcida articulação que Lacan faz entre Kant e Sade. Mas por que pode nos surpreender e não surpreender quando Isso é mais corriqueiro do que imaginamos? Escutemos Mefistófeles:

> Sou parte da Energia
> Que sempre o Mal pretende e que o Bem sempre cria.

Seria então o Mal de Sade que faz o Bem de Kant ou o Bem de Kant que determina o Mal de Sade? Já vimos que Paulo só conheceu o pecado pela lei[49], isto é, entrou a lei e criou o pecado e tudo o que de marginal e violento ele encerra. Se Goethe fala da energia do Mal, diríamos que Kant – ainda que a sugira em sua análise do Sublime – trata de escamoteá-la, como no geral a filosofia clássica preocupou-se em fazê-lo.

Na *Crítica da razão prática*, Kant nos coloca diante da questão do *pathos*. É só "*a priori* através da *razão pura* (que) deve, por si mesma apenas, ser prática", que determinaria um "desejo superior, à qual está subordinada a que é patologicamente determinável"[50]. Noutras palavras, aquilo que é da ordem do *sentir*, ou seja, o que está relacionado *a um objeto* (*Objekt*) estará subordinado à razão prática. Essa razão prática – regida por Deus –, e como tal *a priori*, determina uma "lei moral [...] (que seria) o único princípio determinante da vontade pura [...] (que) abstrai, enquanto princípio determinante, de toda a matéria [...] de todo objeto (*Objekt*) do querer"[51]. Só aí seria possível a vontade para um *livre arbítrio*, a liberdade de escolha sem ser determinado pelos objetos sensíveis de *prazer* ou *desprazer* ou *indiferente*, já que esses devem passar por uma "representação", devem estar sujeitos a uma experiência e não poderiam ser considerados objetos *a priori*. A lei moral deve ser prévia à escolha do bem ou do mal (*Gut, Bose*); noutras palavras, "o conceito do bem e do mal não deve ser determinado antes da lei moral [...] mas apenas [...] segundo ela e por ela"[52]. Essa lei é fundamental para a razão pura, essa "lei moral é um *imperativo* [...] designa [...] uma ação chamada *dever* (*Pflicht*)"[53] e torna-se máxima universal:

---

49 PAULO, **Romanos.** 7-7.

50 KANT, Emmanuel. **Crítica da razão prática.** Lisboa: Edições 70, 1994, p. 35.

51 Ibid., p. 127.

52 Ibid., p. 77.

53 Ibid., p. 44.

> Age de tal modo que a máxima de tua vontade possa valer sempre ao mesmo tempo como princípio de uma legislação universal[54].

Porque "só então é que o princípio prático e o imperativo a que obedece podem ser incondicionais, porque não têm interesse algum sobre que se fundem"[55]. É dizer que o

> essencial de toda a determinação da vontade mediante a lei moral é que ela, como vontade livre, será determinada unicamente pela lei, por conseguinte, não apenas sem a cooperação das impulsões sensíveis, mas até com a rejeição de todas elas e com a exclusão de todas as inclinações, enquanto elas se poderiam opor a essa lei. Nesta medida, pois, o efeito da lei moral como móbil é puramente negativo e, enquanto tal, este móbil pode ser conhecido *a priori*[56].

Noutras palavras, o "imperativo **categórico** [...] não se relaciona com a matéria da ação e com o que dela deve resultar, mas com a forma e o princípio de que ela mesma deriva [...] esse imperativo pode-se chamar de imperativo **da moralidade**"[57]. É claro que Kant nos coloca numa travessia. O que interessa dela, diríamos com Jacques-Alain Miller, é que ele articulou o **B** (Bem supremo) como barrado (**B̸**), um Bem supremo não-todo, ou seja: um ideal do eu comandado pelo supereu – algo assim como condenados à cruz –, mas não articulou o A̸ (Outro barrado). Noutras palavras, essa travessia não é atravessada pelo real. Esse outro, Deus, não é barrado, é um Deus simbólico que, *a priori*, nos garante de qualquer real que possa nos surpreender; mas, mesmo assim, o recalcado retorna, não há como fugir do bufão Sade. Kant, na segunda crítica – *Crítica da Razão Prática* –, não tinha desenvolvido seu trabalho sobre o Sublime, que, vimos no capítulo 5, pelo menos algo de real encerra. É justamente o que nos traz Sade, isto é, aquilo que torna Deus um Deus barrado, um Deus não todo, ou, se se quiser, para completá-lo, só com o Diabo do real, que bem a mulher representa.

Encontramos que o desejo é colocado por Kant como algo "puro", isto é, sem contaminação. Acontece que o desejo é um ginete cego que trata de

54 Ibid., p. 42.

55 Ibid., p. 138.

56 Ibid., p. 88.

57 Ibid., p. 126.

domar o cavalo indômito da pulsão – esse recalcado que é esquecido por Kant, e o próprio ginete é movimentado ao montá-lo. Até que, às vezes, consegue domá-lo, mas em muitas outras não – que *Hiroshima*, *Auschwitz-Birkenau* ou mesmo *Wall street* nos falem. É isso que leva Schopenhauer a afirmar: "A história mostra-nos a vida dos povos, e ali encontra apenas guerras e rebeliões para nos narrar; os anos de paz nos aparecem tão somente breves pausas, entre atos, aqui e ali"[58].

Vejamos agora como a universalidade sadiana se encaixa na outra face da moeda kantiana, uma universalidade com forte apelação categórica:

> Você está neste mundo para gozar, o único limite ao prazer deve ser o limite da sua força, da sua resistência física, da sua vontade[59].

Aqui estamos diante de um **imperativo categórico** e **universal**. "Oh! sinceramente! Eu só peço a Eugênia que me deixe fustigá-la tão fortemente quanto eu mesmo quero sê-lo. Vê que eu me submeto à lei da natureza"[60]; "quero que lhes seja permitido (às mulheres), como aos homens, o gozo de todos os sexos e de todas as partes de seus corpos"[61].

Até aqui poderíamos continuar com a "democracia", que é o horizonte sadiano – coisa que não entenderam os franceses, que o levaram a suportar 40 anos de reclusão: "Franceses, mais um esforço se quereis ser republicanos"[62].

Mas poderíamos ver o Diabo como democrático, esse gozar a qualquer preço, como algo permitido a todos, por **direito**?

> Tenho o direito de gozar de teu corpo, pode dizer-me qualquer um, e exercerei esse direito, sem que nenhum limite me detenha no capricho das extorsões que me dê gosto de nele saciar[63].

Essa especial exigência do direito nos levanta uma questão: não estaríamos, hoje, vivendo o mundo do direito? Não é por ele que mais se reclama? Não

---

58 SCHOPENHAUER, Arthur. **De sofrimento do mundo**. São Paulo: Editora Martin Claret, 2002, p. 114.

59 SADE, Marquês de. **A filosofia na alcova**. Salvador: Ágalma, 1995, p. 69.

60 Ibid., p. 127.

61 Ibid., p. 174.

62 Ibid., p. 143: *"Français, encore un effort si vous voulez être républicains"*.

63 SADE, Marquês de. In: LACAN, Jacques. **Escritos**. Zahar Editor. Rio de Janeiro, 1998, p. 780.

estaríamos hoje atingidos pelo iluminismo sadiano? Aqui se abre uma questão muito interessante, sobre a qual o filósofo do Direito Hans Kelsen tem algo a nos dizer. Há um direito "objetivo", normas que regulam as relações dos homens na sociedade, e o direito "subjetivo", aquele que "se refere à afirmação de que um indivíduo tem o direito de se conduzir de determinada maneira"[64]. Até aqui, Sade tem toda razão em falar do direito – um direito subjetivo, que ele pretende que seja objetivo –, mas é necessário aclarar que essa conduta estabelece diante do "conteúdo do 'direito' [...] uma 'pretensão' correspondente ao dever"[65]. Noutras palavras, para que um direito possa entrar em ação, é necessária a "ação" de "dever" do outro ou dos outros. Eles podem responder com uma "ação" ou com uma "omissão": a primeira "consiste numa prestação do indivíduo obrigado ao outro indivíduo" e a segunda na "omissão de uma ação determinada do indivíduo obrigado – tal sucede, por exemplo, no caso do dever de não matar um outro indivíduo[66] – ou na omissão de impedir ou por qualquer forma prejudicar uma determinada conduta do outro indivíduo"[67]. Em todo caso, diante do "exercício do direito" subjetivo (e também objetivo), sempre se impõe um dever a um ou aos outros. É por isso que Sade entra em contradição: ora todo o mundo tem o direito, ora o direito sadiano coloca o outro numa tortura atroz:

> A ideia de ver um outro gozar como ele submete-o a uma espécie de igualdade que prejudica os inefáveis prazeres que o despotismo proporciona então [...] o homem que fode está longe de desejar ser útil aos outros [...] Ao contrário, praticando o mal, ele experimenta todos os encontros que sente um indivíduo [...] ele domina, ele é *tirano*[68].

Ora, fica claro que esse direito está impondo um dever tirânico, lembremos Freud: "o direito foi na sua origem violência bruta e ainda não pode prescindir de se apoiar na violência"[69]. Ainda podemos agregar que não se trata mais só de direitos:

---

64 KELSEN, Hans. **Teoria pura do direito**. São Paulo: Martins Fontes, 1997, p. 141.

65 Ibid., p. 142.

66 Poderíamos dizer, no caso de não se sujeitar ao "direito" sadiano.

67 Ibid., p. 141.

68 SADE, Marquês de. **A filosofia na alcova**. Salvador: Ágalma, 1995, p. 199.

69 FREUD, Sigmund. **Por qué la guerra?** Obras Completas, Buenos Aires: Amorrortu Editores, 1990, v. XXII, p. 192.

> neste caso se fala de direito subjetivo ou de uma pretensão de um indivíduo, como se este direito ou esta pretensão fosse algo diverso do dever do outro (ou dos outros), cria-se a aparência de duas situações juridicamente relevantes onde só uma existe[70].

Ou seja, não há direito sem dever. Mas o que Sade demanda em seu direito é o

> dever de tolerância [...] (que) é designada de "gozo" de um direito [...] quando se trata de tolerar, por parte do outro, o consumo ou aniquilação de uma determinada coisa[71].

É o "'gozo' de um direito" para o direito de gozar. Mas esse "dever de tolerância" não implica necessariamente que o outro tolere, bem pode fazer "omissão" a esse pretendido gozo sadiano.

O "dever ser" de Kant é da ordem da moral, enquanto a demanda de Sade aparece como da ordem do jurídico ("Franceses, mais um esforço se quereis ser republicanos"), mas, também, é da ordem da Moral, pois ele não escapa de estar "de acordo [...] é próprio para favorecer com os bons costumes"[72]. Em latim, *Moris*, de onde deriva *Moralis*, moral, significa, entre outras coisas: "uso, costume, direito consuetudinário [...] lei, regra, [...] vontade, desejo", o que cabe perfeitamente para a demanda sadiana. Então, fica claro que o direito e o dever são uma só e a mesma coisa, ou, outra maneira de dizer: Sade – e seus "direitos" – e Kant – e seus "deveres" –, ambos morais, são as duas caras da mesma moeda. Lembrando novamente Paulo, feita a lei, feito o pecado, foi pela lei que Paulo conheceu o pecado; poderíamos parafrasear: é por Kant que conhecemos Sade. O lado sadiano é o lado recalcado da lei kantiana, mas todo recalque retorna colocando em movimento a fantasia (ver: Fantasma)[73] que, como sabemos, por sua vez, põe em movimento o desejo. Lembrando o cavalo pulsão e o ginete desejo, poderíamos dizer que a força indômita pulsional faz fantasias de cabriolas que põem em movimento o ginete que deve domá-lo.

70 KELSEN, Hans. **Teoria pura do direito**. São Paulo: Martins Fontes, 1997, p. 142.

71 Ibid., p. 142.

72 **Grande Enciclopédia LAROUSSE CULTURAL**, Nova Cultural Ltda., 1998, 24 volumes, v. 17, p. 4078.

73 Freud usava em alemão o termo *Phantasie*, Fantasia; Lacan usa em francês o termo Fantasme, Fantasma. No grego, *phantasia*, assim como *fantasma* significa: "aparição, visão, sonho". Escolhi, nesse caso, Fantasia, porque melhor acompanha a ideia de algo "livre" e de "imaginação caprichosa".

Mas este nem sempre consegue e é arrastado pelo cavalo. Por isso, o desejo solta um pouco as rédeas tornando o patológico, às vezes, gostoso, nada gostoso para o "desejo puro" kantiano. Alguma coisa há que se dar a esse cavalo vulcânico, sob o risco de perdermos o cavaleiro; se isso acontecer, como vimos recentemente, a Coisa (*das Ding*) (ver: A Coisa e o objeto) toma conta[74]. Com um cavalo indócil e um cavaleiro cego...

> o que eu quero lhe dizer
> Que a coisa aqui está preta...
> a gente vai tomando que, também, sem a cachaça...
> a gente vai fumando que, também, sem um cigarro...
> a gente vai se amando, que, também, sem um carinho
> Ninguém segura esse rojão[75].

Então, pensando agora no ator e seu "rojão", podemos dizer que o ator deverá ser um cavaleiro vibrante, cego, porque ele deve agir "duas vezes antes de pensar", e corajoso, porque "deve pular sem redes", fazendo *d'ordure sadienne à l'or dur sublime kantien, mais sans oublier de l'étrange ordure qu'il faut pour faire le sublime or dur*. Insistindo: *Wo es war, soll Ich werden*, onde era o *ordure* sadiano advirá o *or dur* **sublime** kantiano. É essa a posição ética do ator, é com pinceladas de merda – como nos ensinou Lacan – que se faz o quadro... da personagem. Ninguém é de Deus sem ser também do Diabo:

> O céu está dentro da gente
> e está o inferno também
> a alma escreve seus livros
> mas ninguém os lê[76].

---

74 "Alguma coisa não pode ser sublimada, há uma exigência libidinal, a exigência de uma certa dose, de uma certa taxa de satisfação direta, sem o que resultam danos e perturbações graves. LACAN, Jacques. **Seminário VII**, a ética da psicanálise, p. 116-117.

75 BUARQUE, Chico e HIME, Francis. **Meu caro amigo**.

76 El cielo está dentro de uno / y está el infierno también, / el alma escribe sus libros / pero ninguno los lee. YUPANKI, Atahualpa: El cielo está dentro de mi.

O Sade nosso de cada dia

Há muito tempo a ética tem me levado a questionar meus moralismos, principalmente quando descobri algo do meu lado *Unheimliche* que deixaria arrepiado o próprio Hitler[77]. Isso foi me levando, junto à minha análise, para o caminho de *reconhecer* (um pouco) *o desejo* e não ficar preso à minha demanda de *desejo de reconhecimento*. A liberdade começou a se organizar como resposta somente quando entendi as palavras de meu analista: "Por que não aprende com seus personagens?". No seu ato de pensar, por que não aprende o que de **pensado** existe? **Don Riccardo Terzo**, essa resposta assume o risco de carregar um Sade, um bufão malquisto. *Don Riccardo Terzo*, peça de minha autoria, analisada no capítulo 5, é um exemplo de como o *ordure* sadiano pode se transformar em *or dur* teatral.

Em *O incrível retorno...* há uma cena que eu gostaria de rever, porque só hoje entendo por que a dirigi daquela maneira. O gaúcho, Dom Quirino, e o paraibano, Severino, vêm de uma de suas aventuras quando, no meio do caminho (do interior de São Paulo para a capital), encontram um casal dialogando. Eles se detêm, sem serem vistos, para presenciar a cena. O homem fala como um canastrão, como nessas velhas montagens que se faziam dos radioteatros que percorriam o interior. Ela é profundamente sensual e bonita.

> HOMEM: Eu lhe digo que não é bom nos encontrarmos dessa maneira.
> MULHER: Por quê?
> HOMEM: Que diria Francisco?
> MULHER: Ele não está.
> HOMEM: Ele é meu amigo.
> MULHER: A mágoa chega se alguém a empurra. Você pretende fazer isso?
> HOMEM: Não tenho nada a esconder.
> MULHER (APROXIMANDO-SE SEDUTORAMENTE): Por que não me esconde um pouquinho?
> SEVERINO: Esconde, esconde.
> DOM QUIRINO: Cala essa fedorenta, chirú!
> HOMEM: Você está bem guardada por um homem bom, honesto, e que a ama muito.

77 Sou Mengarelli por parte de mãe; meu pai é Billiger, judeu argentino de origem húngara.

MULHER: Não adianta que me ame, eu não o amo.
HOMEM: Nunca o amou?
MULHER (REFLEXIVA): Ah... acho que num tempo o amei.
HOMEM: E Agora?
MULHER: Agora? Sabe, estou um pouco cansada. Agora tem outro que não suporto quando me fura com os olhos.
HOMEM: Não suporta?
HOMEM: Não, quero que me fure com algo mais que os olhos.
SEVERINO: Fura, fu... (RECEBE UMA COTOVELADA DE DOM QUIRINO) Eta mulhé entupida.
DOM QUIRINO: Não vê que é uma sirigaita?!
SEVERINO (PARA O PÚBLICO): Eu não sei se é uma gaita de siri, mas tocaria um forrobodó do capeta.

Era interessante ver como o público, identificado com Severino, ria, se divertia e torcia para que os pensamentos de Severino se realizassem.

MULHER (SEDUTORA, MAS AGRESSIVA): Fala que não me desejas, fala que nunca teve pensamentos maldosos comigo!
HOMEM: Eu sempre lhe respeitei.
MULHER: Me desrespeite, me humilhe, me estraçalhe!
SEVERINO: Estraçalhe?! Ôxe! Essa mulhé doidó, quer sê escanchada.
HOMEM: Você não quer só passar para trás seu marido, você quer que eu traia meu melhor amigo.
MULHER: Me responda, pensou em me levar pro mato, me acariciar deixando-me um ouriço e aí espetar (ACARICIA-O, BEIJA-O) tua lasciva? Fala! Não quer descobrir os mistérios de minhas grutas?
SEVERINO: Eh... essa mulhé é ecológica.
HOMEM: Sem dúvida que quero percorrer tuas grutas, descobrir teus gemidos, não sou ameba para ficar me bolinando. (ELA COMEÇA A BEIJÁ-LO) Sim, estou caindo nas tuas redes (ELE A ABRAÇA FORTEMENTE. LOGO SE SEPARA, BRUSCAMENTE) Mas nunca conseguirá que traia meu melhor amigo. (VAI EMBORA).
SEVERINO: Santo Padim Ciço, essa mulhé é de fudelhança. *Sir*, tô decidido tenho vontade de tirá minha sodade.

DOM QUIRINO: Fica quieto, matuto ao léu, aprenda um pouco a ser homem.

SEVERINO: *Sir!*

DOM QUIRINO: Sim.

SEVERINO: Será que posso aprende com a moça?

DOM QUIRINO: Ser homem é saber a hora de dizer não. Nada vale uma amizade? (SEGURANDO SEVERINO PELO PESCOÇO) E tu, o que farias com a Clementine[78] numa situação dessa?

SEVERINO: Eu num conheço Clementaim.

DOM QUIRINO (SACUDINDO-O): Eu perguntei o que faria?

SEVERINO: Nada, *Sir*, nada.

DOM QUIRINO (CONTINUA SEGURANDO-O): Por quê?

SEVERINO: Por quê?!

DOM QUIRINO (SACUDINDO-O): Sim, por quê?

SEVERINO: Porque sou seu amigo. (DOM QUIRINO SOLTA-O).

DOM QUIRINO: Então tu és homem. (SEVERINO FICA CONTENTE) Agora pergunta o que eu faria com tua mulher Teresa. SEVERINO (PEGA PELO PESCOÇO A DOM QUIRINO): Que faria com minha... (DOM QUIRINO SE SOLTA)

DOM QUIRINO: Tu és patola, Tchê! (ARRUMANDO-SE) Com uma assanhada dessas sou homem suficiente para sacar um peludo.

SEVERINO: O senhor sacaria o peludo com a Teresa?!

DOM QUIRINO: Sacar um peludo é sair de um problema. Tu não entendes, *Tonto*?[79] Quando a palavra não se cumpre, quando se perde o compromisso, fica descarregada, como descarregado fica um condenado, sem esperanças.

SEVERINO: O *kumessabe*[80] qué dizê que a palavra é como uma arma?

DOM QUIRINO: Assim é *Tonto* Velho, quando as palavras ficam sem balas, só restam as balas dos *guns*.

SEVERINO: Gans?

---

78 Clementine seria a Dulcinea del Toboso, do Quixote. É a personagem do filme *My Darling Clementine* ("Paixão dos fortes"), de John Ford. Dom Quirino, assim como Dom Quixote, tinha enlouquecido pelos romances de cavalaria, enlouqueceu pelos filmes de *farwest* dos anos quarenta e cinquenta.

79 Tonto, o companheiro de *Lone Ranger*, o *Zorro*.

80 Como Tonto chama Zorro. No original é *kemussabe*.

DOM QUIRINO: Armas de fogo. A palavra cria compromissos e de seus cumprimentos nasce o respeito, a confiança e a amizade[81].

Aqui o público já não ria, estava do lado de Dom Quirino.

Vejamos algumas questões dessa cena. A primeira é a identificação do público, assim como vimos em Hitchcock e em Godard, no capítulo 4. O público ora está de um lado, ora do outro. Aqui podemos notar que está ora do lado de Severino, ora do lado de Dom Quirino, mas acaba sendo consciente de sua nova posição. No final da cena, o público estava taciturno e meditativo, como se descobrisse que algo *Unheimliche* o tinha atravessado. O *Thaumatós,* a surpresa advém e a risada proferida por ele retorna como mensagem invertida. Quer dizer, o público riu de si mesmo[82]. É claro que muitos se sentiram frustrados, teriam aplaudido mais se o Homem transasse com a Mulher. Mas, de todos os modos, o efeito pôs o público a pensar, ainda que fosse para confirmar sua posição perversa. Porque é disso que se trata: a cena nos fala de um interdito, aquele que tanto chamava a atenção de Lacan, ao vê-lo no amor cortês. Porque o desejo é da ordem do "não realizado", isto é, haverá sempre um "mais de gozar", um "ainda", que mantenha o sujeito desejante. Isso desde que o interdito tenha vigência.

O interdito parece ser hoje o inter-dito da perversão

O interdito (ver: Complexo de Édipo: falo-castração), aquilo que está relacionado ao limite imposto pela castração, encontra-se presente no filme *Shane* ("Os brutos também amam"), de George Stevens. Ali a paixão de *Shane* (Alan Ladd) e *Marion* (Jean Arthur) não avança, está interditada pela amizade do solitário *gunfighter* com *Joe* (Van Heflin) e pela história dela com seu marido, o mesmo Joe. Aqui, também, o desejo e a posição ética, que advêm quando ele comanda, estão fortemente marcados pela morte. No final, os amigos brigam ferozmente para ver qual dos dois irá morrer, ao ter que enfrentar os *Ryker*. E uma professora me comentou sobre *Shane*: "como envelhecem certos filmes.

81 MENGARELLI, Hugo. **O Incrível retorno do cavaleiro solitário**. Curitiba: PROEC-UFPR, 1997, p. 52-55.

82 Essa cena estabelece essa surpresa, o maravilhoso, isso inesperado que Brecht demanda do *Verfremdungs-Effekt.*

Eu lembro que tinha gostado muito. Hoje, acho que é velho demais". Velha demais também é a denegação, mesmo a renegação.

Não é de surpreender que *Greek* ("À grega"), de Steven Berkoff, tenha conseguido tanto sucesso na Europa. Parece que nossa época está marcada pela permissão e, assim, a Coisa se tornaria possível. Há que gozar, no sentido perverso do termo, a qualquer preço. Como já tínhamos visto do Marquês de Sade: "Você está neste mundo para gozar, o único limite ao prazer deve ser o limite da sua força, da sua resistência, da sua vontade"[83]. E detrás disso foi Berkoff. Escutemos as últimas palavras de *Eddy*, versão "atual", questionável, de Édipo, encerrando a peça:

> EDDY: [...] Eu corro e corro com a pulsação acelerada e os pés batendo com força no chão, é amor que eu sinto, é amor, não importa que forma ele tome, é amor que eu sinto pelo seu seio, pelos seus mamilos duas vezes sugados / pelo seu ventre duas vezes conhecidos / por suas mãos duas vezes acariciadas / por sua respiração e seu hálito duas vezes sentidos, pelas suas coxas, pela sua buceta duas vezes conhecida, uma vez a partir da cabeça outra vez a partir do caralho, buceta bem amada de minha santa mãe esposa / amada fonte de sua existência / saída do paraíso / entrada do céu[84].

Pelo menos na peça parece que Berkoff se encontrou com a Coisa e que a mesma resulta no atingir o "céu", isto é, ele atingiu o Bem supremo. Nietzsche não era muito a fim de ficar no "céu", pois nos diz que "o bem supremo era o mal supremo"; esse "céu" passa a ser, então, um "inferno". Isso é assim para nós humanos. Se fosse meu poodle que não é perverso, eu entenderia, porque ele chegou a ter relações com a mãe e não ficou cego. Por quê? Porque ele não entende nada de transgressão nem de interdito. Ninguém precisa montar seu cavalo, ele já vem programado, só que às vezes recebe pedradas das mãos do homem. É o interdito que hoje está falhando, aquele que nos aparece em *Il Maestro de Violino*, de Domenico Modugno. Escutemos o cantor e compositor italiano:

> *(Parlato)* (Falado)
> – *Allora è pronta signorina?* (Então, a senhorita está pronta?)

83 MARQUÊS DE SADE. **A filosofia na alcova**. Salvador: Ágalma, 1997, p. 69.

84 Tradução de Marcelo Marchioro.

– *Si Maestro* (Sim Maestro)
– *Correga la posizione dell'archeto* (corrija a posição do arco)
fa la mi re mi fa
attenzione al mi (atenção ao mi)
sol si fa
sol la si
la si do la fa

Che cosa me sta succedendo (que coisa esta me acontecendo)
una tenerezza que (uma ternura que)
io non ho provato mai (que não é provado nunca)
lo so che mi sto innamorando (sei que estou me apaixonando)
ma non ho Il coraggio di (mas não há coragem de)
confessarlo neanche a me (confessá-lo nem a mim mesmo)
innamorato di te (apaixonado por você)
ed ho trent'anni di più. (e com trinta anos a mais)
Tu perché (por que você)
guardi me (me olha)
hai capito già (entendeu já)
io vorrei de (eu gostaria de)
dirti che (dizer-lhe que)
forse tu lo sai (talvez você o saiba)
um bene segreto e profondo (um bem secreto e profundo)
uma cosa dolce che (uma coisa doce que)
io nascondo dentro me (escondo dentro de mim)
l'àmore più grande del mondo (o amor maior do mundo)
nato troppo tarde ormai (nascido já muito tarde)
per um uomo como me (para um homem como eu)
innamorato de ti (apaixonado por você)
ed ho trent'anni di più (e com trinta anos a mais)

(Parlato) (falado)
– *Bene, allora ci vediamo* (Bem, então nos veremos)
dopo domani,signorina (depois de amanhã, senhorita)
– *No maestro* (não maestro)
Giovedì, allora? (Quinta-feira, então)
– *Não maestro non verrò più* (Não maestro, não virei mais)

Perchè? Há deciso de non (Por quê? Decidiu não)
continuare a studiare? (continuar estudando)
– No maestro.
– *Ma perchè, allora?* (Mas, por que, então?)
– *Perchè...* (porque...)
sono innamorata di lei. (estou apaixonada pelo senhor).

A estrutura da composição nos mostra dois momentos: um, o diálogo do Maestro com a aluna, ao começo e ao final – isso que é falado –, e a parte cantada, que representaria o pensamento-sentimento do maestro. Se algo nos aparece claro é a presença de uma impossibilidade para o maestro: um amor *nato troppo tarde ormai... ed ho trent'anni di più.* Com a *signorina*, parece que há algo também a impede: é evidente que não seria por estar apaixonada pelo maestro – em outro caso, talvez, dificilmente *laceria Il maestro* (abandonaria o maestro) –, o que também notamos é um impossível, talvez na linha do Maestro; só que *ed ho trint'anni di meno* (... trinta anos a menos). Aliás, bem poderia ser a diferença entre a *signorina* e seu pai. Noutras palavras, essa relação é mediada pelo interdito; bem diferente do "felizardo" de Berkoff.

Numa charge de Quino, podemos notar como "o trabalho dá saúde" à custa da merda da guerra.

Quino nos traz uma enorme fábrica de armamentos, com homens trabalhando e montando fuzis, metralhadoras, foguetes, tanques, canhões. Vemos à direita, em cima, um escritório, onde um homem está ao telefone. Atrás dele podemos ler o provérbio: "O trabalho dá saúde".

Isso nos faz lembrar muito *Arbeit macht Frei*, "o trabalho te liberta", que se destacava no portão de entrada em *Auschwitz.* Como podemos ver, os campos de concentração ainda nos acompanham. Não seria isso uma dimensão do real, seguindo Alain Badiou: "Que o horror não é senão parte de um aspecto, e a morte parte deste"[85]?

85 BADIOU, Alain. **Le siècle**. Paris: Éditions du Seuil, 2005, p. 36. "Que l'horreur n'en est jamais q'un aspect, et que la mort en fait partie".

Estilo, verdade do desejo

Temos falado em **verdade**, uma verdade não toda. Não toda, porém verdade. Uma verdade que nos funda socialmente e outra verdade que é desconhecida, mas, no entanto, carregamos. É essa verdade que faz com que a outra seja meia verdade ou não toda. Badiou chama de "verdade" (uma verdade) "ao processo real de uma fidelidade a um acontecimento"[86]. Por ser um processo real, há nele a imanência de uma "ruptura", é nesse acontecimento que a verdade emerge. O sujeito é o "suporte" dessa fidelidade. Há algo aí que vem a pôr em questionamento os "saberes estabelecidos"[87], é a repetição que traz o novo. É a repetição de uma verdade desconhecida, a verdade que põe tudo em movimento – verdade de um cavalo indômito que trata de ser lida e traduzida por um ginete cego. Por isso, o sujeito deve *não ceder em seu desejo*, porque só dele é que pode vir algo dessa verdade, e que Badiou traduzirá por "não ceder daquilo que não se sabe sobre si mesmo"[88]. Algo dessa verdade real-inconsciente pode advir nesse acontecimento, como vieram a aparecer, em minhas obras, certas verdades por mim desconhecidas. Verdades que deixam clara a *consistência* de um "enlace do sabido pelo não-sabido"[89]. Isso nos leva a entender a ética como a que carrega na consciência a verdade real do inconsciente, sendo este aquilo que escapa do *hic et nunc*, aqui e agora. Só *après coup*, só depois, às vezes, podemos ter acesso a algo dessa verdade. O estilo é, então, carregar essas coisas, o que nos diz, justamente, Nietzsche:

> "Dar estilo" a seu caráter – uma arte grande e rara! É praticada por tudo o que sua natureza tem de forças e fraquezas e o ajusta a um plano artístico, até que cada uma delas aparece como arte e razão, e também a fraqueza delicia o olhar[90].

Só assim podemos entender a frase de Buffon: o estilo é a pessoa, com suas forças e fraquezas, com a beleza e o horrendo. Algo disso a gente viu, e insistimos no que nos falou Mefistófeles:

---

86 BADIOU, Alain. **Ética, um ensaio sobre a consciência do mal**. Rio de Janeiro: Relume Dumará, 1995, p. 55.

87 Ibid., p. 56.

88 Ibid., p. 59.

89 Ibid., p. 60.

90 NIETZSCHE, Friedrich. **A gaia ciência**. São Paulo: Companhia das Letras, 2001, p. 195.

Sou parte da energia
Que sempre o Mal pretende e que o Bem sempre cria.

Belo seria que essa energia criasse sempre o bem, mas sabemos, com todo o respeito ao poeta, que não é bem assim. Em Atahualpa Yupanqui vimos que:

El cielo está dentro de mi
Y está el infierno también,
El alma escribe sus libros
Pero ninguno los lee.

Isso nos remete, novamente, aos versos do grande poeta com o qual abrimos este trabalho:

Uma parte de mim pesa, pondera
Outra parte delira.

O artista é aquele que transforma os diabólicos e malditos versos delirantes que a alma escreve em cantos ponderados que en-cantam, em vozes que versam um horizonte, mas com a singularidade própria do vazio de uma *travessia*, que é a criação, sempre da mão do celestial Apolo, com a embriaguez infernal de Dionísio. Já no século XV, Zeami nos falava que para o ator atingir o nível supremo ele primeiro tinha que entender que: "a existência é o nada" que corresponde ao virtuosismo da técnica, mas deve aprender ainda que "o nada cria a existência", porque aqui "não há mais lado positivo nem negativo, nem bom nem mau: fica além da crítica [...] nem boa nem má representação"[91]. Na *existência do nada... dentro do ferro das grandes prisões* advém a possibilidade d'*o nada cria(r) a existência...* ao... *agir duas vezes antes de pensar*, porque é o momento do risco, do acaso. É nesse ponto que o ator deve brilhar como Antígona, é nesse ponto que o desejo consolida seu estilo, que é o da **solidão de uma travessia** de fazer *d'ordure, or dur.* Ultrapassar o Pai no ato e aí sim:

Nonada. O diabo não há! Eu o que eu digo, se for [...] Existe é homem humano. Travessia[92].

---

91 ZEAMI. O Espelho da Flor. In: BORIE, Monique; ROUGEMONT, Martine de; SCHERER, Jacques (Org.). **Estética teatral**: textos de Platão a Brecht. Lisboa: Fundação Calouste Gulbenkian, 2004, p. 53. Fica claro que Zeami está priorizando a jarra de Lao Tse, esse buraco fundador: *Tao*.

92 ROSA, João Guimarães. **Grande Sertão: veredas**. Rio de Janeiro: Nova Fronteira, 1984, p. 518.

A propósito da conclusão

Conclusão é uma expressão teleológica. Remete a algo fechado, acabado e muita singularidade não há, em seu uso, para um trabalho que não pretende ser conclusivo. Como vimos em Picasso: *terminar uma obra? Terminar um quadro? Que absurdo! Terminar significa acabar com ele, matá-lo, livrar-se de sua alma, dar-lhe seu golpe final.* E, parafraseando Jean-Luc Godard: *un livre en tren de se faire.*

No entanto, algo de verdade há na conclusão: há um fim no processo que vem se desenvolvendo. Que esta enunciação tenha que ter um fim, tenha que concluir, é o paradoxo do real, que *não para de não se escrever*, por isso não pode ser dito todo. É o final de uma travessia que deixa sempre aberto ao *caminante* fazer novos *caminos al andar.*

E que andar é esse? É o contrário do andar comum, porque é na partida que estamos de "pé inchado", mas, na travessia, ficamos de alma lavada, ou melhor, de alma desinchada.

Todo trabalho, toda montagem, todo espetáculo presentifica a vida, faz-se presente e é um presente – porque um dia falei "com voz forte: *Eloi, Eloi, lamá sabactáni*, 'Pai, Pai, por que me abandonaste?'"[1] – de Deus, se *Deus é inconsciente*:

1 **Evangelho segundo Marcos:** 15-34.

> É certo que supor o Nome-do-Pai é Deus. Por isso a psicanálise, ao ser bem-sucedida, prova que podemos prescindir do Nome-do-Pai. Podemos sobretudo prescindir com a condição de nos servirmos dele[2].

Por isso a morte também se visualiza. Onde? No vazio que se avizinha no final destas últimas linhas. Porque o último sempre é uma referência à morte, todo final remete a esse vazio no qual ficamos. E aí o risco: esse vazio nos retornará ao movimento criativo? Voltaremos a esse gozo tão particular que é ser comandado pelo desejo? Estaremos novamente nessa paradoxal situação, a do sofrimento do trabalho, onde se experimenta um prazer tão distante do prazer da carne? Esgotou-se o vulcão do real, fiquei sem sua lava de "energia", esse Outro adiantou seu destino de morte ou essa morte é apenas passageira? Como podemos ver, é difícil concluir, a não ser por um momento. Estamos sempre à espera do novo, desse *instante de ver* que nos ponha a trabalhar, nos faça girar em torno da novidade, retornar de mil formas diferentes a esse mesmo lugar, nesse *tempo de compreender*, e, por fim, encontrar o momento final, como agora, *momento do concluir.*

Assim gostaria de ser como o Escravo. Esse Outro escravo que, como nos falava Stanislavski, trabalha as 24 horas do dia, o escravo de Hegel que sabe reconhecer o desejo. Ele é quem comanda, é quem faz a história. Esse escravo que nos sacode de madrugada e nos faz sentar na frente do computador para escrever o que nos vai ditar. E o que ele nos dita é uma luz que vemos num instante, não sabemos muito bem do que se trata, demoramos e depois, *só depois*, compreendemos, concluímos. Poderíamos dizer: **Ele é o verdadeiro Senhor; eu, simplesmente, sou seu secretário**.

Assim a gente vai recebendo o texto que foi elaborado. Como em meus textos teatrais, muitas coisas deles serão compreendidas *só depois* de algum tempo. Onde está o saber então, em que lugar da consciência, em que lugar de meu eu, se ele *não é amo nem sequer em sua própria casa*? Então, não podemos ficar esbaforidos escutando o eu; devemos é escutar o *Logos*, a reverberação dionisíaca que os poetas apolíneos entoam ao entardecer, o cântico escuro que se arvora na lucidez do ator e que advém com o brilhar firme de Antígona. O trabalho do ator é algo mais que para *ser visto*; seu trabalho é para ser

2 LACAN, Jacques. **O seminário, livro XXIII**: o sinthoma. Rio de Janeiro: Jorge Zahar Editor, 2007, p. 131-132.

ultrapassado, para percorrer a alegoria e achar, no silêncio, as palavras que nos tornem possível suportar o paradoxo. Se alguma função teria a *katharsis*, e não podemos negar que a tenha, talvez fosse esta: purificar-nos entre o *ordure* e o *or dur*. O lado de bufão nosso de cada dia que nos permita ver que "a vida é a arte do encontro, embora haja tantos desencontros pela vida"[3].

É aqui que não podemos fazer do pensamento um intruso. Devemos pô-lo em movimento com todo o risco que Isso implica: o de sermos pensados. Aí está o desejo, aí está o estilo que dele provém, o estilo que é ultrapassado pela ética e a estética. Essa pincelada tão bela que não deixa de ser *uma merda*, isso que de tão familiar não pode esconder seu *Unheimliche*.

Isso que me colocou na travessia e nela vi acontecer em diferentes lugares artísticos, principalmente o Teatro, o trabalho do ator – mas para dizer que **Isso** está em toda parte – fora-dentro, dentro-fora –, como já nos tinha insinuado Heinrich Heine:

> Se Deus está em tudo, é absolutamente indiferente que nos ocupemos de uma coisa ou de outra, de nuvens ou de pedras antigas, de canções populares ou de esqueletos de animais, de homens ou de palhaços[4].

Isso é Deus... e também o Diabo. Por isso sou criacionista, porque do buraco gigante, do *ex-nihilo* fundante, do Pai (Linguagem) devorador-devorado que, simbolicamente, posso advir ao movimento... significante, a dizer só alguma coisa, porque Isso carrega o *Unheimliche* feminino do não-todo, que é por sua própria essência o princípio de todo movimento. Não há possibilidade de evolução sem o vazio da criação como fundante de qualquer movimento, um significante nunca representa o objeto, senão outro significante, e em sua hiância advém o sujeito barrado ($) pelo Isso-real do *non sense*, responsável por todos os meios-saberes que a humanidade produz – por Isso a arte... ainda... é possível. Noutras palavras, esse "corte da cadeia significante é único para verificar a estrutura do sujeito como descontinuidade do real [...] ao fazer dos furos do sentido os determinantes de seu discurso"[5]. Isto é: é por esses

---

3 MORAES, Vinícius de. **Samba da bênção**.

4 HEINE, Heinrich. **Livro das canções**. Seleção de Traduções e Notas: Jamil Almansur Haddad. Hemus Livraria, Distribuidora e Editora, 2008, p. 8.

5 LACAN, Jacques. **Escritos**. Zahar Editor. Rio de Janeiro, 1998, p. 815.

furos que o ator faz arte, pelos diabos do buraco do inferno nascem seus anjos dramáticos, pelo abismo fedido de excremento é que o ator perfuma o palco com suas criações.

Isso é o que restou deste trabalho; não sei quanta importância pode ter para os outros. Mas, sim, a importância que pode ter para este sujeito povoado de demônios e anjos, e a eles posso dedicar esta travessia. Esses que me deram hoje o lugar de viajante. Por isso, lembro com o poeta: *Y así seguimos andando / curtidos de soledad; / y en nosotros nuestros muertos / pa' que nadie quede atrás*[6].

Não há nada, *nonada*, só o vazio do qual podemos perecer ou do qual podemos emergir. Diante disso, Rimbaud nos continua iluminando:

> *Le travail humain! C'est l'explosion qui éclaire mon abîme de temps en temps*[7].

6 YUPANQUI, Atahualpa. **Los hermanos**: "E assim seguimos andando / curtidos de solidão / e em nós nossos mortos / pra que ninguém fique atrás".

7 RIMBAUD, Arthur. **L'Eclair**. "O relâmpago": "O trabalho humano! É a explosão que ilumina meu abismo de tempos em tempos".

Glossário

Algumas articulações sobre conceitos da psicanálise

Alienação – separação

Fig. 1

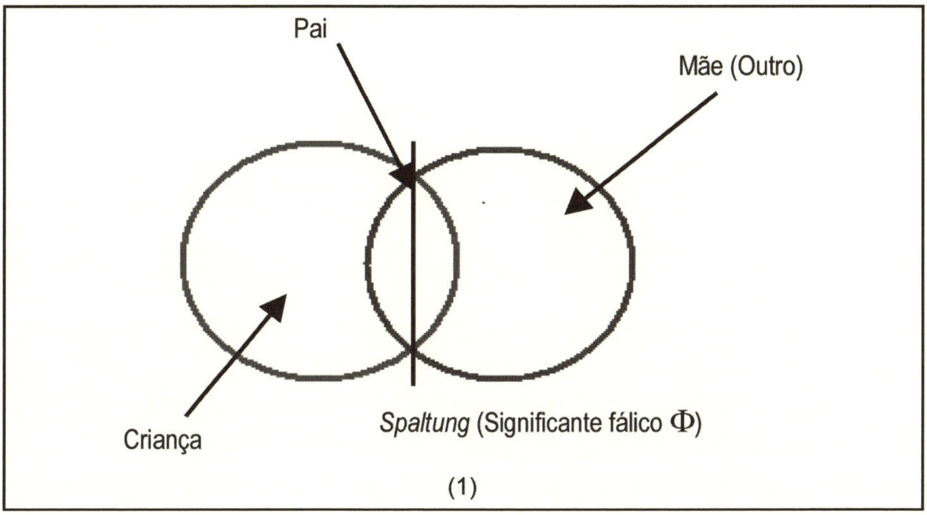

Fig. 2

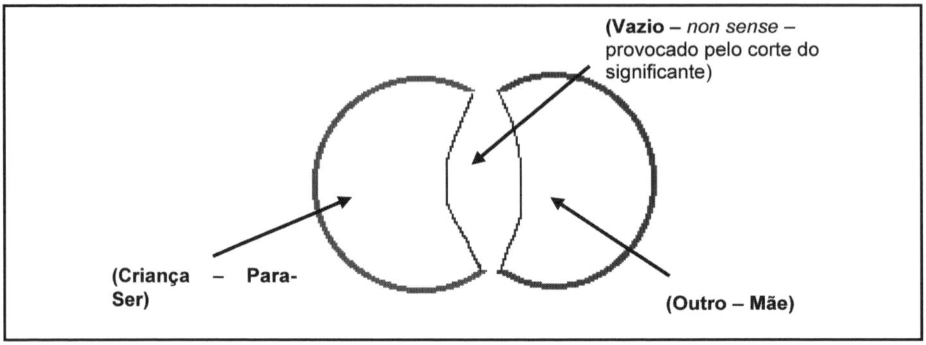

Fig. 3

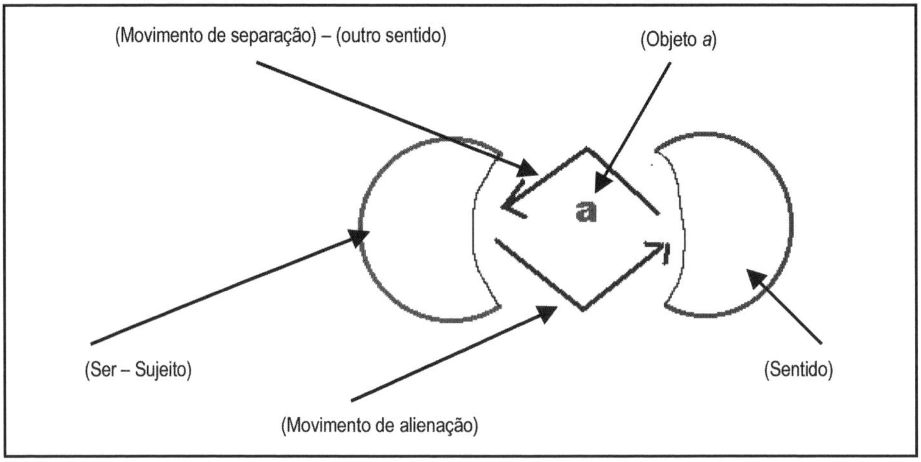

A leitura que vamos realizar desses gráficos nos permitirá desenvolver grande parte do nosso trabalho – inclusive do Glossário.

No gráfico (figura 1), temos o momento do corte, produzido pelo Nome do Pai, da *Spaltung*, aquele momento em que os "traços unários" – significantes paternos – devem passar pela *Bejahung*, aceitação, afirmação da criança para a confirmação da castração simbólica: "a *Bejahung* não comporta mais que um julgamento de atribuição [...] o julgamento de atribuição não prejulga em nada a existência"[1]. Essa castração simbólica provoca uma

1 LACAN, Jacques. **Seminaire XVIII**: D'un discours qui ne serait pas du semblant. Paris: Éditions du Seuil, 2006, p. 19.

queda (figura 2), algo se perde, resta um buraco, *das Ding* (a Coisa) se torna presente, como "perdida para sempre". A criança está aberta **para ser**. Na *Spaltung* vai se produzir a *Bejahung*, uma aceitação da incompletude, uma afirmação da negatividade. Na figura 3, o Outro aparece para dar o *sentido* ao *ser*, pelo movimento de *alienação* e *separação*. Essa relação do *ser* com o *sentido* estará mediada pela linguagem, pelos *significantes* que vemos no diagrama abaixo:

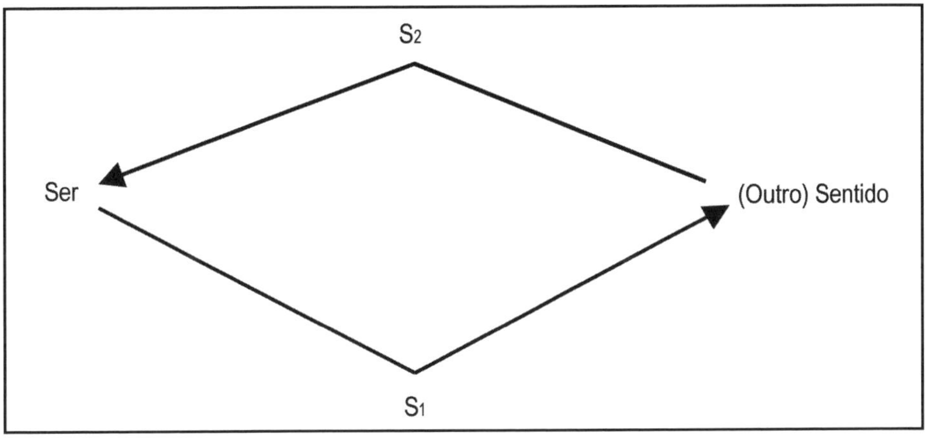

Isto é, o *ser* está sujeito à linguagem, o que fará com que um significante **S1**, do ser incompleto de sentido, se dirija ao "Outro", significante **S2**, na busca do *sentido*. Mas, como podemos ver no Complexo de Édipo, esse Outro (Mãe) é faltoso, já que recorre ao Outro (Pai), o que torna a Mãe faltosa... de sentido. Então é ir ao Outro (Pai), o que seria ir ao Pai dos significantes. Este proporcionaria o sentido, mas ele também carece do significante para dar conta do Outro-Coisa-Mãe, já que com sua feroz e ignorante intervenção a fez cair. Isto é, esse Outro (reservatório de significantes) também é faltoso, é carente desse significante que possa dar conta da queda, do desprendimento, dessa Coisa perdida para sempre que nunca se teve – a não ser quando aparece como perdida. O sentido, então, surgirá incompleto. O significante carrega sua própria ignorância, isso de real de que nos falava Lacan, de que só podemos falar através do mito, ou, se se quiser, como ficção. Assim, a linguagem, como sentido completo, surge miticamente: sermos introduzidos na linguagem é estarmos sujeitos à ficção. Então, podemos dizer, esse ser está sujeito à ficção desse movimento provocado pela *Spaltung*, que Freud chamou de Pulsão; esse movimento determina a alienação / separação, que se presentifica na própria linguagem. Está-se sujeito à alienação, mas também à separação, já que o sentido não poderá se completar. Nesse movimento dentro-fora / fora-dentro, nesse retorno do Outro, se produz uma identificação, o sujeito se modifica. O sujeito do Inconsciente se constrói no Outro, nos significantes que vêm do Outro: "O sujeito do inconsciente é o discurso do outro"[2].

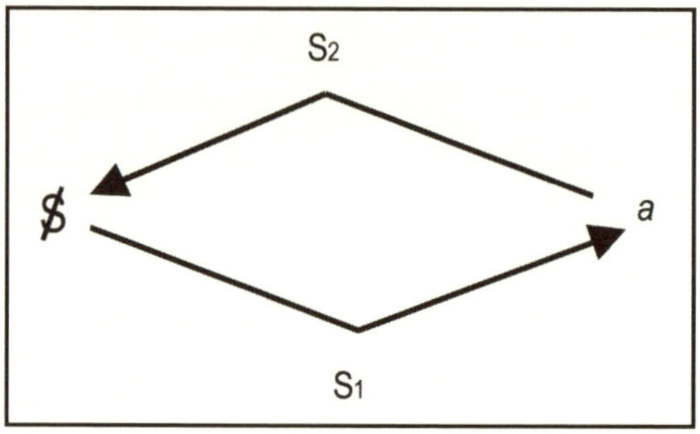

Agora partamos desse sujeito assujeitado ao **S1**; vai atrás de *a* (lugar que deixou a Coisa e que agora é ocupado pelo objeto ***a***), sua falta constituinte, sua carência radical, seu vazio fundante, que o reenvia a **S2**, que é o saber inconsciente desse vazio – advindo do recalque no Complexo de Édipo –, mas que não dá conta dele, d'Isso, desse *non sense*, estabelecendo-se assim $, o sujeito barrado, barrado pelo saber-insabido do real. Então, desse meio-saber do **S2**, transformado agora em um outro significante **S1**, e seguindo o movimento da pulsão, irá atrás de outro saber sobre *a*, criando assim a *corrente significante*, cadeia essa que estabelece o matema do fantasma $ ◊ *a*. Esse *a* é o objeto *a*, o vazio real, causa de desejo, mas para o fantasma esse objeto *a* é outro objeto, é aquele que desde a estrutura da subjetivação do sujeito – Complexo de Édipo – lhe permite ir atrás dos outros objetos criando o vel, no qual as coisas todas, desde os saberes até a criação artística, poderiam vir a real-içar-se.

Podemos notar que esse vel ◊ de alienação e separação coloca o sujeito (S), primeiro, alienado ao sentido e, em segundo lugar, ao retornar – separação –, esse sentido estará incompleto, o que o torna um sujeito barrado ($): "Não há sujeito sem, em alguma parte, afânise do sujeito, é nessa alienação, nessa

2 LACAN, Jacques. **Seminário I**: os escritos técnicos de Freud. Rio de Janeiro: Jorge Zahar Editores, 1984, p. 103.

divisão fundamental, que se institui a dialética do sujeito"[3]. Isso determina que todo movimento que parte da pulsão seja comandado pela alienação, e só através dela é que um ser pode advir, no seu retorno, em sua separação, como um ser defeituoso, truncado, mutilado e descontínuo. É nesse ponto que friso: o ator precisa do outro, o semelhante, em que se pode estabelecer o **eu** e **tu**, tendo **Ele** como comandante. E para esse jogo é o Outro, Ele, que estabelece o laço. No trabalho de alienação e separação do ator com o outro-ator é que ele fica truncado, mutilado, para poder vir à criação. Esse Outro é faltoso é não todo (Ⱥ); é por esse defeito, essa carência, por essa falha na estrutura que o jogo pode advir. Não quer dizer que só seja possível se jogar com o outro-semelhante, é claro que esse outro pode adquirir formas diversas: objetos, música, espaço, ou até mesmo um outro imaginarizado.

Tomemos o *Verfremdung* brechtiano para entender como o fantasma, com seu vel, nos coloca na "cegueira" do olhar. Em todo momento, ator e público estão alienados ao Outro (personagem – espetáculo). O ator, em seu fora-dentro / dentro-fora, é ciente da alienação / separação; mas o espectador, ainda que também esteja sujeito à alienação / separação – do contrário enlouqueceria, seria tomado pela cena –, não é ciente desse corte, está mergulhado no enunciado. É aí que Brecht intervém – não foi o único. Ao longo da história encontramos na arte essa desconstrução ilusionista – Cervantes, Shakespeare, Velázquez, Machado de Assis – com o *Verfremdung*; essa estranheza provoca o distanciamento, a separação e permite ao sujeito se encontrar cindido, partido em sua viagem ilusionista. *Ceci n'est pas une pipe*, do quadro de Magritte. A câmera que quebra os vidros da porta em *High Anxiety*, os *faux raccord* de Godard, as reflexões de Bentinho com o leitor em *Dom Casmurro*, de Machado de Assis (Capítulo 4, O olhar, o ator e o público), vêm a estabelecer o *Verfremdung* e colocar o homem na eterna e fracassada viagem, da qual eternamente retorna. E é muito importante retornar, senão, no processo de identificação que encerra a alienação, podemos passar pelo "mau bocado" pelo qual passa o personagem de *Zelig*, o *Mockumentary* – pseudodocumentário de Woody Allen –, na "brincadeira" em que o brilhante comediante norte-americano nos coloca de mãos dadas com a identificação e com a loucura.

3 LACAN, Jacques. **Seminário XI**: os quatro conceitos fundamentais da psicanálise. Rio de Janeiro: Zahar Editores, 1979, p. 204.

A Coisa e o objeto

"A Coisa é o que do real padece dessa relação fundamental, inicial, que induz o homem nas vias do significante"[4]. O que quer dizer que não há real antes da *Spaltung*, antes da intervenção do significante que vem do Outro. A *das Ding*, a Coisa, então, só se presentifica depois da perda, ou melhor, no momento em que o significante entra – e ele entra porque esse Outro é faltoso, já tinha perdido antes –, estabelece a falta e é nela, na articulação significante resultado dessa falta, que podemos simbolizar *das Ding*. Podemos imaginar que *in illo tempore*, num tempo primordial, ela existia, havia uma completude, era *uma terra sem males*, como nossos tupis esperavam encontrar, assim como, depois do Juízo Final, poderíamos ganhar o Paraíso. Essa suposição tem uma relação direta com a mãe no Complexo de Édipo. Ela, ao ser interditada, abre o caminho *à terra sem males* que, paradoxalmente, continua escapando. Por isso é que caminhamos como os tupis – o comunismo é as Testemunhas de Jeová, mas sem Jeová ou, no máximo, com um Jeová encarnado, o que é um pouco mais perigoso. Mais que tupis, tupis-cristãos, porque da *terra sem males* obteremos – logicamente, para os que acreditam – o "Paraíso perdido", depois da morte. Ou seja, a Coisa é um mito – que se confirma nas sucessivas perdas da criança, o seio, as fezes, os dentes, etc., conformando assim os diversos objetos ***a*** dessas pulsões parciais. Um mito é sempre uma alegoria fundante: "ele relata um acontecimento ocorrido no tempo primordial, o tempo fabuloso do princípio"[5]. E para chegar ao "Paraíso" virá Deus nos indicar o caminho, virá o Pai (ver: Pai: Real-Simbólico-Imaginário), pois é "em razão das intervenções dos Entes Sobrenaturais que o homem é o que é hoje, um ser mortal, sexuado e cultural"[6].

Freud nos faz deparar com este paradoxo: o que perdemos, graças à perda, nós o queremos. É assim seu relato sobre a brincadeira de seu netinho de um ano e meio, conhecida como o *Fort–Da* (fora-aqui): seu netinho brinca com um carretel amarrado a um fio, assim joga-o para fora da sua visão e puxando o fio o recupera. Quando o rebento joga o carretel expressa "Oh!" (*Fort*-fora),

---

4 LACAN, Jacques. **O seminário, livro VII**: a ética da psicanálise. Rio de Janeiro: Jorge Zahar Editor, 1988, p. 168.

5 ELIADE. Mircea. **Mito e realidade**. São Paulo: Editora Perspectiva, 1986, p. 11.

6 Ibid., p. 11.

o que nos traz o desaparecimento da mãe – e dele mesmo, já que ele é um sujeitinho da mãe – e lhe provoca angústia. Quando o carretel é reintroduzido pelo menino – retorno da mãe e dele –, a criança expressa "Ah!" (*Da*-aqui) junto a um assombro de alegria. Num momento determinado, no desaparecer do carretel, a criança vai expressar no Oh! o assombro maravilhoso, agora de alegria, enquanto ao retornar o carretel expressará o Ah! de angústia[7]. No jogo diferencial do *Fort-Da*, estabelece-se o momento em que a criança mata a Coisa – mata o objeto – para reencontrá-la nos outros objetos, mas nunca será o mesmo objeto. Esse objeto morto seria o "objeto perdido para sempre" de Freud. O que pretendemos dizer é que a criança antecipa a perda e a recuperação, ausência-presença do objeto, pela voz, isto é, pelos fonemas que vêm do Outro. Desse modo, se estabelece **o desejo como desejo do Outro**. Seguindo o pensamento de Lacan, quando a criança se alegra com o desaparecimento do objeto, quando diz Oh! *Fort*-fora**,** está introduzindo o objeto desaparecido como objeto do desejo, o objeto está *Da*-aqui, presente. Então é a ausência que presentifica a presença, e é na presença que se faz presente a ausência, "aí reside a ambiguidade fundamental do símbolo"[8]. Diante da presença podemos entender a angústia... da ausência: *Bésame, bésame mucho / como si fuera esta noche la última vez... Bésame, bésame mucho / que tengo miedo / tenerte y perderte después*[9]. O desejo se estabelece matando o objeto. E será ele, o objeto como faltoso, o objeto ***a***, que será causa do desejo. Os objetos de desejos são infinitos (Ver: Demanda e desejo).

Retomando a questão do mito, os gregos, até o século VII antes de Cristo, utilizavam o termo *mitos*, como discurso: a vida na cidade (Pólis) estava estruturada pelo que ali se dizia (mithos, logos)[10]. É a partir daí que se introduzirá o *logos*, que é a razão do discurso e da palavra, e como tal encerra o enunciado e a enunciação, o que a epígrafe de Heráclito anuncia.

Se for verdade que o objeto *a* é o que restou da Coisa (*das Ding*), isto é, dela, ao ser interditada pelo significante, advém o vazio, também é absolutamente

7 FREUD, Sigmund. **Más allá del principio del placer.** In: Obras Completas. Amorrortu Editora, Buenos Aires, 1986, v. XVIII, p. 14-15.

8 DARMON, Marc. **Ensaios sobre a topologia lacaniana.** Porto Alegre: Artes Médicas, 1994, p. 75.

9 "Beija-me, beija-me muito / como se fosse esta noite a última vez... Beija-me, beija-me muito / que tenho medo / de te ter e te perder depois". Bolero de Consuelo VELÁZQUEZ.

10 MARTINHO, José. **Persona**: uma introdução às teorias da personalidade. Lisboa: Edições Universitárias Lusófonas, 2004, p. 11.

importante remarcar pelo que vimos que é do objeto *a*, da falta, carência primordial, que a coisa advém. Então chamemo-la, como Lacan faz, de *l'achose*, **acoisa**, tendo presente o caráter de *a*: como objeto *a*, como causa de desejo e como negação, privação. Noutras palavras, poderíamos chamá-la: **falta d'a coisa, sem coisa**. Na primeira afirmação, falamos da instauração do vazio; na segunda, o fantasma vem a pôr em movimento esse vazio montado nos significantes.

Para o vazio, objeto *a*, existem infinitos objetos – objetinhos *as*, no imaginário –, todos os que podemos imaginar: "Até o momento tem havido mil objetos [...] falta o único objeto. A humanidade não tem objeto"[11]. Isso nos lembra Dom Quirino do Rio Grande: "Com coisas tão vãs o homem se contenta que parece uma piada dos deuses, Tchê!"[12]. Uma piada do Outro, quando dele retorna a mensagem em forma invertida.

Até o principal de todos os objetos, a mulher – sem entrar em muitos detalhes –, não existe, porque o inconsciente se estrutura em torno do falo que, dependendo de a qual nos referimos, pode ser profundamente onipotente, seja pela posição de desprezo que encerram algumas culturas referentes à mulher, como pela denegação que sofre a própria morte. No inconsciente não há registro do feminino – lembremos da premissa universal do pênis, que desenvolveremos a seguir – e nem da morte.

Complexo de Édipo (falo-castração)

"Nós viemos de uma cena na qual não estávamos presentes – mas que nosso desejo representa e nossos sonhos reproduzem"[13], isso é a *Eine Andere Schuaplatz,* Uma Outra Cena, a cena do Complexo de Édipo.

O Complexo de Édipo vem responder ao vazio inicial, a essa falta constitutiva à qual o ser humano está sujeito – esse é o sujeito da psicanálise, um sujeito sem objeto –, sendo o significante responsável pela falta constitutiva; este nunca se representa a si mesmo, não tem valor por si mesmo a não ser

11 NIETZSCHE, Friedrich. **Assim falou Zaratustra.** São Paulo: Martin Claret, 2001, p. 59.

12 MENGARELLI, Hugo. **O incrível retorno do cavaleiro solitário**. Curitiba: UFPR, 1997, p. 101.

13 QUIGNARD, Pascal. ***Le nom sur La bout de la langue***. Saint-Amand (Cher), France: Gallimard, coletion Folio, 1993, p. 70. "Nous sommes Venus d'une scène où nous n'étions pas – mais que notre désir représent et nos rêves reproduisent".

inserido numa cadeia significante. Para o vazio provocado pelo significante advirá a *Eine Andere Schuaplatz*, uma outra cena, a cena do Édipo, a dar corpo às coisas e ao próprio corpo.

Os ditos espirituosos ou anedotas, assim como as obras de arte, nos trazem inúmeros exemplos sobre esse equívoco, efeito da cisão do sujeito – sem falar, é claro, do cotidiano. Isto é, diante do vazio resultante do corte provocado pelo Nome do Pai, pela entrada na linguagem, a criança deverá trabalhar e encontrar sua resposta fantasmática no Complexo de Édipo e na saída dele, quando a diferença sexual colocará a mulher no campo da falta. Freud dará o nome de Complexo de Édipo – remetendo-se ao Édipo de Sófocles – ao processo de subjetivação da criança. Sabemos que a criança é o mamífero mais desamparado de todos, uma inferioridade biológica que a coloca totalmente à mercê do outro, o que Freud chamava de *Hilflosigkeit*, desamparo. À separação da mãe, que a criança sofre, Freud dará o nome de *Spaltung* – como vimos, provocado pelo Nome do Pai –, recalque primário que Lacan referirá à introdução, num primeiro momento, à diferença – a música da voz da mãe, a música de seus fonemas – e daí ao encontro com a linguagem. Por isso Lacan chama essa mãe de Mãe Simbólica, por ser ela, justamente, que introduz a falta. Mas é importante ressaltar que, ainda que à mulher nada falte, o fato de ela carecer de pênis tem suas consequências, já que não se trata de qualquer carência. É uma falta de algo num lugar privilegiado, que é, para a criança, um lugar de mais prazer. Isso estabelece uma diferença radical entre a menina e o menino dentro do complexo. O pênis tem um lugar de privilégio no desamarramento do Complexo de Édipo, e pelo perigo da perda dele – na figura do pai castrador – o menino abandona a mãe como objeto amoroso. E isso por uma questão narcísica, ele não quer perder esse "privilégio", não quer ser "castrado", como supõe que a menina seja, o que o levará a aceitar a proibição que adjudica a seu pai e, simultaneamente, se identifica às suas insígnias, que lhe permitirão uma saída, surgindo e estabelecendo-se, assim, o Supereu. Esse Pai não é só o responsável pelo interdito, ele também é quem propicia ao Ideal do Eu abrir as portas. No caso da menina é bem diferente: enquanto o menino sai do complexo, ela entra e tomará o pai como objeto amoroso (no começo, também para a menina, a mãe é o objeto amoroso). É o momento do namoro da menina com o pai, à espera de um falo, aquele que a mãe lhe teria negado. Como o pai tampouco lhe dará o esperado, ela produzirá uma metáfora, substituição de pênis por criança, "metáfora fálica", como a chama Lacan. O que podemos notar é a diferença fundamental entre pênis e falo, na medida em que o falo se torna um significante – *representante* (um vazio) *de uma representação* (aquilo que não lhe foi dado). É tão significante o falo que ela *deixará de tê-lo,* para *passar a sê-lo*, ainda que um *falo furado*.

Freud coloca a prevalência do falo ao estabelecer a premissa universal do pênis para as crianças. Como vimos, todas o possuem, e é no momento da "aparição" (como um fantasma) da diferença sexual anatômica que advém um cataclismo, principalmente na menina, em quem redundará no famoso *penisneid*, inveja do pênis. Lacan dará um passo à frente ao nos falar que o segundo momento, o do recalque secundário (*Verdrängung*), o recalque propriamente dito, recalque do complexo de Édipo, vem articular e confirmar o primeiro recalque (originário, *Urverdrängt*), constituindo assim o *unbewu⊠te,* o inconsciente, isto é, "o que ensinamos o sujeito a reconhecer como seu inconsciente é sua história"[14]. O recalque secundário confirma que somos carentes por estrutura, somos castrados não só pela proibição do incesto, mas por sermos falantes. Isso é o que estabelece a impossibilidade do incesto, nunca seria possível transar – a não ser nos sonhos – com a mãe, aquela suposta da completude – porque a estaríamos "completando", sendo o falo dela –, a mãe mítica, pois nascemos na falta e pela falta do Outro. A perda é da Coisa (*das Ding*); é uma perda não da criança ao nascer, senão ao "nascer" a humanidade; é por isso que a mãe está aí como um representante dessa perda e nunca como a perda mesma. Essa "**tendência ao reencontro** é produzida estruturalmente pela perda originária, pela falta ôntica que é constitutiva do sujeito humano enquanto tal"[15].

Godino Gabas nos colocava um exemplo primoroso para entendermos essa tragédia da menina: imaginemos dar a duas crianças dois pedaços de chocolate bem diferenciados (um maior que o outro) e veremos o drama que acontece: é claro que quem recebe menos é menos amado. É essa a questão das meninas ao se referir à sua mãe. Geralmente as mulheres acham que a mãe ama mais seu irmão, essa é uma interpretação fantasmática.

Lacan nos dirá que são duas faltas que se recobrem: a primeira é a perda do objeto primordial (a mãe) ao ingressarmos na linguagem, a segunda é precisar

14 LACAN, Jacques. **Escritos**. Zahar Editor. Rio de Janeiro, 1998, p. 263.

15 JORGE, Marco Antônio Coutinho. **Fundamentos da psicanálise de Freud a Lacan**. Rio de Janeiro: Jorge Zahar Editor, 2005, p. 143.

de dois (pai e mãe) para fazer um (filho), isto é, somos sexuados, o que quer dizer mortais. Ficar na imagem especular, ficar na imagem da igualdade, da fraternidade (e, por que não, da liberdade?) é não reconhecer a falta materna, não reconhecer a diferença que, na sexuação, é a mulher quem a representa. Estaríamos ligados às estruturas, ou bem psicótica (*Verwerfung*: forclusão da Lei da Castração, Lei que nos introduz na linguagem), ou bem perversa (*Verleugnung*: renegação da Lei, da Castração, Lei estabelecida no Complexo de Édipo). O menino, como vimos, tomará o caminho das insígnias paternas, aquelas que futuramente lhe permitirão ter uma mulher como seu pai tem, ainda que, claro, não a mesma. Para a consciência, pelo menos; e para o real-inconsciente?

> JOCASTA: Não deve amedrontar-te, então, o pensamento
> Dessa união com tua mãe; muitos mortais
> Em sonhos já subiram ao leito materno.
> Vive melhor quem não se prende a tais receios[16].

É importante notarmos que a posição incestuosa não significa só deitar com a Coisa-Mãe – o que seria impossível, já que a palavra mata a Coisa. O que fica dela – a Coisa – não é mais que o significante do desejo da Coisa-Mãe, isto é, o Nome do Pai, que abrirá o caminho aos outros significantes. Ficando presos ao significante materno não estaríamos, de alguma maneira, numa posição incestuosa? Não se trata d'Isso com Hamlet? Ficar paralisado ao significante do desejo materno e não ter a coragem de assumir seu desejo? Daí que o Édipo, em Lacan, reporta necessariamente à linguagem. É disso que trata o *Seminário VI: O desejo e sua interpretação.*

No Complexo de Édipo, o que fica estabelecido é o processo que determina, na subjetivação, que **o sujeitinho não só tem que dar nomes aos bois, como também dar bois aos nomes, responder ao Pai de Nome que carrega o Nome do Pai** (ver: Pai: Real-Simbólico-Imaginário): "Eu reduzo o Nome do Pai à função radical que é dar nomes às coisas"[17]. Mais tarde, Lacan nos dirá algo importantíssimo: "O complexo de Édipo é, como tal, um sintoma. É na medida em que o Nome-do-Pai é **também** o Pai de nome que tudo se

---

16 SÓFOCLES. **Édipo Rei**. In: **A trilogia tebana**. Rio de Janeiro: Jorge Zahar Editor, 2001, p. 68.

17 LACAN, Jacques. **Seminário XXII**: R.S.I. Aula de 15/03/1975. Inédito.

sustenta"[18]. Assim, o Nome do Pai, que agora é o Pai de nome, me permite **dar bois aos nomes**, o que, fundamentalmente, é **dar bois à diferença sexual**. Dany-Robert Dufour nos dirá que o Complexo de Édipo é: "uma proposição sobre a inscrição simbólica da pulsão na diferença sexual e na diferença geracional"[19].

O Falo imaginário, ou forma imaginária do pênis, está representado por três fatores: anatômico, a protuberância visual e tátil; carga libidinal, acumulada nessa região e que leva o menino a se apalpar, isto é, a se masturbar, e; fantasístico, a angústia proveniente do medo de sua perda.

O falo como padrão simbólico "é *a* condição que garante a existência da série e torna possível que objetos heterogêneos na vida sejam objetos equivalentes na ordem do desejo humano...". Que o falo simbólico remeta a que todo desejo seja sexual não significa que isso seja genital, "mas um desejo tão insatisfeito quanto o desejo incestuoso a que o ser humano teve que renunciar [...] está regulado pelo significante fálico [...] que [...] é o limite que separa o mundo da sexualidade sempre insatisfeita do mundo do gozo supostamente absoluto"[20].

É por isso que o desejo, sendo sexual, não necessariamente é genital, já que a coisa não é transar com a mãe e, sim, retornar a essa Coisa "Mãe" ou, se se quiser, ser devorado por ela. Isso é o que é realmente incestuoso: ser o falo (φ) materno, voltando a ocupar um lugar dentro dela – como o Eddy de *Greek*, de Berkoff – para completá-la. É a posição perversa da criança, mas, quando está nessa posição, ela não sabe da relação sexual (coito). Quando o sujeito sabe da diferença e a renega é quando o desejo está deposto, totalmente tomado pelo objeto, em posição perversa. Que uma criança esteja nessa situação é natural, forma parte da transitividade estrutural em seu processo de subjetivação; mas, quando se tenta insistir em entrar na mãe, "sabendo" da diferença, como Eddy em *Greek*, trata-se de outra coisa, pois estamos diante de uma estrutura perversa.

---

18 LACAN, Jacques. **Seminário XXIII**: O sinthoma. Rio de Janeiro: Jorge Zahar Editores, 2007, p. 23. Lacan termina a frase dizendo: "o que não torna o sintoma menos necessário". Isto é, o sintoma, o complexo de Édipo, o recalque secundário, a história inconsciente, processo de simbolização e subjetivação do sujeito.

19 DUFOUR, Dany-Robert. **A arte de reduzir cabeças**: sobre a nova servidão na sociedade ultraliberal. Rio de Janeiro: Companhia de Freud, 2005, p. 161.

20 LACAN, Jacques. **Escritos**. Zahar Editor. Rio de Janeiro, 1998, p. 796.

Na situação da perversão, como assim também da psicose, há fracasso da função paterna, que não consegue interditar a mãe devoradora, a mãe pulsional, aquela que não quer perder o falo, a que está mais perto da Coisa. Dessa maneira, não consegue advir a mãe do desejo, aquela que pode e deve perder seu filho. O filósofo argentino Raúl Sciarretta nos colocava um belo exemplo bíblico na passagem das duas prostitutas e suas crianças em Reis I – capítulo 3, versículos 16-27: pela manhã, uma das prostitutas acorda e encontra seu filho de meses morto. Então, ela vai ao quarto ao lado e troca seu filho morto pelo filho vivo, da mesma idade, da outra prostituta. Logicamente, a mãe, ao acordar, descobre que lhe trocaram o rebento e assim ambas terminam na frente de Salomão para uma definição. Diante da afirmação das mulheres como mãe da criança, o rei manda um soldado dividi-la pela metade e dar uma parte para cada uma. Mas, antes de o soldado cumprir a ordem, a verdadeira mãe diz: "Perdão, meu senhor! Dai-lhe a criança viva, mas não a mateis!"[21]. Uma mãe do desejo dá a vida a seu filho perdendo-o, é aí que a sabedoria de Salomão se faz presente: ele ordena que entreguem a criança à verdadeira mãe. Aqui vemos operar o Nome do Pai, a Lei do desejo, a lei da castração. Essa organização está operando na linguagem, isto é, se em Freud há três elementos que compõem o Édipo – Mãe, *infans* (aquele que não é falante) e Pai –, em Lacan entra um quarto: a linguagem. A Lei da linguagem (Nome do Pai, Lei do desejo, Lei da Castração) é a que introduz o quarto termo: o significante do falo, significante do desejo, significante da castração. O pai é um efeito da linguagem: não se trata só de que ele proíba a mãe, ele só vai confirmar o que a Lei da linguagem estabeleceu, na medida em que a palavra mata a Coisa.

Mas sempre é importante fazer a ressalva de que a linguagem não pode tudo, sempre há um algo que escapa, Isso do Real, que torna tão dificultosa a aproximação do significante com o significado. O Nome do Pai nos castra no duplo sentido: um com a perda da mãe e o outro com a perda da garantia do sentido. Lebrun nos coloca uma metáfora belíssima sobre essa questão: o Pai seria aquele que diz "não tudo nas coisas!". A Mãe agora como mulher dirá "'não tudo nas palavras!". Vemos, assim, instalar-se um módulo lógico, que permite a um sujeito saber fazer com a falta... "não tudo nas coisas!"... castração primária, e "não tudo nas palavras"..., castração secundária"[22].

---

21 SCIARRETTA, Raúl. Seminários proferidos na Biblioteca Freudiana de Curitiba, 1997.

22 LEBRUN, Jean-Pierre. **Um mundo sem limite**. Rio de Janeiro: Companhia de Freud, 2004, p. 37.

Demanda e desejo

O falo medeia a demanda estabelecida entre a Mãe e seu rebento como consequência da metáfora fálica: pênis por criança. O que rege essa metáfora é o Falo (Φ), em sua dupla vertente real-simbólica (ver: Pai: Real-Simbólico--Imaginário), operador da falta constitucional. É por intermédio dele que se estabelece a *Spaltung*, a cisão entre a **D** (demanda) e o **d** (desejo). Lacan fala da função do falo como simbólico, como operador da castração materna: "é que ele é o significante que marca o que o Outro deseja na medida em que ele mesmo, como Outro real, Outro humano, está, em sua economia, marcado pelo significante"[23].

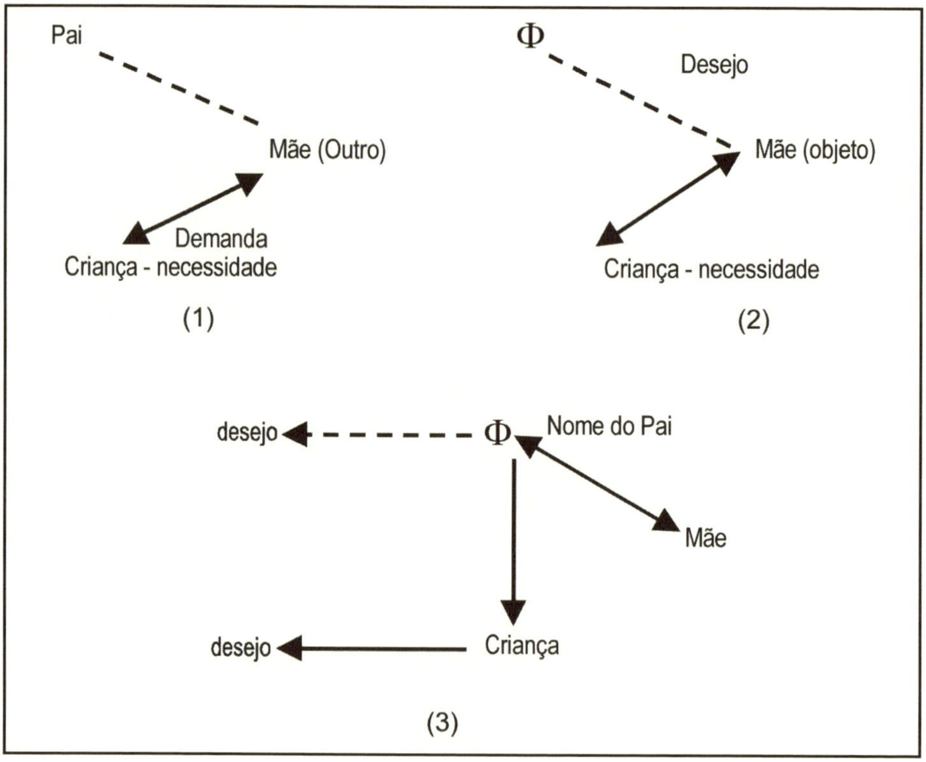

23 LACAN, Jacques. **Seminário V**: as formações do inconsciente. Rio de Janeiro: Jorge Zahar Editor, 1999, p. 378.

No diagrama **1**, a mãe demanda o falo (φ, como imaginário) na criança, satisfazendo-se ao suprir suas necessidades, e é somente a partir daí que a criança demanda à mãe. Mas essa mãe está atravessada pela linguagem e é por meio dela que se estabelece a demanda. No diagrama **2**, notamos que o Pai está representado pelo "Φ – nós o designamos com esse Falo [...] por ser um significante que não tem significado"[24]. É o que Lacan chama de "traço unário", traço da pura diferença, de uma pura inscrição primordial do simbólico no real, sem relação nenhuma com o imaginário, isto é, carente de todo sentido, como a nota musical (ver capítulo 6: O real da música). A *Spaltung*, o recalque primário estabelece justamente isso, o que a voz musical materna comanda; comanda diferenças, é isso que a criança percebe, antes de qualquer outra coisa: os "do-re-mi-fá..." da canção materna.

O Falo (Φ – com **Phi** maiúsculo) é que opera a castração materna, quer dizer, que o falo-criança (φ – com **phi** minúsculo) não poderá completá-la, não restitui seu pedido, sua demanda, justamente por ela estar imbricada com o significante. Como faltante, ela se transforma em objeto amoroso da criança, que entra em conflito com o Pai, que lhe nega a exclusividade materna. No terceiro diagrama, o Falo se instaura na criança e, com ele, o desejo. Pelo Falo é que a criança fala, em Nome do Pai.

A criança em posição de falo positivado (φ) está situada no polimorfismo perverso, ela possibilitaria o gozo materno, agora o gozo entendido como satisfação plena, como possibilidade de uma completude, como gozo absoluto. É então que a função paterna, a função fálica simbólica desse Outro significante, vem em substituição desse Outro (mãe), fazendo-o um Outro barrado (Ⱥ). O processo coloca, então, a criança no grande dilema "*to be or not to be* o falo"[25] [...] *to be or not to be* o objeto do desejo da mãe"[26]. Mas o desejo materno vai além da demanda, ele vai para outro lado, mais além que o seu rebento. Esse lugar para onde se dirige o desejo materno é o que Lacan chama de "Nome do Pai". O que se pode notar é que enquanto a demanda, que sempre é *demanda de amor* – demanda de objetos, de saber, de reconhecimento etc. – tem objeto, o desejo carece do mesmo: a isso aponta o objeto

---

24 LACAN, Jacques. **Seminário XX**: mais, ainda. Rio de Janeiro: Jorge Zahar Editor, 1982, p. 109.

25 LACAN, Jacques. **Seminário V**: as formações do inconsciente. Rio de Janeiro: Jorge Zahar Editor, 1999, p. 192

26 Ibid., p. 197.

a, objeto causa do desejo: sendo "causa do desejo do Outro, não podemos ser, ao mesmo tempo, objeto de saciação"[27]. Por isso o desejo é sempre *desejo de Outra coisa*, porque bem no princípio se demanda o objeto amoroso – a mãe, depois a lista da demanda se torna interminável, até que a morte a termine –, "o desejo é (na sua radicalidade é sempre) o desejo do Outro – da Mãe para o Falo –, [...] a ser formulado como desejo do Outro, por ser, originalmente, desejo de seu desejo"[28]. "Submetido à Lei"[29]. Essa Lei da partida que parte o sujeito é a que se confirmará no Complexo de Édipo: "A Lei está a serviço do desejo que ela institui pela proibição do incesto"[30]. É justamente o Significante Fálico do Nome do Pai que faz a cisão, a *Spaltung* entre demanda e desejo. A demanda para no objeto, o desejo se desloca na interminável viagem dos significantes: "O desejo é uma relação de ser com falta. Esta falta é falta de ser *(manque-à-être)* propriamente falando"[31]. Para que haja demanda dos objetos, deve-se instalar a falta, é a carência radical que funda todos os objetos (inclusive os objetos-sujeitos). Esses só existem porque podem faltar, ou, se se quiser, falta o objeto primordial para que tenham existência todos os outros objetos não primordiais. Essa falta, como vimos, é decorrente da perda de um objeto mítico (a Mãe), que não foi perdido, senão encontrado através dessa falta *a priori*, o que significa – e aqui o paradoxo – que nascemos na palavra do Outro, na falta do Outro, no desejo do Outro, assim como o mundo nasceu na palavra de Deus, na falta de Deus, no desejo de Deus. Deus pode ser amor, mas o desejo dele é que, às vezes, faz o diabo.

Freud dirá que o primeiro sentimento emergente na criança é o ódio – ódio da mãe. Lacan adjudicará esse ódio à introdução do rebento na linguagem, isto é, o ódio é ao simbólico. Aqui nos encontramos novamente onde Deus e o Diabo se misturam, complementam-se. Vejamos alguns exemplos entre o que quer a demanda do Deus do amor e às vezes o desejo do Diabo do ódio.

Podemos ver um dos exemplos em "Discurso: enunciação e enunciado", no caso de *eu quero ser analista*. Isso forma parte de um querer, de uma demanda.

---

27 DIDIER-WEILL, Alain. **Nota azul**: Freud, Lacan e a arte. Rio de Janeiro: Contra Capa Livraria Ltda, 1997, p. 71.

28 LACAN, Jacques. **Escritos**. Zahar Editor. Rio de Janeiro, 1998, p. 796.

29 Ibid., p. 866.

30 Idem.

31 LACAN, Jacques. **Seminário II**: o eu na teoria de Freud e na técnica da psicanálise. Rio de Janeiro: Jorge Zahar Editor, 1985, p. 280.

Demando ser analista, mas a enunciação é bem outra: *eu quero ser a-na-lista*, ou melhor, seria *eu desejo ser a-na-lista*. Nesse caso, o Diabo do desejo "odeia" o "amoroso" Deus da demanda. Ao que podemos agregar: "às vezes o diabo está com a razão". É aqui que podemos colocar essa frase de Lacan tão implicante: "não ceder de seu desejo". É justamente em dar conta dele, em sustentar, em pagar por essa travessia que se coloca a questão do ético. É na sustentação da manifestação da fala e da abertura que implica a ação que a questão ética se determina. Todo deslocamento do desejo deve ter seu *point de capiton*, ponto de estofo, o ginete tem que frear o movimento para estabelecer um a*près coup*, retomar, revisar, ressignificar as experiências vividas.

No soneto LXVI de *Cien sonetos de amor*, de Pablo Neruda, encontramos esse paradoxo, esse pensamento unário, entre a demanda de amor e o ódio que vem com ela – poderíamos dizer que o real pulsional coloca o sujeito no movimento dentro (amor) / fora (ódio); fora (amor) / dentro (ódio) –, e o desejo, em que este se garante na metonímia do "nada querer" para sustentar seu objeto causa, objeto *a*:

> No te quiero sino porque te quiero
> Y de quererte a no quererte llego [...]
> Te quiero sólo porque a ti te quiero,
> te odio sin fin, y odiánte te ruego [...][32].

E o tango *Rencor*, imortalizado na voz varonil do oriental Julio Sosa, acompanha Neruda:

> [...] la odian mis ojos porque la miraron,
> mi labios la odian porque la besaron,
> la odio con toda la fuerza de mi alma,
> y es tan grande mi odio como fue mi amor [...]
> no repitas nunca lo que voy decirte
> rencor tengo miedo de que seas amor[33].

---

32 "Não te quero senão porque te quero / e de querer-te a não te querer chego... /... Te quero só porque a ti te quero / te odeio sem fim / e odiando-te te imploro...

33 *Rencor* (rancor), letra de Luis César Amadori e música de Carlos Pérez de la Riestra: "a odeiam meus olhos porque a olharam, / a odeiam meus lábios porque a beijaram, / a odeio com toda a força de minha alma / e é tão

Podemos notar que, na música popular, nos encontramos com infinidades de exemplos. Agora escutemos Roberto Carlos:

> Sou feliz e nada mais me interessa / Não vou ser triste e nem chorar por mais ninguém / Esqueço tudo até de mim quando estou perto de você, / Eu fico triste só de pensar em te perder [...] / O nosso amor é puro e espero nunca acabar / Por isso meu bem até juro, de nunca em nada mudar.

Bom, se analisarmos como fica o amante Roberto Carlos diante de seu ser amado é para morrer de dar risada: "não vai ficar triste nem chorar por mais ninguém", isto é, a insensibilidade total. Ele pensa "nunca em nada mudar", algo assim como suspiro de tijolo, isto é, inexistente; não é de surpreender-se que "nada mais" lhe "interessa". A demanda de amor ao se encontrar com o objeto é – nos capítulos sobre o Olhar nós o desenvolvemos – mortífera, não foi por acaso que Narciso morreu olhando sua própria imagem. Ou vive matando, se a imagem não coincide com a sua, ou seja: odiando. Isso nos leva à famosa frase bíblica: "Ama o próximo como a ti mesmo". Já pensaram a violência que não encerra essa frase?! É só imaginar a tira de Quino, a seguir.

Trata-se de uma "tira cômica", de três quadrinhos, mas com momentos diferentes em cada um deles. No primeiro quadrinho, há um homem sentado no chão, com um coração na mão. Na continuação, um homem com um porrete lhe diz: "Eu amo". O homem sentado, entregando-lhe o coração, diz: "Tu amas". No quadro seguinte, um baixinho aponta uma pistola ao atual dono do coração e, indicando seu acompanhante, um distinto senhor de charuto, diz: "Ele ama". Num segundo momento, aparecem dois homens com metralhadoras dizendo: "Nós amamos". No terceiro quadrinho, o senhor de charuto, entregando o coração, diz: "Vós amais". No último desenho do quadrinho, enquanto todo mundo vai embora, o homem sentado no chão, sem o coração, diz: "Eles amam".

Mas Roberto Carlos tem sua enunciação, seu desejo: "eu fico triste só de pensar **em te perder**" (o negrito é nosso). É a marca mais clara do paradoxo humano, tão bem interpretado por Julio Bressane em *Matou a família e foi ao cinema*; na sequência final, em que as amigas lésbicas se matam, o realizador põe

---

grande meu ódio como foi meu amor... /... não repita nunca o que vou dizer-lhe / rancor tenho medo de que sejas amor".

justamente essa música de Roberto Carlos e, no fim, o "disco risca" e repete 24 vezes *em te perder*. Então, é nisto que o filme acaba: *em te perder*. Garantia, para Roberto, de seguir cantando e, assim, poder continuar esperando Godot.

O bolero talvez seja insuperável nisso. Vejamos alguns deles: *Bésame Mucho* ainda é muito mais expressivo. Escutemos novamente o que canta a autora Consuelo Velázquez:

> Bésame, Bésame mucho / Como si fuera esta noche / la última vez / Bésame, bésame mucho / que tengo miedo tenerte / y perderte después[34].

Agora escutemos Benny Moré com seu *Ahora soy tan feliz*:

> [...] soy tan feliz / puede ser egoísmo de amor / o talves sea / que tengo temor / de separarme de ti / y perderte en un desliz[35].

Mas alguns boleros beiram o cômico-ridículo. Escutemos *Nosotros*, tema de Pedro Junco, que pode ser cantado tanto por homem quanto por mulher, mas, na realidade, as mulheres são as que mais aparecem interpretando-o, como, por exemplo, Soledad Bravo, Anacani, Verónica Castro e, em especial, Eydie Gorme, geralmente acompanhadas, claro, pelo Trio Los Panchos.

> Nosotros, que nos queremos tanto
> debemos separarnos no me preguntes más.
> No es falta de cariño, te quiero con el alma,
> te juro que te adoro y en nombre de este amor y
> por tu bien te digo adiós[36].

Seja o que for é "por tu bien", mesmo que lhe diga "adiós", se não quer, enfim, levar um chapéu de vaca. Demais está dizer que o princípio de não

---

34 "Beija-me, beija-me muito / como se fosse esta noite a última vez / Beija-me, beija-me muito / que tenho medo de te ter / e de te perder depois".

35 "Sou tão feliz / pode ser egoísmo de amor / ou talvez seja / porque tenho temor / de separar-me de ti / e perder-te num deslize".

36 "Nós que nos queremos tanto / devemos nos separar, mas não me pergunte. / Não é falta de carinho, te quero com a alma / te juro que te adoro e em nome desse amor e / por teu bem te digo adeus.

contradição da lógica aristotélica (algo não pode, ao mesmo tempo, ser e não ser o caso) fica contando história pra boi dormir: *vai saber?*

> Pois tudo o que se sabe do amor / É que ele gosta muito de mudar / E pode aparecer onde ninguém ousaria se pôr[37].

Já "Carmen" nos profetizava nessa bela habanera de Bizet: *L'amour est un oiseau rebelle*:

> L'amour est enfant de Bohême,
> Il n'a jamais connu de loi.
> Si tu ne m'amais pas je t'aime,
> Si je t'aime, prends garde de toi! [...]
> L'oiseau que tu croyais surprendre
> Battit de l'aile et s'envola [...][38].

Sem dúvida, podemos notar nos versos de Adriana Calcanhoto e nos versos de Bizet que o amor vai até o desejo, isto é, se o desejo se articula na demanda (de amor), também o desarticula. Algo Nietzsche nos tinha falado: "O amor perdoa o ser amado até o desejo"[39]. Podemos imaginar, no meio da total paixão, no meio de uma demanda fervorosa pelo "beso", lhe fala de "última vez" e, pior, novamente o desejo... digo o "medo", *que tengo miedo tenerte* (demanda) *y perderte después* (desejo). Demando-te *"Bésame Mucho"*, porque desejo *"perderte después"*. Lembrando Lacan:

> Eu te amo, mas, porque inexplicavelmente amo em ti alguma coisa que é mais do que tu – o objeto a minúsculo, eu te mutilo[40].

---

37 CALCANHOTO, Adriana. **Vai saber?**

38 BIZET, George, em sua ópera **Carmen**: O amor é um menino cigano / que jamais conheceu a lei. / Se tu não me amas, eu te amo, / Se te amo, deves cuidar-te!... / O pássaro que tu crias surpreender / Bateu as asas e voou...

39 NIETZSCHE, Friedrich. **A gaia ciência**. São Paulo: Companhia das Letras, 2001, p. 99.

40 LACAN, Jacques.**Seminaire XI**: Les quatre concepts fondamentaux de la psychanalyse. Paris, Éditions du Seuil, 1973, p. 241.

É claro que esse ginete desejo está montado no vulcânico cavalo pulsão, aquele cego e este sem cabeça, assim não dá para esperar muito. Então, diríamos que o amor é o mais belo que nos pode acontecer e o mais diabólico, não só pela cavalgada que encerra, mas também pelo lado narcisista que o sustenta. Assim mesmo somos sujeitos a isso, pertencemos e nos pertence, como tal não podemos deixar de assumir o que nos cabe nessa travessia.

Agora, ficar só no campo do amor é ficar num campo profundamente narcisista, isto é, mortífero, escravizante. Insistamos agora com Jacques Brel em *Ne me quitte pas:*

> Ne me quitte pas / Je ne vais plus pleurer / Je ne vais plus parler / je me cacherai là / A te regarder / Danser et sourire / Et à t'écouter / Chanter et rire / Laisse moi devenir / L'ombre de ton ombre / L'ombre de ta main / L'ombre de ton chien[41].

Isso acontece *Où l'amour sera roi / Où l'amour sera loi / Où tu sera reine*[42]. Diante da rainha é necessário ser um servo humilhante, ser "sombra de tua sombra / sombra de tua mão", ainda que como escravo, mas, para não ser "abandonado", chegar a ser "sombra de teu cão" é humilhante demais – trata-se de "demanda", que supostamente é uma exigência; no entanto, podemos notar como se mantém o sentido original do latim *demandare*: se entregar e, assim, poder ser um apaixonado, isto é, um sofredor. Mas o francês tem suas escapatórias na própria língua: na demanda *Ne me quitte pas*, nesse pedido de **não** ser abandonado, *Pas*, ao ratificar a negação – *ne... pas* – o torna uma afirmação, que poderíamos juntar à outra significação de *pas*, que é "passo", isto é, o *ne me quitte... pas* "não me abandones"... "passa". A língua, em sua própria estrutura, se garante da loucura alienante, na qual nos embreia para se estabelecer. Parece que o desejo está mais perto de um Outro Deus, que se esconde no amor, fazendo de seus amantes, cordeiros... ferozes. Há um Deus amante, que nos ama, isto é, nos demanda amor, o Deus-Saber, e um Deus Desejante, aquele do *ex-nihilo*, aquele feroz e castrado, responsável pela criação do mundo, do nosso mundo, aquele que nos coloca na travessia: veredas

---

41 "Não me abandones / eu não vou mais chorar / Não vou mais falar / Eu me esconderei lá / para te olhar / dançar e sorrir / E te escutar / Cantar e rir / Deixe-me ser / sombra de tua sombra / sombra de tua mão / sombra de teu cão". De *Ne me quitte pas*, do compositor Jacques Brel.

42 "Onde o amor será rei / Onde o amor será lei / Onde tu serás rainha". De *Ne me quitte pas*, de Jacques Brel.

do sertão de Guimarães Rosa. Esse é o Deus-verdade. Por isso: **sei** que te amo, mas a **verdade** não garante que te deseje. Isso encerra o real do pensamento unário, o saber convive com a ignorância.

Notamos que a demanda tem uma relação com o movimento pulsional: quando a pulsão vai, vai para o objeto, mas só para contorná-lo e volta para ir de novo. A demanda de amor fica por aí mesmo, o real da pulsão pode ser do amor ou do ódio, que, como vimos, não estão tão separados assim – o amor aponta para suturar o vazio; o ódio vem, como consequência dele, a fazer o buraco novamente, o buraco do cavalo e do ginete, da pulsão e do desejo. Um para sustentar a cavalgada significante, o desejo, o outro para explodir nas letras, a pulsão.

Já Freud, em seu *Projeto* de 1895, nos dizia que "o objeto **como este** (a mãe) [...] é simultaneamente o primeiro objeto-satisfação e o primeiro objeto hostil, assim como o único poder auxiliador"[43]. Esse objeto se odeia, porque se perde, e se ama, por ser perdido, o que quer dizer que o amor está na demanda do objeto, o ódio pulsiona o desejo para sua destruição. Mas tratemos de ir além do corpo materno, ir a sua fala, a seu desejo. Será esse, o desejo, o responsável por introduzir um vazio – que está na mãe:

> Temos ódio pelo fato de falarmos, pois falamos apenas com palavras que vêm do outro, nós somos, portanto, cada um, primeiramente e antes de tudo, uns importunados, uns constrangidos pela língua que vem sempre do outro, uns alienados, portanto, uns limitados pelas palavras, uns escravos da linguagem[44].

É o desejo que trata de garantir – sabemos muito bem que não é sempre – a frustração-repetição da pulsão, o desejo é que garante... nada, o vazio, a negatividade. Isso que João Guimarães Rosa nos lembra muito bem em *Grande Sertão: Veredas* (ver: O gozo e sua relação com o desejo).

> Compadre meu Quelemém, muitos anos depois, me ensinou que todo desejo a gente realizar alcança – se tiver ânimo para cumprir, sete dias seguidos, a energia e paciência forte de só fazer o que dá desgosto, nojo, gastura e cansaço, e de rejeitar toda

43 FREUD, Sigmund. **Proyecto de psicoanálisis**. Obras Completas, Buenos Aires: Amorrortu Editores, 1990, v. 2, p. 376.

44 LEBRUN, Jean-Pierre. **O futuro do ódio**. Porto Alegre: CMC Editora, 2008, p. 16.

qualidade de prazer. Diz ele; eu creio. Mas ensinou que, maior e melhor, ainda, é, no fim, se rejeitar até mesmo aquele desejo principal que serviu para animar a gente na penitência da glória[45].

Discurso: enunciação e enunciado

Roland Barthes, em seu trabalho sobre *O discurso da história*, nos mostra claramente que a história é uma ficção:

> O discurso histórico de nossa civilização, o processo de significação pretende sempre "preencher" o sentido da história: o historiador é aquele que reúne significantes mais que fatos e os relata [...] os organiza (enunciação) com o fim de estabelecer um sentido positivo (enunciado) e preencher o vazio da pura série [...] o discurso histórico é essencialmente elaboração ideológica ou, para ser mais preciso, imaginária, se entendemos que o imaginário é a linguagem pela qual o enunciante de um discurso (entidade puramente linguística) "preenche" o tema da enunciação [...]. Não existem fatos em si. Sempre há que começar por introduzir um sentido para que possa existir um fato [...] o fato não tem existência a não ser uma existência linguística[46].

Émile Benveniste insiste: "não é a história que dá vida à linguagem, mas principalmente o inverso"[47]. E nos dirá que: "enunciação é este colocar em funcionamento a língua por um ato individual"[48]. E antes de entrarmos no *mito individual do neurótico*, escutemos Levy-Strauss: "Não existe versão 'verdadeira', da qual todas as outras seriam cópias ou ecos deformados. Todas as versões pertencem ao mito [...]"[49]. "O mito é linguagem; mas uma linguagem que tem lugar em um nível muito elevado, e onde o sentido chega, se é lícito

45 ROSA, João Guimarães. **Grande Sertão: veredas**. Rio de Janeiro: Editora Nova Fronteira, 1984, p. 143-144.

46 BARTHES, Roland. **El discurso de la historia**. In: Estructuralismo y literatura. Buenos Aires: Nueva Visión, 1972, p. 47-48.

47 BENVENISTE, Émile. **Problemas de linguística geral II**. Campinas: Pontes, 1989, p. 32.

48 Ibid., p. 82.

49 LEVY-STRAUSS, Claude. **Antropologia estrutural**. Rio de Janeiro: Tempo Brasileiro, 1975, p. 252.

dizer, a decolar do fundamento linguístico sobre o qual começou rolando"[50]. Isto é, a enunciação é que sustenta o enunciado.

Vejamos um exemplo, no campo psicanalítico, sobre o *mergulho* e o corte, de onde vem a emergir a enunciação. A história que narraremos sofreu, por razões óbvias, algumas mudanças, mas, no fundo, conserva sua estrutura. Numa capital brasileira, um jovem médico, recém-formado – com todos os louros de um brilhante estudante –, tenta fazer concurso para ingressar em hospitais. O incrível é que nas duas tentativas fracassou, enquanto outros companheiros, não tão destacados como ele, passaram. Isso terminou provocando uma crise no jovem que o levou para análise. No decorrer da mesma, e fortemente influenciado pela transferência, expressa:

– *Eu não quero ser médico, quero ser analista* (o que marca uma identificação com seu analista).

Ao que o analista lhe responde:

– ***A na lista?!***

Está claro que ser "analista" – psicanalista – e "A-na-lista" – o primeiro da lista – não são a mesma coisa. A questão (os nomes são ficcionais) é que o rapaz se chamava **C**arlos, o pai **B**ernardo e seu avô **A**nselmo, estes excelentes médicos. Para o fantasma obsessivo, sustentar o pai é não permitir que a mãe devoradora, a mãe pulsional, se transforme no crocodilo do qual falava Lacan, então, *pau grande meu pai*, como disse Caetano, em *Terceira margem do rio*, para travar a boca devoradora. O pai, para o obsessivo, é o pai e o avô. O exemplo neurótico da cultura, principalmente portuguesa, está em usar os nomes até a terceira geração, o nome e o sobrenome: Pai, filho e neto – João Alves, João Alves filho e João Alves Neto, por exemplo. Uma vez que o jovem reconhece que seu fantasma (ver: Fantasma) não estava dando conta de seu desejo, ele consegue colocar-se em outro lugar, mas numa nova relação fantasmática que lhe permita lidar com uma nova realidade. Dele não se escapa; ele é que põe em movimento o desejo, senão, perguntemos a *Giulietta*. Sim, aquela *degli Spiriti*, a de Fellini[51]. A personagem interpretada por Giulietta Massina vai, ao longo do filme, se relacionando com seus fantasmas, que não param de lhe falar. No final, ela sai desse lugar e a vemos aliviada. No entanto, os fantasmas desde um outro lugar continuam lhe falando.

---

50 Ibid., p. 242.

51 Refiro-me ao filme *Julieta dos espíritos*, de Federico Fellini.

Abrimos este trabalho com uma frase do obscuro Heráclito, que nos aclara a função do discurso: "Não a mim deveis escutar, mas ao Logos". Em outras palavras, escutemos a enunciação, que é o que fez Nemiróvich-Dánchenko (e também Stanislavski) com o discurso de Anton Tchekov: "O mais notável é que Tchekov mesmo não percebia a riqueza de cores e sons que vertia nos seus quadros. Tinha-se proposto a escrever a mais comum das peças"[52]. Lacan nos falava de *dit-mension*, diz-menção, "que é a menção do dito. Essa maneira de escrever tem uma vantagem: permite prolongar *menção* (*mention*) em *mentira* (*mensonge*), indicando que o dito não é de modo algum forçosamente verdadeiro"[53]. Ou, em todo caso, meio verdade...iro.

Estádio do espelho

Lacan nos fala no *Estádio do espelho* sobre a constituição da imagem corporal da criança. Entre os 6 e 18 meses, a criança vai constituindo seus limites corporais e assumindo sua própria imagem. Num primeiro momento, aparece uma imagem despedaçada, um corpo despedaçado (*corps morcelé*) pelas pulsões autoeróticas da criança. Antes mesmo de se encontrar com sua própria imagem, esse outro refletido aparece como um rival, a quem passa a odiar já que também ocupa o colo materno – noutras palavras, é uma imagem ladra; essa hostilidade tinha se estabelecido na relação primeira com a mãe (ver: Demanda e desejo). Mais tarde, pela palavra da mãe e seus atributos simbólicos (*Ideal do eu*) e pelo próprio olhar dela – olhar que já não mais fascina, mas é um olhar desejante que permite (à criança) o fascínio do espelho, porque para ele aponta –, a criança se reconhece nessa imagem, a qual passa a amar. **Esse outro é eu**. A essa imagem especular Freud dará o nome de *eu-ideal*. A posição especular, tão acentuada hoje em dia, não permite mutação do eu; ele é perene, total, absoluto, ele é resultado desse momento narcísico que Freud resumia como *His majesty the baby*, a que agora a criança passará a amar profundamente. Esse momento estruturante se conhece, também, como "amor de si". Lembremos Chico Buarque, quando nos canta: "Dei pra maldizer o nosso lar / pra sujar teu nome, te humilhar / e me vingar a qualquer preço / te adorando pelo

52 NEMIRÓVICH-DÁNCHENKO, V. I. **Mi experiencia teatral**. Buenos Aires: Ed. Futuro, 1959, p. 30.

53 LACAN, Jacques. **Seminário XXIII**: o sinthoma. Rio de Janeiro: Jorge Zahar Editores, 2007, p. 141.

avesso / pra mostrar que ainda sou tua / só pra provar que ainda sou tua". O amor e o ódio são gêmeos siameses, nem por isso carentes de violência própria do mal-estar da relação entre a demanda e o desejo. Mas fica claro o grau de alienação a que o rebento está sujeito para vir a ter uma imagem, que, até esse momento, lhe era totalmente desconhecida, a não ser reconhecida como via no corpo do outro (principalmente no corpo materno). Também fica claro o grau de alienação que encerra o amor. É dessa imagem do outro que sou eu que advém o sentido. Então, todo sentido (e todo conhecimento) está ligado a esse momento fundador do **eu**, está ligado a uma questão paranoica. Todo conhecimento é paranoico, porque o próprio saber inconsciente é paranoico por estrutura.

Lacan nos disse que o:

> Estádio do espelho é um drama cujo impulso interno precipita-se da insuficiência para a antecipação – e que fabrica para o sujeito, apanhado no engodo da identificação espacial, as fantasias que se sucedem desde uma imagem despedaçada do corpo até uma forma de sua totalidade que chamaremos de ortopédica – e para a armadura enfim assumida de uma identidade alienante que marcará com sua estrutura rígida todo o seu desenvolvimento mental. Assim, o rompimento do círculo do **Innenwelt** (universo interior, realidade interna) para o **Umwelt** gera a quadratura inesgotável dos arrolamentos do **eu (moi)**[54].

Para fazermos uma ideia desse corpo despedaçado, visível numa criança, é só lembrar um ataque epilético, ou mesmo os quadros de Hieromynus Bosch.

Lacan desenvolverá três apresentações diferentes sobre o Estádio do espelho no decorrer de sua teorização: num primeiro momento, privilegiará o imaginário, que poderíamos definir ao supor um júbilo da criança diante da *gestalt* do corpo do Outro. Na segunda etapa, ressaltará a questão simbólica, é o *muro da palavra* que colocará o espelho em posição para a criança se reconhecer. E, por último, o júbilo da criança advém do fato de que ela é o centro do olhar do Outro, isto é, esse outro é desejante:

> O que se manipula no triunfo da assunção da imagem do corpo no espelho é o mais evanescente dos objetos, que só aparece à margem: a troca dos olhares, manifesta na

54 LACAN, Jacques. **Escritos**. Zahar Editor. Rio de Janeiro, 1998, p. 100.

> medida em que a criança se volta para aquele que de algum modo a assiste, nem que seja apenas para assistir sua brincadeira[55].

E Lacan continua com um exemplo, em que relaciona essa falta no Outro, falta fálica – o que o torna desejante –, nessa tão polêmica e equívoca interpretação que, durante muito tempo, levou a confundir pênis com falo:

> [...] Acrescentamos que, um dia, um filme, rodado sem nenhuma relação com nossos propósitos, mostrou aos nossos uma menina confrontando-se nua no espelho: sua mão, como um relâmpago, piscando num viés desajeitado, a falta fálica[56].

É que a falta de pênis no corpo da mulher nos remete à castração – isto é visto no capítulo O olhar e o ator. Ela é testemunha disso, ainda que fique bem claro que castrados somos todos. Ou, se se quiser, o desejo materno está representado, para a criança, na falta de pênis, é por isso que a criança toma esse lugar de falo materno. Manter-se-á ou não nesse lugar dependendo da operação do Nome do Pai no desejo da mãe. Se o desejo materno, em última instância, permitir advir um eu-ideal-esburacado, um eu vazio, que é o que somos.

Fantasma

O fantasma é estrutural no sujeito desejante. É por intermédio dele que a "energia" pulsional é transformada. Como uma usina hidroelétrica, é desviada para outro uso que não só o de realizar o princípio de prazer que, para Freud, era um princípio que levaria ao equilíbrio homeostático, a morte da ação. O fantasma se estrutura dentro do processo de sexuação, que Freud chamou de Complexo de Édipo. Poderíamos dizer que, entre a homeostase, princípio de prazer, e a pulsão – pulsão como destruição, angústia, mal-estar incontrolável – joga-se a vida; a subjetividade do sujeito está nessa elasticidade. Poderíamos acrescentar que o fantasma forma parte do mito do sujeito, é ele que tratará de dar conta do real, do inominável, do estranho, isto é, do real dos diabos e

55 Ibid., p. 74.

56 Idem.

dos infernos, que não são os outros. Ele é responsável em pôr em movimento a estrutura psíquica encabeçada pelo desejo. O desejo precisa do fantasma para seu movimento e para a escolha do objeto. Mas para o desejo o fantasma só servirá para isso, para pô-lo em movimento; quer dizer que o objeto do desejo, via fantasma, "é a sustentação do desejo, ou um logro"[57], isto é, a fantasia está para além do princípio do prazer. O fantasma é representado pelo matema $S̸$ ◊ ***a*** (ver: Alienação-separação). Em última instância, esse ***a*** é sempre o que escapa, porque ele vai "além do bem e do mal", de qualquer objeto. A pulsão é que tem objeto (ver: Pulsão-Libido-Desejo) e se ela o contorna, o desejo o atravessa com seus deslocamentos significantes que, como vimos, têm a particularidade de matar a Coisa, e todas as outras coisas que vierem no seu lugar. Se o real é o que escapa do simbólico, o fantasma é responsável pela tentativa alucinatória de dar conta dele e, com isso, pôr em movimento o desejo. Alucinatória enquanto o mito a sustenta: "o mito designa e ensina sobre o que há de mais real [...]"[58], ou seja, o mito passa a ser uma "realização de desejo". "O saber se inventa enquanto mito", ou o que poderíamos dizer é que o mito enquanto invenção é a fundação do fantasma no qual o sujeito emerge e, com ele, esses saberes que, nos disse Lacan, "enchem as prateleiras". Sujeito a essas leis, leis da metáfora e da metonímia. Aqui, nos deixa claro uma vez mais o grau de ficção a que está sujeitado o humano sujeito.

Em última instância, fantasma vem do grego *phantasma*, que significa visão, sonho, aparição / espectro, aparência e, como disse o poeta:

Que es la vida? Un frenesí.
Que es la vida? Una ilusión.
Una sombra, una ficción,
Y el mayor bien es pequeño;
que toda la vida es sueño,
y los sueños, sueños son"[59].

57 LACAN, Jacques. **Seminário XI**: os quatro conceitos fundamentais da psicanálise. Rio de Janeiro: Zahar Editores, 1979, p. 176.

58 MILLER, Jacques-A.

59 LA BARCA, Calderón de. **La vida es sueño**. Buenos Aires: Ediciones Colihue, 1981, p. 94: "O que é a vida? Um frenesi / O que é a vida? Uma ilusão / Uma sombra, uma ficção / e o maior bem é pequeno; / que toda a vida é sonho / e os sonhos sonhos são".

O gozo e sua relação com o desejo

Em princípio, deveríamos fazer uma distinção do uso que se faz comumente do termo gozo e do uso que faz a psicanálise. Comumente, se toma o gozo como sinônimo de realização de algum prazer, enquanto que para a psicanálise, pelo contrário, o gozo está relacionado à condição de sermos sujeitos da linguagem, isto é, somos *parlêtres*, falasseres, como nos diz Lacan. Isso implica que toda relação com os objetos é mediada pela linguagem; não existe uma relação direta entre o sujeito e os objetos. O desejo surge no interdito que o Complexo de Édipo outorga à proibição paterna: "Não poderás reintegrar teu filho no teu corpo", à mãe; e "não poderás deitar com tua mãe", ao menino. Na realidade, sabemos que o interdito é próprio, por estarmos sujeitos à linguagem. Então, o gozo *é interdito*, porque "ele é *inter-dito*, ou seja, é feito pelo próprio tecido da linguagem, onde o desejo encontra seu impacto e suas regras"[60]. O gozo refere-se ao desejo, desejo inconsciente. "O inconsciente é estruturado como uma linguagem", como nos diz Lacan; o gozo não é do campo dos afetos e sentimentos. Lacan dá o nome de Grande Outro ao lugar da linguagem, que, às vezes, é lugar invadido por "Deus ou alguma figura real subjetivada, mas que na realidade é gozo desse Grande Outro da linguagem"[61].

Devemos entender o gozo como aquilo que Freud nos ensinou em *Além do princípio do prazer*, é além do prazer onde ele se **real-iça**. Vejamos o que observa Freud diante de seu netinho brincando com um carretel – é interessante como atua a castração nesse momento, momento de **vir-a-ser** na linguagem. A criança brincava com um carretel amarrado a um fio que era segurado por ela; jogá-lo fora do campo da visão lhe provocava angústia, ao que exclamava *Ôooo!* Logo, puxava-o pelo fio, trazendo-o novamente para sua visão, o que a levava a expressar com alegria *Aaaa!* O conhecido *fort* (foi-se, desapareceu, ali) – *da* (aqui está). Num momento determinado, quando o carretel desaparece, a criança exclama um Ôooo! Mas com certa alegria. Esse carretel, num primeiro momento, poderíamos dizer que é a mãe, que aparece e desaparece; mas, num segundo momento, dá para perceber que aí está o sujeito, só possível de aparição através da ausência, da falta do outro. Ou, se se quiser, a *ausência* funda

60 LACÔTE, Christiane. Gozo. In: CHEMAMA, Roland. (Org.). **Dicionário de psicanálise**. Porto Alegre: Artes Médicas, 1995, p. 91.

61 Idem.

a *presença* e, em contrapartida, a *presença* pode se tornar *ausência*. É a primeira diferença, é o primeiro código ao qual a criança se sujeita. Seguindo Lacan, a primeira identificação "é a primeira marca do sujeito, como não reconhecer aqui [...] que o objeto ao qual essa oposição se aplica em ato, o carretel, é onde devemos designar o sujeito. A esse objeto daremos [...] o nome [...] de objeto ***a*** [...]. O conjunto da atividade simboliza a repetição. [...] É a repetição da saída da mãe como causa de uma *Spaltung* no sujeito – superada pelo jogo alternativo, *fort-da*, que é um *aqui ou ali*, e que só visa, em sua alternância, ser o *fort* de um *da* e *da* de um *fort*"[62]. A primeira identificação é, então, na ausência que representa a falta no Outro. Mas essa ausência não só marca a falta no Outro – que vem a calhar que a criança não o complete, porque é impossível de fazê-lo –, porém também a separação que a criança estabelece desse Outro. A criança na "vivência era passiva" (a mãe sai e retorna quando quer); o menino "era afetado por ela; agora assumia um papel ativo repetindo-a como brincadeira (jogo), apesar de que antes tinha causado desprazer"[63]. Essa repetição não está relacionada somente a que criança tenta perder e recuperar o objeto desejado (a mãe), ela implica a linguagem e é na repetição falada dessa perda e recuperação do objeto desejado que o gozo se realiza. Um gozo que, podemos notar, não se realiza na consumação com o objeto e, sim, na relação que estabelece a linguagem com esse objeto – o carretel – que passa a ser um significante: "Adverte-se que as crianças repetem nos seus jogos tudo quanto lhes tem provocado uma forte impressão na vida; desse modo descarregam a intensidade da impressão e se apoderam, por assim dizer, da situação"[64]. Os objetos mudam; no entanto, a relação estabelecida com eles é a mesma, é na linguagem que eles se presentificam e desaparecem. A marca da castração, em sua radicalidade, está nesse *Ôooo!* e *Aaaa!* que remete, mais que a um jogo com o carretel, ao ingresso da criança na linguagem. Contemplar a ausência do outro é fundar a saudade, lembrando Agidi: "Quem sabe se no dia em que o primeiro morto foi sepultado nasceu a palavra, a palavra fundadora: Saudade"[65].

---

62 LACAN, Jacques. **Seminário XI**: os quatro conceitos fundamentais da psicanálise. Rio de Janeiro: Zahar Editores, 1979, p. 63.

63 FREUD, Sigmund. **Más allá del principio del placer**. Obras Completas, Buenos Aires: Amorrortu Editores, 1990, v. 18, p. 16.

64 Ibid., p. 16.

65 MENGARELLI, Hugo. **AGIDI: uma Antígona brasileira**. Montagem realizada em 2001, pela Companhia de Teatro PalavrAção da UFPR.

É claro que a criança mata a Coisa – a mãe – para nascer na palavra. Esse gozo é chamado por Lacan de *Gozo Fálico*, a marca da castração que sempre deixa um "mais-de-gozar"[66]. É aqui que a função do desejo vem se encaixar no gozo da linguagem: nessa repetição da perda é o objeto *a* que garante *ainda* a falta para um *mais-de-gozar. Mais-de-gozar* outra falta. É assim que um "ser que será falante encontra então a linguagem e nesta, o desejo"[67], e nele esse *mais-de-gozar*, outra falta, "nós somos jogados e gozados pelo gozo"[68]. Noutras palavras, nesse gozo de repetição: Ôooo! e Aaaa! é que se instaura o desejo.

O tango vem ao nosso encontro, ao nos colocar que a distância garante o gozo, o *fort–da*: *Te adoro cuando estás / pero te amo mucho más / cuando estás lejos de mi* [69]. Quanto mais duradouro o gozo (a não satisfação com o objeto) maior será o prazer (a satisfação com o mesmo). "Todo o presente era sacrificado por eles em prol do futuro, que por sua vez se transformaria em presente e seria sacrificado por sua vez por outro futuro e assim até o último presente, até a morte"[70].

Se o Gozo Fálico estaria relacionado ao masculino, o que se passaria do lado feminino, já que o mesmo é um gozo não todo? Lacan nos falará de um gozo *para além do Falo*[71], um gozo no corpo, impossível de ser nomeado; é um gozo experimentado como acontece também no gozo místico. É um Outro Gozo.

Também se chama de gozo perverso aquele que supõe uma completude, principalmente aquele que supostamente tem um saber sobre o gozo do outro. Poderíamos dizer, neste caso, que a transferência (ver: Transferência e inconsciente) não deixa de ter uma relação com este tipo de gozo na medida em que supõe no outro "um sujeito de suposto saber"; melhor, ama esse outro porque lhe supõe um saber sobre seu gozo. Sem dúvida aquele que assume esse lugar

---

66 LACAN. Jacques. **Seminário 17**: o avesso da psicanálise. Rio de Janeiro: Jorge Zahar Editores, 1992, p. 17.

67 CALLIGARIS, Contardo. **Hipótese sobre o fantasma na cura psicanalítica**. Porto alegre: Artes Médicas, 1986, p. 25.

68 LACAN, Jacques. **Seminário 20**: mais, ainda. Rio de Janeiro, Jorge Zahar Editores, 1982, p. 96.

69 **Pasional**, tango de J. Caldara e M. Soto: "Te adoro quando estás / mas te amo muito mais / quando está longe de mim.

70 PAPINI, Giovanni. **El espejo que huye**. Traducción: Horacio Arman. La Biblioteca de Babel, colección de lecturas fantásticas, dirigida por Jorge Luis Borges. Madrid: Ediciones Siruela, 1984.

71 LACAN, Jacques. **Seminário 20**: mais, ainda. Rio de Janeiro, Jorge Zahar Editores, 1982, p. 100.

não escapa de assumir um gozo perverso. Se minimamente olharmos nosso mundo ao redor, podemos descobrir como esse gozo está popularizado.

Pai: Real – Simbólico – Imaginário

É muito importante estabelecer a diferença de "Pais", que Lacan frisou. Por isso é que falava em "Nomes do Pai [...] o Simbólico, o Imaginário e o Real [...] os nomes primeiros entanto que nomeiam alguma coisa"[72].

Para podermos entender isso, recorreremos ao *mito da horda primitiva*, que Freud tomou, para usá-la como metáfora, de Darwin: teria existido *in illo tempore*, num tempo primordial, um pai violento, dono do gozo de todas as mulheres e que obrigava seus filhos ao celibato, sendo estes expulsos quando cresciam. Um dia, eles se uniram e decidiram matá-lo e, assim feito, realizaram um banquete totêmico. Esse pai era odiado e invejado; mas, no fundo, admirado. Ao ser devorado por seus filhos, estes se identificaram com ele, apropriando-se de parte de suas forças. Assumir o lugar paterno não é sem suas consequências. Em primeiro lugar, há uma questão: a história pode se repetir, isto é, quem assume pode ser o próximo banquete; como tal, estabelece-se a proibição do uso sexual das mulheres do clã, estabelece-se *a proibição do incesto*. Em segundo lugar, o assassinato coloca a fraternidade no campo da culpa, o que significa que surgirá o Totem como representante do Tabu. Ele simboliza a proibição, seja de ordem sexual, ou de ordem criminal: "não matarás os de teu próprio sangue". Disse-nos Freud que "o banquete totêmico, acaso a primeira festa da humanidade, seria a repetição e celebração recordatória daquela façanha memorável e criminal com a qual tiveram começo tantas coisas: as organizações sociais, as limitações éticas e a religião"[73].

Esse pai totêmico, mítico, pode ser entendido como *Pai real*, capaz de fazer gozar as mulheres (a mãe em primeiro lugar) e que, por sua ferocidade, se aproxima ao YHWH (Iavé-Jeová) judaico. É o responsável pelos significantes da *Spaltung*, da castração originária, na medida em que, com sua morte, simbolicamente, se instaura. Isso é o que Lacan chama de *traço unário* e que

---

72 LACAN, Jacques. **Seminário XXII**: RSI. Inédito, exposição de 11/03/1975.

73 FREUD, Sigmund. **Totem e Tabú**. Obras Completas, Buenos Aires: Amorrortu Editores, 1990, v. 13, p. 144.

Didier-Weill denomina *significante zero de significância* (ver capítulo 6, A voz da música... sob as palavras). Não existe nele absolutamente nada racional; é algo tirânico, tal como Barthes define a língua: "como desempenho de toda linguagem, não é nem reacionária, nem progressista; ela é simplesmente: fascista; pois o fascismo não é impedir de dizer, é obrigar a dizer"[74]. Ou se aceita e se afirma – *Bejahung*, nos falava Freud – essa ferocidade do YHWH, esse absurdo sem sentido, ou não há possibilidade de advir à linguagem, de advir à vida, ao falasser, *parlêtre*. Isso é da ordem do acaso trágico (ver: Repetição e acaso), "aquilo a que nada pode desobedecer"[75]. Isso é a Lei paterna que funda a linguagem, devorando esse Pai feroz ingressamos no mundo simbólico da linguagem.

Referindo-se ao tabu, Freud nos diz: "As proibições do tabu carecem de toda fundamentação; são de origem desconhecida, incompreensíveis para nós, parecem coisa natural a todos aqueles que estão sob seu império [...] denominam ao tabu o código legal mais antigo da humanidade não escrito [...] mais antigo que os deuses e se remonta a épocas anteriores a qualquer religião"[76]. Na mesma linha que a Lei *Agrapta*, a lei não escrita dos gregos, aquela na qual Antígona sustenta seu desejo e que se contrapõe às outras leis: a *Diké* dos deuses, e a *Nomos Kthonos,* a lei da cidade. Esse pai real tem a ver com o não escrito (eu digo inscrito, como IAVÉ inscreve com fogo), tem a ver com as leis do significante, que são puras diferenças, puras letras, que se introduzirão no rebento via fonemas, o que, só depois – *après coup* –, lhe permitirá simbolizar, isto é, produzir sentido. Esse significante é como o Nome Próprio, carece de sentido, só depois com a morte do pai real (assassinado pela aliança fraternal) advirá a simbolização e, mais tarde, a encarnação, isto é, a imaginarização. O Nome Próprio tem origem no "pai da horda". Sobre a origem Mengarelli, eu real-icei meu mito, com meu "pai da horda". Este seria um aristocrata de sobrenome Menga – já que Mengarelli significa ter origem nos Menga, que têm brasão – que no começo da Renascença enamorou-se de uma bela camponesa, que um dia deu à luz um menino. Então o Menga disse: "Questo qui è un Mengarelli!". Essa inserção numa filiação é o que lhe permitirá simbolizar as

---

74 BARTHES, Roland. **Aula.** São Paulo: Cultrix, 1977, p. 14.

75 ROSSET, Clement. **Lógica do pior.** Rio de Janeiro: Espaço e Tempo, 1989, p. 23.

76 FREUD, Sigmund. **Totem e tabú.** Obras Completas, Buenos Aires: Amorrortu Editores, 1990, v. 13, p. 27.

perdas das mulheres do clã, a perda da bela camponesa, ou seja, a perda da mãe: *Oooo!, fort* (desapareceu, foi-se), *Aaaa!, da,* (aqui está)... a metáfora.

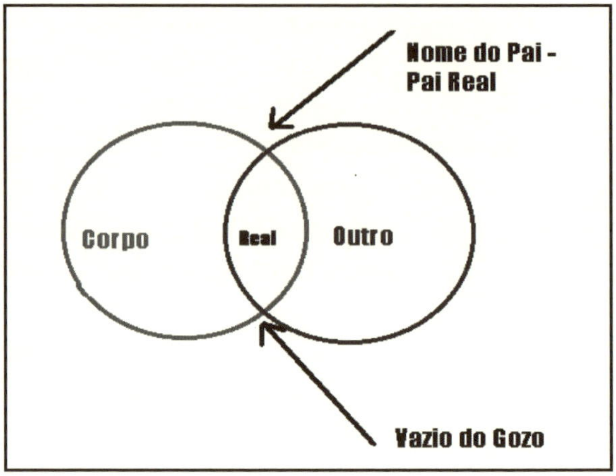

Esse é o *Pai simbólico*, "é uma necessidade da construção simbólica, que só podemos situar mais além [...] só alcançado por uma construção mítica [...] afinal de contas não está representado em parte alguma"[77]. Essa construção em Nome do Pai Real, o efeito do pai morto, aquele que vem ocupar o lugar do Outro, que originariamente era a mãe, é que permitirá fazer emergir o sujeito, que antes era corpo e, em seu vazio do gozo, estabelecer laços, criar sociedade. É esse Pai Simbólico o lugar aonde o desejo do Outro (mãe) vai, quando não vai para a criança. Será o que, desde sua hierarquia, estabelecerá a fraternidade, a união dos irmãos, como, metaforicamente, está presente na voz do pai Martin Fierro para seus filhos: "*Los hermanos sean unidos / porque esa es la ley primera; / tengan unión verdadera / em cualquier tiempo que sea, / porque si entre ellos pelean / los devoran los de afuera*"[78]. A relação que se estabelece é entre dois campos, "do sujeito e do Outro. O Outro é o lugar em que se situa a cadeia significante que comanda tudo que vai poder presentificar-se do sujeito, é o

77 LACAN, Jacques. **Seminário IV**: a relação de objeto. Rio de Janeiro: Jorge Zahar Editor, 1995, p. 225.

78 HERNÁNDEZ, José. Martín Fierro. In: **Poesía gauchesca**, v. 2. México: Fondo de Cultura Económico, 1984, p. 743. "Os irmãos sejam unidos / porque essa é a lei primeira; / tenham união verdadeira / em qualquer tempo que seja, / porque se entre eles pelejam / os devoram os de fora".

campo desse vivo onde o sujeito tem que aparecer"[79]. De outra maneira, esse Outro original (mãe) é substituído pelo Outro da cadeia Significante (pai), aquela que me permitirá advir: *Wo es war, soll Ich werden*, onde era Isso – no corpo materno – no corpo paterno, da linguagem, advirei.

Qualquer semelhança do Complexo de Édipo com o mito da horda primitiva não é mera coincidência. Esses vêm a simbolizar o que de real tem a linguagem. A morte de Laio é a simbolização do assassinato original do pai da horda. Então, dormir com Jocasta é o mesmo que dormir na peça de Sófocles, porque essa Mãe Original, essa de que poderíamos fazer **um** gozo absoluto, está proibida, porque também a matamos. Como Coisa está perdida para sempre, por isso o que resta é o **Um**, do buraco, um do Falo como o furo da linguagem e não como possibilidade de completude – falo porque sou Falo, buraco. Ainda que nem o Pai original, nem a Coisa Mãe passem de meras *personas*, que em francês é *personne* e significa tanto *pessoa* como *ninguém*; no fundo alguma coisa de máscara deve haver para cobrir o vazio. A história não é só enunciada, há uma enunciação que a sustenta.

De que se trata, então, no Complexo de Édipo é de **dar bois aos nomes**, nomes esses que são "Nomes-do-Pai". Essa função, a de dar nomes, é a função do Nome-do-Pai, que aqui nos aparece como Pai-de-Nome, isto é: **dar nomes aos bois**, inclusive a este boi que está escrevendo. O meu trabalho, então, é dar os bois a esses nomes, inclusive colocar este corpo para Mengarelli, para a continuidade dos Mengarelli. Outro exercício é colocar no Nome-do-Pai um boi, digo, um "pai encarnado", um pai imaginário, na travessia que me subjetiva, que é o complexo de Édipo. Mas subjetivar-se não é qualquer coisa; é a possibilidade de vir a ser, de *parlêtre*, falasser, pôr o desejo em movimento, isso significa dar boas-vindas ao fantasma. O Édipo carrega o incesto: a proibição são os ferros do *caminhozinho* da liberdade de que nos falava Guimarães Rosa. Por isso, em Nome-do-Pai (que me identifica simbolicamente ao pai morto Menga), eu posso ter acesso à outra mulher e a uma família, fora de meu clã. Inexoravelmente: "Abandonarás teu pai e tua mãe"[80] se quiseres ter tua família.

Então, o *Pai imaginário* forma parte daquele pai da realidade familiar, aquele no qual eu dou corpo ao pai ameaçador, aquele que me obriga a recuar, que me deixa sozinho no quarto e vai dormir com mamãe. Esse pai articula o

---

79 LACAN, Jacques. **Seminário XI**: os quatro conceitos fundamentais da psicanálise. Rio de Janeiro: Zahar Editores, 1979, p. 194-195.

80 JULIEN, Philippe. **Abandonarás teu pai e tua mãe**. Companhia de Freud, Rio de Janeiro, 2000.

poder castrador do pai real: "O pai real [...] articula-se propriamente com o que só concerne ao pai imaginário, a saber, a interdição do gozo"[81]. O pai da realidade, como vemos, carrega também o pai real, aquele que, com sua potência, propicia ao menino, via identificação (devoração), ter acesso a seu desejo sexual, poder ter acesso à outra mulher que não seja a mãe. Ou seja, "matando" o pai real – na realidade, devorando-o – me identifico simbolicamente a seus emblemas e ao que idealizo para ser como ele. É nesse sentido que o pai da realidade deve possuir algo do pai real, deve ser possuidor do *trunfo-mestre*, o pênis, um pantagruelesco membro, falo portentoso, como aqueles que precediam as passeatas dos *cantos fálicos,* cantos esses que, segundo Aristóteles, deram origem à comédia. É interessante encontrar na enunciação dos versos dos poetas essa relação tão particular que têm o falo e a palavra. Escutemos Caetano Veloso, em *Terceira margem do Rio* quando nos musica: "Tora da palavra / Rio, pau enorme, nosso pai". Linda metáfora esse pau, referência mais clara ao significante ordenador do real que abre o caminho da cadeia significante e que permite navegar em seu metonímico rio. Seguindo com Caetano: "navegar é preciso, viver não é preciso"[82], estar sujeito aos significantes é preciso, desejar é preciso mas com todo o impreciso, com todo o risco que esse viver nos encerra ou nos abre... O ginete desejo em sua repetição significante, no cavalgar da pulsão, está sujeito ao acaso, o indômito potro pode surpreendê-lo.

Esse pau-significante é o que daria conta do gozo da mãe, o que é do pai real; enquanto que o pau-palavra (o Pai Real morto, isto é, o Pai simbolizado) vem em Nome-do-Pai estabelecer as normas, dar os nomes necessários para justificar o que está na estrutura. E se eles não estiverem presentes no pai da realidade, esse pai periclita e a coisa pode terminar como na peça de Steven Berkoff, que abordamos no capítulo 8: Ética e estética. Sem a Lei, como sugere o texto, a mãe reintegra o filho no seu interior, é uma devoradora a mãe pulsional. É aí que podemos entender meu filho Rodrigo (quando tinha seis anos, aproximadamente) que, quando me via nu, entre admiração e surpresa, exclamava: "Que pintão!". É claro que não se referia a mim, nem sequer ao tamanho de meu membro – que, demais está em dizer, era superior ao dele –, senão que ele fazia alarde de uma garantia que falhou em Berkoff, e acho

81 LACAN, Jacques: **Seminário XVII**: o avesso da psicanálise. Rio de Janeiro: Jorge Zahar Editor, 1992, p. 129.

82 Na realidade, essa frase pertence a navegadores antigos e foi utilizada para muitas metáforas.

que hoje boa parte de nossa sociedade insiste em "sair do paraíso e entrar no céu"[83]. ***To be* devorador do pai *or to be* devorado pela mãe.**

É necessário entender que os tempos não devem ser tomados de forma diacrônica, senão "sincrônica". Não podemos esquecer que no inconsciente não há diacronia. De certa maneira, poderíamos dizer que é atemporal, acontece tudo simultaneamente, de forma tautócrona.

Como vimos, o pai simbólico é aquele que remete à lei, esse interdito que vem estabelecer os lugares, como podemos ver no gráfico, isto é: no quiasma Corpo (criança) – Outro (mãe) intervém esse significante marcado pelo real que será simbolizado pelo Nome do Pai. Este provoca a separação, o Real do buraco se estabelece em ambos. Então, quem faz o interdito não é o pai e, sim, o significante – daí que pai real e pai simbólico são construções míticas. Quem estabelece a proibição do incesto é o significante, aquele que em Nome do Pai abre o caminho para o desejo na criança, que se confirmará ou não, *après coup*, só depois, mas depois do quê? Do Complexo de Édipo. Cabe dizer, então, que toda a estruturação subjetiva – resultante do complexo de Édipo – é um mito daí seu caráter fantasmático, ou, se se quiser, de delírio. E existem alguns que ainda querem acabar com a ficção!

Pulsão e libido

Em primeiro lugar, devemos dizer que pulsão, *Trieb*, é um conceito singular. Muito embora Schopenhauer e Nietzsche tenham-no usado numa significação entre o corpo e a cultura, é com Freud que passará a ter um desenvolvimento e um corte radical colocando-o no centro de sua invenção: o inconsciente. Mas *Trieb* não é instinto, *instinkt*, equívoco esse que não poucos mal-entendidos provocou. Em princípio, instinto é animal e é o que procura satisfazer necessidades, estabelecer um equilíbrio. Tem uma relação direta com as coisas, sem mediação, a não ser *um conhecimento sem saber*, como nos disse Lacan, isto é, que é herdado e reage de forma binária, como um computador. Aqui encontramos uma semelhança com o pensamento científico

83 No caso brasileiro, seria algo importante de observar: é comum ver como as pessoas usam indistintamente o sobrenome do pai como o da mãe, quando não somente o da mãe, ou, pior ainda, o apelido. Outra coisa é o uso do sobrenome materno antes do paterno, que a cultura latina deixou de usar no século XVI.

moderno: sem enunciação, sem inconsciente, neles não reverberam os efeitos da linguagem[84]. A pulsão, apesar de ser um movimento na procura da parte perdida de cada um, é todo o contrário, sua satisfação está justamente em ser "insatisfeita", ou em se manter insatisfeita: "nada me perturba, nunca. Apesar disso, estou inquieto"[85]. Como nos diz Slavoj Zizek: "a pulsão é uma dimensão que [...] nos sustenta todo o tempo, ameaçando explodir"[86]. Se, simbolicamente, posso imaginarizar um imperturbável, no entanto há algo de real que me inquieta. A ação da pulsão, ação de sujeito acéfalo, está dentro de um pensamento *unário* e *é um saber sem conhecimento*, como vimos, um *saber-insabido* (a voz da mãe no cântico de seus fonemas) e um *saber-inconsciente* (quando aquele saber – *saber-insabido* – se articula na cadeia significante como também a desarticula) e de cujo conhecimento carecemos. Freud nos falava que *a* "'pulsão' nos aparece como um conceito fronteiriço entre o anímico e o somático [...]"[87], isto é, a pulsão está ligada ao significante, e é o real que esse carrega: "o que há no nível de *das Ding* (a Coisa) desde o momento em que é revelado é o lugar dos Trieb [...]"[88]. A pulsão é o efeito da submersão da criança na linguagem, é o efeito da *Spaltung*, da *Urverdrängung*, do recalque originário, da cisão do corpo da criança com o corpo materno. Então, seu corpo biológico, marcado pelo outro, se transforma em corpo erógeno. Corpo com suas zonas determinadas, boca, ânus, nariz, genitais, olhos, ouvidos, ou seja, zonas erógenas parciais, esburacadas. É por isso que a pulsão tem objetos, isto é, em princípio ela estaria ligada ao *princípio do prazer* – aquele que restituiria o equilíbrio homeostático – da satisfação animal. No entanto, Freud nos disse

84 É importante dizer que o discurso científico, ou mesmo do computador, é uma relação sígnica entre significante e significado de forma tal que a enunciação faz mergulho no enunciado, é bem do tipo de *um saber sem conhecimento*; justamente por ser esse saber desconhecido, um saber-insabido – *savoir insu* –, é que "as prateleiras se enchem de livros". No caso do animal se trata de um real-programado, isto é, um corpo biológico com *um conhecimento sem saber*, em outras palavras, o animal conhece, mas não produz nenhum saber. É um corpo de um conhecimento real e sua relação com o imaginário. Poderíamos dizer que, às vezes, a linguagem afeta mais os animais que os cientistas.

85 BECKETT, Samuel. **O inominável**. Rio de Janeiro: Nova Fronteira, 1989, p. 8.

86 ZIZEK, Slavoj; DALY, Glyn. **Arriscar o impossível**: conversar com Zizek. São Paulo: Martins Fontes, 2006, p. 83.

87 FREUD, Sigmund. **Pulsiones y destinos de pulsión**. Obras Completas, Buenos Aires: Amorrortu Editores, 1990, v. 14, p. 117.

88 LACAN, Jacques. **Seminário V**: as formações do inconsciente. Rio de Janeiro: Jorge Zahar Editor, 1999, p. 138.

que "o recalque secundário tem por função manter alguma coisa à distância: é como se a resistência que o consciente opõe fosse uma função de seu distanciamento a respeito do originariamente recalcado"[89]. Isto é, o *recalque secundário* do Complexo de Édipo afasta essa possibilidade de *princípio de prazer* – e em sua substituição virá o *princípio de realidade* – que o corpo materno supostamente poderia realizar, mas que, desde a cisão original, estava condenado a ser impossível; noutras palavras, o complexo de Édipo viria a confirmar essa impossibilidade, impossibilidade por sermos falantes.

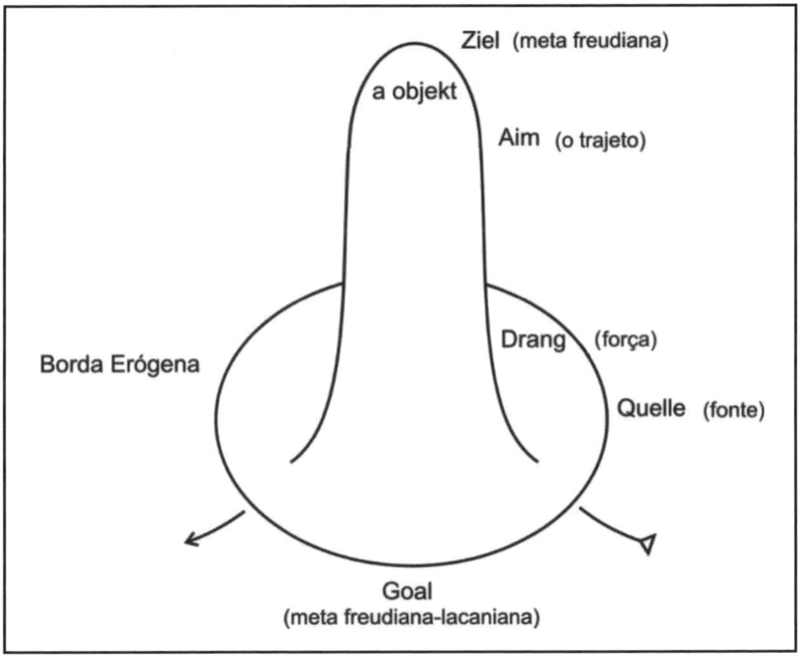

O circuito pulsional começa com *uma força constante (drang)* que exige satisfação, no sentido estrito, que é a *sua meta (ziel)*. A *fonte (quelle)* corresponde às zonas erógenas nas quais inscreve um movimento na direção do *objeto* (*objekt)*, movimento que não atinge o *alvo (ziel)* e, como tal, sem atingir a satisfação plena, a

89 FREUD, Sigmund. **La represión**. Obras Completas, Buenos Aires: Amorrortu Editores, 1990, v. 14, p. 144.

> pulsão recalcada nunca cessa de aspirar a sua satisfação plena, que consistiria na repetição de uma vivência primária de satisfação; todas as formações reativas e substitutivas, e todas as **sublimações**, são insuficientes para cancelar sua tensão original, e a diferença obtida entre o prazer de satisfação encontrado e o pretendido engendra o fator pulsionante que não permite a parada em nenhuma das situações estabelecidas [...][90]. (o negrito é nosso).

Por isso, Beckett termina *O Inominável* assim: "é preciso continuar, não posso continuar, vou continuar [...]". Lembrando, agora, o grande Guimarães Rosa – dentro do incomensurável sertão-mundo ***a*** *fora* ***a*** *dentro,* ***a*** *travessia* da singular *vereda* do desejo.

Quanto à pulsão oral, por exemplo, a comida não a satisfaz plenamente, sempre há um resto (o cafezinho, o papo, o licor, o cigarrinho etc.). Isso nos remete ao objeto *a*, isso que é do *mais-de-gozar*, o desejo. O objeto da pulsão, para Freud, funciona como causa. A pulsão tem objeto (*objekt*), o objeto *a* em sua vertente imaginária, objeto que permite contornar o objeto *a* em sua vertente real que é puro vazio, causa do desejo que, por sua vez, leva a uma nova tentativa da pulsão na procura de um outro objeto, que será uma nova tentativa fracassada porque o objeto para a satisfação plena não existe; é isso que leva a pulsão à compulsão de repetição (*Zwangwiederlungswang*), que nos trás isso tão essencial que é a função do retorno (*Wiederkehr*). Ela se origina em sua fonte (*Quelle*), as zonas erógenas (boca, olho, ouvido etc.), e se articula na demanda do objeto (*objekt*), do véu, que mantém a força constante (*drang*) rumo a uma meta (*ziel*), borda do desejo.

Muito bem, mas Lacan faz uma leitura muito freudiana, apesar da ambiguidade do próprio Freud. Ele coloca a meta, o *goal*, na própria zona erógena, se "a pulsão pode ser satisfeita sem ter atingido aquilo que, em relação a uma totalidade biológica da função, seria a satisfação ao seu fim de reprodução, é que ela é parcial, e que seu alvo não é outra coisa senão esse retorno em circuito"[91]. É como Freud tinha ensinado ao falar da pulsão: *eu vejo / alguém me vê / eu me vejo*. Ou de forma mais libidinosa, imaginem o movimento do

90 FREUD, Sigmund. **Más allá del principio del placer**. Obras Completas, Buenos Aires: Amorrortu Editores, 1990, v. 18, p. 42.

91 LACAN, Jacques. **Seminário XI**: os quatro conceitos fundamentais da psicanálise. Rio de Janeiro: Zahar Editor, 1979, p. 170.

beijo: eu beijo / alguém me beija / eu me beijo: que **goal**aço! – Porque já Freud nos reparou que beijar-nos não podemos; a não ser através do outro, nos dirá Lacan. O movimento pulsional dentro-fora / fora-dentro é sustentado em seu eterno retorno pelo objeto enquanto faltante e não enquanto objeto possível (objeto *a* em sua vertente imaginária, ainda que seja necessário para colocar a máquina para "funcionar"): "a satisfação da *Trieb* é, portanto, paradoxal, posto que ela parece produzir-se fora do lugar em que está o alvo"[92]. O que nos esclarece o triunfo do desejo, para quem é mais importante o pescar que a pesca. Dessa forma, o objetinho imaginário não é o mais importante. Agora, podemos retomar *Bésame mucho*, na versão do trio *Los Panchos* e ver o movimento da pulsão em seu dentro-fora / fora-dentro: *bésame, bésame mucho / que tengo miedo perderte / y perderme después*[93]. Aqui podemos ver que marca-se uma diferença entre o movimento da pulsão, no qual tudo está perdido, o Outro e eu, e a interpretação da autora Consuelo Velázquez: *bésame mucho / que tengo miedo tenerte / y perderte después.* Aqui vemos mais a presença do desejo, do sujeito do desejo na forma **ativa** porquanto posso *tenerte* e *perderte.* Na anterior, há uma forma ativa também ao *perderte,* mas logo vem o retorno em forma **reflexiva**, ao perdê-la *(perderte)* me perco *(perderme)*, isto é, passa a ser **passivo,** deixa de ser sujeito para passar a ser objeto da perda. Podemos ver isso no movimento do ator-personagem: o ator deve *tenerte* personagem e *perderte* também, ou seja, o jogo pulsão-desejo, a pulsão regida, montada pelo desejo, enquanto *perderte* e *perderme* é o desejo tomado pela pulsão, sendo preso pela alienação, o sujeito se torna objeto da personagem – o ginete é arrastado pelo cavalo[94]; enquanto no primeiro é a separação que rege, o ator é o sujeito, a personagem, o objeto.

O alvo, a meta (*ziel*) foi acertada, isto é, fez borda no objeto *a*. Esse objeto que a pulsão contorna é o que conhecemos como "objeto causa do desejo".

---

92 LACAN, Jacques. **O seminário, livro VII**: a ética da psicanálise. Rio de Janeiro: Jorge Zahar Editor, 1988, p. 14.

93 "Beija-me, beija-me muito / que tenho medo de te perder / e me perder depois".

94 No capítulo 2 – Pré-atuação: momento sublime da ação diferencial – falo da seguinte metáfora em torno da relação da pulsão com o desejo: este seria o alferes (do árabe *Al Feris*: o ginete) do indômito cavalo pulsão; mais que cavalo, poderíamos considerá-lo um centauro que, segundo leituras simbólicas, "é a besta do homem, inominável [...], imagem do inconsciente que chega a se apoderar da pessoa, abandona-a a seus impulsos e abole a luta interior". CHEVALIER, Jean / GHEERBRANT, Alain: **Dicionário de los Símbolos**. Editorial Heder, Barcelona 1986, p. 271-272.

Assim, a pulsão contorna pelo objeto causa do desejo, ou seja, pelo próprio desejo. Como vemos, o objeto *a*, que na pulsão nos aparece como objeto "possível", um objeto imaginarizado, é, em sua radicalidade, uma impossibilidade do próprio objeto. Como a presença se funda na ausência, a falta do objeto torna fantasmaticamente possível o objeto[95]. Talvez uma das metáforas mais belas sobre o paradoxo da pulsão esteja nos versos de *Metáfora*, de Gilberto Gil:

> Uma meta existe para ser um alvo
> Mas quando o poeta diz:
> Meta
> Pode estar querendo dizer
> O inatingível.

A meta está sempre *más allá del horizonte*[96], por isso retorna sempre ao vazio de onde partiu, em todo caso às bordas do vazio. E essa função de retorno *(wiederkehr) é essencial,* como nos diz Lacan, eterno retorno – "Fui fogo, depois de ser cinza"[97] – *enquanto dure* o vem-vai / vai-vem de ginete montado em cima das letras dos significantes. Retomamos a metáfora na qual imaginamos a pulsão sendo um cavalo indômito montado pelo ginete-desejo. Se a pulsão é acéfala, o ginete é cego, isto é, não sabe muito bem de onde vem e para onde vai, o que torna a questão bastante complicada. Imaginemos, então, se o ginete se descuidar e deixar o potro ao livre alvitre, o que não poderia acontecer? Talvez a *Wall Street*, *Auschwitz*, *Hiroshima* e o câncer falem por si. Mas, ainda que o ginete segure firme seu cavalo, quem pode garantir que o próximo trote não se depare com o abismo de algum buraco? Os laços sociais são muito importantes, no entanto: "Viver é muito perigoso"[98]. Mas há um momento único, é quando o ator (o artista) deve "dar o pulo sem redes", se liberar ao entusiasmo dionisíaco da alma de seu cavalo, se abraçar ao fulgor apolíneo e

---

95 Há aí uma marca da impossibilidade da qual Freud nos falava em **Análise terminável e interminável**: "Até pareceria que analisar seria a terceira daquelas profissões nas que se pode dar como antecipação certa a insuficiência do resultado. As outras duas, já de muito tempo sabidas, são o educar e o governar" (Obras Completas, v. 23, p. 249). Eu não sei se o casamento é uma profissão, mas eu o adicionaria à lista freudiana.

96 YUPANQUI, Atahualpa. **Los hermanos**. "Além do horizonte".

97 ROSA, João Guimarães. **Grande Sertão:** veredas Rio de Janeiro: Nova Fronteira, 1984, p. 52.

98 Ibid., p. 16. Essa frase se repete dezenas de vezes ao longo do romance.

lúcido do espiritual ginete, e ter a coragem cega, nessa **sublime-ação**, de "agir duas vezes antes de pensar".

Não há possibilidade nem de desejo, nem de pulsão organizada, comandada pelo ginete, se não mediasse o fantasma, inscrito na demanda – aquilo que justificaria a cavalgada da dupla, único olhar possível. Demanda de sentido, demanda de amor, demanda de completude, é por isso que o matema da pulsão é: $\$ \lozenge D$, sujeito alienado e separado da demanda – como disse o bolero: *tengo miedo tenerte* (alienado) *y perderte después* (separado); por isso, é pela impossibilidade da completude que a pulsão está propensa a destruir tudo: *perderte* e *perderme despues*, se nosso ginete não se afirma nas rédeas dos significantes.

Insistimos, quem seria o responsável pela separação? O significante da falta comandada pelo desejo, mas pulsionada pelas bordas vulcânicas do centauro. É por isso que Graciano nos diz: "Todas as coisas estão para ser mais vivamente perseguidas que gozadas"[99]. Como vimos, o importante é o pescar e não a pesca. Porque, hoje, parece que, se não pescamos, e por goleada, pode acontecer que num 7 de setembro joguemos as bandeirinhas no campo do Estádio Morumbi[100].

É porque somos falantes, porque somos divididos pela linguagem que esse objeto é paradoxal, presença-ausência, possibilidade-impossibilidade, com seus efeitos de: eu-outro, amor-ódio, tudo-nada, significante-significado, oposições que se sustentam na sincronia, isto é, na simultaneidade, na ambivalência; não existe um sem o outro, como não existe noite sem dia, presença sem ausência. É na ausência do dia que se funda a presença da noite, e é na presença do dia que se funda a ausência da noite: "Te adoro cuando estás / pero te amo mucho más / cuando estás lejos de mi"[101].

O conceito de libido levou a mal-entendidos, principalmente porque os textos de Freud, se não são bem articulados, levam a contradições. Em princípio, *libido* vem do alemão *Liebe*, amor, e nisso já Freud nos abre um campo para

---

99 SHAKESPEARE, William. Merchant of Venice. In: **The complete works of William Shakespeare**. Copyright c 1980, London, p. 163. *All thing that are, are with more chased than enjoy'd.*

100 O 7 de setembro de 2004, depois do fim do jogo – pela classificação do Mundial de 2006 – Brasil 1 Colômbia 0, o público, des-conforme pelo resultado magro obtido pela seleção, jogou as bandeirinhas do Brasil no campo, em forma de protesto. O pior: notáveis relatores e comentaristas justificaram essa atitude. Como podemos ver, vivemos num mundo onde tudo é possível, inclusive vilipendiar o maior símbolo pátrio.

101 **Pasional**, tango, música de J. Caldara e letra de M. Soto. "Te adoro quando estás / mas te amo muito mais / quanto estás longe de mim".

sua interpretação. Em *Esquema de Psicanálise*, de 1938, nos diz "Nós representamos um estado inicial da forma seguinte: a total energia disponível de Eros, que desde agora chamaremos libido, está presente no eu-id ainda indiferenciados e serve para neutralizar as inclinações de destruição simultaneamente presentes"[102]. A libido aí teria mais a ver com o que Freud chamava de Pulsão de Vida. Num princípio, a libido tem uma função na construção do eu e nada se poderia dizer de sua relação com o Id (lugar da pulsão, do real) e o Supereu (lugar da lei), porque "tudo quanto sabemos sobre isto se refere ao eu, no qual se armazena inicialmente todo o montante disponível da libido. Chamamos narcisismo primário absoluto a esse estado"[103]. Posteriormente, o eu começará a investir em "representações de objetos a transpor libido narcisista em libido de objeto"[104], isso quando a criança começa a se socializar. Mas é no *O Eu e o Id* que Freud nos deixa bem clara a relação da libido com a pulsão: "No começo, toda libido está acumulada no *Id*, enquanto o eu se encontra ainda em processo de formação e é débil. O *Id* envia uma parte desta libido a investimentos eróticos de objeto, depois disso o eu reforçado procura se apoderar desta libido de objeto e se impor ao *Id* como objeto de amor. Como consequência o narcisismo do eu é um narcisismo secundário, subtraído dos objetos"[105]. Ou seja, a libido busca nos objetos uma satisfação que a complete; o que parece é que a satisfação que procura a pulsão, paradoxalmente, como vimos, "pode encontrar seu alvo em outro lugar que não seja naquilo que é seu alvo"[106], pode se real-içar no fracasso, sua meta é sua partida, sua fonte. Nessa repetição – *Zwangwiederlungswang*, compulsão de repetição – é que se pode explodir ou fazer o novo. A libido vem encarnar justamente aquilo que a pulsão não consegue em sua parcialidade, isto é, a parte carente do sujeito, aquilo que falta por estrutura, aquilo que viria a completá-lo. A libido é a energia da pulsão dirigida aos objetos *a,* objetos imaginários. A pulsão é *uma subjetivação acéfala, sem sujeito*, ela advém no corte significante, **S1**, e o sujeito advém quando se estabelece a cadeia significante **S1...S2**. O sujeito aparece quando o

102 FREUD, Sigmund. **Esquema del psicoanálisis**, Buenos Aires: Amorrortu Editores, 1990, v. XXIII, p. 147.

103 Ibid., p. 148.

104 Idem.

105 FREUD, Sigmund. **El yo y el ello**, Buenos Aires: Amorrortu Editores, 1990, v. 19, p. 47.

106 LACAN, Jacques. **O seminário, livro VII**: a ética da psicanálise. Rio de Janeiro: Jorge Zahar Editor, 1988, p.139.

furo se instaura. Por isso Lacan disse que *um significante* (S1) *representa um sujeito* ($) *para um outro significante* (S2).

Então, temos que "a pulsão parcial é fundamentalmente pulsão de morte, e representa em si mesma a parte da morte no vivo sexuado, é por isso que advém o mito, feito para encarnar a parte faltosa, que chamei de mito da lâmina [...]", isto é, a forma "de designar a libido não como um campo de forças, mas como um órgão [...] é o órgão essencial para compreender a natureza da pulsão. Esse órgão irreal não é de modo algum imaginário. O irreal se define por se articular ao real de um modo que nos escapa, e é justamente o que exige que sua representação seja mítica [...]". A libido é o que vem a completar o "fracasso" da pulsão, é *a função de ser para o Outro* e é daí que podemos entender isso que marca o lugar do sujeito "no campo das relações do grupo, entre cada um e todos os outros. E também ela tem uma função erótica, de que todos aqueles que abordam sua realidade se apercebem"[107].

> A libido é esse órgão irreal [...] parte do organismo [...] instrumento da pulsão [...] de vida imortal, irrepreensível, de vida que não precisa, ela, de nenhum órgão, [...] a não ser ela mesma [...] de vida simplificada e indestrutível [...] é uma [...] lâmina, algo de extrachato que se desloca [...] tem relação com o que o ser de sexuado perde na sexualidade [...] é por isso que ela [...] é como uma ameba em relação aos seres sexuados, imortal[108].

É pura vida e filha da pulsão de morte, indestrutível, mas poderíamos dizer que este órgão *é a parte energética da* pulsão[109]. Por isso, é aquilo com o qual me defendo e com o que posso atacar, um verdadeiro escudo do Capitão América, é o andrógino, que reclamava Aristófanes, em *O Banquete*, é *Love Story* e *happy end* no cinema norte-americano que, no fundo, demandam os humanos – senão por que seguiríamos vendo sempre as mesmas histórias? É amor, familiar, sexual, social. Sim, é com a libido que estabelecemos os laços sociais, é o *Superman* bonito sem ser ameaçado pela criptonita. Mas, no fundo, essa criptonita-pulsão – se a Lei do Simbólico, a Lei do desejo não vier a

---

107 LACAN, Jacques. **Seminário XI**: os quatro conceitos fundamentais da psicanálise. Rio de Janeiro: Zahar Editores, 1979, p. 195.

108 Ibid., p. 186.

109 QUINET, Antônio. **A descoberta do inconsciente**: do desejo ao sintoma. Rio de Janeiro: Jorge Zahar Editores, 2000, p. 25.

estabelecer os limites da Castração, isto é, não fosse o ginete capaz de regular a relação real-imaginária da pulsão-libido – pode se tornar uma criptonita atômica. Quantas coisas essa "energia" pode construir, inclusive aquela que quatro vezes poderia ter acabado com a humanidade. Essa energia, puramente sexual, da libido é resultado:

> dessa conjunção do sujeito no campo da pulsão (do real) com o sujeito tal como ele se evoca no campo do Outro [...] se o sujeito é [...] determinado no campo do Outro [...] determinado pela linguagem e pela fala, isto quer dizer que o sujeito, **in initio**, começa no lugar do Outro, no que é de lá que surge o primeiro significante, desse esforço para se reunir, depende que haja suporte para a *ganze sexualstrieburg*[110].
> [...] A *ganze sexualstrieburg*, representação da totalidade da pulsão sexual – Freud diz que não está lá[111].

A libido vem procurar uma unidade e uma eternidade inexistentes por estrutura, "um gozo impossível de ser simbolizado, pois se encontra fora do significante e do âmbito"[112]. Não esqueçamos que uma falta encobre a outra, a falta de significante e a condenação, por sermos sexuados, à morte. Ela, a libido, é a presença dessas ausências, de significante e da eternidade. Ela puxa ao amor, à unidade, ao saber, à imortalidade, à continuidade, à indiferenciação, à perversão, é aí onde a pulsão vem a marcar a diferença, o *non sense*, a finitude, a descontinuidade, a negatividade.

Sobre a libido e a pulsão teríamos muitos exemplos, desde as religiões que asseguram a vida eterna e a ciência, que sempre vai garantir tudo (o falo imaginário, é claro), até os filmes em que o bandido ou o monstro não consegue morrer, mesmo com dúzias de balas em seu corpo, a bomba arrebentada em seu colo; parece totalmente despedaçado e, de repente, como o gato *Tom*, *tchan-tchan-tchan-tchan*, ele ressuscita dos pedaços. Os imortais e a ciência, garantidora do futuro – porque ela acredita, tem fé –, são mais libidinosos, enquanto a ressurreição do bandido é mais uma metáfora da pulsão, assim como a ave Fênix.

---

110 LACAN, Jacques. **Seminário XI**: os quatro conceitos fundamentais da psicanálise. Rio de Janeiro: Zahar Editores, 1979, p. 187-188.

111 Ibid., p. 178.

112 QUINET, Antônio. **A descoberta do inconsciente**: do desejo ao sintoma. Rio de Janeiro: Jorge Zahar Editores, 2000, p. 25.

Quatro são, para Freud, os destinos ou vicissitudes da pulsão: "a transformação no contrário – o retorno para a própria pessoa – o recalque – a sublimação"[113]. A primeira ligada à atividade-passividade, amor-ódio. A segunda é quando o sadismo se torna masoquismo. Temos no conto de Kafka, *Colônia Penal*, um exemplo desse movimento pulsional, assim como aquele que ameaça matar e termina se matando. O recalque é a tentativa de tornar inoperante a pulsão e assim poder emergir o laço social. E, por último, o que vimos elaborando ao longo do trabalho, a sublimação, inclusive aquela que apresenta o produto deste texto.

Real – Simbólico – Imaginário

Através dessa grandeza *trinitária*, representada na grafia topológica do *Nó borromeo* (ver figura mais adiante), Lacan nos identifica a estruturação da subjetivação humana bem diferente do animal, cuja estrutura é *binária*, composta só de imaginário e real.

Em princípio, é importante dizer que Real não deve ser confundido com a realidade, e nem sequer com o real do animal, mas interpretado como aquilo que fica de fora do campo simbólico, ou que é expulso do campo simbólico, aquilo produzido pelo recalque primário e o recalque secundário – o Complexo de Édipo. A noção de Real nos permite entender o que nos escapa, algo que não se realiza. Escapa de quê? Do Simbólico, daquilo que vem a dar nome às coisas, aquilo que é representado pelas leis da linguagem. O Real é o recalcado que retorna; então, é o campo do inominável, do impossível, do *Unheimliche*, do estranho, do ominoso. Por isso, como nos disse Lacan: *não para de não se escrever* – e, portanto, é causante na estrutura humana. Está para além da linguagem; no entanto, está presente na mesma, principalmente quando faz buraco, estabelece o equívoco, provoca angústia. O real está por trás da rede significante "que comanda, mais que qualquer outra coisa, nossas atividades [...]"[114]. Os diabos, o monstruoso, a Coisa "perdida para sempre", são referências a esse real, o mesmo que nos pega num filme de terror, o mesmo

113 FREUD, Sigmund. **Pulsiones y destino de pulsión**, Buenos Aires: Amorrortu Editores, 1990, v. XIV.

114 LACAN, Jacques. **Seminário XI**: os quatro conceitos fundamentais da psicanálise. Rio de Janeiro: Zahar Editores, 1979, p. 61.

que Édipo não conseguia: no momento de ficar cego, pois o simbólico o atravessou, é que passou a olhar – graças a essa cegueira é que olhamos as coisas. Os cachorros veem por isso, por não estarem inseridos no campo simbólico. Por não terem recalcado a *Outra Cena* não olham as cenas nem do teatro, nem dos filmes, nem do resto. Nietzsche, numa passagem de *Assim falava Zaratustra*, faz uma bela metáfora do real:

> Se eu quisesse sacudir esta árvore com as minhas mãos não poderia; mas o vento que não vemos açoita-a e dobra-a como lhe apraz. Também a nós mãos invisíveis nos açoitam e dobram rudemente[115].

O real é aquilo que esburaca a realidade, o que a torna não toda. Na brilhante e transparente honestidade de Stanislavski, temos outra bela aproximação desse real:

> Um velho e grave erro dos artistas é acreditar que o cênico é somente o acessível ao ouvido e à vista do público na sala do teatro, mas o teatro existe só para a recreação da vista e do ouvido? Por acaso tudo aquilo de que se nutre a alma pode se comunicar só com as palavras, os sons, os gestos e os movimentos? Por acaso o único meio de realizar comunicação entre os seres é visual e auditivo?
>
> É irresistível a força expressiva da comunicação direta através das irradiações invisíveis da vontade e do sentimento humano. Com sua ajuda se hipnotiza o público, consegue-se domar as feras ou a turba enfurecida [...]
>
> É imprescindível que os artistas acreditem que são estes os caminhos mais efetivos, os mais sutis, poderosos, contagiosos, irresistíveis e penetrantes para transmitir o transcendente, o superconsciente (**é uma clara referência ao inconsciente**) é invisível, o que não se submete à palavra: a essência espiritual da obra do autor[116].

O real é a causa da determinação do inconsciente. O real pertence ao *nolens-volens* latino, ao pensamento unário, o querer e não querer convivendo, assim como Aninha, a filhinha de quatro anos de um amigo que "queria,

115 NIETZSCHE, Friedrich. **Assim falou Zaratustra**. São Paulo: Martin Claret, 2001, p. 46.

116 STANISLAVSKI, Constantin. **El trabajo del actor sobre su papel**. Obras completas. Buenos Aires: Editorial Quetzal, 1977, p. 171.

queria" e o pai cansado lhe diz: "Mas o que é que você quer?". Ao que a menina responde: "Nada, eu quero nada!"[117].

Isso é o que atravessa a obra de um Beckett:

> Nada me perturba, nunca. Apesar disso, estou inquieto. Nada muda aqui desde que eu estou aqui, mas não me atrevo a concluir que não venha a mudar nunca[118].
> Mas será que ele gira realmente, ou apenas passa a minha frente, em linha reta?[119].
> Eu não direi mais eu, não direi nunca mais, é demasiado idiota. Colocarei em seu lugar, cada vez que o ouça, a terceira pessoa, se me lembrar[120].

De um Lewis Carroll:

> **Menina**: Ah, ainda bem que não gosto de aspargos. **Amiga**: Por que, minha querida?
> **Menina**: Porque se gostasse teria de comê-los... e não os suporto[121].
> Bem, esta volta vai dar no morro, suponho... não vai! Vai dar direto na casa de novo!
> Bem neste caso vou tentar na direção contrária.
> E assim fez: ziguezagueando para cima e para baixo, e tentando volta após volta, mas sempre voltando para a casa, fizesse o que fizesse[122].

Depois do *eterno retorno de Alice* – o Real sempre retorna ao mesmo lugar –, escutemos Guimarães Rosa, na voz de Riobaldo, como o pensamento unário determina a travessia em *Grande Sertão: Veredas*[123]. Vejamos alguns exemplos:

> Quem muito se evita, se convive. (p. 8) mesmo sendo engordado, de assim não-ouvir ou ouvir (p. 8) Pois não sim? [...] Será não? Será [...] O diabo existe e não existe? (p. 9) Família. Deveras? É, e não é. O senhor ache e não ache. Tudo é e não é. (p. 11) Querer

117 Entendo isto de "Nada, não quero nada" não como não querer nada mesmo, caso da histeria, esse "querer nada" estaria mais ligado ao **nada querer**, ou seja, ao campo do desejo e não da demanda. Sendo assim poderíamos escutar "Desejar. Eu quero desejar", que é o grande trabalho por onde passa a constituição da sexualidade.

118 BECKETT, Samuel. **O inominável**, p. 8.

119 Ibid., p. 9.

120 Ibid., p. 74.

121 CARROLL, Lewis. **Alice** – edição comentada. Introdução e notas: Martin Gardner. Rio de Janeiro: Jorge Zahar Editores, 2002, p. 139.

122 Ibid., p. 149.

123 ROSA, Guimarães João. **Grande Sertão: veredas**. Rio de Janeiro: Editora Nova Fronteira, 1984.

> o bem com demais força, de incerto jeito, pode já estar sendo se querendo o mal, por principiar. (p. 16) Sempre, no gerais, é à pobreza, à tristeza. Uma tristeza que até alegra. (p. 24) Ah, ânsia: que eu não queria o que de certo queria. (p. 58) Razão por que fiz? Sei ou não sei. De *ás*, eu pensava claro, acho que de *bês* não pensei não (p. 114) Sertão é isso, o senhor sabe: tudo incerto, tudo certo. (p. 146) O que nós estávamos fazendo era uma razão de loucura muita [...] (p. 192) No pique dum momento, perdi e achei minha ideia, e esbarrei. (p. 308) Ah, eu acho que não queria mesmo nada, de tanto que eu queria tudo [...] (p. 392) A mais, dela não se ouvia uma queixa ou reclamação: nem mesmo palavra. O que eu desentendia nela era aquela suave calma, tão feroz [...] (p. 484).

Mas talvez a passagem mais rica sobre a questão do real e a enunciação Guimarães Rosa nos dirá no seguinte parágrafo, aliás bem perto de Heráclito:

> O sério pontual é isto, o senhor escute, me escute mais do que estou dizendo; e escute desarmado. O sério é isto da estória toda – por isto foi que a estória eu lhe contei – eu não sentia nada. Só uma transformação, pesável. Muita coisa importante falta nome[124].

O que nos fica bem claro nessa passagem é que o real, se escapa ao mesmo tempo que é causa determinante, é inominável: "não sentia nada..." [*escapa*]. "Só uma transformação, pesável..." [*causa determinante*] "Muita coisa importante falta nome" [*inominável*].

Bentinho, diante do jogo dos olhares com Capitu, nos disse:

> Quantos minutos gastamos naquele jogo? Só os relógios do céu terão marcado esse tempo infinito e breve[125].

Dany-Robert Dufour nos diz que esses enunciados *unários*

> contêm uma **dobradura** interna. Quero dizer que eles não estão organizados segundo uma relação diferencial entre dois termos (do tipo "significante/significado"),

124 Ibid., p. 102.

125 ASSIS, Machado de. **Dom Casmurro**. In: Obras Completas. Rio de Janeiro: Editora Nova Aguiar, v. 1, p. 966.

tampouco numa relação casual (do tipo "A é a causa de B"), mas expõem **um único termo** e fazem-no submeter-se a uma divisão interna. Exatamente, eles o **dobram**[126]. A **dobra**, que exclui a **explicação** e a substitui pela **implicação**, é fundamentalmente o lugar onde se urde um **insaber**. O pensamento **unário** é parcialmente ligado ao **não-saber**[127].

Também nos encontramos com Mikhail Bakhtin, que, ao se referir à novela polifônica de Dostoiévski, faz uma leitura do real que habita a obra do genial romancista russo:

> ele sabia encontrar duas ideias, um desdobramento [...] Tudo aquilo que parecia simples, em seu mundo se converteu em complexo. Em cada voz ele escutava duas vozes discutindo, em cada expressão escutava uma ruptura [...] em cada gesto captava simultaneamente a segurança e a incerteza, percebia a profunda ambivalência [...] Porém todas estas contradições e ambiguidades não chegavam a ser dialéticas, não se punham em movimento por um caminho temporal, numa série de processos em formação, se desenvolviam num só plano como justapostas ou contrapostas, como acordes, mas sem fundir-se ou como desesperadamente contraditórias ou como harmonia eterna de vozes diferentes ou como uma discussão permanente e sem solução[128].

Demais está dizer que os paradoxos lógicos poderiam ser incluídos nesse campo, o enigma está atrelado ao fato do que chamamos de *o círculo vicioso da fantasia* e que resulta, justamente, *no esquecimento do princípio fundamental de que o que se refere a um todo não pode, ele mesmo, ser parte do todo.* Em outras palavras, as matemáticas podem explicar tudo menos a si mesmas, isto é, seguindo o paradoxo de Bertrand Russel, nem as matemáticas escapariam do pensamento unário[129]. O pensamento unário é ligado ao real do inconsciente, àquilo do inconsciente que escapa dele próprio, que não tem possibilidade de inscrição, *que não para de não se escrever*, por isso retorna como Alice para casa;

---

126 DUFOUR, Dany-Robert. **Os mistérios da trindade**. Rio de Janeiro: Companhia de Freud, 2000, p. 36-37.

127 Ibid., p. 39.

128 BAKHTIN, Mikhail. **La novela polifónica**. In: Teoría de la novela: antología de textos del siglo XX. Barcelona: Eric Sullà. Crítica, 2001, p. 58.

129 KASNER, Edward; NEWMAN,James. **Matemática e imaginação**. Rio de Janeiro: Biblioteca de Cultura Científica, Jorge Zahar Editores, 1976, p. 206.

por isso exclama Riobaldo: "me disse nada menos nada". Isso que: *nada me perturba nunca, apesar disso, estou inquieto,* ou *como uma discussão permanente e sem solução.* Essas matemáticas que explicam tudo acabam se *dobrando* a não se poder explicar. Tudo isso sempre *sem querer, querendo,* como fala El Chavo (aqui, Chaves, seriado mexicano da TV). É por isso que há uma necessidade estrutural, simbólica desse terceiro – falávamos das matemáticas –, dessa exceção, desse *ao-menos-um* que marca desde fora a castração (simbólica). Ele (as matemáticas) é aquela hierarquia, S1 que permite a castração dos outros, fazer o laço. Podemos também dizer, Ele é aquela incompletude que permite, ao fazer laço, uma consistência no diálogo de Eu-Tu. Graças à incompletude das matemáticas, podemos estabelecer uma consistência em nosso discurso. Em última instância, é Ele o buraco, o vazio, o nada, o *ex-nihilo,* que funda, cria a matéria. Seguindo Lacan, podemos ver que nada é mais ateu que o criacionismo.

Podemos ver, então, o papel fundamental que o real pulsional e o desejo têm na ordem da criação, personagem e ator convivem dentro-fora / fora-dentro, mas é o desejo que marca a diferença, o limite, a barra. Por isso, uma vez mais o **real** da questão é **não confundir a ficção de nossa realidade com a realidade da ficção teatral**.

Isso é o real, o *Unheimliche* freudiano, o paradoxo que encerra o real, "a saber, o obstáculo ao princípio do prazer"[130], e isso nada tem a ver com *Freud explica!* E sim com *Freud implica!* No entanto, não poderíamos ficar submersos num suposto discurso unário:

> o discurso entregue à forma unária seria apenas um universo abissal, ao mesmo tempo dramático e pitoresco, de dobramentos e desdobramentos bruscos, projetando incessantemente o sujeito da insuficiência pura à antecipação abrupta e dilacerando-o entre um autismo que sempre adia o deslanchamento e um delírio onde a linguagem falaria sozinha[131].

O Simbólico vem a restaurar esse "mundo abissal", sendo que representa o que tem a ver com a Lei, seja da linguagem ou do Édipo, isto é, tem a ver

130 LACAN, Jacques. **Seminário XI**: os quatro conceitos fundamentais da psicanálise. Rio de Janeiro: Zahar Editores, 1979, p. 159.

131 SCIARRETTA, Raúl. Aula de março de 1995, na Biblioteca Freudiana de Curitiba, 1995.

com a Castração do Outro, com maiúsculo (Ⱥ), é a articulação entre o S1, significante Mestre, significante da *Spaltung*, da castração primária, e o S2, significante da Outra Cena, do Édipo. É nessa estrutura significante que se instaura o desejo. O simbólico é determinante enquanto ordenador, torna o homem um *Parlêtre*, um *falasser*, àquilo que *para de não se escrever*, isto é, produzindo um duplo sentido. Diz-nos a respeito Roberto Harari: "é necessário asseverar que nossa disciplina define todo falante como bífido: assim sendo, cada um se caracteriza por falar ao menos duas línguas que se bifurcam"[132]. O que recentemente nos tinha falado Bakhtin de Dostoiévski. Isso faz a diferença radical com os animais. Eles não estão sujeitos ao equívoco, comunicam-se com sentido único, ou, se se quiser, eles usam signos, o significante e o significado estão colados, são inseparáveis, enquanto no homem nos encontramos na estrutura *trinitária* significante (o Simbólico), significado (o Imaginário) e a / (barra) que os separa (o Real). Diríamos que, no animal, existe um real programado, não fundado pelo simbólico. O homem é falado até antes de nascer, já vem com nome e sobrenome, até seu destino está marcado no desejo parental. Seu corpo, então, é um corpo atravessado pela linguagem, atravessado pelo desejo do Outro, mas sempre há alguma coisa que escapa: um corpo com câncer pode chegar a ser um real que não pode ser simbolizado, independentemente de se o câncer é de pulmão e de se o sujeito era fumante. Por que existem aqueles que também o tiveram e nunca fumaram? – com isso não quero dizer que o cigarro não provoque mal-estar, mas, às vezes, ajuda para sair dele. Que faria eu, neste momento em que estou escrevendo, sem ele? Por acaso meu Gozo deve ser regido pelo Ministério da Saúde? Podemos notar aqui a tentativa de dar conta de um real pelas vias do imaginário. Se, pelo menos, os governos se preocupassem com os cânceres da corrupção, talvez tivéssemos menos cânceres em outros campos!

Também é necessário não confundir **Imaginário** com fantasia, imaginação, delírio; imaginário, no sentido lacaniano do termo, se refere fundamentalmente à forma do humano de se realizar, a de constituir o "eu" através da imagem do semelhante, do outro com minúsculo (ver: Estádio do espelho). O imaginário ilumina nossa realidade, não só dá sentido ao nosso corpo, pois, e

---

132 HARARI, Roberto. **Palabra, violencia, segregación y otros impromptus psicoanalíticos**. Buenos Aires: Catálogos, 207, p. 22: "cabe aseverar que nuestra disciplina define a todo hablante como bífido: así, cada quien se caracteriza por hablar al menos dos lenguajes que se bifurcan".

também por isso, dá sentido às coisas; por isso *não para de se escrever*. É esta sua função: dar sentido, sentido sem equívoco, caso contrário corre-se o risco da angústia. Lacan relaciona o imaginário ao *eidos*, platônico... "Ele (Platão) viu muito bem que sem o *eidos* não teríamos nenhuma possibilidade de que os nomes se colassem às coisas"[133].

Então, para advir um *eidos*, um Imaginário da Coisa Real, nós, que não somos animais, precisamos nomeá-la. Isso é a função do Nome do Pai, precisamos do Simbólico nomeando o real. Ainda que, simbolicamente, possamos cobri-la toda, como a religião e a ciência insistem, nomear a Coisa não garanta que se possa dar conta dela. Essa não garantia se vê na emergência da *tiquê*, do acaso (ver: Repetição e acaso): o imaginário para de se escrever, a angústia toma conta. Sendo a angústia sempre angústia de castração – ou melhor, da falta dela –, da ordem do real, é nesse buraco que o artista se abre à criação, é nesse buraco dos demônios que o artista faz *d'ordure* o *or dur de la création*.

Na figura topológica do Nó borromeo, podemos notar que os aros não se recobrem totalmente, além de estarem entrelaçados de uma maneira que, soltando-se um deles, os outros também se soltam. Neles, notamos no primeiro RSI (Real-Simbólico-Imaginário) que o Real passa por cima – não totalmente – do Simbólico determinando o **J**(φ) o gozo fálico, isto é, o gozo da fala. O Simbólico, por sua vez, passa por cima do Imaginário – também não totalmente – determinando o sentido. Por último, o Imaginário passa por cima do Real determinando o **JA**, o Gozo Outro, relacionado ao gozo feminino e místico. Esse movimento se define como "levógiro", da direita para a esquerda, movimento contrário ao relógio, estabelecendo as outras cadeias, SRI e IRS. No outro nó borromeo, encontramos que o movimento é no sentido horário, da esquerda para a direita, "destrógiro", estabelecendo a cadeia RIS. O Real passa por cima do Imaginário provocando angústia, o Imaginário por cima do **simbólico** determinando a inibição e, por último, o Simbólico passa por cima do Real estabelecendo o sintoma. As outras são SRI e ISR.

Diante do Real que uma criação carrega, **o ator deve simbolizar o imaginário desse real**. Noutras palavras, não interessa se o texto vem de "fora" ou de "dentro". Por ter a criação algo do campo da psicanálise – e é por esse caminho que a tratamos –, para produzir a personagem, a máscara do Imaginário teatral, é necessário estabelecer uma relação, uma particular relação

133 LACAN, Jacques. **Seminário XXII**: R.S.I. Inédito. 11/03/1975.

com o objeto ***a***, vazio fundamental, *objeto causa de desejo*. Guiado pelo objeto *a*, Simbolizar o Imaginário desse Real pulsional é aprender *a pular sem redes.*

Mas Lacan, a partir do seminário vinte e dois *RSI*, nos trará um quarto nó, que possibilitaria a amarração do real, simbólico e imaginário. Esse quarto nó é o sinthoma, escrito como se fazia antes do século XV. que significa: *pôr junto, ligar, nodular*. Lacan nos dirá, no seminário sobre O sinthoma: "O complexo de Édipo é, como tal, um sintoma. É na medida em que o Nome-do-Pai é também Pai do Nome que tudo se sustenta, o que não torna o sinthoma menos necessário"[134]. É importante entender: o complexo de Édipo é um o sintoma, isto é, que o complexo de Édipo seja **um sintoma** nos significa que ele tem uma função de juntar, ligar, fazer nó.

Nas figuras seguintes, podemos ver os dois movimentos do nó borromeo, levógiro (RSI) e destrógiro (RIS) e, na figura seguinte, suas implicações.

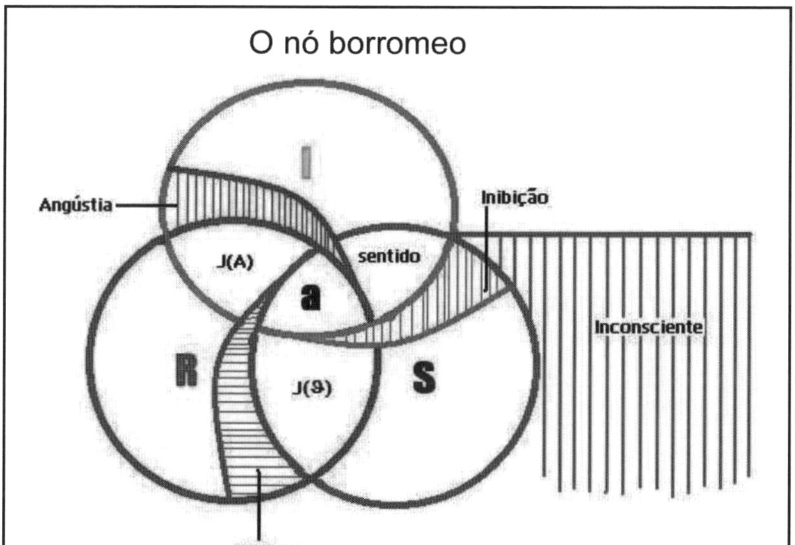

Poderíamos usar essas categorias para trabalharmos os discursos artísticos como linguagem? Bom, se o real é o que vige detrás do significante, e este vem a nomeá-lo e a produzir sentido, é claro que poderíamos tentar, sempre como metáfora, o caminho presente no capítulo 1, quando digo que o ator

134 LACAN, Jacques: **Seminário XXIII**: o sinthoma. Rio de Janeiro: Jorge Zahar Editor, 2007, p. 23.

seria o "saber" inconsciente da personagem, isto é, o ator é a enunciação do enunciado personagem. O cinema é um bom exemplo que nos permite entender essa relação entre real, simbólico e imaginário. Pudemos ver no capítulo 4, no filme de Mel Brooks, *High Anxiety* (Alta Ansiedade), a câmera, em *travelling* para frente, indo em direção a uma porta de vidro da sala de jantar, onde todo o alto comando do *The Psycho-Neurotic Institute for the Very, Very Nervous* está jantando. A câmera avança até quebrar os vidros da porta e todos os presentes ficam olhando para a câmera. Analisando essa cena, podemos notar que há uma quebra no discurso, uma descontinuidade, um *lapso de imagem* no mergulho da enunciação no enunciado, em que *a história se conta sozinha.* A quebra dos vidros da porta simboliza a presença real da câmera, destituindo o imaginário dos sentidos da história. É a presença do *non sense*, a *ostranenie,* o *Verfremdung* estabelecendo o lugar do discurso. Nesse caso, a câmera ou projetor (ambos ocupam o lugar de real, junto com a película fotográfica) aparecem como sustentadores do mesmo – demais está dizer que, por sua "ausência", é possível que haja história. Julio Bressane, em *Gigante Paraíba*, risca o filme para colocar o público diante da materialidade da película – importante real para que, simbolicamente, possa se transformar num filme, riscado.

Vemos como esse real é simbolizado através das imagens do vidro quebrado. Mas também podemos ver esse algo que realmente *inquieta* Mahood, de *O inominável*, e é isso que vige por trás: o real. O real é igual Deus: está em toda parte, mas não se vê. Uma bela metáfora é a câmera do cinema, na concepção da decupagem clássica: ela é um deus onividente, onipresente, onisciente, isto é, onipotente. O real é aquilo que é a causa de tudo, ou seja, de todas as alegorias, sejam as do cinema – teatro, literatura etc. – como também aquela que vige por trás da alegoria da vida, porque *La vida es sueño.*

Orson Welles, em *Citizen Kane*, e Federico Fellini, em *E La Nave Va*, também riscam o filme, mas, nesses casos, Welles e Fellini por um lado procuram simbolizar que se trata de filmes velhos, antigos; mas, por outro, nos trazem o cinema dentro do cinema, uma referência do real da fita no semblante (ver: Semblante) do filme, do filme do filme. Enquanto Bressane é o pai "real" que deixa no filme as marcas de significantes sem sentido, *non sense* – a não ser por fazer presente, em imagens, esse real, a película –, estabelecendo um real-simbólico; Welles e Fellini utilizam esses riscos acompanhados com movimento mais rápido, como se se tratasse de filmagem do período do cinema mudo, estabelecendo uma relação – além da referência ao real da película – simbólico-imaginária. Isto é, os riscos simbolizam um imaginário que nos reporta a uma época passada e, simultaneamente, nos trazem também a simbolização de um real, de um real que determina a possibilidade da projeção fílmica – existem outros reais, o projetor, a luz e a própria tela que deixa de ser um simples pano branco para se transformar numa "janela à vida". Reiteramos, estamos metaforizando a questão do real.

Para retomar a relação real-simbólico-imaginário, vou me remeter a uma articulação do filósofo argentino Raúl Sciarretta: "O real é a determinação, o simbólico é a ordenação e o imaginário é a manifestação"[135]. No discurso da palavra, o que o determina é a *letra*, enquanto real. Mas muitos autores colocam o simbólico como determinante. Trataremos de entender esta questão: num princípio existia o verbo, isto é, o **simbólico é determinante**, determina, através da **castração**, um real recalcado, abrindo, assim, o caminho para o desejo, e um imaginário que dará sentido às coisas nas quais a demanda se presentifica. Não podemos esquecer que é com palavras que Deus cria o mundo. Num segundo momento **o real é a causa determinante** do movimento humano, porque este radica no retorno do real, do recalcado. O **simbólico** aparece aí como **ordenador**, com a possibilidade de **manifestar sentidos imaginários**. É neste viés que entendo essa determinação do real, desse cavalo indômito; sem ele, o simbólico ginete desejo não entraria em movimento e nem este tentaria domá-lo, por isso, como vimos: **a *letra* enquanto real determina o discurso da palavra**.

Real, simbólico e Imaginário e sua relação com a estrutura discursiva: eu-tu / ele

Retomando a questão do "eu", "tu" e "ele", através da articulação que Dany-Robert Dufour desenvolve nos capítulos II, III e IV da primeira parte de seu livro *Os Mistérios da Trindade*, veremos que a presença dos três elementos não necessariamente nos daria a operação trinitária. Existe o "eu" que se relaciona com outro, o semelhante – aquilo que, sendo o mesmo (humano), não é igual –, o "tu". Entre eles há uma alteridade, fraca, mas presente. A relação "eu" e

135 SCIARRETTA, Raúl. Aula de março de 1995, na Biblioteca Freudiana de Curitiba.

"tu" é uma relação de continuidade sintagmática, metonímica, *hic et nunc*, *in praesentia*, presente aqui e agora; enquanto "ele" se apresenta como uma alteridade forte, é uma relação de descontinuidade paradigmática, metafórica, *ad illic, in absentia*, ali, ausente. A relação "eu-tu" é transitiva, de conjunção; enquanto "ele" opera de forma intransitiva, de disjunção. "Ele" corresponde *ao-menos-um* fora do diálogo, mas que o funda, isto é, "ele" é "a exceção [que] funda a regra"[136]. "Ele" é o presente ausente ou a ausência que se presentifica, "ele" é o S_1, o Nome-do-Pai.

No laço social, a estrutura falante se articula: "1) há o sujeito" (o "eu": quem fala), "2) há o outro do sujeito" (o "tu": a quem se fala), "3) há o Outro do sujeito e do outro (o "ele": de quem se fala). E Dufour se pergunta: existiria um "Outro do Outro [...] um modelo do modelo?". É a partir daqui que recuperamos a questão da castração originária e sua articulação com a castração secundária ou complexo de Édipo. Há um "Outro", "ele", que produz a *Spaltung*, o corte, a cisão, a separação do Outro-Coisa-mãe ao introduzir o rebento na linguagem, isto é, para que ele se torne falador, faltoso, carente. No jogo do *fort-da*, o netinho de Freud estabelece essa presença ausência que encerra o "ele"; esse Outro-Coisa-mãe é crivado com o jogo do *fort-da*, a palavra mata a Coisa. Então, advém o "Ele", o significante que presentifica a *Spaltung*, o significante que, em sua ausência, se faz presente, ou seja, é um "ausente-representável" na operação diálogo de "eu" e "tu", uma evocação ao pai. Mas há, também, aquilo que ficou fora da articulação significante, fora dos limites do Nome-do-Pai, fora da possibilidade de estabelecer sentido, isto é, algo do *"caos"* que encerra o pensamento unário. Dany-Robert Dufour determinará esse algo como aquilo que carrega uma "ausência da representação da ausência", isto é, "irrepresentável no campo da presença", uma ausência radical, algo fora do limite do ele" e que escreve: ~~ele~~, ele tachado (enquanto "excluído") e não "barrado" ("atravessado" pela falta), como se representa o sujeito pela presença do real; esse ele é do campo do "irrepresentável", é do campo do real, esse ~~ele~~ é a própria carência radical: "'Ele' [...] pode ser uma infinidade de sujeitos – ou nenhum"[137]. O "~~ele~~" de "infinidade de sujeitos" e

136 LEBRUN. Jean-Pierre. **Um mundo sem limite**: ensaio para uma clínica psicanalítica do social. Rio de Janeiro: Companhia de Freud, 2004, p. 81.

137 BENVENISTE, Émile. **Problemas de linguística geral I**. Campinas: Pontes, Editora da Universidade Estadual de Campinas, 1988, v. I, p. 253.

de "nenhum". Dufour nos coloca a estrutura da linguagem na relação triádica da seguinte maneira: (eu-tu/ele) *versus* (~~ele~~)"[138]. A partir daqui, podemos recuperar o conceito de castração e o não todo d'Ele: a ausência radical do "~~ele~~" no "ele" coloca-o na posição de não todo, isto é, "e/le", agora barrado ("atravessado" pela falta), o que transforma o "eu" em "e/u" e, em consequência, o "tu" em "t/u". É nesse ponto que o real determina a relação simbólica e imaginária. Esse "'~~Ele~~' é o ~~Outro~~ do Ou/tro: termo que não existe, irrepresentável, ameaça absoluta de toda simbolização"[139]. É nesse ponto que a ciência e a religião se encontram, na medida em que negligenciam, apagam Isso diabólico – como queimavam, na idade média, as "bruxas" nas fogueiras ou, se se quiser, pelo avesso o confirmavam –, no entanto fundamental para o não todo igual. Assim como no laço social, também no pensamento e na criação a estrutura trinitária se presentifica com esse vazio que o pensamento unário **caos...ifica**: "*Il faut continuer, je ne peux pas continuer, je vais continuer*"; para dar sentido há que "pular sem redes". O trabalho da psicanálise é bem isso, fazer escutar algo do "~~ele~~" no "e/u"; já na sublimação é transformar o "~~ele~~", *ordure*, em "eu", *or dur*. Mas, em ambos os casos, o risco de: *je vais continuer. Wo es war, soll Ich werden.*

O que fica absolutamente claro é que o "Ele" é o lugar hierárquico que determina a relação de "Eu" e "Tu". "Ele" é um lugar vazio e, como tal, qualquer um pode ocupá-lo, sempre pensando que se trata de "E/le", isto é, um lugar que, por sua estrutura, é impossível de completar, porque em "E/le" está "~~ele~~", aquilo que *não para de não se escrever*; esse real do recalcado é que proporciona as letras "energéticas" das escrituras de "Eu" e "Tu", através d'"Ele". Pensemos um texto teatral: no seu lugar hierárquico o "Ele", que sabemos que não é todo, já que encerra o "~~Ele~~", o que quer dizer que o ator nunca será um simples "intermediário" entre o texto e o público. O ator é aquele que deverá "pular sem redes" no vazio "**unheimlichiano**" e "**orduriano**", pois nos trará esse "~~ele~~" (tachado) sublimado. Noutras palavras, o ator deverá singularmente lidar com os diabos do "~~ele~~", mas com toda sua singularidade. Enquanto que o "e/le" (barrado), nos remete a Au/tre (Outro barrado), representado por A̸, que nos traz a esse Outro (A), não barrado, efeito estrutural, puro lugar, fora da castração, aquele que permite a castração aos outros, a exceção que funda a

138 DUFOUR, Dany-Robert. **Os mistérios da trindade**. Rio de Janeiro: Companhia de Freud, 2000, p. 111.

139 Idem.

regra – Deus, o Pai, o Chefe, etc. O ~~Outro~~ (tachado), Outro da ordem do feminino, da ordem da incompletude, da ordem do silêncio, do balbucio é que coloca a todos na ignorância e na falta – Eu penso, logo ignoro –, inclusive o próprio Deus que, profundamente desejoso e sem saber que tem toda a capacidade, nunca tinha feito nada, cria o mundo. Então, podemos relacionar esse "~~ele~~", esse "~~Outro~~" com o saber-insabido (*savoir-insu)*. Esse saber-insabido que nos surpreende com o acaso. É na repetição significante do "Ele-Outro" que o "~~Ele-Outro~~" advém como acaso. Isso nos deixa mais clara a ideia de que ao ator, sujeito ao seu desejo e sujeito ao campo da sublimação, será muito difícil tornar seu trabalho uma mera reprodução. Na realidade, deveríamos utilizar sempre o El̸e (barrado), Ele simbólico, que encerraria o ~~Ele~~ (tachado) enquanto real, e o "ele" imaginário, aquele que virá ocupar o lugar no discurso – seja da história como seja de um homem. Noutras palavras, é o "~~Ele~~" que torna o "Ele" barrado ("El̸e") para que os "mais-eles" possam se repetir criando o novo, sem por isso conseguir esgotar o Ele.

Lacan fazia referência ao inconsciente como A̸, como Outro barrado, justamente, barrado pelo real – ou pela falta de significante desse real; é por isso que quando o ator se depara com o real do texto não tem nenhuma garantia, seu mundo simbólico só lhe pode servir de trampolim, mas o pulo é no vazio, e não qualquer um pode fazê-lo.

Recalque

É com a entrada do significante Mestre, *traço unário* do Nome do Pai, que se estabelece a pulsão, um impossível que abre a possibilidade de satisfazê-la, abre a possibilidade de *um princípio do prazer*. Esse impossível que está determinado na introdução na linguagem logo será traduzido como proibição, proibição do incesto. Essa introduz uma busca do perdido, que está na própria proibição:

> Que diria, então? A lei seria pecado? Não, decerto! Mas eu só conheci o pecado pela lei[140].

140 PAULO. Romanos 7-7.

> Aprendemos então que a satisfação da pulsão submetida ao recalque seria sem dúvida e sempre capaz de produzir prazer em si mesma, mas seria inconciliável com outras exigências e desígnios. Portanto, produziria prazer num lugar e desprazer em outro. Temos, assim, o que torna a condição para o recalque é que o motivo de desprazer é um poder bem maior que o prazer da satisfação[141].

O recalque, nesse caso o recalque primário, recalque original (*Urverdrängung*), surge do efeito da Lei significante, esse traço que estabelece o buraco pulsional. O movimento da pulsão estaria na busca do *princípio de prazer*, dessa reconstituição, mas, por princípio, estaria condenado ao fracasso.

O segundo momento é o recalque secundário (*Verdrängung*) ou, denominado por Freud, *recalque propriamente dito* que vem a confirmar a Lei no Complexo de Édipo. Vem se confirmar *après coup*, só depois, a perda originária, isso se a Lei paterna funcionar. Aqui radica um paradoxo: o fantasma (ver: Fantasma) está como substituição do perdido, como mito para pôr em movimento o desejo – já que o desejo se movimenta através da demanda (ver: Demanda e desejo) que, como toda demanda é demanda de amor, isto é, tem objeto. Mas o desejo tem como objeto o objeto *a*, que não é objeto do desejo e, sim, *objeto causa de desejo*. O desejo sustenta a causa, o desejar. O recalque é por onde o sujeito entra no ser, e, para isso, há um esquecimento. Lacan nos disse: "Há em toda entrada do ser na sua habitação de palavras uma margem de esquecimento, uma *lethe*, esquecimento, complementar de toda *aletheia* (verdade) [...] uma espécie de fundamental de sombra da verdade"[142]. O resultado é que somos *meia verdade*. Aqui radica a diferença fundamental entre terapia e análise (psicanálise), na medida em que a análise escuta o recalcado – a enunciação do mesmo, o não dito do dito, ou melhor, *De um discurso que não fosse semblante* e, dessa maneira, escuta na enunciação algo do real recalcado – enquanto que a terapia se esquece disso ou é "um esquecimento do esquecimento"[143]. O recalque é um dos destinos da pulsão.

É importante separar o ato do *recalque ou recalcamento* – que é produzido 1º: pelas leis da linguagem e 2º: pelas leis do Édipo – do *recalcado*, aqueles traços mnésicos, trilhas psíquicas que sofreram a ação do recalque. Isso retorna, é

---

141 FREUD, Sigmund. **La represión**. Obras Completas, Buenos Aires: Amorrortu Editores, 1990, v. 14, p. 142.

142 LACAN, Jacques. **Seminário I**: escritos técnicos de Freud. Rio de Janeiro: Jorge Zahar Editor, 1983, p. 223.

143 Ibid., p. 223.

esse *ordure*, excremento, que aduba nossa vida quando dele conseguimos algo da ordem do *or dur*. Senão... fica aquela famosa frase, de meu velho amigo Arnoldo, que respondia, quando lhe perguntavam: "Como você vai Arnoldo?". Ele respondia: "Mais ou merda!". Então: "O que cai sob o golpe do recalque retorna, pois o recalque e o retorno do recalcado são apenas o direito e o avesso de uma mesma coisa"[144]. O recalque é a Lei de Deus que manda Lúcifer aos infernos, mas este demônio não para de retornar. Retornemos a Paulo, em Romanos: "Mas eu só conheci o pecado pela lei"[145].

Repetição e acaso

A princípio, devemos distinguir a repetição como *pura reprodução de algo*, como o faz a natureza, da repetição diferenciada, repetição como signo, enquanto pura diferença. A primeira está ligada ao que Freud chamava de sintoma; a segunda à produção dessa diferença, que nos permite a elaboração, a produção. Kierkegaard vê que essa última "implica algo novo, está vinculada [...] a uma seleção e colocada como objeto supremo da liberdade e da vontade. Repetir não é contemplar nem lembrar, mas atuar"[146]. Aí notamos que essa repetição se opõe aos princípios da natureza, aos princípios *binários*. "Ela também se opõe à lei moral; é obra do solitário, é o logos do 'pensador privado'"[147]. Repetição não é hábito, é algo positivo, algo diretamente ligado ao desejo inconsciente e ao movimento pulsional. Isto é, a repetição traz a novidade. Não é por nada que ensaio teatral, em francês, é *repetition* – em russo, *repetitzia* –, e, para quem faz teatro, isso significa justamente o contrário do mesmo, ou seja: o novo. A repetição é comandada pela diferença: "o contrário é convergente e dos divergentes nasce a mais bela harmonia e tudo segundo a discórdia"[148]. Heráclito nos coloca no movimento significante, nas oposições que tornam possível o novo – a música das palavras: "Repetir é comportar-se, mas em relação a algo único ou singular, algo que não tem semelhante ou equivalente. Como conduta externa esta repetição talvez seja o eco de

---

144 LACAN, Jacques. **Seminário III**: as psicoses. Rio de Janeiro: Jorge Zahar Editor, 1985, p. 21.

145 **BÍBLIA, Tradução Ecumênica**. São Paulo: Edições Loyola, 1994, p. 2183.

146 GARCIA-ROZA, Luiz Alfredo. **Acaso e repetição em psicanálise**. Rio de Janeiro: Jorge Zahar Editores, 1986, p. 32.

147 Ibid., p. 32.

148 HERÁCLITO. Fragmentos. In: **Pré-socráticos**. Os Pensadores. São Paulo: Abril Cultural, 1978, p. 80.

uma vibração mais secreta, de uma repetição interior e mais profunda no singular que a anima"[149]. Algo que anima, isto é, a alma... da pulsão que retorna em "um repetir 'irrecomeçável'"[150] montada pela Lei do desejo (Lei absolutamente singular, única e não geral como a lei moral de Kant). Nesse caso, a repetição está sujeita ao vazio fundador. Essa repetição está sujeita ao "milagre"[151], ao acaso do milagre, ao acaso do diferente, é por isso que pertence ao campo da "transgressão" do ordinário. É contrária à "repetição mecânica, patológica ou *repetição-lugar-comum*, que significa rigorosamente retorno do mesmo [...] (instinto de morte, compulsão de repetição, ato falho)"[152]. O que vimos como *pura reprodução de algo.*

Então, seguindo Rosset, a "repetição operante, *repetição diferencial* (seria aquilo) que significa o retorno de um elemento diferente a partir de uma intenção do mesmo"[153]. É desse "eterno retorno" que nos falava Zaratustra, e é algo do campo do "'formalismo' que subverte Kant" e que nos coloca, seguindo Deleuze, numa "prova que vai mais longe, pois, em vez de relacionar a repetição com uma suposta lei moral, parece fazer da própria repetição a única forma de uma lei para além da moral[154]. Isto é, seria do campo da ética, da Lei da castração que funda o desejo. As idas e voltas da pulsão em seu "eterno retorno" estão sustentadas pelo seu "fracasso", produto da Lei do desejo, que seria do campo do "nada querer", isto é, a "intenção trágica – a intenção propriamente terrorista – verifica-se incapaz de erigir uma constatação [...] e não busca nem uma sabedoria ao abrigo de uma ilusão, nem uma felicidade ao abrigo do otimismo. Busca uma coisa inteiramente outra: loucura controlada e júbilo"[155]. Esta loucura – clara vertente da pulsão com o desgoverno – é controlada pela "intenção trágica" do desejo, é aí que advém o júbilo de estarmos livres de que nos falte a falta. Esse campo do negativismo de um certo "sofrimento" pelos "fracassos" não deve ser colocado no campo do masoquismo, no qual há "um prazer de ordem filosófica em fazer aparecer a dor, 'senão' a dor como sendo aqui a fonte do júbilo"[156]. Nem tampouco nessa dor,

---

149 DELEUZE, Gilles. **Diferença e repetição**. São Paulo: Graal, 2009, p. 20.

150 Idem.

151 Ibid., p. 21.

152 ROSSET, Clément. **Lógica do pior**. Rio de Janeiro: Espaço e Tempo, 1989, p. 75.

153 Idem.

154 DELEUZE, Gilles. **Diferença e repetição**. São Paulo: Graal, 2009, p. 27

155 ROSSET, Clément. **Lógica do pior**. Rio de Janeiro: Espaço e Tempo, 1989, p. 23.

156 Ibid., p. 24.

produto de quando o desejo não dá conta desse "fracasso" e, então, advém essa outra repetição, a *repetição-lugar-comum*, quer dizer, o sintoma. Diríamos: enquanto a *repetição diferencial* está comandada pelo objeto *a*, objeto causa de desejo – poderíamos dizer, objeto causa de repetição diferencial –, a repetição patológica estaria mais perto da Coisa, ou seja, da pulsão pronta a explodir.

Mas é a *repetição* da diferença como devir, acontecimento que confirma o *acaso*, filho do *puro vazio*. Por isso, puro movimento de *o nada querer*, o *non sense* alicerce do novo; a repetição é da ordem do *trágico*, porque confirma o acaso do real. Noutras palavras, o real aparece como *aro tiquê,* por acaso: "fazer passar o trágico do estado inconsciente ao estado consciente. Mais precisamente: *fazer passar o trágico do silêncio à fala*"[157]. Como podemos ver é um ato de extrema singularidade. É por isso que o poeta canta:

> Le tengo rabia al silencio
> por lo mucho que perdí
> que no se quede callado
> quien quiera vivir feliz[158].

Isto é, o silêncio do vazio, há que torná-lo palavras. Então, a felicidade está atravessada pela solidão da linguagem. O absurdo que nos traz o trágico forma parte da estrutura, no que podemos ver a *discórdia* fazendo possível a *mais bela harmonia.* Essa visão trágica não é no sentido que *se* "define pela dor e pela tristeza [...]"; "[...] o que se entende por 'trágico' aqui é afirmação do acaso, repetição diferencial de uma afirmação que é um puro devir"[159]. E que, talvez, ninguém possa traduzir como o faz a poesia. Esse devir é diferencial, porque o real do vazio está representado pelos fonemas, pelas letras. Elas é que sustentam o gozo, a falta de objeto, a carência radical. É essa carência que nos torna o leão da *Milonga del Solitário*, de Atahualpa Yupanqui[160], mas com júbilo e *lágrimas de alegria*, cantando, cantando uma milonga mais.

---

157 Ibid., p. 29.

158 YUPANQUI, Atahualpa. **Le tengo rabia al silencio**. "Tenho raiva do silêncio / pelo muito que perdi / que não fique calado / quem queira viver feliz".

159 GARCIA-ROZA, Luiz Alfredo. **Acaso e repetição em psicanálise**. Rio de Janeiro: Jorge Zahar Editores, 1986, p. 33.

160 Milonga do solitário: *Toda la noche he cantado con el alma estremecida / el canto es una abierta herida de un sentimiento sagrado. / A nadie tengo a mi lado porque no busco piedad, / desprecio la caridad por la vergüenza*

Lacan chamará o acaso de *tiquê* do real como encontro – encontro enquanto podendo faltar, enquanto essencialmente faltoso"[161]. Está ligada ao *automaton*, cadeia significante, "sendo uma repetição simbólica já não pode ser como constituída pelo homem, mas constituindo-o"[162]. É por isso que a tradução de Lucas Angioni de *tiquê* como "acaso" e *automaton* como "espontâneo"[163] nos parece muito pertinente[164]. Poderíamos dizer que é no "espontâneo" da insistência da estrutura significante inconsciente que emerge a presença do real "como por acaso". É só no "acaso" que se presentifica a "boa fortuna" ou "infortúnio"[165]. Constituindo-o como carente, faltante, porque "nessa mesma repetição, produz-se algo que é defeituoso, fracasso [...] o que se repete não poderia estar de outro modo, em relação ao que se repete, senão em perda"[166]. Isso que Freud chamava de *Mehrlust*, mais-de-gozar: é "justamente por ser apreendido na dimensão da perda"[167] que o sujeito está assujeitado à repetição de um fracasso[168]. O *automaton* é essa repetição significante do vazio, por isso

que encierra, / Soy como el león de la sierra, vivo y muero en soledad. "Toda a noite tenho cantado com a alma estremecida / o canto é uma aberta ferida de um sentimento sagrado. / Ninguém está a meu lado porque não busco piedade, / desprezo a caridade pela vergonha que encerra / Sou como o leão da serra, vivo e morro em solidão".

161 LACAN, Jacques. **Seminário XI**: os quatro conceitos fundamentais da psicanálise. Rio de Janeiro: Zahar Editores, 1979, p. 57.

162 LACAN, Jacques. **Escritos**. Zahar Editor. Rio de Janeiro, 1998, p. 50.

163 *Automaton*: "que tem *ou* parece ter a causa do movimento *ou* da ação em si mesmo [...] espontâneo, natural, sem causa. **Dicionário Grego-Português**. Ateliê Editorial, Cotia, S.P., 2006, p. 148.

164 *Tychês* usado tanto de modo mais restrito como de modo mais amplo, como equivalente a *automaton*, justamente porque o interesse maior de Aristóteles (apesar das aparências em contrário) não é ressalvar a diferença entre ambos os conceitos, mas sublimar o que têm em comum, que é a ausência de coordenação teleológica em séries causais independentes entre si. Por essas razões, traduzimos *Tychês* por "acaso" e *automaton* por "espontâneo". ANGIONI, Lucas, "Comentários: Livro II". In: ARISTÓTELES: **Física I-II**. Prefácio, introdução, tradução e comentários, Lucas Angioni, Editora Unicamp, Campinas, 2009, p. 279. Parece claro que a questão teleológica seria essa série de causa com finalidade, isto é, aquilo constituído pelo homem, e não essa "repetição simbólica" como "constituindo-o".

165 ARISTÓTELES, **Física: I-II**. Editora Unicamp: Campinas, 2009, p. 54.

166 LACAN, Jacques. **Seminário XVII**: o avesso da psicanálise. Rio de Janeiro: Jorge Zahar Editor, 1992, p. 44.

167 Ibid., 1992, p. 48.

168 Millôr Fernandes nos diz: "A mensagem é simples. Se você já perdeu um dedo, ou é estéril, mais feio do que gostaria, menos alto do que o permissível, explorado pelo sistema, envolvido por amarguras, não tem o suficiente ou tem excesso de insuficiências, se espera e nunca alcança, se alcança o que você não espera, se vem quando não quer e parte quando você mais ama, se tudo que te reluz não é ouro e a vida não está ao teu alcance é

que nele advém repetição do acaso, da tiquê: "tudo o que é pelo acaso é pelo espontâneo"[169]. Mas não podemos confundir a repetição, *Eiederholen*, com o retorno, *Wiederkehr*, ou mesmo com a rememoração, *Erinnern*. O que retorna são os signos, isto é, a cadeia que faz referência ao desejo, mas o que se repete é a *causa do desejo*, o encontro sempre faltoso, a *tiquê*: é ela que "nessa repetição funda o próprio mundo enquanto realidade. Essa é a repetição que vai caracterizar essencialmente a pulsão"[170]. É o vazio que funda o mundo. Por isso, Lacan nos diz: "O que se repete, com efeito, é sempre algo que se produz – a expressão nos diz bastante sua relação com a tiquê – como por acaso"[171]. Poderíamos dizer que o acaso da *tiquê* senão "corta" pelo menos "conta"[172] na repetição espontânea do *automaton*; se ele não estabelece a ruptura, a descontinuidade, pelo menos pulsa as diferentes letras do significante.

Um exemplo belíssimo sobre a repetição carregando o diferente está em *Construção*, de Chico Buarque. É através da repetição do vazio que se constitui o novo, o acaso pulsa a substituição constante dos significantes, para onde convergem os contrários para dar harmonia à luz da canção em sua plena discórdia. Notamos que existe algo no nível do isomorfismo – estruturas de correspondências biunívocas entre elementos de dois grupos que preservam as operações de ambos – entre a repetição e o acaso e a metonímia e a metáfora, ambos têm a característica de operarem, a repetição e a metonímia, no campo da continuidade, transitividade, enquanto o acaso e a metáfora operam no campo da descontinuidade, intransitividade. Ou seja, a alienação e a separação estão operando estruturalmente. E terminaríamos justamente com presença / ausência, base da estruturação do sujeito, do sujeito da fala: "Eu-Tu" presentes aqui, agora; "Ele", ali fora, determinando.

---

porque você alcançou a vida. Que é, desde sempre, um **projeto fracassado** (o negrito é nosso). Cada um paga o seu preço. Contente-se se o seu não é alto. Só uma coisa é certa. No fim o bandido morre. E o mocinho também. E toda a plateia". Com sua brilhantês de sempre, Millôr nos está dizendo que esse *Mehrlust*, esse mais-de-gozar, é da estrutura, é um mais-de-gozar do fracasso.

169 ARISTÓTELES. **Física: I-II**. Editora Unicamp: Campinas, 2009, p. 54.

170 GARCIA ROSA, Alfredo. **Acaso e repetição em psicanálise**. Rio de Janeiro: Jorge Zahar Editor, 1986, p. 43.

171 LACAN, Jacques. **Seminário XI**: os quatro conceitos fundamentais da psicanálise. Rio de Janeiro: Zahar Editores, 1979, p. 56.

172 MENGARELLI, Hugo Daniel. **Ideologia e inconsciente em eucalipto e os porcos**. Tese de Mestrado ECA-USP, 1989. Capítulo: "O Outro como criador: em 'Eucalipto e os Porcos' Isso achamos". O texto que nos traz a referência é o seguinte: "Isso corta e, se não corta, pelo menos conta", p. 97.

Outro exemplo que pode nos trazer claramente a relação da repetição do acaso com o novo se encontra no *Bolero*, de Ravel: as melodias em ostinato retornam sem abandonar a *tonalidade em dó maior*, retorno em um *in crescendo*: "no paroxismo do delírio instrumental, a orquestra inteira lança-se brutal, inesperada e quase escandalosamente ao acorde de tônica de *mi maior*"[173]. No capítulo 6, O real da voz, temos o tema em clave de sol de Pink Floyd, *Another Brick in the Wall*, do disco *The Wall*, desenvolvido, repete-se, em síncopa, quando de repente se estrutura, em ritmo regular, como que por acaso. Voltemos ao poeta:

Uma parte de mim é permanente
A outra se sabe de repente.

Semblante

Se há uma verdade que ocupa o sujeito é esta, da divisão, na qual se encontra inserido. Divisão entre o sujeito da enunciação e o sujeito do enunciado, entre o sujeito do desejo e o sujeito da demanda. Lacan nos disse: "Um sujeito não será outro senão o produto da articulação significante. Um sujeito como tal não domina jamais, em caso algum, essa articulação, é ela propriamente falando que o determinará"[174]. É o ponto em que o sujeito surge como semblante, enquanto emerge num discurso: um "discurso, por sua natureza, faz semblante como se pode dizer que ele faz sucesso, ou que é ágil, ou que é chique"[175]. Sua melhor verdade seria dizer "eu minto", disse-nos Lacan, ao mesmo tempo que afirma: "o semblante que se dá como aquilo que é a função primária da verdade"[176]. Para dizer a verdade tenho que fazer semblante não porque este o seja, mas porque ele (o semblante) não vem sozinho, traz a verdade por detrás,

173 BARRAUD, Henry. **Para compreender as músicas de hoje**. São Paulo: Editora Perspectiva, 1997, p. 24.

174 LACAN. **Le Seminaire XVIII**: D'un discours quin e serait pas du semblant. *"Un sujet ne saurait être que le produit de l'articulation signifiante. Un sujet comme tel ne maîtrise jamais en aucun cas cette articulation, mais en est à proprement parler déterminé"*, p. 18.

175 Idem. *"Un discours, de sa nature, fait semblant comme on peut dire qu'il fait florès ou qu'il fait léger, ou qu'il fait chic"*.

176 Ibid. *"le semblant qui se donee pour ce qu'il est la fonction primaire de la verité"*, p. 24.

nos equívocos, esquecimentos, atos falhos, sonhos e, fundamentalmente, nas letras[177]. Noutras palavras, no semblante é que se faz presente o real da pulsão. Desse modo, o ser contínuo na fala – e nos atos – torna-se descontínuo, é aquele filme cheio de *faux raccord*, elipses, escuros, manchas, riscos na película etc. De onde o homem teria tirado a descontinuidade senão dele mesmo? O grande problema não é questionar o *to be or not to be*, mas assumir o *to be and not to be*.

Estrutura-se o discurso com significantes, inseridos na linguagem, "porque o que se suporta sob a função de significante, de *homem*, e de *mulher*, são apenas significantes absolutamente ligados ao uso *discorrente* da linguagem"[178]. Por que seria a linguagem discorrente? Pelo desejo, esses ceguinhos, do quadro de Bruegel, vagando e tropeçando sempre sem saber onde está o primeiro precipício que os espera. É que esse desejo cego vaga montado no real, esse Real que "é o sentido em branco (*le sens en blanc*), dito de outra maneira, o sentido-branco (*sens-blanc*) pelo qual o corpo faz semblante (*semblant*)"[179], semblante pelo que se funda todo discurso[180]. O semblante, então, é o que nos traz o *parlêtre*, o *falasser*, o ser trazido pelo discurso. No seminário XIII, O sinthoma, Lacan propõe justamente: "é o que tento instaurar com minha linguagem, que tem a vantagem de apostar na psicanálise na medida em que tento instituí-la como discurso, isto é, como o semblante mais verossímil"[181]. Um semblante que nos traga o "outro lado das coisas", esse *sens-blanc* (por que não dizê-lo, *non-sens, non-sense*) que quebre o semblante no qual predomina o imaginário, que permita a emergência do real, que se metaforize como a estética de Brecht, Godard, Mel Brooks ou Machado de Assis nos mostram. Em outras palavras, mostram que sua realização "não poderia ser senão o produto da articulação significante" e que a obra (como o sujeito) "é, propriamente falando, determinado por ela". Diríamos pelo que de real carrega o significante, esse discurso, em todo caso de um discurso que não fosse mais do semblante.

---

177 No capítulo de minha dissertação de mestrado, "O Outro como Criador: em 'Eucalipto e os Porcos' Isso achamos", analiso os nomes que aparecem na peça de teatro "O Eucalipto e os Porcos" e a relação que eles têm com minha história recalcada. É interessante notar como a Letra, Isso do Real, vem a comandar todos os nomes que atravessam a obra e, inclusive, as próprias cenas.

178 LACAN. **Seminário XX**: mais, ainda. Rio de Janeiro: Jorge Zahar Editor, 1982, p. 49.

179 Em francês, *sens-blanc* (sentido-branco) é homófono a *semblant* (semblante).

180 LACAN. **Seminário XXII**: R.S.I. Exposição de 11/03/1975.

181 LACAN. **Seminário XXIII**: o sinthoma. Rio de Janeiro: Jorge Zahar Editor, 2007, p. 118.

Significante

Devemos entender por significante aquilo que, por não significar nada, pode significar muitas coisas[182]. Vejamos o que pode significar o significante "cachorro" se eu disser "os cachorros estão prontos!". A princípio não significa nada, ou melhor, está aberto a várias significações. Por exemplo, se a mesma frase é expressa no meio de uma festa, entenderemos que esses "cachorros" são os cachorros-quentes. Agora, se é dita por um marinheiro num barco de guerra, estará falando que os canhões de proa e popa estão prontos. Em caso de ser expressa entre um comando e outro, "Cachorro" é o nome de um dos comandos. E se o mesmo é falado num grupo de homens armados de escopetas, estará claro que se tratará de uma caça. Como podemos notar, temos uma frase com quatro palavras e assim mesmo custa entender sua significação. É o contexto que vai determinar seu significado. E esse contexto é fundamental na língua, que é "um sistema em que todos os termos são solidários e o valor de um resulta tão-somente da presença simultânea de outros"[183]. O que Lacan chamará de *cadeia significante* é o que Freud denominava de *vorstellungsrepräsentazem* – e estará sempre aberta a significações.

Algo que nos ajudaria mais a entender a questão seria pensar na seguinte frase: *Isto é um cachorro*. Está claro que a palavra "cachorro" não é o animal cachorro, o cão; se fosse assim, todos os cachorros em todo o mundo deveriam receber o mesmo nome. Quer dizer que a palavra "cachorro" não é o cachorro (cão), mas ao dizer que:

> – *a palavra cachorro não é o cachorro*, eu repito a palavra *cachorro* para significar que não é o cachorro, e, sim, a palavra. Veremos então o que falamos:
> – *a palavra cachorro não é a palavra cachorro.* O que parece uma falácia na realidade não tem nada de errado, já que o primeiro "cachorro" faz referência, é o significante da "palavra", enquanto o segundo "cachorro" é significante de "cão"[184].

Como podemos ver, o significante está para significar muitas coisas. É por isso que é do campo do equívoco. Vejamos este exemplo: se eu disser "Aluguei

182 Émile Benveniste, em **Problemas de linguística geral** v. II, p. 31, nos disse: "Enquanto que uma palavra, por si mesma, não significa absolutamente nada. Ela não é senão oposição, por vizinhança ou por diferenciação em relação a um outro, um som em relação a um outro som, e assim por diante".

183 SAUSSURE, Ferdinand. **Curso de linguística geral**. São Paulo: Editora Cultrix, 1995, p. 133.

184 Aulas do filósofo Raúl Sciarretta sobre Seminário XX, de J. Lacan, Biblioteca Freudiana de Curitiba, 1998.

a casa do meu sonho". Geralmente, quando uso esse exemplo em minhas aulas, me dizem que consegui achar a casa com que sempre havia sonhado; mas também poderia estar querendo dizer que tive de alugar minha casa por necessidade. As artes narrativas e a vida cotidiana estão cheias de exemplos sobre os equívocos do significante.

"Um signo, ou *representamem*, é aquilo que, sob certo aspecto ou modo, representa algo para alguém"[185]. Agora bem, algum sujeito criou esse signo para esse "alguém". No caso lacaniano, o sujeito não está antes do significante. É este que o funda: *um significante representa um sujeito para outro significante*. É a partir do significante mestre, que Lacan denomina **S1**, esse significante que surge da *Spaltung* – da separação, cisão originária, da introdução na linguagem –, que o sujeito advirá para outro significante, **S2**. Quanto ao **S2**, podemos relacioná-lo com o *saber inconsciente*, saber do Édipo. Podemos estabelecer agora que **S1** é o significante que corta e funda o campo do real lacaniano, significante do real, campo da letra e dos fonemas – do *saber insabido* –, ponto escaldante da pulsão, aquilo que sempre retorna, e de que o saber inconsciente (**S2**) trata de dar conta, ainda que nunca totalmente – sempre há um desconto. Isto é, há sempre algo do real que escapa, há *a*, esse objeto que falta, é por isso que nunca o segundo significante dará conta do primeiro, é por isso que se funda a cadeia significante. É aí que o desejo se desloca de um significante para outro; de um representante da representação para outro, nunca chegaremos à "pedra filosofal", ao "elixir da vida", ao "sem medo de ser feliz". O significante que vem da mãe é de seu desejo e, como tal, ao ser instalado na criança, instala-se o significante primordial, que Lacan chama de Nome do Pai. É aquele que instala a criança no campo da linguagem, no campo do desejo, no campo do Outro. Então, "o desejo é o desejo do desejo da mãe"[186]. Se o desejo é fundado pela falta, o *desejo do desejo da mãe* é do campo do desejo de desejar, quer dizer que sempre é o campo de Outra Coisa que a própria Coisa, pois, como vimos, **S2** não dá conta do **S1**, a não ser para iniciar a cadeia: o desejo é travessia. O significante é a sela com a qual o desejo se sustenta na tentativa de domar a pulsão.

185 PEIRCE, Charles S. **Semiótica**. São Paulo: Editora Perspectiva (Estudos), 1997, p. 46.

186 LACAN, Jacques. **Seminário V**: as formações do inconsciente. Rio de Janeiro: Jorge Zahar Editores, 1999, p. 188.

Essa relação do gozo com o desejo tem um brilhante exemplo, que já vimos, mas que nunca é demais lembrar:

> Compadre meu Quelemém, muitos anos depois, me ensinou que todo desejo a gente realizar alcança – se tiver ânimo para cumprir, sete dias seguidos, a energia e paciência forte de só fazer o que dá desgosto, nojo, gastura e cansaço, e de rejeitar toda qualidade de prazer. Diz ele; eu creio. Mas ensinou que, maior e melhor, ainda, é, no fim, se rejeitar até mesmo aquele desejo principal que serviu para animar a gente na penitência da glória[187].

A solidão do homem em seu debate significante nessa travessia do vazio está belissimamente poetada, também, pelo compositor argentino José Larralde: *A veces camino solo, / a veces en soledad, / a nadie le dije nunca / como me gusta marchar*[188]. O que fica claro é que o significante é o material de *Construção*, de Chico, é a *flor do céu!*, do soneto de Bentinho[189].

O sintoma e o sinthoma

No *Seminário V, As formações do inconsciente*, Lacan relaciona o desejo com o sintoma: "o desejo está ligado a alguma coisa que é sua aparência e, para dizermos a palavra exata, sua máscara" (p. 331); "pois se tratava de apreender alguma coisa por trás de uma máscara" (p. 333); "O sintoma apresenta-se sob uma máscara, apresenta-se de uma forma paradoxal" (p. 335); "Dizem que o sintoma como inconsciente é, em síntese, até certo ponto, uma coisa que fala, e sobre o qual podemos dizer com Freud – com Freud desde a origem – que ele se articula. O sintoma vai ao sentido do reconhecimento do desejo"

---

187 ROSA, João Guimarães. **Grande Sertão:** veredas. Rio de Janeiro: Editora Nova Fronteira, 1994, p. 143-144. Via e-mail, recebi esta definição da vida, atribuída ao grande escritor hispano-americano Gabriel Garcia Márquez: "Tantas cosas he aprendido de ustedes, los hombres..., he aprendido que todo el mundo quiere vivir en la cima de la montaña, sin saber que la verdadera felicidad está en la forma de subir la escarpada". Isto é, como diria Guimarães Rosa, na "travessia".

188 Às vezes caminho só / às vezes em solidão / a ninguém disse nunca / como eu gosto caminhar.

189 ASSIS, Machado de. **Dom Casmurro**. São Paulo: Abril Cultural, 1982. Cap. LV: UM SONETO, p. 247-250. Nesse capítulo, Machado de Assis dá um exemplo precioso de significante, assim como o poeta Chico Buarque, em *Construção*.

(p. 338); "Esse reconhecimento tendia a se manifestar, procurava o caminho, mas só se manifestava pela criação do que chamamos de máscara, que é uma coisa fechada. Esse reconhecimento do desejo era um reconhecimento por ninguém, que não visava ninguém, já que ninguém podia interpretá-lo, até o momento em que alguém começou a descobrir seu segredo" (p. 338); "O objeto está sob uma máscara" (p. 339); o desejo aparece sob forma de rébus, "sob uma forma enigmática, sob uma máscara, que liga o desejo a um objeto privilegiado" (p. 339), mas, em última instância, "não é de um objeto que se trata – o desejo é desejo daquela fala que, no Outro, designa um outro desejo" (p. 340), é por isso que o desejo tem esse "caráter vagabundo, fugidio, inapreensível" (p. 332). "O fato de o desejo não ser articulável não é razão para que ele não seja articulado" (p. 341); "O desejo articula-se necessariamente na demanda, porque só podemos aproximar-nos dele por intermédio de alguma demanda" (p. 341). É na máscara – semblante – da demanda que podemos nos aproximar desse desejo inconsciente.

Mas, ao longo de sua travessia, Lacan debateu-se sobre a questão do sintoma. Em 1953, no *Discurso de Roma*, Lacan nos fala do sintoma como aquilo que vai tratar "não de passagem para a consciência, mas de passagem para a fala". É a partir daí que devemos ler "tanto o que diz como o que não diz, e de que é a esse texto que se ligam os sintomas, tão intimamente quanto o rébus se liga à frase que o representa"[190].

Já no seminário XVIII, Lacan nos dirá: "A dimensão do sintoma é que isso (*ça*) fala, isso fala mesmo para aqueles que não sabem ouvir, isso não diz tudo mesmo para aqueles que sabem"[191]. Isso fala, ou melhor, nos fala, ou, melhor ainda, nos faz falar. Lacan nos coloca que "Isso no Outro fala" através de quê? Da letra: "Mas essa letra como se há de tomá-la aqui? Muito simplesmente, ao pé da letra"[192]. No capítulo "Outro como criador: em 'Eucalipto e os Porcos' Isso achamos", de minha dissertação de mestrado "O Inconsciente em Eucalipto e os Porcos" – a que faço referência na nota 132 –, as letras dos nomes das personagens articuladas a textos em diferentes cenas desvendam parte de

---

190 LACAN, Jacques. **Outros escritos**. Rio de Janeiro: Campo Freudiano do Brasil, Jorge Zahar Editores, 2003, p. 146.

191 LACAN, Jacques. **Le Seminaire 18**: D'un Discours qui ne serait pas du semblant. *"La dimension du simptôme, c'est que ça parle. Ça parle même à ceux qui savent pas entendre. Ça ne dit pas tout, même à ceux qui savent"*, p. 24.

192 LACAN, Jacques. **Escritos**. Rio de Janeiro: Zahar Editor, 1998, p. 498.

minha história, ou, se se quiser, de meu desejo, porque meu desejo tem uma relação a Isso de real perdido. Essa história perdida faz meu desejo ganhador. Isso (*ça*) são os *ordures des diables*, que dão os tonais sons da *Ode da Alegria*; é a *Merde*, que faz possível *Ubu* nascer no palco; é a tinta-merda de Don Pablo no ouro do *Guernica*, que mostra a merda humana que espalhou a Legião Condor[193].

No *Seminário XXII, R.S.I.*, Lacan nos dirá: "O Sintoma é o efeito do Simbólico enquanto aparece no Real"[194]. "[...] o sintoma não é definível de outro modo que pela maneira em que cada um goza do Inconsciente enquanto o Inconsciente o determina"[195]. O Sintoma começa a aparecer como fato de estrutura, relacionado àquilo que marca o humano: "a falta de relação sexual".

No mesmo seminário, Lacan estabelece uma relação entre o sintoma e o sinthoma. Mas essa nova inscrição vem a estabelecer a diferença com aquele. O sintoma aparecia como Isso (*Ça*) fala no Outro, isto é, o real se presentificando no inconsciente; noutras palavras, aparecia como uma formação do inconsciente. Mas, ao transformar a palavra *symptome* (sintoma) em *sinthome* (sinthoma), Lacan deixa de fora a sílaba *pto* do grego *ptome* (aquilo que cai). Cai, então, a necessidade de "distinguir os sintomas que são constituídos em referência ao Nome-do-Pai (ver: Pai: Real-Simbólico-Imaginário) e os que não são"[196]. Isto é, o Sinthoma passa a ser parte da estrutura. Lacan, no *Seminário XXIII, O sinthoma*, dirá: "O complexo de Édipo é, como tal, um sintoma. É na medida em que o Nome-do-Pai é também Pai do Nome, em que tudo se sustenta, o que não torna o sintoma menos necessário"[197]. Isto vai introduzir o quarto nó na estrutura do nó borromeo: aos três registros, real (R), Simbólico (S) e Imaginário (I) acrescentará um quarto, o Sinthoma (Σ). Quer dizer que, para sustentar esses registros, que já não se sustentam em seus laços originais de três, é necessário um quarto elemento, como vemos na figura. Foi Joyce quem levou Lacan a essa conclusão. Alguém como ele, "desabonado de in-

---

193 Foi denominada Força Condor ao apoio, fundamentalmente aéreo, que Hitler deu a Franco na Guerra Civil Espanhola.

194 LACAN, Jacques. **Seminario XXII:** RSI. Exposição de 11/03/1975.

195 Ibid., exposição de 18/02/1975.

196 CHEMAMA, Roland; VANDERMERSCH, Bernard. **Dicionário de psicanálise**. São Leopoldo-RS: Editora Unisinos, 2007, p. 352.

197 LACAN, Jacques. **Seminário XXIII**: o sinthoma. Rio de Janeiro: Zahar Editor, 2007, p. 23. Deveríamos ler sinthoma onde está escrito sintoma.

consciente", como é que consegue se estruturar subjetivamente? Lacan vê na arte da escrita o "artesanato", como ele gosta de chamar, a possibilidade de sustentação; a escrita joyciana é seu sinthoma, aquilo que permite ao psicótico estabelecer e conservar uma família. É por isso, e fica mais claro agora, que o Complexo de Édipo e seu resultado, o inconsciente, o simbólico, é um sintoma, e como o simbólico pode não dar conta do real, é preciso um quarto nó, o que quer dizer que o sinthoma não é mais uma formação do inconsciente, é algo diferente, que se relaciona com o mesmo, mas de uma forma diferente. O Inconsciente tem a ver com a *Verdrängung*, isto é, o recalque secundário, enquanto o sinthoma tem alguma coisa amarrada ao *Urverdrängung*, isto, é ao recalque primário, o que introduz o humano no Um do vazio, naquilo que Lacan chamará de *L'une Bévue* (som homófono do *Unbebusste,* inconsciente em alemão), O Um do Equívoco, poderíamos dizer, o Um do irredutível:

> Não há nenhuma redução radical do quarto termo [entendamos o sinthoma], mesmo na análise, posto que Freud pôde enunciar, não se sabe por qual via, que há uma *Urverdrängung*, um recalcamento que jamais é anulado. É da natureza mesma do simbólico comportar esse furo. Esse furo que viso, e onde reconheço a própria *Urverdrängung*[198].

Poderíamos pensar então, seguindo Miller, que Lacan com "*L'une bévue* [...] enuncia, que, de fato, tenta introduzir alguma coisa que vá mais além do que o inconsciente. Mas este já era o caso com o sinthoma"[199]. E nos estabelece a seguinte relação entre o UM e o OUTRO[200]:

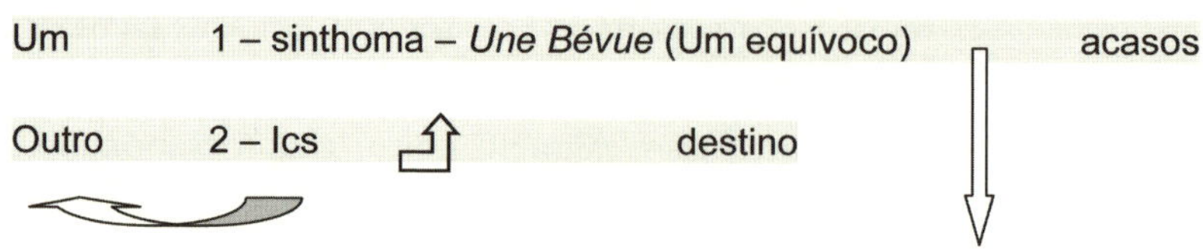

198 Ibid., p. 41.

199 MILLER, Jacques-Alain. **Perspectiva do seminário XXIII de Lacan**: o sinthoma. Rio de Janeiro: Zahar Editor, 2010, p. 137.

200 Ibid., p. 136-138.

Vemos, então, dois momentos: o momento do UM da *Urverdrängung*, recalque primário, que vem a instaurar *Une Bévue*, uma equivocação, que lá há equivocação, o sinthoma, relacionado aos acasos, e um segundo momento, que seria do Outro, tesouro significante, Complexo de Édipo, o inconsciente, destino da repetição significante. Ou seja, "Lacan pode desenvolver a natureza do sinthoma sem fazer referência ao inconsciente. O inconsciente, se assim podemos dizer, se acrescenta"[201]. Esse sinthoma, Lacan o denomina prótese, e quanto ao Outro, o inconsciente, é preciso "saber se virar com ele, saber manipulá-lo"[202].

Esse primeiro equívoco, como consequência da *Urverdrängung*, estaria representado na criança com sua chupeta ou levando o dedo na boca, isto é, alucinando? A arte seria, então – o trabalho do ator – uma alucinação, ou ficção sinthomática, como a escrita o foi em Joyce? A verdade, então, só poderia advir não-toda, mediante uma mentira que, poderíamos agregar, também é não-toda:

> Todos nós sabemos que a Arte não é verdade. A Arte é uma mentira que nos faz compreender a verdade, pelo menos a verdade que nos é dado a compreender[203].

Poderíamos concluir dizendo que o Sinthoma é o **singular** que torna possível um paradigma, é a marca determinante da singularidade do sujeito.

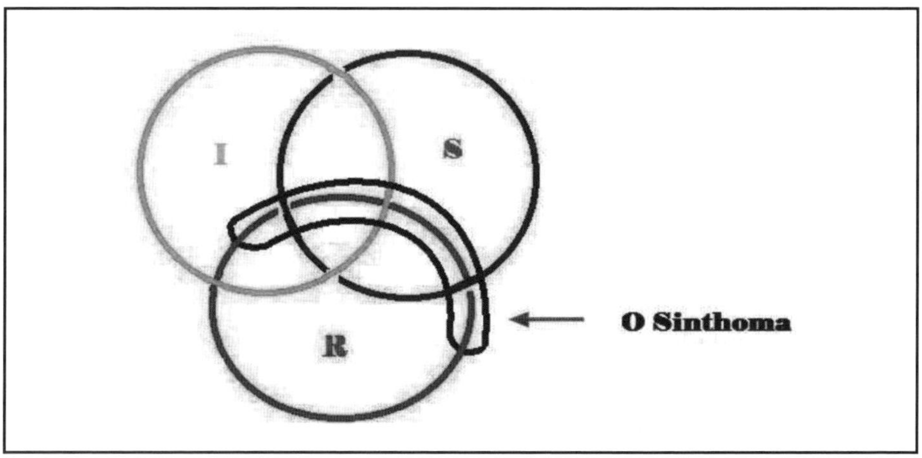

201 Idem.

202 Ibid., p. 143.

203 PICASSO, Pablo. In: H. P., Chipp: **Teorias da arte moderna**. São Paulo: Martins Fontes, 1996, p. 267.

Transferência e inconsciente

Se o inconsciente não é do campo do ser, Lacan nos diz: "é preciso definir a causa do inconsciente, nem como um ente, nem como um ουκου, não-ente, [...]. Ela é um *me on*, da interdição que leva um ente ao ser [...] ela é uma função do impossível sobre o qual se funda uma certeza [...]"[204]; em outro lugar, dirá que a ordem do inconsciente "[...] não é nem ser nem não-ser, é da ordem do não realizado"[205], é do campo *pré-ontológico*. Continuando com Lacan, do "bordeamento" (fazer borda) do inconsciente nos diz que "o inconsciente é a soma dos efeitos da fala sobre o sujeito, nesse nível em que o sujeito se constitui pelos efeitos do significante"[206]. Em consequência desse *bastum*, suporte, que é o traço unário, que faz hiância, fenda, abre as portas para *vir-ao-ser* na cadeia significante, *vir-ao-ser* com os efeitos que ela produz, barrando o sujeito... sujeito barrado (S̸). Esse traço unário, provocado pela entrada do significante – S_1 –, recalca o real, Isso. Esse recalque originário deixa um saber fora do simbólico, um *saber-insabido (savoir-insu)*. Esse S_1 se encadeará com o S_2, lugar onde se produz um saber sobre S_1, um *saber-inconsciente*. *Saber-inconsciente* – saber do Édipo, *Verdrängung*, recalque secundário – sobre o *saber-insabido*. O *saber-inconsciente* não possui todos os significantes para responder ao *saber-insabido*, *Urverdrängung*, sempre algo escapa, é esse *a*, esse objeto causa do desejo, que despenca na relação entre S_1 e S_2 que funda o sujeito, sujeito barrado (S̸).

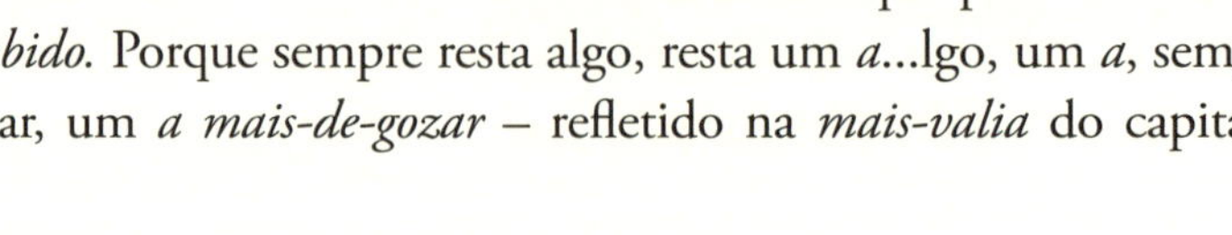

O sintoma tem a ver com o *saber-inconsciente* que pode não dar conta do *saber-insabido*. Porque sempre resta algo, resta um *a*...lgo, um *a*, sempre há um *a*... a gozar, um *a mais-de-gozar* – refletido na *mais-valia* do capitalismo, no

204 LACAN, Jacques. **Seminário XI**: os quatro conceitos fundamentais da psicanálise. Rio de Janeiro: Zahar Editores, 1979, p. 124.

205 Ibid., p. 34.

206 Ibid., p. 122.

interminável consumismo, na interminável troca de objetos: "um perdido, dez encontrados"[207] – e é justamente na relação com esse *a mais de gozar* que se coloca a questão da sublimação. Assim a Coisa – representada como perdida pelo *a* (objeto *a*) – será *dignificada*, ou, em seu lugar, se colocará outro objeto *a*? Impossível, sempre será um objeto imaginário, já não mais real, em que se possa gozar não na travessia e, sim, no próprio objeto. Outra vez Berkoff – sem dúvida inspirado em Sade – nos deixa claro de que objeto se trata, quando a *completude* é o horizonte. É, diríamos, o encontro com a Coisa. E, quando estamos do lado dela, na posição do objeto "completador", estamos numa posição perversa.

Fazendo borda no real-inconsciente: única maneira de referi-lo a um real que escapa e que se presentifica no *bastum* inominável, indizível, do campo do *non sense*, que é o significante mestre, esse *traço unário*, do *um do corte*, *um* só pensamento paradoxal do *unário*. Lugar incômodo para o sujeito, alguém deveria advir para dar conta d'Isso, alguém com um *suposto saber*. É nesse *suposto saber* que se sustenta todo o amor ao saber, toda filosofia – do grego *philos*, amado, querido, *sophia*, saber, ciência. Isso é a *transferência*, ela é amor e todo amor supõe, no outro, um saber: "aquele a quem eu suponho um saber, eu o amo"[208]. Esse saber é sobre a falta. Mas nós sabemos que a falta continua a andar sozinha, por isso (Isso, o real), para Freud existiam três coisas impossíveis: *educar, governar e psicanalisar*. Eu sempre agrego a quarta, que é o se *casar*. É por isso que insistimos tanto, porque o real *não para de não se escrever*, é por **Isso** que continuamos escrevendo e... casando. Devemos entender esse saber como saber-inconsciente, saber do Outro, saber que nós sabemos que fracassa. O resto dos saberes – da ciência, da religião – é consequência desse fracasso.

Agora podemos entender para onde aponta todo o saber que "acredita poder sobrevoar seu objeto, tendo por adquirida a correlação do saber e do ser"[209]. Sobrevoando um objeto que falta, denegando a existência do inconsciente, do real que escapa e que nos funda, fugindo da enunciação, o que já foi colocado em outro lugar, escapamos da castração, dos limites, o que nos aproxima perigosamente à Coisa. A diferença radical entre a ciência, a filosofia e a religião com a psicanálise é que aquelas têm objetos – objeto de

207 LACAN, Jacques: **Les quatre concepts fondamentaux de la psychanalyse**. Paris: Éditions du Seuil, 1973, p. 28.

208 LACAN, Jacques. **Seminário XI**: os quatro conceitos fundamentais da psicanálise. Rio de Janeiro: Zahar Editores, 1979, p. 91.

209 MERLEAU-PONTY, Maurice. **O visível e o invisível**. São Paulo: Editora Perspectiva, 1984, p. 37.

estudo –, enquanto a psicanálise tem como "objeto" o inconsciente e seu real, que, como sabemos, é um "objeto" que *carece de objeto* – poder-se-ia dizer, do objeto carente na entrada, provocado pela *Urverdrängung*, recalque primário. A religião e a ciência estão do lado do **ser**, daquilo que se realiza ou tem potencialidade para isso. A psicanálise está preocupada com aquilo que faz do ser um *des-ser*, aquilo do não realizado, mas "energia" original daquilo do qual *a*... lgo podemos real-içar. Por isso que existe um saber que determina o sujeito, é o saber-insabido da pulsão, ou, se se quiser, um saber-buracal, que faz buraco no simbólico, um saber que é parcial – porque a pulsão é parcial. Os saberes se distribuem, principalmente, pelos buracos do corpo.

Por sermos *erasmios*, amados, nos tornamos *erastes*, amantes, mas para sermos amantes – sujeitos ativos – temos que ser desejantes, isto é, carentes, faltosos. Mas, como vimos, justamente por o desejo não ter objeto, esse objeto amado é não todo, não todo fálico, isto é, também amante; porém como amantes não escapamos do mesmo problema, serei, como ela, um amante não todo, ou, como nos coloca Didier-Weill, para que o Sujeito não deva ser preenchido pelo Outro, manterá uma relação de alienação e separação: "Amante ◊ Desejante"[210]. Assim como pudemos ver em *Bésame mucho*, ***te-nerte*** como amante e *perderte* como desejante. A demanda de amor fala da possibilidade da completude, da exigência libidinal dos imortais "amébicos", da onipotência de vencer as diferenças e a morte. A transferência é supor um saber no Outro, um saber que possa completar minha ignorância; esse outro é o semelhante, mas diferente, porque, por ser médico, analista, adjudicamos *um suposto saber*. Molière, com seu *Le Malade Imaginaire*, Jules Romains, com a comédia de *Knock, ou Le Triomphe de La Medicine,* ato 2, cena 6:

> **Le second**, *très piteux*: Je n'ai rien, moi, monsieur le docteur. (**O Segundo,** *muito triste*: Eu não tenho nada, senhor doutor..
> **Knock**: *Qu'est-ce que vous en savez?* (**Knock**: O que você sabe disso?)
> **Le second**, *il recule en tremblant*: Je me porte bien, monsieur le docteur. (**O Segundo**, *ele recua tremendo*: Eu estou bem de saúde, senhor doutor.)
> **Knock**: *Alors porquoi* êtez-*vous venu?* (**Knock**: Então, por que você veio?)

---

210 DIDIER-WEILL, Alain. **A nota azul**. Rio de Janeiro: Contra Capa Livraria Ltda., 1997, p. 77.

Não são os únicos exemplos do que a transferência pode provocar, de que o médico, o professor, o político, os laboratórios e saberes diversos podem tirar vantagem. O amor, como vimos, é inseparável da transferência, que sempre carrega essa demanda de saber no outro. Se tanta loucura e paradoxo encerra o homem, por que não deveria encerrar também o ator?

É importante ressaltar que existem outras transferências, como a transferência no trabalho, no estudo, na criação: essas se encontram marcadas por a Coisa estar na *tendência*, na *travessia*, não no objeto. Aqui a Coisa é o próprio movimento, o real é a própria travessia, isto é, aqui a transferência está no campo do entendimento – do latim *entendere*, em tensão –, aberto às mudanças, incompleto. Diferente da compreensão – do latim *comprendere*, completo, acabado, pronto –, de que as ideologias usam e abusam. É nas ideologias que poderíamos dizer que a Coisa está no objeto, ou, como diria Maquiavel, *o fim justifica os meios*. Então, se o *fim* é o que conduz o caminho, já não é importante o bem dizer – até o bem fazer –, mas o dizer e fazer o bem. Desse modo, estamos no campo da moral, no campo da culpa. A ética é o campo da dívida simbólica, aquela que, no bem dizer, Atahualpa Yupanki nos canta: *y en nosotros nuestros muertos / pa' que nadie quede atrás*[211].

211 "E em nós nossos mortos / pra que ninguém fique atrás". Do tema "Los Hermanos".

Anexo 1

Algumas consequências do discurso da ciência e do modernismo no pós-modernismo

Muitos pensadores têm refletido sobre o que François Lyotard definiu como pós-modernismo e sobre os efeitos que a ciência e o discurso modernista determinaram naquele. Questões que me vinham trabalhando há tempo, como o autoritarismo na sociedade de mercado, a destituição dos valores pela desaparição das diferenças e, principalmente, a falta de limites que nos introduzem numa sociedade, segundo Charles Melman, "incestuosa".

Em primeiro lugar, tomemos o discurso da ciência, que Lebrun nos coloca em seu livro *Um Mundo sem Limite*, onde aponta três momentos:

1º momento da ciência: como vimos, todo discurso se dirige a outro, o *eu* fala para o *tu* sobre *ele*, sabendo que o *eu* e *tu* são lugares ocupados e trocados na evolução do diálogo. O homem de ciência grego começa por quebrar a linha de interlocução, priorizando o *eu*, unidirecionando o discurso e eliminando o que tenha de enunciação. Começa o caminho de unir enunciação com enunciado. O *Logos, discurso, palavra* irá abrindo o caminho para o *ratio*, "cálculo, ponto de vista, livro de conta, objeto de cálculo [...] razão, juízo, economia [...] comércio".

2º momento da ciência: a quebra da interlocução é a quebra da relação imediata com a realidade e, se quisermos, com a realidade do discurso, que sempre é um fora-dentro / dentro-fora. A partir de Descartes, e com a demonstração do telescópio, que nos permitirá ver que quem gira não é o sol em torno da Terra, e sim o contrário, temos que pôr em dúvida nossas sensações, que podem ser enganadas por um *Dieu trompeur* (Deus enganador). Já não posso me levar pelo que vem de fora; devo, sim, acreditar na única coisa que vem de dentro: a dúvida. A certeza de uma dúvida. É evidente que só se poderia ter certeza se a certeza estivesse fora do campo da dúvida, é a certeza do Outro-enunciação que me permite a dúvida do eu-enunciado. No entanto, aquele, o Outro-enunciação, é tomado, reduzido ao eu-enunciado na famosa *cogito, ergo sum*, ou, *je pense, donc, je suis*. Só é possível um *je pense* para depois surgir um *je suis* que supõe que há uma subjetividade. Isso nos sugere Descartes, mas essa subjetividade tem origem onde? Que garantia existe de que essa subjetividade não seja produto *aussi* de um *Dieu trompeur?* E será essa subjetividade, essa veracidade de qualquer dúvida que levará a um *nouveau Dieu, le Dieu de la Mathématique*. Agora, a reflexão interior garante, a reflexão matemática nos permitirá não a verdade – já que a enunciação foi apagada –, mas, sim, a *veracidade objetiva*. A verdade se distancia da veracidade objetiva que produz o saber. É o caminho ao solipsismo, agora não teremos outra maneira de nos confrontar com a realidade senão através dos aparelhos objetivos, frutos do saber, porque, para Descartes, é essa objetividade das matemáticas que a torna veraz, como se elas tivessem surgido de um processo subjetivo profundamente objetivo. Já não se trata do que disse Heráclito: "Não a mim escute, escute ao logos"; será: *é o meu* ratio *que deveis escutar*. É dessa maneira que se funda o *discurso científico*, sem enunciação. A ficção do discurso e a realidade se constituem numa só, não há lugar para o acaso, tudo pode ser prevenido, tudo está no livro de conta, sendo objeto de cálculo, bem raciocinado. Realidade e ficção andam de mãos dadas, isto é – o que é a veracidade –, um verdadeiro *Big Brother* do conhecimento, uma mítica tentativa sem alegoria. Depois de tudo, já Lacan originava a ciência, o pensamento científico no semblante das estrelas (ver: Semblante):

> Se se trata de um discurso sustentável, em todo caso sustentado, que é nomeado discurso da ciência, e não em vão lembrarmos que o mesmo partiu muito especialmente da consideração de semblante [...] O início do pensamento científico, falo da história, o que é? A observação dos astros, e isso o que é? – se não a constelação, podemos dizer o semblante típico. Os primeiros passos da física moderna, em torno do que eles giram, no início? Não em torno dos elementos, como a gente acredita [...] isto gira em torno dos meteoros [..]. quando falo de meteoros, é alguma coisa que se define por ser qualificada como tal como um semblante [...][1].

1 LACAN, Jacques. **Seminário XVIII**: D'un discours qui ne serait pas du semblant. Paris: Éditions du Seui, 2006, p. 15. "S'il est un discours soutenable, en tout cas soutenu, qui s'apelle nommément le discous

> que nosso discurso, discurso científico, não encontra o real a não ser dependendo da função do semblante [...] único aparelho por meio do qual designamos o que é real. O que é real é isso que faz furo nesse semblante, nesse semblante articulado que é o discurso científico. O discurso científico progride sem mesmo se preocupar em ser ou não semblante[2].

Esse semblante, Alain Badiou o relaciona com a ideologia e sua relação com a ciência: "O conceito mesmo de ideologia cristaliza a certeza 'científica' de que as representações e os discursos devem ser lidos como as máscaras de um real que, ao mesmo tempo que os denotam, os dissimulam"[3]. Onde estaria mais presente o semblante, senão na relação que se estabelece entre o homem e uma mulher? Se o semblante é uma aparência, por exemplo "isso de fazer (jogar o papel)-homem, um dos correlatos essenciais é dar sinal à menina de que o somos"[4]. Noutras palavras, temos que, como os animais, usar uma máscara-ritual, mas a diferença em relação a eles é que o homem fala, isto é:

> É certo que o comportamento sexual humano encontra comodamente referências na exibição igual àquela que é definida no nível animal. É certo que o comportamento sexual humano consiste numa certa manutenção desse semblante animal. Somente uma coisa faz diferença, é que o semblante só se veicula através do discurso, e que é nesse nível de discurso, que é levado para o lado de, me permitam dizer, qualquer efeito que

---

de la science, il n'est peut-être pas vrais de se souvenir qu'il est parti très spécialmente de la considération de semblants. / Le départ de la pensée scientifique, je parle dans l'histoire, qu'est-ce que c'est? La observation des astres. Et ça, qu'est-ce que c'est? – sinon la constellation, c'est-à-dire le semblant typique. Les pas premiers de la physique moderne, autour de quoi cela tourne-t-il, au départ? Non autour des éléments, comme on le croi [..]. Cela tourne autour des météores [...] et quand je parle d'un météore, c'est de quelque chose qui se définit d'être qualifié comme tel d'un semblant.

2 Ibid., p. 28. "Que notre discours, notre discours scientifique, ne trouve le réel qu'a ce qu'il dépend de la fonction du semblant [...] le seul appareil au moyen de quoi nous désignons ce qui est réel. Ce qui est réel, c'est ce qui fait trou dans ce semblant, dans ce semblant articulé qu'est le discours scientifique. Les discours scientifique progresse sans plus se préoccuper s'il est ou non semblant".

3 BADIOU, Alain. **Le Siècle**. Paris: Éditions de Seuil, 2005, p. 76. "Le concept même d'idéologie cristallise la certitude 'Scientifique' que les représentations et les discours doivent être lus comme les masques d'un réel qu'ils dénotent et dissimulent".

4 LACAN, Jacques. **Seminário XVIII**: D'un discours qui ne serait pas du semblant, p. 32. "De ce faire--homme, l'un des correlates essentiels est de faire signe à la fille qu'on l'est".

não será semblante. Isso significa dizer que, em lugar de ter refinada cortesia animal, acontece aos homens violentar uma mulher, ou vice-versa[5].

Noutras palavras, o que nos diferencia radicalmente dos animais é o real, o recalcado, aquilo que faz parte do que é determinante no sujeito, o real--inconsciente, e que se presentifica na nossa fala, ou, se se quiser, faz irrupção em nosso discurso... do dito estabelecendo o *non sense* que carrega o dizer.

3º momento da ciência: é o discurso da tecnociência que faz com que os objetos invadam o mundo. Hoje a realidade passa através deles. Um claro exemplo está nesses turistas que vivem fotografando e filmando suas viagens para depois, em casa, poderem ver "mais tranquilos". O discurso tecnocientífico não é aquele que não tem limite, senão aquele de que "tudo é possível", e dessa maneira ajuda a *prever as consequências*. É um saber *sedimentado*, que, elidindo a verdade – a verdade do saber-insabido, aquele que te põe em movimento, aquele que te determina –, elide o sujeito, torna-o anônimo. Sem a verdade é impossível a mentira, sem a verdade da enunciação inconsciente, como seria possível a "mentira" – ou meia verdade – do enunciado consciente? Dessa elisão vem a verdadeira criação do discurso tecnocientífico: o burocrata. Lebrun associa esse discurso à onipotência do totalitarismo: sem ele se tornaria impossível um nazismo e, também, um comunismo – e, por que não dizer, a sociedade de Mercado:

> A forte ênfase que a propaganda totalitária dá à natureza "científica" das suas afirmações tem sido comparada a certas técnicas publicitárias igualmente dirigidas às massas. De fato, os anúncios mostram o "cientificismo" com que um fabricante "comprova" – com fatos, algarismos e o auxílio de um departamento de "pesquisa" – que o seu "sabonete é o melhor do mundo"[6].

---

5 Idem. "Il est certain que le comportement humain trouve aisément référence dans la parade telle qu'elle est définie au niveau animal. Il est certain que le comportement sexuel humain consiste dans un certain maintien de ce semblant animal. Le seul chose qui l'en différencie, c'est que ce semblant soit véhiculé dans un discours, et que c'est à ce niveau de discours, à ce niveau de discours seulement, qu'il est porté vers, permettez-moi, quelque effet qui ne serait pas du semblant. Cela veut dire que, au lieu d'avoir l'exquise courtoisie animal, il arrive aux hommes de violer une femme, ou inversament".

6 ARENDT, Hannah. **Origens do totalitarismo**: anti-semitismo – imperialismo – totalitarismo. São Paulo: Companhia das Letras, 2007, p. 395.

O burocrata é aquele que é incapaz de pensar, de julgar – apesar de ter sido produto do julgamento matemático –, aquele que claudicou como sujeito desejante; é um *dessujeito* impossibilitado de separar a realidade da ficção, ou melhor, a saber: quanta ficção não encerra nossa realidade?! Podemos dizer que não há sujeito a não ser de uma ficção. Sendo assim: quanto de subjetivo não determinaria a objetividade científica?![7]. O triste é que até no teatro encontramos esses burocratas que expulsaram as fábulas das histórias e os personagens dos atores[8].

Trazendo as colocações de Charles Melman a propósito de nossa cultura hoje e sua relação com a sexualidade, que ao longo do trabalho vimos que é estrutural no advir do sujeito:

> Até aqui pertencemos a uma cultura fundada na representação, quer dizer, numa evocação, na evocação onde se mantinha a instância sexual suscetível de autorizar as trocas. Passamos da *representação* que nos é familiar, costumeira da relação com o sexo, [...] à – parece – preferência por sua *presentação* [...][9].

Em *A arte de reduzir as cabeças*, Dany-Robert Dufour nos dirá que, além da falta de diferença sexual, o pós-modernismo se caracteriza pela falta de diferenciação geracional como consequência do declínio da função paterna[10] e, como correlato, o declínio da função de subjetivação que carrega o complexo de Édipo, já que o mesmo determina "uma proposição sobre a inscrição simbólica da pulsão na diferença sexual e na diferença geracional"[11].

---

7 LEBRUN, Jean-Pierre. **Um mundo sem limite**: ensaio para uma clínica psicanalítica do social. Rio de Janeiro: Companhia de Freud, 2004. Cap. II: O discurso da ciência e Cap. III: Um cientificismo comum, p. 51-96.

8 No Anexo 2, algumas considerações sobre o teatro pós-dramático, retomaremos esta discussão.

9 MELMAN, Charles. **O homem sem gravidade**: gozar a qualquer preço. Entrevista com Jean Pierre Lebrun. Rio de Janeiro: Companhia de Freud, 2003, p. 20.

10 Lacan, em 1948, em seu trabalho "A família", já nos notava que a imago paterna tinha sido afetada pelos ideólogos do século XIX. Mas a pergunta que ele se faz em torno do declínio da família paternalista é: "Não é por acaso significativo que a família se tenha reduzido a seu grupo biológico, na medida em que integrava os mais altos progressos culturais?". In: **La família**. Buenos Aires: Ediciones Homo Sapiens, 1977, p. 112. Podemos notar que, por um lado, o discurso do modernismo ataca a família paternalista, por outro, deixa a família nas mãos do discurso cientificista. Já não é mais a função o que determina o lugar do pai, hoje o DNA o tem substituído.

11 DUFOUR, Dany-Robert. **A arte de reduzir cabeças**. Rio de Janeiro: Companhia de Freud, 2005, p. 161.

A pulsão, a não ser inscrita nesse complexo hidroelétrico chamado de complexo de Édipo, fica dando curtos-circuitos incestuosos às tontas e loucas, apagando qualquer tentativa de iluminismo.

> A arte contemporânea [...] já não tem nada a ver com a "representação": ela já não admite que a verdade que precisa ser captada pela obra de arte se ache em ocultação "exterior" – na realidade não-artística e pré-artística – esperando ser encontrada e receber expressão artística[12].

Isto é, já no objeto não há mais um referencial, aquele eco que vem de longe, aquela "aura". Objeto – do qual seria necessário captar "essa ocultação 'exterior'" – e significante são a mesma coisa na "presentação". Por isso a eliminação do espaço simbólico entre palco e plateia. Ninguém representa mais, tudo vira "presentação", até mesmo o público, perdendo-se assim as variadas inibições que o espaço público nos apresenta, o que quer dizer que entre o palco privado e a plateia pública há uma barreira diferencial bem marcante, aquela que Hannah Arendt já nos indicava que estava desaparecendo[13]. Não é de surpreender que o teatro pós-dramático pretenda um teatro fora do *logos*.

> Para a arte a orgia da modernidade consistiu na euforia da desconstrução do objeto e da representação. Durante esse período, a ilusão estética ainda é bastante poderosa, como é para o sexo a ilusão do desejo. À energia da diferença sexual, que repassa todas as figuras do desejo, corresponde, na arte, a energia de dissociação da realidade (o cubismo, a abstração, o expressionismo [Nós podemos agregar o *Verfremdung* brechtiano]), uma e outra correspondendo, no entanto, a uma vontade de forçar o segredo do desejo e o segredo do objeto. Até a desaparição dessas duas configurações – a cena do desejo, a cena da ilusão – em favor da mesma obscenidade transexual, transestética – a da visibilidade, da transparência inexorável de todas as coisas[14].

---

12 BAUMAN, Zygmunt. **O mal-estar da pós-modernidade**. Rio de Janeiro: Jorge Zahar Editor, 1998, p. 134.

13 ARENDT, Hannah. **A condição humana**. Rio de Janeiro: Forense Universitária, 1989.

14 BAUDRILLARD, Jean. **A arte da desaparição**. Rio de Janeiro: Editora UFRJ, 1997, p. 106-107. Para Baudrillard, "transexual" tem o "sentido de uma transparência do sexo em signos e imagens que apagam todo o seu segredo e toda a sua ambiguidade. Trans sexual, no sentido de que isso nada mais tem a ver com a ilusão do desejo, mas com a hiper-realidade da imagem". Ibid., p. 106.

Quer dizer, desconstruir, desvendar o discurso, estabelecer a descontinuidade, os vazios, mas guardando o segredo. Caso contrário, ao desaparecer o desejo, corre-se o risco de que a Coisa pulsional tome conta, sem que, por isso, estejamos mais perto da verdade, a não ser da própria violência que isso encerra. Então, insistindo, e não pararemos de insistir, para que haja *Verfremdungs-Effekt* deve existir claramente o objeto artístico e seus significantes – representantes do desejo –, pois são eles que permitem a possibilidade de enunciar algo daquele – entendendo como objeto a própria obra. É justamente na ruptura da quarta parede que a mesma se faz presente, que o teatro emerge como linguagem. Se os significantes dissimulam – fazem ilusão de – algo desse real do objeto, ao contrário, "os simuladores atuais tentam fazer coincidir o real, todo o real, com seus modelos de simulação"[15]. Aqui, deveríamos nos perguntar a diferença entre a "simulação" de Baudrillard e o "semblante", com o qual Badiou denuncia essa tentativa de aproximação ao real. É verdade: como vimos que o semblante traz o real, mas sabemos também que o mesmo o esconde, com o mesmo semblante podemos ignorá-lo, a ciência é isso que faz. Então, seria um semblante, isto é, uma nova ficção – neurótica –, isso de querer se aproximar do real? Bom, é o que nos parece da interpretação que Badiou faz sobre o *Verfremdungs-Effekt.* Mas na simulação aparece como querer se apropriar do real, e isso não a tornaria mais perversa, na medida em que, na presentação, desaparece o que é verdadeiro ou falso, isto é, a diferença? Já que quem "simula uma doença determina em si próprio alguns dos respectivos sintomas"[16]. Já não se sabe, então, o que é verdadeiro ou falso. Queremos dizer com isso que estaríamos com Baudrillard ao pensarmos nessas transformações pós-modernas dos objetos artísticos. Transformações que poderíamos chamar de "falsamente transparentes", na reivindicação e aspiração ao *non-sens*:

> A passagem ao nível estético não salva nada, muito pelo contrário: trata-se de uma mediocridade elevada à segunda potência. Isso tem a pretensão de ser nulo: "Eu sou nulo! Eu sou nulo!" e, na verdade, é nulo [...] reivindicar a nulidade, a insignificância, o *non-sense*, aspirar à nulidade quando já se é nulo [...] A insignificância – o desafio vitorioso do sentido, o desenodamento do sentido – é uma qualidade excepcional de algumas poucas obras, e que não a buscam jamais[17].

---

15 BAUDRILLARD, Jean. **Simulacros e simulação**. Lisboa: Relógio d'Água, 1991, p. 8.

16 Ibid., p. 9.

17 BAUDRILLARD, Jean. **A arte da desaparição**. Rio de Janeiro: Editora UFRJ, 1997, p. 109.

A morte de Deus e do sagrado não são sem suas consequências.

Seguindo esse pensamento, então, "o que marca essa mutação cultural é esse apagamento do lugar de esconderijo próprio a abrigar o sagrado, aquilo pelo qual se sustentam tanto o sexo quanto a morte"[18]. Isto é, a diferença sexual e a morte perdem a importância na vida (ver: Complexo de Édipo [Falo-Castração]), por isso é que o morto se tira de casa, já não forma parte do segredo familiar, agora é regido pelo único Deus que comanda o destino da humanidade: o Mercado[19]. Assim, também, podemos dizer, com tudo aquilo que está relacionado ao sexo e à educação. Ou melhor, o privado se torna público. Hannah Arendt nos desvela, de forma brilhante, essa passagem do público para o privado e vice-versa, à diferença de quando se referia aos gregos e romanos, que sabiam separar o que era da ordem dos mistérios e da família com a *polis/civitas*. Hoje isso se tem perdido, principalmente quando vemos as relações existentes nesta questão fundamental que é a vida e a morte. Na cultura clássica, toda religião que tratava desses temas era confinada nas paredes de casa. Todos os deuses, os *Lares* e os *Manes*, eram chamados de deuses ocultos, ou deuses do interior (do lar)[20]. O *Deus democrata* – como Nietzsche nos disse a respeito do Deus cristão, no "Anticristo" – através do desenvolvimento do capitalismo – aparece envolvido num *market share* "invejável", provocando efeitos demolidores.

Slavoj Zizek, retomando a noção de Alain Badiou de *la pasion du réel* (a paixão pelo real)[21], tratará de avançar sobre essa questão e marcará uma diferença radical entre o século XX e o século XIX:

---

18 MELMAN, Charles. **O homem sem gravidade**: gozar a qualquer preço. Rio de Janeiro: Companhia de Freud, 2003, p. 20.

19 Se tanto se fala da morte de Deus – ocasionada principalmente pela ciência –, hoje podemos dizer: ***God is dead, life to Market!***

20 ARENDT, Hannah. **A condição humana**. São Paulo: Forense Universitária, 1989, p. 72.

21 Há algo do homem do século XX que se apaixona pela "*historicidade* do homem novo. Pois estamos no momento do real do começo" (***historicité*** *de l'homme nouveau. Car on est dans le moment du réel du commencement*) e nos arremata: "Isso que me proponho chamar de 'paixão pelo real' , pois estou persuadido que é necessário fazer dela a chave de todo o século. Há uma convicção patética de que estamos convocando o real do começo" (*C'est ce que je propose d'appeler la* ***pasion du réel****, dont je suis persuadé qu'il en faut faire la clef de toute compréhension du siècle. Il y a une conviction pathétique que'on est convoqué au réel du commencement.*). Podemos concluir: "O real, cada um dos atores do século sabe, é horrível e entusiasmante, mortífero e criador". (*Le réel, chacun les acteurs du siècle sait, est horrible et enthousiasment, mortifère et créateur.*). BADIOU, Alain. Op. cit.,

> Ao contrário do século XIX dos projetos e ideais utópicos e científicos, dos planos para o futuro, o século XX buscou a coisa em si – a realização direta da esperada Nova Ordem. O momento último e definidor do século XX foi a experiência direta do Real como oposição à realidade social diária – o Real em sua violência extrema como o preço a ser pago pela retirada das camadas enganadoras da realidade[22].

Isto é, "essa forma de 'derreter sólidos' deixava toda a complexa rede de relações sociais no ar – nua, desprotegida, desarmada, exposta"[23], o que quer dizer que a ficção cumpre a função de solidificar alguma coisa, a identidade por exemplo. Mas o lema é **nada de ficção**, o real mesmo, aí ganhamos os grandes simulacros *reality shows* tipo Big Brother, ou, pior, a pornografia levada à extenuação e à morte nos *smuff movies*. O filme de Peter Weir, *O Show de Truman (The Truman Show)*, talvez seja uma forma bem direta e crítica de mostrar essa realidade da ficção que, praticamente, não se separa da ficção da realidade nos atores-personagens que acompanham Truman e que aponta para se querer chegar a um mundo o mais próximo do real através de uma ficção que garanta uma suposta felicidade ao personagem principal, mas ao preço de apagar seu desejo. Quer dizer que felicidade tem a ver com a morte do desejo. Disse-nos Badiou que disso "resulta que nosso século movido pela paixão, pelo real, foi de vários modos e não só em política, o século da destruição"[24]. A paixão, a

---

p. 54. Tão entusiasmante e criativo como: **Grande sertão: veredas**, tão horrível e mortífero como o campo de concentração ou a bomba atômica.

22 ZIZEK, Slavoj. **Bem-vindo ao deserto do real**. São Paulo: Boitempo Editorial, 2003, p. 19.

23 BAUMAN, Zygmunt. **Modernidade líquida**. Rio de Janeiro: Jorge Zahar Editor, 2001, p. 10. Essa ideia de derretimento dos sólidos, presente no **Manifesto comunista de 1848**, de Marx e Engels ("tudo o que era sólido e estável se esfuma" – **Marx-Engels, história**, org. Florestã Fernandes, São Paulo: Editora Ática, 1984, p. 368), não significava acabar com os sólidos definitivamente, "mas para limpar a área para *novos e aperfeiçoados sólidos*, para substituir o conjunto herdado de sólidos deficientes e defeituosos por outro conjunto, aperfeiçoado e preferivelmente perfeito, e por isso não mais alterável" (BAUMAN, ibid., p. 9). Mas não foi o que aconteceu; seguindo Bauman, o processo de liquidificação determina hoje "uma versão individualizada e privatizada da modernidade, e o peso da trama dos padrões e responsabilidade pelo fracasso caem principalmente sobre os ombros dos indivíduos" (BAUMAN, ibid., p. 14).

24 BADIOU, Alain. **Le siècle**. Paris: Seuil, 2005, p. 85. *Il en resulte que notre siècle, soulevé par la passion du réel, a été de toutres sortes de façons, et pas seulement en politique, le siècle de la destruction.* Eric Hobsbawn, em **A era dos extremos:** breve século XX, 1914-1991, nos dirá que as formas que adquiriram as duas Guerras Mundiais, "a era da catástrofe", são determinantes pelo acontecer do século: "[...] tanto a totalidade dos esforços da guerra quanto a determinação de ambos os lados de travá-la sem limites e a qualquer custo deixaram sua marca. Sem isso, é difícil explicar a crescente brutalidade e desumanidade do século XX" (São Paulo: Companhia das

pulsão, o real. Se é verdade que, nas artes, a "destruição" de códigos tradicionais permitiu transformações – coisa que é bastante questionável –, nem por isso toda "destruição" tem permitido grandes avanços. Em princípio, diríamos que não se trataria de destruição em certas manifestações humanas, em todo caso se trataria da *Aufhebung* hegeliana, isto é: *tese (afirmação) -antí-tese (negação) e síntese (negação da negação)*, uma superação do contrário que os inclui e não a destruição de nenhum deles. Mas o que realmente aconteceu é que a vanguarda deixou de ser a abertura para o futuro, a ruptura que permitiria um novo olhar sobre as coisas, a tentativa de confirmação de ideais.

> adicionar fogo à locomotiva da história [...] todos estavam imbuídos de espírito pioneiro [...] todos olharam para além do reino das artes [...] encarando as artes e os artistas como tropas avançadas do exército do progresso [...] acreditavam que o único uso da tradição é que se sabe com o que se tem que romper, e as fronteiras estão ali para serem violadas[25].

A questão é quando esse transformar-se passa a ser transformar-se na sua própria destruição, confirmando o que Walter Benjamin tinha previsto sobre o modernismo. Ela se sustentou, até que a própria obra parou de ter sentido, a não ser da própria ruptura, exposição de espaços vazios, música silenciosa de John Cage (composição silenciosa para piano 4'33"), páginas em branco de poemas não escritos, o limite das artes vivido como uma permanente revolução foi a autodestruição. Perde-se a "aura" benjaminiana, a "aparição única de uma coisa distante, por mais perto que ela esteja"[26]. Noutras palavras, perde-se essa presença "Outra"

Letras, 1995, p. 56.) O vale tudo da "era da catástrofe" talvez tenha seu melhor exemplo no *market share* – que neste caso era monopólio –, na *International Business Machines* (IBM) e seus cartões *Hollerith*, no atendimento da Alemanha nazista, principalmente no final da guerra, quando, desde os EUA, enviou seus técnicos para adequar os cartões, para melhor rendimento daquilo que se conheceu como a "solução final" (BLACK, Edwin. **IBM e o holocausto**, Rio de Janeiro: Editora Campus, 2001). Acho que o mundo "sem limite" ao qual se refere Lebrun tem seu ponto mais alto neste paradoxo: é o lugar onde guerra e negócios podem conviver, estar no mesmo lado e ao mesmo tempo em um verdadeiro ato do real, com toda a violência e terror que isso encerra. É importante frisá-lo, já que o pós-modernismo se caracteriza, justamente, pela falta de limites, assim como veremos que acontece com o ideário pós-dramático, no próximo anexo. Parecem ser seus mais fiéis herdeiros.

25 BAUMAN, Zygmunt. **O mal-estar da pós-modernidade**. Rio de Janeiro: Jorge Zahar Editor, 1998, p. 123-124.

26 BENJAMIN, Walter. **A obra de arte na era de sua reprodutibilidade técnica**. In: Obras escolhidas (Magia e técnica, arte e política). São Paulo: Editora Brasiliense, 1994, p. 170.

que faz possível superar certas fronteiras, já que seria impossível Mel Brooks fazer uma paródia de Hitchcock se este não existisse – não é por nada que o parodista dedica *High Anxiety* ("Alta Ansiedade") ao "mestre do suspense".

Outra questão, e já não resulta estranho, que o discurso pós-modernista nos traria é a destruição das grandes narrativas: "Depois de ter *declinado* as figuras do grande Sujeito cantadas pelas grandes narrativas, é preciso, pois, hoje, constatar o *declínio* do Outro"[27]. Sem esse Outro – lugar-agente de toda ficção: fantasmática do sujeito ou criativa – advém o fim das narrativas ficcionais, ou seja, criar uma narrativa "libertadora" que ponha fim às outras narrativas. A igualação toma conta do discurso que agora é formado por Eu e Tu; o Outro, Ele, já não tem nenhuma função, vivemos uma sociedade totalmente especular, narcisista – que função pode ter Ele se a obra se remete a si mesma? A paixão pelo real vem novamente à tona através das imagens simuladoras. Já não se define o sujeito através de um *grande Sujeito* ocupando esse lugar Outro: "Antes o sujeito era sujeito como referido a tal *Deus*, ou a tal *terra* ou a tal *sangue*, era um ser exterior que conferia seu ser ao sujeito"[28].

Depois de duas guerras mundiais, guerras de colonização e a ferocidade da "raça pura", que culminaria numa Auschwitz – isto é, em várias –, a resposta das grandes nações foi *a democracia*. Uma democracia que permitiria ao homem não buscar uma referência externa, uma referência ficcional, senão passar de uma *heterorreferência* a uma *autorreferência*, uma referência mais assentada no real, "o sujeito de algum modo se transformou em sua própria origem", porque pertencer a um Outro o colocaria com muita dor num campo de alienação extremamente perigoso. Talvez "fosse doloroso para o homem descobrir que ele só poderia ser sujeito sendo sujeito de uma ficção, mas é mais penoso ainda se encontrar sem ficção: o risco é de não ser mais sujeito"[29].

É o que tínhamos visto em Lebrun, quando nos falava em "dessujetivação". Por quê? O próprio Lebrun, referindo-se à questão do discurso científico, nos diz:

> se quisermos continuar a tirar benefícios do progresso das ciências, sem com isso avaliar os implícitos que seu método veicula, temos que consentir num suplemento de

27 DUFOUR, Dany-Robert. **A arte de reduzir cabeças**. Rio de Janeiro: Companhia de Freud, 2005, p. 71.

28 Ibid., p. 72.

29 Idem.

pensamento, ou seja, reconhecer e tirar as lições da presença, em seus enunciados, da dimensão da enunciação[30].

E Lebrun nos estabelece certa relação – e não sem importância – entre a religião e a psicanálise, na existência de um *Terceiro*:

> Fazemos assim aparecer a proximidade existente entre a psicanálise e a teologia, referindo-se as duas a essa irredutível dimensão do ternário, e isso no momento em que, em nossa sociedade tecnocientífica, é incontestavelmente o registro do binário que prevalece [...][31].

Fazendo a distinção entre ambas:

> um justifica seu recurso à ternariedade [lembrando Dany-Robert Dufour, podemos dizer *Trindade*] pela existência de Deus, o Outro, pela Lei da linguagem; um legitima a existência de um Terceiro pelo que o habita, o Outro, exclusivamente pela existência de um lugar [...] um pode se garantir pelo céu habitado para manter seu rumo, o Outro não dispõe de nenhuma garantia a não ser aquela de reconhecer a existência da falta no oco mesmo do que constitui o desejo humano[32].

Sabemos que toda identidade está sujeita à alienação, isto é, transferência (ver: Transferência e inconsciente). Ao se tratar de eliminar qualquer alienação não há possibilidade de construção de uma identidade. É nisso, adverte-nos o sociólogo polonês Zygmunt Bauman, com muita lucidez, que a história da vida humana se tem transformado:

> numa série de episódios cuja única consequência duradora é a sua igualmente efêmera memória [...] Em vez de construir sua identidade, gradual e pacientemente, como se constrói uma casa – mediante a adição de tetos, assoalhos, aposentos, ou de corredores –, uma série de "novos começos", que se experimentam com formas instantaneamente agrupadas, mas facilmente demolidas, pintadas umas sobre as

---

30 LEBRUN, Jean-Pierre. **Um mundo sem limite**: ensaio para uma clínica psicanalítica do social. Rio de Janeiro: Companhia de Freud, 2004, p. 172.

31 Ibid., p. 173.

32 Ibid., p. 174.

> outras: uma *identidade de palimpsesto* [...] a própria memória é como uma fita de vídeo, sempre pronta a ser apagada a fim de receber novas imagens[33].

Esse *palimpsesto* que Woody Allen tão bem nos representou em *Zelig*. Ou seja, para construir uma identidade precisamos de uma história amarrada simbolicamente, amarrada a uma cadeia significante e não às "máscaras sucessivamente usadas"[34], máscaras que procuram o reconhecimento, inseridas numa sociedade em que, definitivamente, para o serviço do Mercado, se eliminaram as diferenças, sexuais, geracionais e, com elas, os limites, entrando em cheio no *Unheimliche* de *Eyes wide shut* (*De Olhos Bem Fechados*; na realidade é *De Olhos Arregaladamente Fechados*), de Kubrick, em que a fantasia e a realidade já não têm fronteiras. Uma sociedade de egos – iguais[35] – que o Mercado demanda para satisfazer – sem uma referência terceira; "está, portanto, inventando um novo tipo de agregado social que põe em jogo uma estranha combinação de egoísmo e gregaridade [...] *formação 'ego-gregária'*"[36].

A teoria da inexistência da personagem, inexistência da fábula ou até mesmo da inexistência de hierarquias que o teatro *pós-dramático* reivindica em sua paixão pelo real – ou seja: o rompimento do espaço simbólico entre palco e plateia[37] – não estaria reivindicando uma dessujetivação? E isso não estaria justamente driblando a necessidade de uma âncora que torne menos complicada *essa instância sexual suscetível de autorizar as trocas*? Essa indiferenciação sexual, geracional, não nos colocaria numa posição privilegiadamente incestuosa? Já não estaríamos no sagrado do teatro, *em outra parte***,** *num outro discurso, em outra cena,* isto é, na *alegoria*. Aqui, não estaríamos negando justamente o Outro... *sexo*, ou melhor, a *mulher* enquanto marca da diferença sexual, e a *morte*, ambos – mulher e morte – registros inexistentes no inconsciente? Quer dizer, será que o inconsciente tende a desaparecer, na medida em que se pretende transformá-lo na própria realidade? Seríamos só "consciência", sem máscara, sem pessoa, algo assim como um computador ou um androide?

---

33 BAUMAN, Zygmunt. **O mal-estar da pós-modernidade**. Rio de Janeiro: Jorge Zahar Editor, 1998, p. 36-37.

34 Idem.

35 DUFOUR, Dany-Robert. **O divino mercado**: a revolução cultural liberal. Rio de Janeiro: Companhia de Freud, 2009, p. 23. Dufour faz um jogo homofônico entre ***égaux*** (iguais) e ***egos*** (egos).

36 Ibid., p. 24.

37 Retomaremos essa questão no Anexo 2, "Algumas considerações sobre o teatro pós-dramático".

Pior que isso, sem a Lei de proteção, da castração, a Lei que funda o desejo, estaríamos sujeitos à deriva do real da pulsão. Uma coisa deve ficar certa: de sujeito ninguém escapa. Mas o próprio trabalho nos introduziria num campo artificial, num outro campo, muito diferente do real. Hannah Arendt nos diz: "O trabalho produz um mundo 'artificial' de coisas nitidamente diferentes de qualquer ambiente natural"[38]. Mas não seria justamente por o trabalho se tornar hoje algo tão artificial, tão distanciado do natural, que surgiu essa *paixão pelo real*? Não caberia a essa paixão pelo real estabelecer uma *novilíngua* da Internet, que tanto é usada e que virou até livro?[39]. É certo que eliminado esse *Terceiro* estaríamos eliminando quem autoriza a alteridade, eliminando o **Ele** da questão, a Lei da linguagem. E, então, retomando, **Eu** e **Tu** só seria possível num diálogo especular, isto é, sem diferenças.

Se há recusa (*Verleugnung*) dessa diferença, estamos nos colocando na posição perversa da criança. O recalque não operaria substituindo o princípio de prazer pelo além do princípio do prazer, que nos introduz no princípio de realidade. Seria aquele, o princípio de prazer, que estaria operando, isto é, como às vezes me pergunto: a pulsão não andaria, por aí, à solta?

Os efeitos do discurso científico e da modernidade se podem notar em várias partes. Certos formalismos e estruturalismos são exemplos de que o real que a palavra carrega não é recalcado, é foracluído, isto é, a palavra não tem história. Não que exista uma história recalcada que possamos desvendar, senão que ela não tem a mínima importância. Depois de tudo, a história chegou ao seu fim; de G. W. F. Hegel a Francis Fukuyama o pilar do "fim da história" foi montado, como assim mesmo o podemos ver no próprio Marx, que de alguma maneira também postulava essa visão escatológica que a "modernidade líquida" já postulava: se a história é a história da luta de classes e o comunismo propunha seu fim, a história estaria na sua finitude também. A essência do humano é sua história, ser fruto dela contada... com palavras. E o humano, ao narrar a história se historiza, ou seja, a história conta de palavras, a palavra conta de história, é dentro-fora / fora-dentro, é o movimento pulsional, mas, entenda-se bem, movimento pulsional metaforizado, simbolizado no ***Wo es war, soll Ich werden***, onde era ***ordure***, ***or dur*** advirá. Então, se a história acabar, a história para, ao

38 ARENDT, Hannah. **A condição humana**. São Paulo: Forense Universitária, 1989, p. 15.

39 Recentemente se publicou um livro de contos cujo autor recorre à "novilíngua" utilizada na internet para narrar suas histórias.

acabar a palavra esta também para, perde todo seu efeito. Seria isso o que certos formalistas procuram? O fim da história não estaria vinculado ao fim dos tempos da escatologia, isto é, no qual o excremento, o *ordure*, não teria lugar de ser transformado em *or dur*? Ou seja, a pulsão não sendo articulada? É claro que o *excremento* tem a ver com a história... recalcada, recalcada no sujeito e na própria história; aquela é a que, com seu dizer, atravessa o dito, este é o que esconde a ideologia dominante que a produziu cuja história escondida certos historiadores tratam de escutar. Então, se apagamos sua enunciação, deixa de existir a "luta de classes" entre o desejo e a demanda, entre o cavaleiro e seu cavalo indômito. Entre o desejo do Escravo que "faz a história", como o próprio Hegel disse, e a demanda do Senhor que a conta. "No princípio era o Verbo..." e é só olhar um pouco ao nosso redor para ver que lugar hoje ele ocupa para vermos o lugar que ocupa o desejo. No mundo de ***The God is Dead. Life to Market!*** podemos dizer, com Jean-Claude Milner, que vivemos a "'política das coisas' para opô-la àquela das palavras e a fala"[40]. Aí está o triunfo do pragmatismo, do politicamente correto, do insípido e inodoro, enfim, o triunfo do excremento (*ordure*) dessa *passion du réel* que num ato de suprema "liberdade" terminou matando até a própria personagem. Não estaríamos aí diante da confusão entre liberdade e obra? Seria o mesmo – liberdade e obra – diante da importância das coisas em detrimento das palavras e discursos, isto é, do *Logos*? Não seria este, lembrando Guimarães Rosa, o carro chefe *dos ferros de grandes prisões* que permitiriam a liberdade? Na arte é mesmo isso o que acontece. No Anexo 2, desenvolveremos essas questões, mas Ferreira Gullar algo nos antecipa:

> Como a linguagem da arte foi desintegrada, um conceito duvidoso de "liberdade criadora" se sobrepõe à realização objetiva dessa liberdade, que é a obra [...] A liberdade não é a obra, é apenas condição dela [...] Imaginar a criação artística como um exercício gratuito da liberdade é uma projeção infantil, reflexo de uma concepção ingênua que confunde a realidade com o desejo de um mundo sem resistências[41].

40 In: LEBRUN, Jean-Pierre. **A perversão comum**. Rio de Janeiro: Companhia de Freud, 2008, p. 33.

41 GULLAR, Ferreira. **Argumentação contra a morte da arte**. Editora Revan, Rio de Janeiro, 1993, p. 79-80.

Anexo 2

Algumas considerações sobre o teatro pós-dramático

Deveríamos nos perguntar: isso que se denomina de teatro pós-dramático seria também um efeito do discurso da ciência e do modernismo? Existiria uma relação do pós-dramático com o que é denominado pós-moderno? Até o próprio Hans-Thies Lehmann, autor de "Teatro pós-dramático", se faz essa pergunta e, ainda que encontre um parecido, marca as diferenças. Para o teatro pós-moderno existiria uma "impressionante lista de traços marcantes":

> Ambiguidade, celebração da arte como ficção, celebração do teatro como processo, descontinuidade, heterogeneidade, não-textualidade, pluralismo, diversidade de códigos, subversão, multilocalização e caráter antimimético, a rejeição à interpretação. Teatro pós-moderno seria um teatro sem discurso, em que predominariam a meditação, a gestualidade, o ritmo, o tom. Formas niilistas e grotescas, espaço vazio e silêncio são outros elementos acrescentados [...] O teatro pós-dramático não conhece apenas o espaço "vazio", mas também o espaço saturado[1].

Para definir o ser da coisa teatro, de alguma maneira temos, minimamente, que definir as categorias que determinam esse chamado "Teatro pós-dramático". Esse "novo teatro" cuja característica fundamental é: "não é isto, não é aquilo e nem é outra coisa. Predomina a ausência de categorias e palavras para

1 LEHMANN, Hans-Thies. **Teatro pós-dramático.** São Paulo: Cosac Naify, 2007, p. 30-31.

a determinação positiva e a descrição daquilo que ele é"[2]. Ou seja, é um teatro sem possibilidade de se definir, diríamos que é, por definição, um *non sense*, porque "pretende-se aqui levar tal teatro um passo além e estimular métodos de trabalho teatrais que escapem da concepção convencional sobre o que o teatro é ou precisa ser"[3]. Em princípio, quebrar as convenções é propriamente uma tentativa de *avant garde*, da vanguarda, aquela que abre o caminho para que os demais a sigam. O que já não seria vanguarda se uma "variedade heterogênea corrói as certezas metodológicas que deveriam possibilitar a afirmação de causalidades amplas no desenvolvimento artístico"[4]. Encontramo-nos, então, com um teatro sem paradigma. Por isso, "trata-se de aceitar a coexistência de concepções teatrais divergentes, em que nenhum paradigma assume "preponderância"[5]. Sem paradigma seria impossível a vanguarda, mais ainda com o "paradigma" pós-dramático. Lehmann aceita que:

> as séries de manifestações que problematizaram com coerência estética e riqueza de invenções as formas tradicionais do drama e de "seu" teatro justifica que se fale de um novo *paradigma do teatro pós-dramático* [...] o termo "paradigma" indica aqui o conjunto das fronteiras negativas entre as modalidades altamente diversificadas do teatro pós-dramático e do teatro dramático[6].

Noutras palavras, o "paradigma" do teatro pós-dramático se caracteriza pela negatividade, a forma de se categorizar está em tudo o que vai contra o "teatro dramático", através de suas "fronteiras negativas":

> O que caracteriza o novo teatro, assim como as tentativas radicais da "linguagem poética" dos modernos, pode ser entendido como tentativa de restituição da *chora*: de um espaço e de um discurso sem *télos*, hierarquia, causalidade, sentido flexível e unidade[7].

2 Ibid., p. 22.
3 Idem.
4 Ibid., p. 23
5 Idem.
6 Ibid., p. 29.
7 Ibid., p. 247.

Em princípio, tratemos de entender o que significa *"chora"*: seria aquilo que escaparia do *logos*: "A *chora* é algo como antecâmara e ao mesmo tempo a infraestrutura oculta do *logos* da linguagem"[8]. Lehmann faz referência ao texto de Kristeva: *Die Revolution der poetischen Sprache*[9], no qual desenvolveria a ideia de real, do recalque primário, o momento em que a criança é sujeita ao corte do significante, tempo anterior ao estádio do espelho (ver: Estágio do espelho). Trata-se de um período de indiferenciação muito grande, uma "mistura caótica das percepções, sentimentos e necessidades", aí há um *corps morcelé*, um corpo despedaçado, noutras palavras, algo impossível de articular, momento de instauração das pulsões parciais. É justamente através da alienação, da identidade com o Outro – enquanto discurso do Outro, desejo do Outro – que a criança começa a desenvolver seu "eu", aquele que corresponderá a sua imagem. Por isso, falamos que o eu é o outro (ver: Alienação – separação e Estágio do espelho). Então, seria impossível essa alienação e identificação ao outro se não mediasse o simbólico, porque ele introduz a diferença, os limites de um fora-dentro / dentro-fora, e é justamente isso que vai permitir a separação. O simbólico, o significante unário, o Nome do Pai é que produz o efeito de recalque: algo fica de fora, aquilo que Lacan chama de real, e que se poderia relacionar ao *"chora"* kristeviano. Esse real (ver: Real-Simbólico-Imaginário) seria aquilo que escapa da realidade, e que, no entanto, a determina. Real que só é possível bordear através do significante, através do Outro falado. Noutras palavras:

---

8 Ibid., p. 246.

9 Pela impossibilidade de chegar até o livro, o que encontrei sobre a utilização do termo *chora*, por Kristeva, é o seguinte: **"O primeiro estágio de seu desenvolvimento psicossexual (0-6 meses), de acordo com Julia Kristeva.** In this pre-lingual stage of development, you were dominated by a chaotic mix of perceptions, feelings, and needs. Nesta fase pré-lingual do desenvolvimento, em que foram dominados por uma mistura caótica de percepções, sentimentos e necessidades.You did not distinguish your own self from that of your mother or even the world around you. Você não distingue o seu próprio *self* do de sua mãe ou até mesmo o mundo ao seu redor. Rather, you spent your time taking into yourself everything that you experienced as pleasurable without any acknowledgment of boundaries. Em vez disso, você gasta o seu tempo mantendo em si tudo que você experimentou de mais agradável, sem qualquer reconhecimento de limites. This is the stage, then, when you were closest to the pure materiality of existence, or what Lacan terms "the Real." Este é o estágio, então, quando você estava mais próximo da pura materialidade da existência, ou que, em termos lacanianos, é 'o Real'. At this stage, you were, according to Kristeva, purely dominated by your (both life drives and the death drives). Nesta fase, você estava, segundo Kristeva, exclusivamente dominada por seu drives (tanto unidades de vida tanto quanto unidades de morte)". http://www.cla.purdue.edu/english/theory/psychoanalysis/definitions/chora.html.See the.

que não há Outro a não ser ao dizê-lo. Mas que Todo-Outro é absolutamente impossível de dizê-lo completamente, que há um *Urverdrängt* (recalque primário), um inconsciente irredutível, e que este, de dizê-lo, é falando propriamente o que, não somente se define como impossível, mas também introduz como tal a categoria do impossível[10].

Bom, então, para dizer esse "chora", a gente tem que chorar nossa morte na linguagem: "é do lado da morte que se encontra a função do Simbólico. É na medida em que alguma coisa está *urverdrängt* no Simbólico, que haja qualquer coisa a que jamais damos sentido, ainda que sejamos [...]"[11]. É esse *Urverdrängt* que, estando fora, nos determina, e é no *logos*, e só nele, que podemos encontrar alguma marca daquele. É justamente no *logos* que o real se presentifica, tornando-o não-todo: *Não a mim escute. Escute o Logos*, falava Heráclito, o "real é o que vige sempre por trás do *autômaton*"[12] da cadeia significante. Essa é a verdade que nos aparece no *logos*, é o real de que padece a enunciação do *logos* que nos aponta Heráclito. E na obra, na criação, é a "aura" benjamiana, uma presença "Outra" ali onde "não sou eu quem olho a obra. É bem antes a obra que me olha. Numa palavra: isso me olha. Isso me olha e, eventualmente, isso me fala"[13]. Mas: "Esse real, onde o encontramos? É, com efeito, de um encontro, de um encontro essencial, que se trata no que a psicanálise descobriu – de um encontro marcado, ao qual somos sempre chamados, com um real que escapole"[14]. É um encontro fracassado, porque o sonho (diurno ou noturno) nos "revestiu, envelopou, nos escondeu, por trás da falta de representação, da qual só existe um lugar-tenente"[15]. Isso é um representante dessa representação, *Vorstellungarepräsentanz*, ou seja, um representante psíquico da pulsão, do real da pulsão. Então, como é que esse teatro

---

10 LACAN, Jacques. **Seminário XXII**: R.S.I., Publicação não comercial. Documento interno da Association Freudienne internationale destinada a seus membros, lição de 17-12-74.

11 Idem.

12 LACAN, Jacques. **Seminário XI**: os quatro conceitos fundamentais da psicanálise. Rio de Janeiro: Zahar Editores, 1979. p, 56.

13 DUFOUR, Dany-Robert. **O divino mercado**: a revolução cultural liberal. Rio de Janeiro: Companhia de Freud, 2009, p. 243.

14 LACAN, Jacques. **Seminário XI**: os quatro conceitos fundamentais da psicanálise. Rio de Janeiro: Zahar Editores, 1979, p. 55-56.

15 Ibid., p. 61.

pós-dramático, segundo Lehmann, poderia privilegiar o "chora" ao invés do *logos*, se para aceder àquilo só podemos fazê-lo através do simbólico do *logos*?

Lehmann critica o drama dizendo que o mesmo "pretendia erguer um *cosmos fictício* e fazer que o 'palco que significa o mundo' aparecesse como um palco que representa o mundo – abstraindo, mas pressupondo, que a fantasia e a sensação dos espectadores participam da ilusão"[16]. Há, então, uma insistência crítica sobre o mundo ficcional do teatro, no ponto intitulado *"Irrupção do real"*[17]. Há uma clara confusão entre real e realidade. É claro que esse "real", ao qual faz referência o teórico alemão, é uma tentativa de tirar toda camada ficcional à estrutura discursiva, esquecendo que todo o sistema simbólico que o artista utiliza para se expressar é uma criação subjetiva do homem e como tal sujeita à ficção:

> A ideia tradicional do teatro parte de um cosmos fictício fechado, de um "universo *diegético*", que pode ser assim chamado ainda que resulte dos recursos da mimese (imitação), a qual normalmente é contraposta à *diegesis* (narração)[18].

Mimesis geralmente foi tratada como uma cópia da realidade, mera imitação, no entanto mimese estaria para Aristóteles na estrutura de todo relato:

> Efetivamente, com os mesmos meios pode um poeta imitar (*mimesis*) os mesmos objetos, que na forma narrativa (*diegesis*) (assumindo a personalidade de outros, como o faz Homero [Épica], ou na própria pessoa, sem mudar nunca [Lírica], quer todas as pessoas imitando, operando e agindo elas mesmas [Teatro]). (1448-a-19)[19].

Depois de tudo: "O imitar é congênito no homem (e nisso difere dos outros viventes, pois, de todos, é ele o mais imitador, e, por imitação, aprende as primeiras noções) e os homens se comprazem no imitado" (1448-b-4)[20]. E para imitar temos que assumir uma forma "narrativa" de ações, movimentos, quietude, gestos, inexpressões, palavras, silêncios, balbucios e até mesmo

16 LEHMANN, Hans-Thies. **Teatro pós-dramático.** São Paulo: Cosac Naify, 2007, p. 26.

17 Ibid., p. 163-169.

18 Ibid., p. 163.

19 ARISTÓTELES. **Poética.** São Paulo: Abril Cultural, 1979, p. 242-243.

20 Idem.

gaguejo[21]; isto é, devemos assumir uma diegese, uma narrativa ficcional. Porque:

> O homem não é mais mestre da linguagem como tampouco a terra não é o centro das galáxias e não governa os planetas, os buracos e as luzes dos astros. A linguagem é um anteparo[22].

O que estávamos falando há pouco tempo, que o sistema simbólico é o anteparo responsável da nossa ficção. Ou se quisermos também, a identificação é estrutural, não há como estabelecer uma relação, um laço sem mediar o jogo de dentro-fora / fora-dentro, forma de fugir da loucura intrínseca em toda identificação. É por isso que toda tentativa de chegar ao real é uma tentativa frustrada, não é mais que uma insistência que não deixa de ser ficcional. Essa "Passion du réel", paixão pelo real, se confirma nessa tentativa de chegar ao "Real em sua violência extrema como o preço a ser pago pela retirada das camadas enganadoras da realidade"[23]. Essa "paixão pelo real" se confirma, mas como se a realidade fosse a verdade do real e não uma forma de encobri-la, ou seja, como se a realidade não estivesse sustentada pela tela ficcional da linguagem. Poderíamos estabelecer a diferença que desenvolve Baudrillard entre fingir e simulação recorrendo ao Dicionário de Littré: "Aquele que finge uma doença pode simplesmente meter-se na cama e fazer crer que está doente. Aquele que simula uma doença determina em si próprio alguns dos respectivos sintomas". O primeiro mantém "intacto o princípio de realidade: a diferença continua a ser clara, está apenas disfarçada, enquanto que a simulação põe em causa a diferença do 'verdadeiro' e do 'falso', do 'real' e do 'imaginário'"[24]. Aqui deveríamos entender que "real" e "imaginário" não correspondem ao uso que fazemos, mas poderíamos traduzir isso como **o simulador confunde a ficção de sua realidade com a ficção da realidade que supõe representar** – estaríamos aqui de mãos dadas com aqueles pós-modernos que querem eliminar a interpretação e os personagens –, o que não é o caso do **fingidor**:

---

21 O capítulo 7, **Corpo e "energia"**, trata desses significantes no processo de criação.

22 QUIGNARD, Pascal. **Le nom sur Le bout de La langue**. França: Gallimard, colection Folio, 2009, p. 106-107. "L'homme n'est pas plus maître du langage que la terre n'est au centre et galaxias et ne gouverne les planàtes, les trous et la lueur des astres. La langage est du écran".

23 ZIZEK, Slavoj. **Bem-vindo ao deserto do Real!** São Paulo: Boitempo Editorial, 2003, p. 19.

24 BAUDRILLARD, Jean. **Simulacros e simulação**. Lisboa: Relógio d'Agua, 1991.

o ator é um fingidor / cria, mas não o suficiente, / pra vir a confundir a dor / com a dor que deveras sente.

Essa paixão pelo real é, então, uma "paixão pelo semblante" (Ver: Semblante), noutras palavras, uma paixão de produzir outros sentidos para continuar escondendo o Real. Por isso, nos parece que a ética se resume, principalmente, nisto em que insistimos: **não confundir a ficção de nossa realidade com a realidade da ficção artística**, na medida em que o encontro com o real é um encontro impossível e é nesse impossível que algo desse real deve emergir, mas sublimado: "A mentira não é uma objeção à verdade, ela só tem sentido na dimensão da verdade"[25].

> Todos nós sabemos que a Arte não é verdade. Arte é uma mentira que nos faz compreender a verdade, pelo menos a verdade que nos é dado compreender. O artista deve conhecer a maneira de convencer os outros da veracidade de suas mentiras[26].

O que confirma Mario Vargas Llosa falando da literatura:

> Na verdade, os romances **mentem** – não podem fazer outra coisa – mas isso é só uma parte da história. A Outra é que, mentindo, expressam uma curiosa verdade, que só pode se expressar dissimulada e encoberta, disfarçada do que não é[27].

Ernesto Sábato nos colocará diante do paradoxo que encerra a ficção:

> É característico de um bom romance que nos arraste ao seu mundo, que nos submerja nele, que nos isolemos até o ponto de esquecer a realidade. E, no entanto, é uma revelação sobre a mesma realidade que nos rodeia![28].

Aqui podemos notar que a verdade é *não-toda* e que tem a ver com o pensamento unário – o paradoxo da mentira-verdade convivendo. Ademais, é

---

25 MILLER, Jacques-Alain. **Perspectivas do seminário 23 de Lacan**: o sinthoma. Rio de Janeiro: Zahar Editor, 2010, p. 102.

26 PICASSO, Pablo. In: H. B. CHIPP. **Teoria da arte moderna**. São Paulo: Martins Fontes, 1996, p. 267.

27 VARGAS LLOSA, Mario. El arte de mentir. In: SULLÀ, Enric. Ed. Teoría de La novela, Antología de textos del siglo XX. Barcelona: Critica, S. L., 2001, p. 270.

28 SABATO, Ernesto. **La novela: atributos y funciones.** In: *Teoría de la novela: antología de textos del siglo XX*. Sullà, Enric (ed.). Barcelona: Crítica, p. 240.

importante remarcar que a realidade que camufla o real também nos traz esse real, seja na realidade cotidiana ou na realidade ficção teatral. Talvez seja esta, sublimada, a que nos aproxime mais à verdade do real, como nos sugere Picasso, se o artista conhece a *maneira de convencer os outros da veracidade de suas mentiras*: "o poeta deve ser mais fabulador que versificador; porque ele é poeta pela imitação e porque imita ações" (1451-b-27)[29]. Será que é o paradoxo próprio da estrutura o que determina essa *passion du réel*? Saber que somos uma mentira sustentada por um *savoir-insu*, um saber-insabido, desconhecido e que nos determina? Dor fundamental da existência, que leva a provocar a verdadeira dor no palco, quando Jan Fabre faz torturar de verdade um ator, ou mesmo fazer atores se masturbarem em público, como modo de colocá-los diante de uma nova maneira de admitir, no público, "novos modos de percepção"[30]. Mas Baudrillard, em seu texto "O Complô da Arte", começa desta maneira:

> Se na pornografia ambiente se perdeu a ilusão do desejo, na arte contemporânea perdeu-se o desejo da ilusão[31].

Parece que desejo e ilusão andam juntos, noutras palavras, sem os efeitos das cabriolas fantásticas que vêm do cavalo pulsão o ginete desejo não se põe em movimento. É a pulsão oral que leva a criança à alucinação quando esta, abandonada pelo peito materno, assume o dedo, a colcha, o brinquedo, ou outro elemento fantasioso – fica claro que de entrada se instaura uma ficção. No entanto, podemos notar que há uma sujeição, do artista, em fazer o público *admitir novos modos de percepção*, eliminando a separação, a diferença entre o campo estético (o ato teatral) e o não estético (público), introduz-se este dentro daquele. Noutras palavras, há um exibicionismo, se está sujeito a fazer gozar o Outro (neste caso, o público), mas: "o Outro, no fim dos fins, vocês ainda não adivinham, é o corpo"[32]. Talvez seja por isso que o corpo nos apareça sofrendo as consequências: se por um lado temos um **exibicionismo** ao

---

29 ARISTÓTELES. **Poética**. São Paulo: Abril Cultural, 1979, p. 249.

30 LEHMANN, Hans-Thies. **Teatro pós-dramático**. São Paulo: Cosac Naify, 2007, p. 164. Jean Fabre, em seu espetáculo *Qui exprime ma pensée*, um ator é torturado com choques elétricos, e em *L'orgie de la tolérance*, os atores se masturbam e gozam em público.

31 BAUDRILLARD, Jean. **A arte da desaparição**. Rio de Janeiro: Editora UFRJ, 1997, p. 106.

32 LACAN, Jacques. In: Philippe Julian. **Psicose, perversão, neurose**. Rio de Janeiro: Companhia de Freud, 2002, p. 127.

serviço do gozo do público, por outro temos o **sadomasoquismo** ao serviço dos "atores". O Outro deve gozar de qualquer jeito:

> Não se contentar com a fala e o desejo, mas alcançar o gozo do Outro, isto é, do corpo; pois só há gozo no corpo. Por isso é que o objeto *a* é não só causa de desejo, mas também o que está em jogo num *mais-de-gozar*. Daí toma lugar a perversão de novo[33].

É por isso que o ponto mais exaltado desta tentativa estética é o fato da eliminação da quarta parede, isto é, o espaço simbólico que separa os atores e o público. Em princípio, veremos como certos textos ou expressões são usados ideologicamente para justificar a posição adotada; para isto, tomemos primeiro a muleta que Lehmann encontra em uma declaração de Heiner Müller:

> Brecht acreditava que o teatro épico [...] só seria possível quando acabasse a perversidade de se fazer de um luxo uma profissão – a constituição do teatro a partir da separação de palco e plateia. Só quando se elimina isso, ou quando é essa a tendência, é possível fazer teatro com um mínimo de dramaturgia, portanto quase sem dramaturgia[34].

Em 1936, Brecht, no artigo "O efeito de estranhamento-distanciamento (*Verfremdung*) na arte dramática chinesa", referindo-se ao *Verfremdungs-Effekt* nos dirá:

> O ato de se contemplar a si mesmo, que requer arte e destreza por parte dos artistas, evita a total entrega do espectador – que chega até a empatia – e o distancia dos acontecidos. No entanto, não se renuncia totalmente à identificação. O espectador se identifica com o ator na sua condição de observador. Dessa forma se cultiva no público a atitude de observação, de contemplação[35].

---

33 Idem. Lacan, em seu seminário, **O sinthoma**, nos dirá: "toda sexualidade humana é perversa, se acompanhamos bem o que diz Freud", p. 149. Isto nos demanda mais a ter cuidado com a questão do corpo e suas formas de gozar. A sublimação é justamente: o salto no **vazio** que devemos dar, para não cair nos laços **cheios** da perversão.

34 MÜLLER, Heiner. In: LEHMANN, Hans-Thies. **Teatro pós-dramático**. São Paulo: Cosac Naify, 2007, p. 33.

35 BRECHT, Bertolt. **Efectos de distanciamiento en el arte dramático chino.** In: Escritos sobre teatro. Buenos Aires: Ediciones Nueva Visión,1970, v. II, p. 216.

Notamos que em nenhum momento Brecht se opõe à identificação do público com o ator por "sua condição de observador"; o que nos está dizendo o teatrólogo alemão é que para observar há que se identificar, o que não quer dizer que devamos nos identificar totalmente, que isso se torne um *dompte regard*. Isto é, para que seu olhar não fique fascinado, tomado, deposto; o *V-Effekt* – que no ator está presente no "ato de contemplar-se a si mesmo" – virá a estabelecer um espaço, uma descontinuidade. Dessa maneira, o espectador já não é tomado por uma total empatia, senão que se transforma num contemplador, observador, como o *theorós*, dos oráculos, e advirá assim um homem que possa refletir, que possa ser um teórico[36].

Em outra passagem, fazendo referência à relação do artista com o público, Brecht ressalta:

> O artista deseja permanecer a distância do espectador; e mais, deseja assombrá-lo. Consegue isto contemplando sua própria atuação como se tratando de algo alheio. Dessa maneira, as coisas que ele representa parecem dignas de assombro[37].

Como vimos no capítulo 4, O olhar, o ator e o público, Brecht aproxima o *Verfremdungs-Effekt* ao *Thaumastón* quando nos afirma que aquele pode produzir-se dentro da mesma fábula:

> Quando encontramos alguém como um mestre em apuro, perseguido por um policial, se produz o efeito de estranhamento-distanciamento, fora de uma circunstância que o torna grande, vê-se encaixado numa circunstância que o faz parecer pequeno[38].

Em 1955, Brecht afirmará a importância do uso de *V-Effekt*:

> Será preciso pesquisar como deve se aplicar o efeito de distanciamento, o que deve se distanciar e com que fim se distanciará[39].

---

36 Teoria deriva de *Theorós*, observador, contemplador, e *Theoria*, ação de ver, de observar.

37 BRECHT, Bertolt. **Efectos de distanciamiento en el arte dramático chino.** In: Escritos sobre teatro. Buenos Aires: Ediciones Nueva Visión, 1970, v. II, p. 215-216. No cap. 4, O olhar e o ator, desenvolvemos o *Verfremdungs-Effekt*.

38 BRECHT, Bertolt. **Escritos sobre teatro**. Buenos Aires: Ediciones Nueva Visión, 1970, v. I, p. 183.

39 BRECHT, Bertolt. Apunte sobre la dialéctica en el teatro. In: Escritos sobre teatro, v. III, p. 193.

> Que e como se deve estranhar-distanciar é uma questão que depende da interpretação que se queira dar à história[40].

Não está demais insistir que não parece que Brecht tenha algum objetivo de acabar com a "perversidade" de manter "a separação de palco e plateia". Não sei de onde Heiner Müller observou isso, eu pessoalmente não encontrei nada que me consiga convencer disso. O que me deixa claro Bertolt Brecht em seus textos é que nunca tentou fazer desaparecer esse espaço simbólico entre plateia e público, isso que os ingleses chamam de *inbetween*, o que significa "o que está no meio", o que está "entre":

> É esse espaço neutro, mas carregado de forças, de dinamismos perceptivos, que se cria entre aquele que observa (ou escuta) e a obra mesma[41].
> A pausa entre o espectador e a obra é uma pausa de caráter não só material como também mental. O intervalo que há de existir entre nós e a obra tem que ser um intervalo de suspensão da duração, de tomada de consciência de certo aspecto criativo ou interpretativo[42].

Estabelecer um corte, uma descontinuidade, um estranhamento não só derruba a quarta parede senão que também a confirma, ajuda a criar um novo tipo de intervalo, pausa, que vem a configurar a existência da outra. Pois isso é o que o *Verfremdungs-Effekt* proporciona. Se há um real em jogo está justamente no processo de estabelecer a separação simbólica entre cena e plateia, o estranhamento-distanciamento brechtiano não é outra coisa que pôr em evidência essa distância que as identificações – principalmente através da pulsão escópica e pulsão invocante – encurtam:

---

40 BRECHT, Bertolt. **Breviario de estética teatral**. Buenos Aires: Ediciones La Rosa Blindada, 1963, p. 57. É importante ressaltar que no **Pequeno Organon de Estética Teatral** – que o filósofo argentino Raúl Sciarretta traduziu como "breviario de estética teatral" –, Brecht nos coloca todas as possibilidades de *Verfremdung* que podem operar numa montagem teatral, a saber: desde o ator e a personagem, o ator e outro ator, a personagem e outra personagem, diretor e autor, música – como autonomia, poderia entrar em choque com uma cena provocando estranhamento-distanciamento –, a mímica e o próprio "gestus" poderiam estabelecer a descontinuidade através da contradição provocando a surpresa; até de cena para cena, algo que remete à montagem de atrações de Eisenstein. Para Brecht, todo o complexo do tecido teatral estaria sujeito ao *Verfremdung*.

41 DORFLES, Gillo. **El intervalo perdido**. Barcelona: Editorial Lumem, 1984, p. 47.

42 Ibid., p. 49.

> Na medida em que, tendo renunciado à representação, aqui implica um corte claro entre o que é "apresentado" e a realidade, essa arte contemporânea apresenta diretamente, sem distanciamento simbólico, a provocante pulsão, aquela do artista[43].

Como pensar então – no que Lehmann insiste – num teatro que seria do campo do *chora* (pulsão), isto é, sem sujeito, e não do *logos* (palavra-razão); um teatro mais do "sujeito do inconsciente" – que não é a mesma coisa que o "chora" – do que do "eu"; como se fosse possível um sem o outro? Mas seria então um teatro sem sublimação, já que a mesma está determinada pela mediação do eu?[44]. Então, seria um teatro da despersonalização, na medida em que se privilegia o "sujeito do inconsciente", ou, mais ainda, o real pulsional sem a ficção do eu, sem o semblante? Isso provocaria "um fraquejamento das coordenadas da posição subjetiva"[45] e o que resultaria seria a perda do simbólico-imaginário, que em última instância é a única maneira por onde pode se presentificar o real do sujeito do inconsciente. Noutras palavras, eliminados os limites – o eu é o representante do princípio de realidade[46] –, entramos no campo do *Unheimliche*, isto é, da perda do *heim*, que é o familiar, daquilo que nos permite refletir sobre o mundo que nos rodeia. Não há possibilidade de um teatro de "novas sensações" sem mediar a razão, pelo menos uma razão que possa ser questionada. Não sendo assim, que resposta o pós-dramático daria a *le divin marché*, o mundo sem limites do mundo ultraliberal, se ele vem a confirmá-lo? Que diferença existiria entre um teatro sem limitação dos espaços, sem limitação do consciente e inconsciente e essas publicidades que estimulam o "sem limite" ou "sem fronteiras" e sem barreira nenhuma, principalmente no referente ao sexual e ao geracional? Então, caberia diferença entre o pós-moderno e o pós-dramático? Não seria isso a confirmação da "era da catástrofe", desse "século-besta", montado na "paixão pelo real"?[47].

---

43 DUFOUR, Dany-Robert. **Tolerância até demais**. In: Le Monde Diplomatique (Brasil), ano 3, número 33, abril/2010.

44 FREUD, Sigmund. **El yo y el ello**. Obras Completas, Buenos Aires: Amorrortu Editores, 1990, v. XIX, p. 46.

45 CHEMAMA, Roland & VANDERMERSCH, Bernard. **Dicionário de psicanálise**. São Leopoldo-RS: Editora Unisinos, 2007, p. 98.

46 Poderíamos falar das destituições dos limites hierárquicos como o do palco e da plateia.

47 "Era da catástrofe", como vimos no anexo anterior, é assim como Eric Hobsbawn (**Era dos extremos**: o breve século XX 1914-1991. Op. cit.) define o período que engloba as duas guerras mundiais (1914-1945) e no qual os limites da condição humana foram, como nunca, violentados. A violência e o terror implantados,

Esteticamente, poderíamos pensar o pós-dramático como expressão "de uma tensão crescente entre uma poética do espetáculo e uma poética do dramático", na medida em que o paradigma de hoje seria "o do espetacular"?[48]. Mas que paradigma oferece uma "poética" se *não é isto, não é aquilo e nem é outra coisa...* E na qual *predomina a ausência de categorias e palavras para a determinação positiva e a descrição daquilo que é*? Ou, mais ainda, insistindo no *chora*, que teatro seria esse que *pode ser entendido como tentativa de restituição da chora: de um espaço e de um discurso sem télos, hierarquia, causalidade, sentido flexível e unidade*? Noutras palavras, seria possível um discurso sem hierarquia, sem a Lei do ELE que nos determina? Seria possível um discurso sem o VERBO – em todos seus sentidos de PALAVRA e de AÇÃO?

> não fazer arte tornou-se a verdadeira arte. O que alguns não percebem é que essa extraordinária audácia que leva o artista para fora da linguagem não vale por si: vale como ruptura, por oposição à linguagem que se nega e que, depois que se nega, está negada. E para aí, porque não se pode voltar a negar o que está negado. A não ser reafirmando-o. Isso significa que, depois que destruo a linguagem teatral, só me resta calar ou voltar a ela. Fazer da negação radical uma espécie de profissão é um tipo de conformismo[49].

Estaríamos, então, diante de um **teatro líquido** por estar sujeito às faltas de limites e às mudanças constantes?[50]. Isso, lampedusquiano, de mudar tudo

---

como, talvez, a história da humanidade jamais tinha conhecido, originando assim o "século-besta" (*siècle-bête*) da "paixão pelo real". Alain BADIOU, em **Le Siècle** (Op. cit.), analisa a incompatibilidade entre a "antologia da vida", que relaciona com a "antologia da história", e a "teoria da descontinuidade voluntarista". Isso constituiria "a subjetividade atuante da besta-século. Como se a continuidade vital não conseguisse seus próprios fins senão através da descontinuidade voluntarista"; "*la subjectivité voluntariste agissante de la bête-siècle. Comme si la continuité vitale n'accomplissait ses propres fins que dans la discontinuité volontariste* (p. 31). "A essência do século-besta é a vida, mas uma vida que vomita sangue e morte"; "*L'essence du siècle-bête est la vie, mais une vie qui dégorge le sang et la mort* (p. 32). Ver capítulo 2, A besta (*La Bête*).

48 RAMOS, Luiz Fernando. **Pós-dramático ou poética da cena?** In: O pós-dramático. J. GUINSBURG e S. FERNANDES (Org.). São Paulo: Perspectiva, 2009, p. 60.

49 GULLAR, Ferreira. **Argumentação contra a morte da arte**. Rio de Janeiro: Editora Revan, 1993, p. 38-39.

50 BAUMAN, Zygmunt. **Tempos líquidos**. Rio de Janeiro: Zahar Editor, 2007. Nossa sociedade, hoje, estaria sujeita à: "passagem da fase sólida da modernidade para a 'líquida' – ou seja, para uma condição em que as organizações sociais (estruturas que limitam as escolhas individuais, instituições que asseguram a repetição de rotinas, padrões de comportamento aceitável) não podem mais manter sua forma por muito tempo (nem se

para que tudo fique igual não seria a cobra querendo se alimentar de seu rabo? Isto é, mudanças que no final não mudam nada, é sempre ruptura, embora não se saiba de quê; é uma mudança imaginária sem nenhuma estrutura simbólica que a sustente, sem nenhuma nova ideia que venha a calhar, é ficar à deriva do real. Tirar o drama da questão estaria ligado a que:

> Talvez fosse doloroso para o homem descobrir que ele só podia ser sujeito sendo sujeito de uma ficção, mas é mais penoso ainda se encontrar sem ficção: o risco é de não ser mais sujeito[51].

Risco de ficar, como nos diria Zizek, no "deserto do real". Como já vimos, míngua de sublimação ou qualquer outra tentativa de laço social, a não ser o da Coisa nada produtiva da pulsão. O que resta, continuando com Dufour: *a provocante pulsão, aquela do artista...* apenas *ordure*, nada de *or dur*.

---

espera que o façam), pois se decompõem e se dissolvem mais rápido que o tempo que leva para moldá-las e, uma vez reorganizadas, para que se estabeleçam", p. 7.

51 DUFOUR, Dany-Robert. **A arte de reduzir as cabeças**. Rio de Janeiro: Companhia de Freud, 2005, p. 72.

Referências

A Bíblia. Tradução Ecumênica. São Paulo: Edições Loyola, 1994.

AGOSTINHO, Santo. **Confissões**. De magistro. Tradução de: RICCI, Angelo. (Os Pensadores). 4.ª ed. São Paulo: Nova Cultural, 1987.

AGUIRRE, Raúl Gustavo. (Prólogo, versiones y notas). **Poetas franceses contemporâneos**. Buenos Aires: Ediciones Librerias Fausto, 1974.

ALMEIDA, Guilherme de; VIEIRA, Trajano. **Três tragédias gregas**: Antígone, Prometeu prisioneiro, Ájax. São Paulo: Perspectiva, 1997.

AMESCUA, Antonio Mira de. **Esclavo del demônio**. Espanha: PML Ediciones, 1995.

ANDRADE, Carlos Drummond de. **O corpo**. Rio de Janeiro: Record, 1984.

ARENDT, Hannah. **A condição humana**. São Paulo: Forense Universitária, 1989.

ARENDT, Hannah. **Origens do totalitarismo**: anti-semitismo – imperialismo – totalitarismo. São Paulo: Companhia das Letras, 2007.

ARISTÓTELES. **Poética**. In: Os Pensadores. Tradução e comentários de: SOUZA, Eudouro de. São Paulo: Abril Cultural, 1979.

ARISTÓTELES: **Física I-II**. Prefácio, introdução, tradução e comentários, Lucas Angioni. Editora Unicamp: Campinas, 2009.

ARTAUD, Antonin. **O teatro e seu duplo**. Tradução e posfácio de: COELHO, Teixeira. São Paulo: Ed. Max Limonad, 1984.

ASSIS, Machado de. **Obras completas**. Rio de Janeiro: Editora Nova Aguilar, 2008.

ASSOUN, Paul-Laurent. **O olhar e a voz**: lições psicanalíticas sobre o olhar e a voz. Tradução de: ALMEIDA, Celso Pereira de. Rio de Janeiro: Companhia de Freud, 1999.

BADIOU, Alain. **Ética**: um ensaio sobre a consciência do mal. Tradução de: TRÂNSITO, Antônio; ROITMAN, Ari. Rio de Janeiro: Relume-Dumará, 1995.

BADIOU, Alain. **Le siècle**. Paris: Éditions du Seuil, 2005.

BAKHTIN, Mikhail. **A cultura popular na idade média e no renascimento**. Distrito Federal: Editorial Universidade de Brasília, 1987.

BARBA, Eugenio; SAVARESE, Nicola. **A arte secreta do ator**: dicionário de antropologia teatral. Tradução de: SIMIONI, Carlos Roberto et al. Campinas: Editora da Unicamp e Editora Hucitec, 1995.

BARBA, Eugenio: **ODIN TEATRET FILM – RAI-Radio televisione Italiana, film II**: trening físico. Itália, 1972.

BARCA, Pedro Calderón de la. **La vida es sueño**. Buenos Aires: Ediciones Colihue, 1981.

BARRAUD, Henry. **Para compreender as músicas de hoje**. São Paulo: Editora Perspectiva, 1997.

BARRAULT, Jean-Louis. **Réflexions sur le théâtre**. France: Éditions du Levant, 1996.

BARTHES, Roland. **Aula**. São Paulo: Cultrix, s/d.

_____. **El discurso da la historia.** In: Estructuralismo y literatura. Buenos Aires: Nueva Visión, 1972.

_____. **O óbvio e o obtuso**. Lisboa: Edições 70, 1984.

BAUDRILLARD, Jean. **A arte da desaparição**. MACIEL, Kátia (Org.). Núcleo de Tecnologia da Imagem, Rio de Janeiro: Editora UFRJ, 1997.

_____. **Simulacros e simulação**. Lisboa: Relógio d"Água, 1991.

BAUMAN, Zygmunt. **O mal-estar da pós-modernidade**. Rio de Janeiro: Jorge Zahar Editor, 1998.

______. **Modernidade líquida**. Rio de Janeiro: Jorge Zahar Editor, 2001.

______. **Tempos líquidos**. Rio de Janeiro: Jorge Zahar Editor, 2007.

BECKETT, Samuel. **Esperando Godot**. Tradução de: RANGEL, Flávio. São Paulo: Abril Cultural, 1976.

_____. **O Inominável**. Tradução de: DUTRA, Waltensir. Rio de Janeiro: Nova Fronteira, 1989.

_____. **L'innommable**. Paris: Les Editions de Munuit, 2004.

BENJAMIN. Walter. **Obras escolhidas**: magia e técnica, arte e política. São Paulo: Editora Brasiliense, 1994.

BENVENISTE, Émile. **Problemas de linguística geral I**. Tradução de: NOVAK, Maria da Glória; NÉRI, Maria Luiza. 2.ª ed. Campinas: Pontes, Editora da Universidade Estadual de Campinas, 1988.

_____. **Problemas de linguística geral II**. Tradução de: GUIMARÃES, Eduardo et al. Campinas: Pontes, 1989.

BERKOFF, Steven. **À grega**. Tradução de: MARCHIORO, Marcelo. Curitiba, 1999.

BLACK, Edwin. **IBM e o holocausto**. Rio de Janeiro: Editora Campus, 2001.

BOONE, Daniel R. **Sua voz está traindo você?**: como encontrar e usar sua voz natural. Tradução de: BATISTA, Deyse. Consultoria, supervisão e revisão técnica de: BRESCOVICI, Silvana. Porto Alegre: Artes Médicas, 1996.

BORGES, Jorge Luis. **Obras Completas**. Emecé Editores: Buenos Aires, 1974.

BORIE, Monique; ROUGEMONT, Martine de; SCHARER, Jacques. **Estética teatral**: textos de Platão a Brecht. Lisboa: Fundação Calouste Gulbenkian, 2004.

BOEKER, John. **Para entender as religiões**. São Paulo: Editora Ática, 1997.

BRADLEY, Marion Zimmer. **As bruxas de Avalon, livro 3:** o gamo rei. Tradução de: DUTRA, Waltensir; CESARIANO, Marco Aurélio, p. 14.ª ed. Rio de Janeiro: Imago, 1985.

BRANDÃO, Junito. **Teatro grego**: origem e evolução. São Paulo: Ars Poética, 1992.

BRECHT, Bertolt. **Escritos sobre teatro**. Vol. 1, Selección de Jorge Hacker, Vol. 2 e Vol. 3, selección de Jorge Hacker e trad. de Nélida Mendilaharzu de Machain. Buenos Aires: Ediciones Nueva Visión, 1970.

_____. **Breviario de estética teatral**. Tradução: Raúl Sciarretta. Buenos Aires: Edicciones LA ROSA BLINDADA, 1963.

_____. **A ópera de três vinténs**. In: Teatro completo, volume 3, Rio de Janeiro: Paz e Terra, 1988.

_____. **Kleines organon für das theater**. Frankfurt: Suhrkamp Velag, 1961.

BROOK, Peter. **El espacio vacío**: arte y técnica del teatro. Tradução de: NOVALES, Ramón Gil. Barcelona: Ediciones Península, 1986.

_____. **A porta aberta**. Tradução de: MERCADO, Antônio. Rio de Janeiro: Civilização Brasileira, 1999.

_____. **Fios do tempo**. Rio de Janeiro: Bertrand Brasil, 2000.

CADERNOS DE CINEMA, nº 3 (Eisenstein, A. Bazin, G. Sadoul, H. Lefebvre, e outros). **Chaplin**. Lisboa: Publicações Dom Quixote, 1969.

CHACRA, Sandra. **Natureza e sentido da improvisação teatral**. São Paulo: Editora Perspectiva, 1983.

CHEMAMA, Roland. (Org.). **Dicionário de psicanálise**. Tradução de: SETTINERI, Francisco Franke. Porto Alegre: Artes Médicas, 1995.

CHEMAMA, Roland & VANDERMERSCH, Bernard. **Dicionário de psicanálise**. São Leopoldo-RS: Editora Unisinos, 2007.

CHEVALIER, Jean & GHEERBRANT, Alain. **Diccionario de los Símbolos**. Editorial Herder, Barcelona 1986.

CALLIGARIS, Contardo. **Hello Brasil! Escuta**. São Paulo, 1991.

_____. **Hipótese sobre o fantasma na cura psicanalítica**. Porto alegre: Artes Médicas, 1986

CHIPP, Herschel Browning. **Teorias da arte moderna**. Colaboração Peter Selz e Joshua C. Taylor. Tradução de: DUTRA, Waltensir. 2.ª ed. São Paulo: Martins Fontes, 1996.

CLAVILIER, Michèle; DUCHEFDELAVILLE, Danielle. **Commedia dell' arte**: le jeu masqué. Grenoble (France): Presses Universitaires de Grenoble, 1994.

DARMON, Marc. **Ensaio sobre a topologia lacaniana**. Porto alegre: Artes Médicas, série Discurso Psicanalítico, 1994.

DELEUZE, Gilles. **Diferença e repetição**. São Paulo: Graal, 2009.

DERRIDA, Jacques ; ROUDINESCO, Elisabeth. **De que amanhã... Diálogo**. Rio de Janeiro: Jorge Zahar Editor, 2004.

DIDEROT, Denis. **Paradoxe sur le comédien**. Paris: Henmann, éditeurs des sciences et des arts, 1996.

DIDIER-WEILL, Alain. **A nota azul**. Rio de Janeiro: Contra Capa Livraria Ltda., 1997.

_____. **Os três tempos da lei**. Rio de Janeiro: Jorge Zahar Editor, 1997.

_____. **Invocações**: Dionísio, Moisés, São Paulo e Freud. Rio de Janeiro: Companhia de Freud Editora, 1999.

DORFLES, Gillo. **El intervalo perdido**. Barcelona: Editorial Lúmen, 1984.

DUFOUR, Dany-Robert. **Os mistérios da trindade**. Tradução de: ESTRADA, Dulce Duque. Rio de Janeiro: Companhia de Freud, 2000.

_____. **A arte de reduzir cabeças**: sobre a nova servidão na sociedade ultraliberal. Rio de Janeiro: Companhia de Freud, 2005.

_____. **O divino mercado**: a revolução cultural liberal. Rio de Janeiro: Companhia de Freud, 2009.

_____. **Tolerância até demais**. In: Le Monde Diplomatique – Brasil, ano 3, nº 33, abril/2010.

EISENSTEIN, Sergei. **A forma do filme**. Rio de Janeiro: Jorge Zahar Editor, 1990.

ELIADE, Mircea. **Mito e realidade**. São Paulo: Perspectiva, 1986.

_____. **O mito do eterno retorno**. Lisboa: Edições 70, 1984.

FELIPE, Leon. **Antologia rota**. 7.ª ed. Buenos Aires: Losada, 1976.

FO, Dario; RAME, Franca (Org.). **Manual mínimo do ator**. Tradução de: BALDOVIO, Lucas; SZLAK, Carlos David. São Paulo: Senac, 1998.

FRANÇA, Maria Inês. **Psicanálise, estética e ética do desejo**. São Paulo: Perspectiva, 1997.

FREUD, Sigmund. **Obras completas**: 25 volumes. Buenos Aires: Amorrortu Editores, 1990.

FUSER, Rachel Araújo de Baptista. **O Fio do novelo**: um estudo sobre a pré-atuação do ator. Tese (Doutorado) – Escola de comunicações e Artes, Universidade de São Paulo, 2000.

GARCIA-ROZA, Luiz Alfredo. **Acaso e repetição em psicanálise**: uma introdução à teoria das pulsões. 2.ª ed. Rio de Janeiro: Jorge Zahar Editor, 1986.

_____. **Palavra e verdade**: na filosofia antiga e na psicanálise. Rio de Janeiro: Jorge Zahar, 1990.

GAZEAU, A. **Historia de Bufones**. Madrid: Libros de los Malos Tiempos, 1995.

GODINO GABAS, Antonio. **Curso e discurso da obra de Jacques Lacan**. São Paulo: Editora Moraes, 1982.

GOETHE, Johann Wolfgang von. **Fausto**. Tradução de: SEGALL, Jenny Klabin. Belo Horizonte: Ed. Itatiaia; São Paulo: Ed. da Universidade de São Paulo, 1981.

GLOSSÁRIO DA MÚSICA. São Paulo: Editora Abril Cultural, 1984.

GRANDE ENCICLOPÉDIA LAROUSSE CULTURAL. Larousse, 1995; Nova Cultural Ltda., 1998. 24 volumes.

GRANON-LAFONT, Jeanne. **A topologia de Jacques Lacan**. Tradução de: MIRANDA Luiz Carlos; CARDOSO, Evany. Rio de Janeiro: Jorge Zahar Editor, 1988.

GROTOWSKI. Jerzy. **Hacia un teatro pobre**. Traducción de: GLANTZ, Marco.11.ª ed. México: Siglo Veintiuno Editores, 1983.

GUBERN, Román. **Historia del cine.** v. 2 Barcelona: Editorial Lumen, 1973.

GULLAR, Ferreira. **Argumentação contra a morte da arte**. Rio de Janeiro: Editora Revan, 1993.

HARARI, Roberto. **Polifonías**: del arte en psicoanálisis. Barcelona: Ediciones del Serbal, 1998.

______. **Palabra, violencia, segregacíon y otros impromptus psicoanalíticos**. Buenos Aires: Catálogos, 2007.

HEGEL, G.W.F. **Fenomenología del espíritu**. México: Fondo de Cultura Económico, 1966.

______. **Estética**: a idéia e o ideal. In: Pensadores. São Paulo: Abril Cultural, 1980.

HEIDEGGER, Martin. **Qué es metafísica?** Traducción e introducción de: PACI, Enzo. Buenos Aires: Siglo veinte, 1970.

______. **La pregunta por la cosa**. Valentin Alsina, Argentina: Editorial Memphis, 1992.

______. **La cosa**. In: LACAN, Jacques. Seminários. Escritos. Referências. Buenos Aires: 1998. (CD-ROM).

_____. **Arte y poesia**. Tradução de: RAMOS, Samuel. México: Fondo de Cultura Económica, 1997.

HERCOMBE, Peter. **Diretor**: le siècle Stanislavski. Escrito por Lew Bogdan e Valérie Lumbroso, Francia, 1988.

HERNÁNDEZ, Miguel. **El rayo que no cesa**. 2.ª ed. Buenos Aires: Losada, 1970.

HEINE, Heinrich: **Livros das canções**. Seleção de traduções e Notas: Jamil Almansur Haddad. Hemus Livraria, Distribuidora e Editora, 2008.

HOBSBAWN, Eric. **A era dos extremos**: o breve século XX – 1914-1991. São Paulo: Companhia das Letras, 2005.

HOLST, Imogen. **ABC da música**. Tradução de: CZERTOK, Mariana. São Paulo: Martins Fontes, 1987.

HOMERO. **A ilíada**. São Paulo: Biblioteca Folha, 1998.

HOUAISS, Antônio; VILLAR, Mauro de Salles. **Dicionário Houaiss da língua portuguesa**. Rio de Janeiro: Objetiva, 2001. (Instituto Antônio Houaiss).

HUGO, Victor. **Do grotesco e do sublime**: tradução do "Prefácio de Cromwell". São Paulo: Perspectiva, s/d.

JORGE, Marco Antonio Coutinho. **Fundamentos da psicanálise de Freud e Lacan**: as bases conceituais. 4.ª ed. Rio de Janeiro: Jorge Zahar Editor, 2005, v. 1.

JULIAN, François. **Cinco conceptos propuestos al psicoanálisis**. El cuerpo de plata, Buenos Aires, 2013.

JULIAN, Philippe. **O retorno a Freud de Jacques Lacan, aplicação ao espelho**. Porto Alegre: Artes Médicas, 1993.

______. **Abandonarás teu pai e tua mãe**. Companhia de Freud, Rio de Janeiro, 2000.

______. **Psicose, perversão, neurose**. Rio de Janeiro: Companhia de Freud, 2002.

JURANVILLE, Alain. **Lacan e a filosofia**. Tradução de: RIBEIRO, Vera Ribeiro, Revisão Técnica de: GARCIA-ROSA, Luiz Alfredo. Rio de Janeiro: Jorge Zahar Editor, 1987.

KANT, Immanuel. **Crítica da razão prática**. Lisboa: Edições 70, 1994.

KASNER, Edward; NEWMAN, James. **Matemática e imaginação, o mundo fabuloso da matemática ao alcance de todos**. Biblioteca de Cultura Científica, Rio de Janeiro: Jorge Zahar Editor, 1976.

KAYSER, Wolfgang. **O grotesco**. Tradução de: GUINSBURG, J.. São Paulo: Perspectiva, 1986.

KOUDELA, Ingrid Dormien. **Jogos teatrais**. São Paulo: Editora Perspectiva, 1984.

LABAN, Rudolf. **Domínio do movimento**. Tradução de: VECCHI, Ana Maria Barros de; NETO, Maria Silva Mourão. São Paulo: Sumus 1978. (Org. da ed. original de Lisa Ullmann).

LA BARCA, Calderón de. **La vida es sueño**. Buenos Aires: Ediciones Coliheu, 1981.

LACAN, Jacques. **Escritos**. Tradução de: RIBEIRO, Vera. Rio de Janeiro: Campo Freudiano no Brasil – Jorge Zahar Editor, 1998.

______. **Écrits**. Paris: Éditions du Seuil, 1966.

______. **De los nombres del padre**. Buenos Aires: Editorial Paidós, 2005.

______. **O seminário, livro I**: os escritos técnicos de Freud. Tradução de: MILAN, Betty. 2.ª ed. Rio de Janeiro: Jorge Zahar Editor, 1983.

______. **O seminário, livro II**: o eu na teoria de Freud e na técnica da psicanálise. Tradução de: PÉNOT, Marie Cristine Laznik c/ colaboração de: ANDRADE, Antonio Luiz Quinet de. Rio de Janiero: Jorge Zahar Editor, 1985.

_____. **O seminário, livro III**: as psicoses. Rio de Janeiro: Jorge Zahar Editor, 1985.

_____. **O seminário, livro IV**: a relação de objeto. Tradução de: ESTRADA, Dulce Duque. Rio de Janeiro: Jorge Zahar Editor, 1995.

_____. **O seminário, livro V**: as formações do inconsciente. Tradução de: RIBEIRO, Vera. Rio de Janeiro: Jorge Zahar Editor, 1999.

_____. **O seminário, livro VII**: a ética da psicanálise. Tradução de: QUINET, Antônio. Rio de Janeiro: Jorge Zahar Editor, 1988.

_____. **El seminário, libro IX**. la identificación. Inédito, circulação interna Escuela Freudiana de Buenos Aires.

_____. **O seminário, livro XI**: os quatro conceitos fundamentais da psicanálise. Tradução de: MAGNO, M. D. Rio de Janeiro: Zahar Editor, 1979.

_____. **Le séminaire: livre XI**: les quatre concepts fondamentaux de la psicanalyse. Paris: Éditions Du Seuil, 1990.

_____. **O seminário, livro XVII***:* o avesso da psicanálise. Rio de Janeiro: Jorge Zahar Editor, 1992.

_____. **Le séminaire, livre XVIII**: D'un discours qui ne serait pas du semblant. Paris: Éditions du Seuil, 2006.

_____. **O seminário, livro XX**: mais ainda. Tradução de: MAGNO, M. D. Rio de Janeiro: Jorge Zahar Editor, 1982.

_____. **O seminário XXII:** R.S.I. Traducción de: PONTE, Ricardo Rodríguez. Buenos Aires: Circulación interna de la Escuela Freudiana de Buenos Aires. s/d.

_____. **O seminário, livro XXIII**: o sinthoma. Rio de Janeiro: Jorge Zahar Editor, 2007.

_____. **La família**, Homo Sapiens, Buenos Aires, 1977.

_____. **Seminários. Escritos. Referências**. Buenos Aires, 1998. (CD-ROM).

LAFONTAINE. **Fables**. Paris: Garnier-Flammarion, 1966.

LAROUSSE. **El pequeño Larousse ilustrado**: 100 años – edición de colección. México: Larousse, 2005.

_____. **Le petit Larousse**: compact. França: Larousse, 1992.

LEHMANN, Hans-Thies. **Teatro pós-dramático**. São Paulo: Cosac Naif, 2007.

LES VOIES DE LA CREATION THEATRALE. nº 1. Paris: Éditions du Centre National de la Recherche Scientifique, 1970.

LÉVI-STRAUSS, Claude. **Antropologia estrutural**. Tradução de: KATZ, Chaim Samuel; PIRES, Eginardo. Rio de Janeiro: Tempo Brasileiro, 1975.

LEBRUN, Jean-Pierre. **Um mundo sem limite**: ensaio para uma clínica psicanalítica do social. Rio de Janeiro: Companhia de Freud, 2004.

________ **O futuro do ódio**. Porto Alegre: CMC Editora, 2008.

________. **A perversão comum**. Rio de Janeiro: Companhia de Freud, 2008.

LOPES, Elisabeth Silva. **Ainda é tempo de bufões**. Tese (Doutorado) – Escola de Comunicações e Artes, USP, São Paulo, 2001.

LORCA, Federico García. **Antología poética**. (Selección Guillermo de Torre y Rafael Alberti). 7.ª ed. Buenos Aires: Losada, 1973.

MÁSCARA, nº 2 (Sobre Bertolt Brecht). México: Escenologia A.C., jan. 1990.

MÁSCARA, nº 11-12 (sobre Grotowski). México: Escenologia A.C., out. 1992 – jan. 1993.

MÁSCARA, nº 15 (Sobre Stanislavski, esse desconocido). México: Escenologia A.C., out. 1993.

MARTÍNEZ, Constantino Falcón; FERNÁNDEZ-GALIANO, Emilio; MELERO, Raquel López. **Diccionario de la mitología clásica 1 y 2.** 2. ed. Madrid: Alianza Editorial, 1981.

MAUSS, Marcel. **Ensaio sobre a dádiva**. Tradução de: MARQUES, Antônio Filipi. Lisboa: Edições 70, 1988.

MARX-ENGELS. **História**. Org. FERNANDES, Florestan. São Paulo: Editora Ática, 1984.

MELMAN, Charles. **O homem sem gravidade**: gozar a qualquer preço. Tradução de: FELGUEIRAS, Sandra Regina. (Entrevistas por Jean-Pierre Lebrun). Rio de Janeiro: Companhia de Freud, 2003.

MENGARELLI, Hugo D. **O senhor do escravo**. In: Palavração. n.º 1, dez. 1990.

_____. **As meninas atravessam o espelho**. In: Palavração. n.º 3. Curitiba: Biblioteca Freudiana de Curitiba, 1998.

_____. **Ideologia e inconsciente em *Eucalipto e os Porcos*.** Tese defendida na ECA-USP, área de cinema, 1989. Não publicada.

_____. **O incrível retorno do *Cavaleiro Solitário*.** Curitiba: Imprensa Universitária da UFPR, 1996.

MENGARELLI, Jandyra Kondera. (Org.). **Dos contos, em cantos**. Salvador: Ágalma, 1998.

MERLEAU-PONTY, Maurice. **O visível e o invisível**. Tradução de: GIANOTTI, José Artur; d'OLIVEIRA, Armando Mora. 2.ª ed. São Paulo: Perspectiva, 1984.

METZ, Christian. **A significação no cinema**. Editora Perspectiva, São Paulo, 1972.

MORAES, J.Jota. **O que é a música**. São Paulo: Brasiliense, 1983.

NEMIRÓVICH-DÁNCHENKO, V. I. Buenos Aires: Ed. Futuro, 1959.

NIETZSCHE, Friedrich. **Além do bem e do mal**: prelúdio a uma filosofia do futuro. Tradução, notas e posfácio de: SOUZA, Paulo César de. São Paulo: Companhia das Letras, 1998.

_____. **O nascimento da tragédia, ou helenismo e pessimismo**. Tradução, notas e posfácio de: GUINSBURG, J. 2.ª ed. São Paulo: Companhia das Letras, 1998.

_____. **Assim falou Zaratustra**. Tradução de: NASSETTI, Pietro. São Paulo: Martin Claret, 2001.

_____. **A gaia ciência**. Tradução, notas e posfácio de: SOUZA, Paulo César de. São Paulo: Companhia das Letras, 2001.

OS PENSADORES: Hegel. São Paulo: Abril Cultural, 1980

OS PENSADORES: Kant II. São Paulo: Abril Cultural, 1980.

OS PENSADORES: Os pré-socráticos. São Paulo: Abril Cultural, 1980.

OSTROWER, Fayga. **Universos da arte**. 4.ª ed. Rio de Janeiro: Campus, 1987.

PALAVRAÇÃO. **Revista de psicanálise**. Curitiba: Biblioteca Freudiana de Curitiba, 1990.

Palavração. **Revista de psicanálise**. Curitiba: Biblioteca Freudiana de Curitiba,n.º 3, nov. 1998.

PAQUET, Marcel. **René Magritte (1898 – 1967)**: o pensamento tornado visível. Köln: Benedikt Taschen, 1995.

PASCAL, Blaise. **Pensamentos**. Tradução de: MILLIET, Sérgio. (Os Pensadores). São Paulo: Nova Cultural, 1988.

PAVIS, Patrice. **Dicionário de teatro**. Tradução de: GUINSBURG, J.; PEREIRA, Maria Lúcia. São Paulo: Perspectiva, 1999.

PEIRCE, Charles S. **Semiótica**. São Paulo: Editora Perspectiva (Estudos), 1977.

PEREIRA, Isidro S. J. **Dicionário grego-português e português-grego**. 6.ª ed. Porto, Portugal: Livraria Apostolado da Imprensa, 1984.

PIRANDELLO, Luigi. **Uno, nessuno e centomila**. Milano: Arnoldo Mondadori Editore, 1992.

_____. **Il fu Mattia Pascal**. Torino: Giulio Einaudi editores, 1993.

_____. **Sei personaggi in cerca d'autore**. 2.ª ed. Milano: Biblioteca Universale Rizzoli, 1994.

PLATÃO. **Diálogos I**: Mênon, Banquete, Fedro. Estudo biográfico e filosófico por Paul Tannery. Tradução de: PALEIKAT, Jorge. s/d.

_______. **Os Pensadores**. São Paulo: Abril Cultural, 1979.

POMIER, Gerard. **O inconsciente e o Id**. S/Trad. Niterói: Escola de Psicanálise de Niterói – circulação interna, s/d.

PROST, Antoine (Org.).; VINCENT, Gerard (Org.). **História da vida privada, 5**: da primeira guerra a nossos dias. Tradução de: BOTTMANN, Denise. 5. ed. São Paulo: Companhia das Letras, 1992.

QUINET, Antonio. **A descoberta do inconsciente**, do desejo ao sintoma. Rio de Janeiro: Jorge Zahar Editor, 2000.

QUINET, Antonio. **Um olhar a mais**: ver e ser visto na psicanálise. Rio de Janeiro: Jorge Zahar Editor, 2002.

QUINET, Antônio. **Os outros em Lacan**. Rio de Janeiro, Jorge Zahar Editor, 2012.

QUINO. **Bem, obrigado, e você?** Lisboa: Publicações Dom Quixote, 1983.

QUINTANA, Mário. **Caderno H**. Rio de Janiero: Editora Globo, 2006.

RODRIGUES, Nelson. **Flor de obsessão**: as 1000 melhores frases de Nelson Rodrigues. (Organização e seleção Ruy Castro). São Paulo: Companhia das Letras. 1997.

ROMAINS, Jules. **Knock ou le triophe de la medicine**. Editions Gallimard, 2008.

ROSA, João Guimarães. **Grande Sertão**: veredas. 16.ª ed. Rio de Janeiro: Nova Fronteira, 1984.

ROSENFIELD, Kathrin Holzermayr. **Estética**. Rio de Janeiro: Jorge Zahar Editor, 2006.

ROSSET, Clément. **Lógica do pior**. Tradução de: RIBEIRO, Fernando J. Fagundes; BENTES, Ivana. Rio de Janeiro: Espaço e Tempo, 1989.

RUIZ LUGO, Marcela; MONROY BAUTISTA, Fidel. **Desarrollo profesional de la voz**. México: Grupo Editorial gaceta S.A., 1994.

SABATO, Ernesto. **La novela: atributos y funciones**. In: Teoría de la novela: antología de textos del siglo XX. Sullá, Enric (ed.). Barcelona: Crítica.

SADE, Marquês de. **A filosofia na alcova**. (Apresentação Eliane Robert Moraes). Salvador: Ágalma, 1995.

SAUSSURE, Ferdinand de. **Curso de linguística geral**. Tradução de: CHELINI, Antônio; PAES, José Paulo; BLIKSTEIN, Izidoro. São Paulo: Cultrix, 1995.

SAMÓSATA, Luciano de. **O parasita**. Lisboa: Edição & etc., 1981.

SEKEFF, Maria de Lourdes. **Curso e dis-curso do sistema musical (tonal)**. São Paulo: Annablume editora comunicação, 1996.

SHAKESPEARE, William. **The complete works of William Shakespeare**: with a life of the Poet. London: University Books, 1980.

SILVA, Armando Sérgio da. **Interpretação, uma oficina da essência**. Tese apresentada para obtenção do título de Livre Docente, junto ao Departamento de Artes Cênicas da ECA-USP, São Paulo, 1999.

SÓFOCLES. **A trilogia tebana**. Trad. Mário da Gama Kury. Rio de Janeiro: Jorge Zahar Editor, 2001.

SOUZA CAMARGO PRÓCHNO, Caio César. **Corpo do ator**: metamorfose, simulacros. São Paulo: FAPESP/Annablume, 1999.

SPOLIN, Viola. **Improvisação para o teatro**. Tradução de: KOUDELA, Ingrid Dormien; AMOS, Eduardo de Almeida. São Paulo: Perspectiva, 1987.

_____. **O jogo teatral no livro do diretor**. Tradução de: KOUDELA, Ingrid Dormien; AMOS, Eduardo. São Paulo: Perspectiva, 1999.

STANISLAVSKI, Constantin. **El trabajo del actor sobre su papel**. Obras completas. Tradução de: MERECER, Salomón. Buenos Aires: Editorial Quetzal, 1977.

_____. **El trabajo del actor sobre sí mismo**: el trabajo sobre sí mismo en el proceso creador de las Vivencias. Obras completas. Tradução de: MERENER, Salomón. Buenos Aires: Editorial Quetzal, 1980.

_____. **Mi vida en el arte**. Obras completas. Tradução de: MERENER, Salomón. Buenos Aires: Editorial Quetzal, 1981.

_____. **Trabajos teatrales**. Correspondencia. Obras completas. Tradução de: SEPÚLVEDA, Luis. Buenos Aires: Editorial Quetzal, 1986.

SULIÀ, Enric, Ed. **Teoría de la novela**: antología de textos del siglo XX. Barcelona, 2001.

THE RANDON HOUSE DICTIONARY. New York: Randon House, 1989.

TORRINHA, Francisco. **Diccionario latino portugués**. 2.ª ed. Porto: Gráficos Reunidos, 1984.

VIANNA, Klauss. **A dança**. Colaboração de Marco Antônio de Carvalho. São Paulo: Siciliano, 1990.

VILLIERS, André. **El arte del comediante**. Tradução de: GABRIEL, Lucía. Buenos Aires: Editorial Universitaria de Buenos Aires, 1959.

WALTHER, Ingo F. **Pablo Picasso (1881-1973)**: o gênio do século. Tradução de: KOLLERT, Ana Maria Cortes. Berlim: Taschen, 1992.

ZINGARELLI, Incola. **Vocabulario della lingua italiana**. 10.ª ed. Itália: Zanichelli Editore, 2001.

ZIZEK, Slavoj: **Bem-vindo ao deserto do real!** São Paulo: Boitempo Editorial, 203.

ZIZEK, Slavoj, e DALY, Glyn. **Arriscar o impossível**: conversas com Zizek. São Paulo: Martins Fontes, 2006.

Impresso na Rotaplan Gráfica e Editora LTDA
www.rotaplangrafica.com.br
Tel.: 21-2201-1444